U0153827

亞際南方

馬華文學與文化論集

亞際南方
馬華文學與文化論集
THE INTER-ASIAN SOUTH
Essays on Sinophone Malaysian Literature and Culture

張錦忠、魏月萍（編）

離 散／現 代 性 研 究 室
Diaspora | Modernity

國立中山大學人文研究中心
Center for the Humanites, NSYSU

ISBN: 978-626-95583-3-9

南方的「亞際想像」

緒論

——魏月萍——

先說一個典型離散，在日朝鮮人作家的故事。

多年前在東京聆聽在日朝鮮人金石範述說以日語寫作的經驗，尤其提及寫作本身是個屈辱的過程，後來才明白金石範利用曾是帝國語言的日語，藉以克服自己內部殖民性的方式來尋找自由，而以日語寫作也是他和年輕一代的在日朝鮮人的溝通方式。從金石範的談話，深刻感受作家和語言的抗爭。在日本國民文學裏，無論是在日朝鮮人文學或是沖繩文學，皆處於邊緣位置。在日朝鮮人用日語創作的日本文學，促使日本文學概念的重新界定。通過「在日」，被迫反思的不僅是日本文學的定義與概念，當下的韓國文學亦然。

作家與語言的關係，如此微妙、複雜。語言在國家體制結構的權力，亦形成文學書寫的權力意識，這當中具有歷史時間的刻度。但是不是必須進入到強勢語言或主導的文學語言，才真正能轉化或重新定義語言於文學的中介和作用？文學語言的選擇一般是有明確的意向考量，這樣熟悉的論調，也是馬華文學恆久面對的處境。但或許仍缺乏像金石範用他極力克服的語言，寫出不能讓人忽視如《火山島》等小說，才能撼動原有的文學（史）邊界。不過金石範所在意的不是由國境建構起的文學，而是個人的主體經驗如何被看見。

在很長一段時間，馬華文學仍無法擺脫語言政治與認同的糾葛，用「華語」寫作這回事被賦予某種抵抗的意義。當李永平在小說課上說「我要懺悔」，似乎是人生中有關語言的最後的告解──關於那怪怪的南洋華語、南洋腔，在多年以後驀然回首，領悟那是珍貴的創作資源，卻終究無法跨過正統中文的樊籬，對方塊字的虔誠信仰。語言的懺悔，並非含有抗衡的用意，事後的反思更顯現回歸創作的在地語言特色。王德威認為馬華文學作為一種「小文學」，來自馬華族羣對華文文化存亡續絕的危機感。語言是文化傳承的命脈，作為語言最精粹的表徵，文學是文化意識交會或交鋒的所在。無論是張貴興語言彰顯的暴力美學、黃錦樹的「怨毒著書」（王德威語），甚至是黎紫書《流俗地》中回歸寫實的「流俗」書寫，語言作為書寫的中介，便不僅僅是作為一種政治性的操練而已。一旦文學大於政治，語言本身便有能力消解其政治性，轉化出文學自身的力量。

　　不僅是語言的困擾，馬華文學在現實主義與現代主義如輪迴鎖鏈般的拉鋸中，消耗不少寫作者的精力，也讓讀者感覺「後論爭時期」的認知與理解疲勞。這樣的文學論爭雖並非毫無意義，卻須追問它所累積的文學思想資源是甚麼，而非僅剩迷濛的煙硝。倘若以韓國文學為例，同樣長期被放在對立位置的現實主義文學與現代主義文學的論爭火藥庫中，韓國文學評論家崔元植曾指出「文學論爭就是包括了政治社會層次的思想論爭及實踐論爭」，並論及二者的「會通」可能性，是個有趣的視角。崔元植以韓國詩人金洙暎的詩作為例，指其超越一般性的現實主義與現代主義的創作批評意識，把握與包容二者的差異作為反思與創作實踐基礎，後來作家在批判性繼承與否定的文學遺產中，獲得超越兩分法的機遇。雖說在之後的文學發展中，現實主義與現代主義文學再次築起高牆，但在累積的相關討論中，關於現實主義與現代主義與韓國文學界中的「近代」與「現代」意識，以及如何形成「反左」、「反右」的支配性文學意識型態等，獲得細緻的歷史性梳理。換言之，「歷史化」文學論爭，正是把握「主義」發展的現實條件，審視美學觀念的歷史演變，以

及不同時期文學主體的建構。這有助於從概念先行中解套，避免把二者作為牢固不可撼動的標準，稀釋了二者的對話空間。

馬華文學的現實主義與現代主義論爭，受制於文化冷戰諸因素的影響。但在前冷戰時期，南洋的文化場域實流動著不同的思潮，包括一九一〇年起已踏足馬來半島與新加坡的無政府主義思想，以及一九三〇年代之後逐漸佔據文學中心話語的左翼革命思想等，可知在一九五〇年代中期以前，仍未形成鮮明分判的左翼與現代陣營。後來《蕉風》與《浪花》文學雜誌掀起的文學論戰，逐漸成為兩大陣營作家的角力場。

如何重訪這一些文學與文化的歷史與思想遺產，重新建立馬華文學的「近代」與「現代」意識，以貼近語境與時代脈動方式考掘與馬華文學相關的議題，考驗著我們對於馬華文學的認識論與知識論的視角。這一本論文集，以「亞際南方」為出發點，一來是藉此思考馬華文學的「南方」意義，無論是從文化、語系或文學地理想像，有意在全球南方思維下辨識所謂屬於「南方的聲音」。另則帶著期待一種亞際間的相互看見與理解，重新思考馬華文學與亞際（之間）文學的參照，尤其是比較不同的亞際地域如何通過文學進行現實的探索，各自的文學論爭在歷史進程中的作用以及文學史框架等問題。無論是通過創作或批評、研究的交流，實是十分有限。過去較少把馬華文學放到亞際（之間）的文學場域，她與中、臺、港之間已形成牢固共構關係的「縱的思考」，因此如何打開亞際小文學場域之間的「橫的參照」，生產出不同的文學批評與研究景觀，或是有待嘗試與努力的方向。縱然這當中仍需要克服不同的文學歷史經驗以及文學翻譯的中介，也唯有這樣，才能擴大真正意義上的「南方視野」。

「卷壹」的五篇論文，關注馬華文學與民國、冷戰的關係，以及以年代為軸線，梳理文學體制、文學羣體以及共同體的問題。

黃錦樹〈馬華身後有一個民國的影子：試論馬華文學的民國向度〉，以莊華興的馬華文學「民國遺址論」為對話

起點，反駁以一九五〇至一九七〇年這二十年命名為「馬華（民國）文學」，反之，進一步檢視「兩個民國」與馬華文學的特殊關聯。一個是一九四九年前的大民國，一個是一九四九年之後的小民國，以此說明馬華文學背後的「民國身影」。如作者所言，「前者直接關涉馬華文學的起源、主體形成、再生產機制等，後者則是提供左翼革命文學之外的另一種選擇。藉由留學、文學獎、出版等機制，讓部分馬華文學作品的水平提昇至可以和『中國文學』比肩並列，甚至可以回頭質疑『馬華文藝獨特性』的效度。」

近年來，有關文學與文化冷戰問題益發獲得學界的關注。臺灣學者王梅香長期耕耘於馬華文學與文化冷戰的議題，讓過去因冷戰政治意識型態濃霧密佈而看不清楚的馬華文學生態，始能撥開雲霧，歷史細節朗現。在〈自由世界的文化長城：馬來亞學友會的社群想像與認同形構 (1955-1969)〉，王梅香通過被喻為香港「第三勢力」的友聯出版社旗下《學生周報》所舉辦的「學友會」文學組織，探討馬來亞華人青年如何因為國際文化冷戰的影響而聚集在學友會、馬來亞華人青年在冷戰時期多元種族的馬來亞，又如何經歷左右翼的權力運作等問題。有意思的是，作者並非僅依賴檔案資料或研究文獻，而是以訪談召喚過去學友會成員的記憶，重構不同世代、區域如何經由學友會凝聚、建構社群想像的認同。

《蕉風》於一九五五年創刊，創刊時強調是一本「純文學」雜誌。此宣示明顯意圖和有著強烈政治性的左翼文學劃清界線，之後《蕉風》成為現代主義文學與作家的重要場域。林春美〈黃崖與一九六〇年代馬華新文學體制之建立〉以《蕉風》的重要編輯黃崖，述其在一九六一至一九六九編務期間，如何形塑《蕉風》的兩種特質：一是現代主義的引入，二是「純文藝」刊物的定位調整，以此抗衡當時左傾的文學觀，勾勒出一九六〇年代文學語境的特色。另，環視「在臺馬華文學」的一九六〇年代，在臺北木柵成立的「星座詩社」開闢了另外一條現代主義文學的道路。黃琦旺〈星座詩社與六〇年代馬華文學的現代主義〉從星座詩社出版的《星座季

刊》，以文本細讀的方式，從一羣被標籤為「僑生」與具有「異鄉人」內在意識的馬華留學生創作作品中，追溯構成星座詩社離散美學策略以及其文學語境的內外因素。甚至是後來多位社員再到西方深造，跨國意識卻刻度了流亡意識，在異地轉化在臺的「中國意識」，成為後期星座詩社的文學思想特色。

張錦忠〈動盪的一九七〇年代：馬華文學之為「無為共同體」〉把馬華文學視為一種「隔離的存在」，尤其是在國家體制下被期待為「無作為」的文學共同體。這當然具反諷之意。馬華文學如何找尋其文學空間與主體，有賴於一個健全的「文學物流鏈」以及存有空間——作者、編者與出版者的緊密關係，才能建構「有所為」的文學空間。以一九七〇年代的現實主義與現代主義寫作共同體以及不同的文學社團與文藝副刊等為起點，藉此思考共同體與個體之間的關係。

「卷貳」五篇論文分別討論一九二〇年代的「前左翼」場域，冷戰前期的馬華文化、文學結社、在臺馬華文學的認可模式以及新文學史的煉成與侷限。

在一般的文學文化認知中，自一九三〇年代後期起，左翼為南洋的主導思想意識。但在這之前，究竟馬新社會的思想狀態與文化語境是如何？許德發〈一九二〇年代泰戈爾來訪與馬來亞華人的社會反響：兼論馬華文化與文學的「前左翼」場域〉意在通過泰戈爾來訪馬來亞所引起的反響，檢視馬來亞華人社會並沒有依循中國文學界在後五四時期，尤其是左翼文化人士對泰戈爾嚴厲批評的做法。作者認為泰戈爾在馬來亞受到敬重與歡迎，除了反映中國思想影響的滯後以外，也說明特定的馬來亞社會文化氛圍與現實需求，使馬來亞華社不和中國反應同調，因此認為「那時候馬華社會是一個相對單純、沒有主義、只有問題的社會，共產黨或者無產階級左翼思潮顯然還沒蔓延到馬來亞華社之中」，換言之，一九二〇年代可謂是「前左翼」場域。

在一九五〇年代，馬來亞各地興建的民眾圖書館，是美英文化冷戰底下的戰略佈局。加上英殖民政府頒佈的禁書令，意在遏止共產思想的傳播，使馬來亞時期的圖書與知識

傳播無不烙印著冷戰的痕跡。莊華興〈冷戰前期馬新華人文化的解構與重構：以禁書令與民眾圖書館為中心〉提出戰後英殖民政府開始在馬來亞聯合邦和新加坡雷厲執行禁書令，尤其是嚴禁中國與香港的出版物。兩地華文書業相依，衝擊甚大。此舉是反共、打共意識下的文化圍堵計畫。五〇年代中期，為了防堵人們接觸左翼書籍，聯邦政府更在新村設立民眾圖書館，控制人們的閱讀選擇與活動。禁書令和民眾圖書館的知識文化型態，成為冷戰意識型態下的「新興文化」。

　　魏月萍〈馬華地方文學的建構與跨界：以大山腳的文學結社為例〉以大山腳文學結社為文學文化地理軸心，追索自一九六〇年代至一九八〇年代大山腳的海天社、棕櫚社與文風社的結社型態，以及文社和國內、國外文學團體與文藝雜誌互動等。而互相借力與互助的文學結社，在歷史演變中逐漸形構地方文學特色，賦予「地方」開放與寬闊的意義。

　　「在臺馬華文學」意味著甚麼？它在臺灣歷經怎樣的一種接受過程？詹閔旭〈在臺馬華文學的認可模式及其變遷：以鍾怡雯與賀淑芳作品為例〉勾勒出馬華文學在臺灣被接受、傳播、認可的複雜境遇，比較鍾怡雯和賀淑芳如何通過文學獎獲得認可的模式，揭露這「認可」背後隱藏不同核心因素，尤其是後來在臺馬華作家與學者自身已成為在臺認可機制的核心，具有主導權與詮釋權，對於後來的在臺馬華文學起一定的作用。

　　謝征達〈從架構、理論到思想：「馬華新文學史」的煉成及其侷限〉通過方修「馬華新文學史」的框架，重新檢視方修的現實主義文學理念以及作品選文標準與道德性的關係。文中最後論說方修的「新現實主義」對作為學科的文學史的貢獻，另一方面卻又顯現視野侷限的兩面性。

　　「卷參」共有四篇論文，其中兩篇分別著重於馬來亞時期的遊記與雜錄寫作、十八十九世紀的華夷風土，另兩篇則論及黃錦樹和賀淑芳的小說敘事與美學策略。

　　有關戰前馬來亞寫作的場域並不限於文藝副刊，張惠思〈地域性百科、科普與旅行意識：馬來亞遊記與雜錄寫作(1920-1940)〉認為自一九二〇年代起盛行的馬來亞遊記與雜

錄乃受到晚清民國以降百科全書熱的風潮影響，彰顯二〇、三〇年代的馬來亞面貌。這些著作的寫法儼然已脫離傳統地方誌的筆法，具有現代性的筆調。遊記與雜錄具互文作用，充斥著大量的地域與科普知識，縱然如此，不可忽略的是，遊記中的情感流動才是文學感染力的要素。高嘉謙〈風和馬來世界：王大海《海島逸誌》的華夷風土觀〉著眼於海洋視野，透過漢語文獻，無論是旅者或使節的書寫紀錄，捕捉華人如何與東南亞人接觸、互動和影響，這當中「馬來世界的風土如何讓我們『看見華人』，以及華人如何『看見馬來世界』」，勾勒出馬來世界「華夷風土」接觸地帶的圖像。

小說家的敘事策略是通往小說內外的重要路徑，中國學者溫明明〈「金杯藤」與「逃命的紅螞蟻」：論黃錦樹小說集《雨》的敘事美學〉從黃錦樹的「田鼠戰略」與「金杯藤戰略」的小說敘事，討論《雨》各篇小說的結構與變形，說明小說不僅經歷敘事上表面的「分化」與內在的「走根」，又像田鼠挖洞，小說外部的間隔與內部的貫通使《雨》不僅在結構上頗具新意，更使其釋放出強大的闡釋張力。於此揭示《雨》中的敘事美學與敘事倫理的緊密結構，展現現代主義美學的技藝。

熊婷惠〈「小說捕獲的只是剩餘」：賀淑芳的零碎敘事策略〉點出賀淑芳的小說具有結尾破碎，極盡描繪生活上的瑣碎，或零碎拼出的各不同女性圖像的風格，這一些看似破碎的說故事方式，都蘊含小說家與語言對話的欲望。而打撈碎片也是一種風格的樹立，一種敘事策略的自覺。

以上十四篇論文，無論是重新梳理特定年代的文學特色、文學語境，又或重訪歷史語境以深入挖掘當時的文化思想，通過特定文學的議題以及文學作品的解讀等，皆涵括了馬華文學當今的重要問題。那不只是再叩問「為何馬華文學」，而是再走前一步追問「如何馬華文學」的思考，希望能藉此論文集擴大馬華文學的對話與交流對象，讓亞際文學與文化成為更實在的真實體驗。

卷壹

民國、冷戰、共同體

馬華身後有一個民國的影子

——試論馬華文學的民國向度

——黃錦樹——

＊本文為作者科技部（國科會）二〇一九年專題研究計畫「馬華文學與民國」(1082410-H-260-029)部分研究成果。

五百年過去後還有五百年
噴射雲中飛不出一隻鳳凰

龍被證實為一種看雲的爬蟲
表弟們，據說我們是射日的部落
有重瞳的酋長，有彩眉的酋長
有馬喙的酋長，卵生的酋長
不信你可以去問彭祖

彭祖看不清倉頡的手稿
去問老子，老子在道德經裏直霎眼睛
去問杞人，杞人躲在防空洞裏
拒絕接受記者的訪問
早該把古中國捐給大英博物館
　　——余光中，〈鼎湖的神話〉(1987)

名士在麻將桌上，英雄在武俠小說裏。
　　——余光中，〈多峯駝上〉(1987)

前　言

在最近的一篇論文〈華文文學：一種民族國家文學？〉裏，我曾指出，中國大陸學界明顯的政治駕馭學術的中國現代文學（一九一七至一九四九）／當代文學（一九四九迄今）之區分，其實蘊含了兩種民族國家文學，前者被視為已完結的中華民國之國家文學，只有短短三十二年；後者迄今已七十年，這個「當代」，甚至可能會延續數百年。這樣的區分在學術上當然是非常離譜的，雖然它有意識型態上的合理性。對於並非身在中國大陸學術體制內的學者當然應該質疑、挑戰它，[1] 因為它會妨礙思考。

如果我們以馬華文學為出發點，跳過中華人民共和國，可以看對馬華文學都有重大影響的兩個階段的民國：一九四九年前的大民國和一九四九年後的小民國。眾所周知，孫中山肇建民國的過程中大量動員海外華僑，從香港越南緬甸迄星馬、美國，「華僑為革命之母」並非空洞的口號，星洲之晚晴園作為南洋的根據地，及檳城的「裕榮莊」及所謂的「庇能會議」的革命籌劃（張少寬 2004），南洋華人的大量捐款，甚至捨命廣州。這是星馬華人和民國的起源關係，那關係是歷史的，華人史，和馬華文學關係不大。[2]

一九四九以後，當然就是「中華民國在臺灣」這冷戰格局裏倖存的政權，因僑教政策而催生了另一支馬華文學——無國籍華文文學。

本文以莊華興的民國遺址論為切入點，思考馬華文學與民國的特殊的關聯，文學的，歷史的，美學的，意識型態的。

1　關於民國文學，近年張堂錡等頗費了番功夫重新建構這對人民共和國而言相當敏感的名稱。王德威等編的《哈佛現代中國文學史》更全面突破這離譜的區分、區隔。

2　即便我們想超出新文學視野來談馬華文學，慣常追溯至的黃遵憲、康有為並不屬民國陣營，人家可是維新保皇派。

壹、民國遺址？

幾年前，莊華興突發奇想，發明了「民國遺址」論，指的是一九五六年後，接受亞洲基金會資助，從香港南下馬來半島，創辦《蕉風》，倡導純文學，其後更延伸向教科書市場的友聯出版社的文化活動。用莊華興的原話：

> 香港友聯旋於一九五四年在新加坡設立分部，出版中文出版物和文學雜誌，民國文學終於在海外建立起基地，它在馬華文學發展過程中的五〇年代中期至六〇年代末期，構築了一道奇特的文學風景，筆者把它稱為「馬華（民國）文學」。

> 馬華身後有一個民國的影子，在五〇、六〇年代紛擾的時代背景中，它隱身並主導馬華文學的文教發展約二十年，也為現代主義登陸馬華文壇扮演著導航的角色。（莊華興 2015）[3]

莊華興把一九四九以後因不認同中共政權而移居香港的文化人所代表的文化、政治理想都貼上「民國」標籤，那他們在冷戰的年代銜命南下所從事的文教活動，自然就是「馬華（民國）文學」。雖然華興把它限縮在一九五〇至一九七〇的二十年間，把它視為「遺址」。但他可能沒有意識到，依這樣的論述邏輯，包括南洋大學、獨中、華小、甚至華文

3　華興的論述相當魯莽，充斥著邏輯謬誤，但相當有想像力。當然的預設了左翼文學是更具正當性的，也假設它們更能「反映現實」、更具抵抗性——相較於被他指控為冷戰意識型態的「為文學的文學」。那樣的預設當然是站不住腳的——不過是反映了冷戰意識型態的另一面。中共統治下對文學的嚴密控制是最好的例證，尤其一九五〇迄文革結束的一九七七年那十七年間，文學只能呼應官方宣傳。詳細的狀況可參考《紅潮》一書。另一方面，他也把「民國」單一化了。把反共、自由主義、復興傳統中華文化、為文學而文學等揉和為他想像的民國特性，而發明了「民國遺址」。其實，中國共產黨成立於民國十年，如果不把民國和國民政府劃上等號，我們可以說，有反共的民國，也有容共的；有擁護傳統文化的，也有主張全盤西化的；魯迅、郁達夫、徐志摩，都是民國的不同風景。而如此單一化「民國」，只能說是論述的需要，偏見所致，冷戰思維，不能太當真。

報在內的種種，都可說是「民國遺址」，它們的建立甚至和民國政府有直接或間接的關係。譬如五〇年代後成立的，不論南洋大學還是馬來亞大學的中文系，一直到近年，華校教科書和師資培育，都和偏安臺灣的國民政府的教育部和僑委會還有直接的關係。[4] 依那樣的邏輯，甚至是整個的近代華人文化，都可以說是一種民國——華人作為近代的產物，從民國的創始，到民國的國運在大陸終結，短短四十年間，從作為「革命之母」被動員，到為抗戰捐款、作為南僑機工為「祖國」犧牲。那華興沒算進去的四十年間的華人文化，依其邏輯，當然是非常的「民國」——排除了毛主義，峇峇文化，及佛道儒之類有限的傳統文化。

如果認真思考整個南洋華人近代以華語—華文為重心的文化之形成，確實可以重新把「馬華身後有一個民國的影子」當成一個值得思考的問題。自晚清以來，文學的生產和流佈都相當依賴新興印刷媒體，民國肇建後，國語之發明，現代普及化之國語文教育、白話文寫作之大力推行，現代文學範本的出現，此後一直是馬華文學不知疲倦的模仿對象。新式教育栽培起來的文人之大量南下，之為馬華文學創始世代的寫作者。甚至整個華文教育，都是仿照中華民國創建的，都可說是民國遺產。即便箇中左派，也是民國產物。人民共和國的極權主義容不下任何質疑的聲音，更別說組織。

華人史的專家業已論證，近代早期的南洋華校基本上是方言學校，華人的羣體劃分以方言羣為主，它實體化為方言會館（或兼具宗祠，信仰（廟宇），職業功能）。戊戌政變後康有為等保皇派流亡海外，為廣維新運動而考量用官話作為共同語來超越方言羣間的隔閡，之後的革命派在朝向建立中國現代民族國家的過程中，一樣必須以共同語來超越方言隔閡，那既具體化於新式小學（及後來的初中、高中）中（鄭良樹 1999）， 也具體化於報刊雜誌（安德森 [Benedict Anderson] 所言的「印刷資本主義」）(Anderson 2010)，但最關鍵的還是中華民國肇建後隨之而來的新文化運動，作為現

---

4 教科書近年已委大陸編彙。

代民族國家之中華民國的國語、國文之創建，作為一種世俗化的形式，降低了學習門檻，且易於流佈。這一民國的自我認同機制，到了南洋之後，成為華人的自我認同機制，一種現代的、前所未有的（相異於祖籍、方言）機制，華校便是那樣的再生產機制，即便在東南亞諸國獨立後，在華人被迫選擇在地國籍後（一九五五年萬隆會議後）。這也是華文文學成立的意識型態背景。即便三〇年代以後主導馬華文學的是左翼革命文學思潮，那也是民國的產物。可說是民國自我意識之分裂，分裂出一個激進的自我作為他者，到了幾乎毀滅了它。一九一九至一九四九的三十年間，說殖民地星馬華人之現代文化生產，那「馬華身後有一個民國的影子」應非虛言。這問題過往都用「中國影響論」籠統帶過去，[5] 沒有進一步追問是哪一個中國？當中華人民共和國收編了民國左翼並自居為「一個中國」的當然代表之後，民國更理所當然的被棄之如敝屣。

我們也容易忽略，一九三八年南下新加坡的郁達夫，是相當具有代表性的民國作家。南下後，集中心力為抗戰做宣傳而撰寫了大量政論，企圖捍衛的，不就是那個存亡已深受日軍威脅的中華民國？郁達夫的小說即便在他活著的年代對馬華文學有影響（這影響也不宜高估，郁達夫南下時已是革命文學的年代，〈幾個問題〉即是答覆左翼青年的），也已煙消雲散。他沒有活到中共建國，生是民國人，死也是民國鬼，即便是死在國土之外。

生於晚清，在郁達夫南下前兩年逝世、對星馬文青影響超越所有五四作家的魯迅，更不用說，也是民國文人。一直被視為左翼巨擘的魯迅，他的南洋子弟們多半也會刻意忽略

5　方修 (1970) 把中國文學的影響分三個時期，馬華舊文學時期 (1815-1919)；馬華新文學時期 (1919-1949)；五十年代以後 (1950-1970)。這第二個時期竟無一字提及民國。方修談到這時期的「中國影響」首先竟然是「接受中國建康文學思潮的傳播」，反帝反封建，及一九二七年前後的革命文學思潮、一九三七年間的抗戰文學思潮，文藝大眾化等。而其時「一些病態的，反進步的文學思想，如甚麼『象徵詩』、『民族主義文學』、『幽默文學』等等，都沒有被接受過來」(43-44)。楊松年 (2003) 編的選集就不乏象徵詩。但在方修的左翼文學史之眼凝視下，整個民國都只剩下左的。

他是典型的民國產品——相較於中華人民共和國蘇維埃體制對思想上層建築的苛刻嚴峻肅殺，即便有各式各樣的迫害查禁追捕，民國的相對自由造就了魯迅。雖然那些南洋追隨者只學到他的雜文和攻擊性，暴力和不容情面，沒有留下甚麼像樣的文學遺產。[6] 莊華興也許不願意承認，如果有甚麼民國遺址，魯迅和郁達夫都是，雖然都像是廢墟。

但華興以中華人民共和國建國後的二十年間，以一九六九年五一三事件為斷點，劍指友聯與《蕉風》之接受美援與以自由主義為圭臬的現代主義（「為藝術而藝術」）；以對當代垂死的左翼的懷舊召喚，想像不被自由主義挑戰年代的革命文學一統的年代才是馬華文學的黃金時代。但一九四九以後的二十年間，星馬的彼時的文學場域而言，還是革命文學（所謂的「現實主義」）的「黃金時代」（雖不見得能留下甚麼傳世之作），友聯等並不具絕對優勢，相對於左翼的好戰，[7] 很多時候其實居於守勢。「隱身並主導馬華文學的文教發展約二十年」（莊華興 2015）未免誇大。中共建國後雖然星馬殖民政府對中共出版品嚴加管控禁止入口，但實際上紅潮並無法真的禁絕，文革爆發後更是野火燎原。[8] 莊之所以會有這樣的論斷，是用歷史的後見之明「倒過來看」，因為革命文學實質上的反文學（政治正確凌駕一切），輕視文學本身的經營，徒以政治正確竊合文學之名，讓它理所當然不易留下傳世之作，以致作品缺席。時過境遷之後，在紅潮烈焰當下默默經營的現代主義文學（即便不標榜任何主義，只要投注於文學自身，就會被左翼歸類為現代派、頹廢派，即是他們的敵人——連這歸類，也抄自彼時大陸學界），若干精品留了下來，那是我們用當代的文學標準重新估價的結果。如果你問的是老左（如《爐火》那批遺孽），他們還是會說那些現代派作品是垃圾，長命的中共意

6　對魯迅雜文遺產的正面討論見莊華興 (2016)。

7　他們愛用的雜文，和論文是不同的，其長處並非分析，而是謾罵詆毀。

8　參見朱成發，《紅潮：新華左翼的文革潮》（新加坡：玲子傳媒公司），2004。

識型態應聲蟲馬華現實主義才是主流。[9] 這種幾乎不可調和的分歧，似乎是大馬華人意識型態上的國共之爭的延長賽。

　　同樣的，我們習慣於忽略，或許不認為重要，或許沒注意到，馬華文學是有國籍的，但這國籍是個反諷的存在。原以為會被歸屬為國家文學，幾十年的掙扎後，才發現它其實是非國家─民族文學 ，「成為國家文學」乃成為它未了的欲望。在一九一一迄一九五七那四十六年間，方修馬華文學史論述預設的新文學時空，星馬屬英殖民地（除了那三年八個月），而作為現代國家的中國，歷經從中華民國到中華人民共和國的轉換。華人的身份，也歷經從華僑到華人的轉換。被迫在中國與在地之間做選擇以取得當地的公民權、國籍之前，那實體的中國，如果不是民國，就是人民共和國。學習、模仿中國新文學而逐漸成長起來的星馬華文文學，文學場域內的論爭也難免重演左右之爭，及照搬中國文學場域內的各種議題（時人謂之「搬屍」），沒甚麼思想，一切都是模仿借取。所謂的主體性，自有馬華文學（馬華文藝、南洋文藝）以來就不過是在地認同、本地風光，沒有更多的東西。甚至所謂的「馬華文藝獨特性」也是個政治概念，不是美學的。

　　有趣而難免荒謬的是，把一九六九年五一三之後視為「馬華（民國）文學」的結束（或可表述為「後馬華〔民國〕文學」）。[10] 但如果我們認真考慮這一歷史事實：一九四九以後，國民政府遷臺，民國只剩臺灣；一九五七年前後，重啟僑教政策，以中華文化／文化中國為號召，很快的就有留學生在臺灣寫作──在「自由中國」寫作──其實應正名為在民國寫作。如果要和一九四九以前的民國做區隔，可稱作在小民國寫作。即便從一九六〇年算起，迄今，也有將近六十年的歷史，幾乎和「有國籍的馬華文學」的歷史一樣長。換言之，其實和莊華興的表述恰恰相反的是，那是「馬華（民

9　見駝鈴〈馬華文壇的現狀〉，《駝鈴漫筆》（吉隆坡：燧火出版社），2015。

10　依這樣的表述邏輯，作為它的對立面的馬華現實主義是不是可以命名為「馬華（人民共和國）文學」？

國）文學」的又一度開始，甚至可以說是真正的開始，因為這支馬華文學深深的進駐到民國的傷停時間裏了。

當我們用「在臺馬華文學」或「留臺」這樣的表述時，箇中的「臺」或「臺灣」理所當然是個地域概念，理所當然忽視這「臺灣」是中華民國這民族國家僅剩的國土。[11] 為甚麼理所當然的忽視呢？因為，民國這符號彷彿無關痛癢，忽視它是理所當然的。稍微認真想一下，留臺所依循的僑教政策管道，對大馬「僑生」而言似乎是不名譽的，這不名譽感來自兩方面的壓力。一是持大馬護照有馬來西亞國籍的「僑生」，多少意識到「僑生」身份預設了以中國為祖國，土生土長的地方被稱做「僑居地」，父輩的身份被還原為「華僑」，直接碰觸到國家認同的敏感神經。[12] 需要這留學管道，又嫌惡它的「祖國」預設。另一方面，不知道甚麼時候開始，本地生看待僑生，就像我們看待種族固打制下的馬來人。就如同這民國倖存於冷戰之下一樣，這樣的僑生也是一種歷史錯位的產物。

林婉文（馬尼尼為）在〈我的美術系少年〉描述：「我讀師大美術系的時候。班上沒有一位臺灣同學和我說話。四年下來，一句話也沒說過的同學很多。就算十年過去。這班同學都比便利店店員更令人陌生」（馬尼尼為 2018），可能很多臺灣頂尖國立大學熱門科系的僑生都經歷過，因為那即便是非常優秀的本地生也得非常努力才擠得進去。唸文的有不同的壓力，單是「怪腔怪調」的華語、發錯音、寫錯別字，就容易增強格格不入感。不少僑生應該都經歷了自覺把腔調調得「標準」，把華語調整為「民國國語」。寫作時，把華文微調為「中文」。

另一方面，國民黨政府有意識地操作祖國認同，在諸多沒本地生的場合，喜歡強調僑生是「回娘家」，而若干受影

11　當然，你也可說我這樣的表述忽略了澎湖、金門、馬祖。

12　因此，二十多年前我就曾撰文討論「僑生」身份問題。見《大馬青年》第8期(1990)僑教專輯的三篇文章：〈僑生稱謂之再探討：與曾慶豹商榷〉（頁16-21）、〈「僑教政治」中的「政治傳播」〉（頁22-29）、〈大學神話與大學生神話〉（頁30-38）。

響而再中國化的僑生，則直接接受臺灣為中國（比「民國」大得多的想像實體），不會特別注意到它是「民國」（比「中國」更具歷史意味，更當代，更有限，甚至有點不堪），那樣的論述和召喚，都有利於漠視民國在臺灣這可悲的現實。

我們刻意忽視的這個民國，在臺灣政治解嚴後迅速趨於垂死。所謂的臺灣主體意識，臺灣價值，臺語，想像的國族打造，本省人／外省人的敵我劃分，使得「在臺馬華文學」中那理所當然的「臺」，已不單純是個地域概念，它已非常政治。比外省人還「外」的前僑生或老僑生，不管入籍與否，在那想像的國族文學裏，當然沒有位置——這一點，和這島嶼民國何其相似。一種歷史錯位。

這被稱做「在臺馬華文學」的鬆散羣體，既然有人不喜歡被歸入「馬華文學」，「民國」會是個比「臺灣」更妥當的公約數嗎？

貳、「馬華（民國）文學」？

一、終結流亡？

五一三之後，大馬國家文化備忘錄提出後，馬華文壇曾有過一番「馬華文學是否是流亡在大馬的中國文學」的困惑，[13] 雖然問題由賴瑞和提出，但可視為天狼星詩社和神州詩社的共同感受。天狼星詩社成立伊始就相當明顯的向中華民國的現代主義學習，甚至詩社名「天狼星」還是直接取自余光中的長詩〈天狼星〉。溫任平本身在盛年努力經營仿古的中國意象、中國情調，在華教危機、華教復興運動的背景裏，高唱流放、自比屈原，文學品味，從創作到評論，均努力模仿某方面的余光中，[14] 甚至余氏的現代中國流放意識，中國情懷。整個詩社可以說是民國—臺灣中國性現代主義的

13　討論見黃錦樹，〈後五一三時代的「一個大問題」：馬華文學作為流亡文學？〉，「後五一三馬來西亞文學與文化表述」國際會議，13-14 May 2019，國立中山大學人文研究中心，高雄。

14　詳李樹枝，《余光中對馬華作家的影響研究》，博士論文，2014，金寶：拉曼大學中華研究院，第三、四、五章。

一個微縮版。溫任平雖然不是留臺人，在詩社的全盛時期，卻比留臺人更留臺——比民國人更民國——更心向偏安中華民國的「傳統中華文化之發明」的意識型態。

視馬華文學為中國文學之支流的溫瑞安，更進一步把古典中國意象進一步浪漫化為武俠江湖，著力發展武俠小說與武俠詩，並身體力行的演化為文學的行動主義。從天狼星詩社 (1973-1989) 到神州詩社 (1976-1980)，可以說是同一個故事的兩個階段，後者甚至直接到彼時島嶼民國的行政中心臺北，直接扮演「士」，對應於彼時鄉土文學論戰中的臺灣，表現得似乎比其時大部分臺灣努力美國化的文青更為中國，過度的自我戲劇化。[15] 但整體而言，詩社文學成就並不算高。即便溫瑞安很有天賦，但作品多急就章，且好舖張，過於依賴才氣，並不深刻。最好的作品多完成於高中與大學之間，難脫文青的多愁善感，或自我膨漲。

神州詩社的文學作品及行動都可說是「馬華（民國）文學」最極致的版本，竟成了彼時民國意識型態的護衛。整體上是首悲哀的青春之歌，是連串歷史錯位的產物——大陸毀滅性的文革，大馬的華教危機，民國臺灣的冷戰與戒嚴、白色恐怖、文學本土主義的興起等。嘲諷的是，和大馬本土陷於衰疲的現實主義類似，文學本身陷入了困境，甚至是被「為中國做一點事」犧牲了。那自詡千里哭龍的大馬青年，在民國的政治淺灘受困數月之後，自我放逐於香江。告別民國後，詩亡於自憐，武俠江湖倒成了獲利頗豐的產業。

真正有突破性的理論意義的，還得等到一九八六年李永平的《吉陵春秋》。

二、見山不是山

李永平的寫作反映了垂死的民國本身的精神狀態。[16]

15　詳我的〈神州：文化鄉愁與內在中國〉(1991)。

16　李永平的部分，有千餘字取自發表過的為李永平定調的短文〈遺作與遺產〉，宣讀於「婆羅洲來的人：臺灣熱帶文學」座談會，29 Sept. 2018，紀州庵文學館，臺北，後刊登於《聯合文學》第 409 期，頁 88-89。

在留臺馬華文學的系譜裏，李永平是比長他幾歲的星座詩人更重要、更有成就的寫作者（溫任平也長李永平三歲）。雖然李永平一直不情願被歸屬為「馬華作家」，過去我們還是只能姑且在這脈絡裏談他的文學作品，但他更正確的位子或許是民國文學。戒嚴冷戰時代，在自由中國寫作；解嚴時代，在島嶼寫作。國籍身份歸屬是中華民國。不管情不情願、自覺不自覺，李永平都難以逃避的被捲入身份的困擾。他的寫作歷程，在在的見證了這一點。箇中關鍵正是語言的選擇。所謂的見山是山／不是山，其實還是語言問題。

在晚年的談話裏，李永平 (2017) 首次談到他語言上的困境，在一開始寫作時就遇到了。[17] 他的表述有兩段是之前未曾談及的，是他赴臺前的歷史。高一那年，來自中國北方的華文老師針對他習作的語言批評說，「可是你那個語言怪怪的，不是地道的中文，不是純正的中文，帶有奇特的、讓人不舒服的南洋風味」（李永平 11）。老師建議他讀魯迅、茅盾、老舍的小說。他以此創造了一種「滿有北方風味，比較純正的華語」來講述伊班人的故事，投稿報紙時卻被退稿，副刊編輯還寫了封信罵他：「你聽誰的話，要用一個你欣賞的語言，所謂純正中文，來講一個發生在南洋的故事。這是很糟糕的行為，你這是造假。你知不知道，你如果要成為真正的南洋作家，你一定要用我們婆羅洲使用的華語，來講述婆羅洲的故事」（李永平 11）。經過一番調整之後，李永平寫了歌頌族羣和諧的《婆羅洲之子》，那是他蝌蚪時期的寫作。之後來臺，寫了〈拉子婦〉。其時臺大外文系主任，文壇泰斗顏元叔批評他的中文「怪怪的」，建議他把中文「調整一下」。他認真地聽了，通過細讀幾部中國經典章回小說，「用我自己塑造出來的中國北方語言」（這倒很符合胡適「文學的國語、國語的文學」的指示），完成了《吉陵春秋》，大獲好評。

這時是見山是山呢，還是見山不是山？

17　李永平談話原發表於「馬華文學高峯會：李永平 vs. 黎紫書」，26 Nov. 2016，馬來亞大學中文系，吉隆坡。

李永平之所以走向純正中文，不止是因為他說的顏元叔名氣大、「是文壇的重將」；更根本的還是因為，那時的臺北文壇，基本上是由一九四九以後隨國民政府南渡的外省移民掌控的「自由中國文壇」，以標準語（民國國語，純正中文）寫作方可能受到充分的肯定，方符合主流意識型態。「怪腔怪調」會被看做是次一等的，外部之人（就像彼時的臺籍作家，中文也得被標準化，最著名的例子如黃春明），這當然是經過慎思之後的選擇。雖然李永平在那次對談的末尾說，他當初不該聽恩師的話選擇純正中文，應該「堅持那種被認為不純正、不道地、具有怪怪南洋風味的華語，以這種華語為基，加以鍛鍊，把這種語言提升到文學的境界，成為文學的語言」。他還說，如果那樣，「今天李永平的地位會更加崇高」。我懷疑那不過是在星馬客場，迎合星馬華人的場面話。

問題在於，一心航向中國的李永平其實不曾「要成為真正的南洋作家」，而「要成為真正的南洋作家」是否必須「用我們婆羅洲使用的華語，來講述婆羅洲的故事」則是另一個困難的實踐問題。選擇航向中華民國，也就注定了他文學上的最高成就只能是《吉陵春秋》。

《吉陵春秋》出版時，由余光中為其撰寫推薦序（多為作者親自邀請，或由出版社出面），余氏其時五十八歲，雖然創作在五十過後開始已走下坡，但仍是彼時自由中國文壇名望最高的詩人學者之一，幾乎可說是最民國的作家（強烈的中國意識，擅於調度古典中國資源，詩、散文、評論成就均高），有頗高的鑑賞力，精熟新批評的分析技巧，確是撰序的不二人選。那篇完美展現新批評長處的〈十二瓣的觀音蓮〉(1986)，仔細分析了《吉陵春秋》的特色、長處，「時空背景不很明確，也許是故意如此。……可以推想該是民國初年，也許就是《邊城》那樣的二十年代。但是從頭到尾，幾乎沒有述及甚麼時事，所以也難推斷。在空間上，《吉陵春秋》也似乎有意曖昧其詞。就地理、氣候、社會背景、人物對話等項而言，很難斷言這小鎮是在江南或是華北」（余光中 1986:1）。雖然多年以後對李永平的故鄉砂勝越古晉略

有認識的讀者都知道，小說中的萬福巷、棺材街等確有其地，但不知道其實也沒有關係，知道了對理解小說也沒甚麼幫助。余光中的觀察是準確的，這部小說的特殊之處首先在於它把時空背景的具體參照去除。切斷婆羅洲歷史地理的聯繫，讓讀者沒有背景負擔，藉此營造出一個適宜新批評閱讀的純文字空間。「沒有述及甚麼時事」（余光中 1986:1）一旦涉及時事，時間就被標定了，即便那是小說；「很難斷言這小鎮是在江南或是華北」，為甚麼斷定它是在中國境內呢？因為它是以絕無一點歐化色彩的「純正中文」構成的：「作者顯然有意洗盡西化之病，創造一種清純的文體，而成為風格獨具的文體家。……他的語言成分罕見方言，冷僻的文言，新文藝腔，卻採用了不少舊小說的詞彙，使這本小說的世界自給自足地定位於中國傳統的下層社會」（余光中 1986:7）。余的辨識全然依賴於文本，由那樣純粹的中文織就，不涉非中國符碼（「不見馬來人和椰樹，而人物的對話也和臺語無關」），小說寫的是底層的人的恩怨情仇，當然只能是中國。再如其敘事手法不重情節的直線展開，「而是反彈與折射」；擅於營造氣氛與懸宕，其戲劇性以省略和留白替代說盡，即便是小說，卻「抒情多於敘事」。主題內容上認真思考罪與罰，但採用的文學技術毋寧接近抒情詩，以之調節戲劇化。這是一個自足的純文學空間，「書中的人物只在吉陵鎮與坳子口之間過日子，……在『現實』的意義上，這是個絕緣的世界」（余光中 1986:2）。「馬華（民國）文學」走到這一步，才算建立了一種典範，成功的擺脫背景。這樣的建構，作者全然退隱到作品之後，如新批評先驅艾略特的教誨，作品作為客觀對應物，自足的呈現。

　　然而，那得付出相當的代價。經營「一個絕緣的世界」，一個純粹的、文字的中國，即便一時得到承認，也已然犧牲了更為廣闊的視野。如果選擇相反的策略，可能又會被責怪不入境隨俗，以前是不夠中，而今是不夠臺。

　　《吉陵春秋》後，李永平沒有沿襲既有的路徑，《海東青》直面其時當下的民國處境，那此時此地的現實。不再和現實絕緣，方言土語回來了，古語被採用了，時事顯現（青

少女失蹤，日本老嫖客無處不在，日軍侵華的記憶……），外省老榮民，臺籍母親，甚至「我」（靳五，南洋華僑，大學外文系教授）也現身了，痛苦的在即便進行系統符號置換也不難辨識的、發達資本主義下物欲流至觸及作者道德底限的民國臺北。但這部野心之作換來的是更多沈默——學界和文壇都不領情。那之後，別無退路的李永平被迫痛苦的面對歷史的尷尬存在。

在民國這艘注定要沉沒的破船上寫作，本來就是件困難的事。在海東民國的寫作征途上，他是隻衰老疲憊的公馬。身為永遠的異鄉人，他被分派的位置，終究只能是「見山不是山」。那樣的選擇性自我隔離（和臺灣文壇及馬華文壇），且一直不滿於被僅止歸類為「馬華作家」，不知他是否比較喜歡作為「馬華（民國）文學」的代表，還是會更喜歡「民國（砂華）文學」（相較於「民國〔馬華〕文學」）這樣子的表述？

三、揚棄「馬華文藝的獨特性」？

在九〇年代當我們開始思考「旅臺文學特區」或「在臺馬華文學」即留臺馬華文學史時，這支文學不過只有三十多年的歷史，作品的累積並不多，也欠缺理論反思，但已經歷了「中國化」的時期。[18]臺灣政治解嚴，承擔兩蔣威權之罪的民國也隨之被除魅。當我們如是命名它時，意謂著有意識的要把它從自由中國文學（自居「中國文學」）裏分離，而那之前的留臺寫作者，巴不得作品被承認為「中國文學」。這支文學對對民國—臺灣的意義還有待估定（雖然我們曾把它命名為臺灣熱帶文學，但也可能只是被視為聊備一格的異國情調而已，那是臺灣學術社羣的工作），而我們，卻必須判斷它對馬華文學及馬華文學史的意義。

我開始思考這問題時，把它放進典律形成的脈絡，但那時還沒能把問題看得很清楚，〈馬華文學的醞釀期？：從經

18　見張錦忠，《關於馬華文學》（高雄：國立中山大學文學院），2009。

典形成，言／文分離的角度重探馬華文學史的形成〉(1991)
只原則性的談文學語言等的經營；[19] 十多年後寫〈無國籍華
文文學〉(2006)，概要的分析了旅臺寫作者不同的書寫策略，
其中張貴興、陳大為、鐘怡雯的策略都是「美學化」。[20] 又
過幾年發表〈近年馬華文學超越既有視域的一種趨勢：若干
個案的討論〉(2013)，[21] 以若干深受臺港陸當代文學影響的
馬華新生代之企圖超越「馬華文學既有視域」，也即是超越
以「此時此地的現實」為對象的馬華現實主義視域。這其實
即是「馬華（民國）文學」的意義，最早的範本即是李永平
的《吉陵春秋》（自律美學之完成），接著是張貴興的《賽
蓮之歌》、《群象》、《猴杯》等，及晚近陳大為的某些詩，[22]
其策略是降低背景負擔（預設的在地知識盡可能低），讓作
品成為相對自足的美學客體。但降低背景負擔的同時，也就
意味著不再可能被歸類為本土，或寫實。是不是可以說，也
就意味著告別了「馬華文藝的獨特性」？

在民國—臺灣的寫作者，遠離大馬革命文學的環境，不
必承受「反映此時此地現實」的壓力，[23] 在相對自由的環境
裏寫作（即便時有「為甚麼不寫臺灣經驗」的愚蠢呼求），
依文學自身的邏輯，或回應民國—臺灣的學術場域，要超越
或揚棄「馬華文藝的獨特性」應該是輕而易舉的事。

然而，究竟甚麼是「馬華文藝的獨特性」？

「馬華文藝的獨特性」論爭，目前很清楚，關涉的其實
在馬共與中共之間路線之爭，[24] 不純是文學問題。秋楓（中

19　黃錦樹，《馬華文學：內在中國、語言與文學史》（吉隆坡：華社資料研
　　究中心），1996。

20　黃錦樹，《華文小文學的馬來西亞個案》（臺北：麥田出版），2015，頁204。

21　收錄於《中文人》no.13 (June 2013)，頁 23-37。

22　討論見黃錦樹，〈「滿懷憧憬的韵母起義了措詞」：遲到的說書人陳
　　大為和他的「野故事」〉，《中山人文學報》no. 40 (Jan. 2016)，頁 63-
　　80。

23　對李永平、張貴興這兩位出生、成長於婆羅洲的寫作者而言，本來就與星
　　馬的泛左風氣區隔的。

24　二〇一八年出版之《緬懷馬新文壇前輩金枝芒》收有「馬華文藝獨特性論
　　爭文章選編」十篇相關文字。

共黨員吳荻舟之化名）被認為相當公允的總結〈關於「馬華文藝的獨特性」的一個報告〉寫得很清楚：「馬華文藝獨特性的提出，目的是希望作家多注意此時此地的革命現實，多寫此地的革命現實，配合此地的革命的要求」（秋楓 243）。

「此時此地的現實」並非一般現實，而是「革命現實」；寫作不是為了別的甚麼，是為了「配合此地的革命的要求」。而我們過往的討論，都傾向於忽略它的政治訴求，朝向比較純粹的文學理論問題。[25] 即便是那樣，它也是個貧乏的綱領，一種偽本質論，用以區分馬華文學／非馬華文學。[26] 作為藝術風格的「馬華文藝獨特性」必須回到個人，回到作者，回到作者論。前提是，那些作者必須遠遠超越平均質，自成家數。而馬華現實主義著重的相對而言是集體。八十多年來，並沒有創造出多少具馬華文藝獨特性的作品，完成的其實是馬華文學的平庸性。

結　語

「馬華（民國）文學」的意義，就是讓文學重新找回自己。

如果不深究，不會發現馬華文學和「民國」的關聯如此之深。不論是一九四九以前擁有廣大國土的「大民國」，還是一九四九之後偏安臺灣島、冷戰下的「小民國」，都對馬華文學有深刻的影響。前者直接關涉馬華文學的起源、主體形成、再生產機制等，後者則是提供左翼革命文學之外的另一種選擇。藉由留學、文學獎、出版等機制，讓部分馬華文學作品的水平提昇至可以和「中國文學」比肩並列，甚至可以回頭質疑「馬華文藝獨特性」的效度。

25　張錦忠的討論見〈過去的跨越：跨越一九四九，回望一九四八，或，重履「馬華文藝獨特性問題」〉，收錄於張錦忠（編）：《離散、本土與馬華文學論述》（高雄：國立中山大學人文中心），2019，頁 123-140。

26　黃錦樹，〈「此時此地的現實？」：重探「馬華文藝的獨特性」〉，《華文文學》no.145 (Feb. 2018)，頁 26-34。

徵引文獻

Anderson, Benedict [班納迪克・安德森] (2010)《想像的共同
　　體：民族主義的起源與散布》(*Imagined Communities:
　　Reflections on the Origin and Spread of Nationalism*)，新版。
　　吳叡人（譯）（臺北：時報出版公司）。

方修 (1970)〈中國文學對馬華文學的影響〉。《馬華文藝思
　　潮的演變》（新加坡：萬里文化企業公司），40-47。

黃錦樹 (1996)〈馬華文學的醞釀期？：從經典形成，言／文
　　分離的角度重探馬華文學史的形成〉[1991]。《馬華文
　　學：內在中國、語言與文學史》（吉隆坡：華社資料研
　　究中心），27-54。

黃錦樹 (1998)〈神州：文化鄉愁與內在中國〉[1991]。《馬
　　華文學與中國性》（臺北：元尊文化），219-298。

黃錦樹 (2013)〈近年馬華文學超越既有視域的一種趨勢：若
　　干個案的討論〉。《中文人》no.13 (June): 23-27。

黃錦樹 (2015)〈無國籍華文文學〉[2006]。《華文小文學的
　　馬來西亞個案》（臺北：麥田出版公司），167-206。

黃錦樹 (2018)〈「此時此地的現實？」：重探「馬華文藝的
　　獨特性」〉。《華文文學》no.145 (Feb.): 26-34。

黃錦樹 (2018a)〈遺作與遺產〉。《聯合文學》no.409 (Nov.):
　　88-89。

黃錦樹 (2019)〈後五一三時代的「一個大問題」：馬華文學
　　作為流亡文學？〉。「後五一三馬來西亞文學與文化表
　　述」國際會議，13-14 May，國立中山大學人文研究中
　　心，高雄。

李樹枝 (2014)《余光中對馬華作家的影響研究》。博士論文，
　　拉曼大學中華研究院，金寶。

李永平 (2017)〈代序：我的故鄉，我如何講述〉。高嘉謙
　　（編）：《見山又是山：李永平研究》（臺北：麥田出
　　版公司），9-20。

馬尼尼為 [林婉文] (2018)〈我的美術系少年〉。《自由時報》，
　　23 Sept. (art.ltn.com.tw/article/paper/1234140)。

秋楓 [吳荻舟] (2017)〈關於「馬華文藝的獨特性」的一個報
　　告〉[1948]。《緬懷馬新文壇前輩金枝芒》（吉隆坡：
　　二十一世紀出版社），241-256。

駝鈴 (2015)〈馬華文壇的現狀〉。《駱鈴漫筆》（吉隆坡：
　　燼火出版社）。

楊松年 (2003)《從選集看歷史：新馬新詩選析（一九一九至一九六五）》（新加坡：創意圈出版公司）。

余光中 (1986)〈十二瓣的觀音蓮〉。李永平（著）《吉陵春秋》（臺北：洪範書店），1-9。

余光中 (1987)《天狼星》（臺北：洪範書店）。

張錦忠 (2009)《關於馬華文學》（高雄：國立中山大學文學院）。

張錦忠 (2019)〈過去的跨越：跨越一九四九，回望一九四八，或，重履「馬華文藝獨特性問題」〉。張錦忠（編）：《離散、本土與馬華文學論述》（高雄：國立中山大學人文中心），123-140。

張少寬 (2004)《孫中山與庇能會議：策動廣州三、二九之役》（檳城：南洋田野研究室）。

鄭良樹 (1999)《馬來西亞華文教育發展史》，第一冊（吉隆坡：馬來西亞華校教師總會）。

朱成發 (2004)《紅潮：新華左翼的文革潮》（新加坡：玲子傳媒公司）。

莊華興 (2015)〈戰後馬華（民國）文學遺址再勘察〉。《當今大馬》，2 June (www.malaysiakini.com/columns/300401)。

莊華興 (2016)〈冷戰年代與魯迅紀念的兩面性〉。《當今大馬》，1 Aug. (www.malaysiakini.com/columns/350731)。

自由世界的文化長城

馬來亞學友會的社羣想像與認同形構（一九五五至一九六九）

—— 王梅香 ——

* 本文主標題出自於劉國堅填詞、林挺坤作曲的「學友會會歌」，最後一句「永為文化長城」，揭示學友會在馬來亞擔負的文化使命。本文得以完成，感謝所有學友們（田野報導人），他們的生命故事是這篇文章的血肉和精神來源。受訪者皆以化名顯示，文中直接書寫本名者，皆為公開的次級資料，特此說明。文中若有任何錯誤或疏漏之處，概由筆者負責。

前　言

　　一九五四至一九五五年間，香港第三勢力「友聯」主張反共又反蔣，[1] 他們在美國的文化戰略的支持下，帶著傳播「文化種子」的使命抵達馬來亞，進行在意識型態上與共產主義對抗的文化活動，包括邱然、陳思明和余德寬等人。[2] 一九五五年，友聯在馬來亞創辦《蕉風》與《學生周報》，兩份刊物成為戰後馬華現代文學發展的搖籃。一九五六年八月十九日，友聯在馬來亞的金馬崙高原，舉行第一屆生活營

1　一九五一年四月五日，邱然、徐東濱等人在香港創建「民主中國青年大聯盟」，這些集結於香港的第三勢力，主要是來自中國的大學生，學友張漢清稱他們為「南進文青」（張漢清 2019），他們一方面不滿於共產黨統治下的中國；另一方面，也不認同蔣介石所領導的自由中國，在理念與意識型態上，他們更接近美國的價值和思想。因此，他們根據香港商業法，註冊為「友聯文化事業有限公司」（文化界簡稱「友聯」）。香港友聯人的三大主張是：政治民主、經濟公平和文化自由。一九五二年，友聯社出版《中國學生周報》，希望以香港作為文化工作的基地，透過該份刊物影響海外的中國青年。之後陸續有《中國學生周報》新馬版、泰國版、緬甸版和印尼版等。

2　邱然，筆名「燕歸來」，友聯人都稱她為蕉雲，學友則稱呼她為燕姐，北京大學外語系畢業。陳思明，又名「陳濯生、陳維瑲」，中央大學政治系畢業。余德寬，筆名「申青」，北京輔仁大學畢業。

活動，該次活動持續了三個星期，當時來自馬來亞各個「《學生周報》通訊部」的學友們（以馬來亞華人青年為主）齊聚金馬崙，展開一系列的學生活動。《學生周報》生活營的活動從一九五六年開始，直到一九六九年「五一三事件」後結束。同樣地，學友們平時聚會的《學生周報》通訊部，也在一九六九年之後逐漸走向尾聲。

六十三年後，二〇一九年七月，我參加於馬來西亞怡保怡東酒店所舉辦的生活營活動。在相見歡的時間裏，學友們暢談自己的近況，一位學友於活動前一日發生車禍，但仍想盡辦法要來參與生活營；有的學友行動不便，必須以輪椅代步；還有來自世界各地的學友們，包含美國、加拿大、澳洲等國，都不辭千里趕赴一年一度的生活營聚會。在活動的第一天晚會，當我聽到司儀宣布：「唱生活營歌」時，這羣七八十歲的學友很熟稔地拉起彼此的手，彷彿他們仍是十七八歲，然後，以堅定、熱情的聲音唱出〈生活營歌〉：「我們生活在大自然裏，大自然是我們的榜樣……我們的情誼像不枯的泉水，永遠永遠不相忘；我們的抱負像雄偉的堡壘，聳立在馬來西亞的高原上……年青的兄弟姐妹們，讓我們一同工作一同生長一同工作一同生長在這廣闊的大自然裏，緊緊的團結團結團結，來實現我們的理想。」在這一刻，我不禁思考：已經正式解散超過半世紀的學友會組織，在今日已經沒有任何固定的空間作為聚會場所，是甚麼力量讓他們直到現在仍然凝聚在一起？

當我以此困惑向學友們提問時，他們的回答竟然出乎意料的一致：「我們是基於過去非常純真的友情！」[3] 在學友的回答中，有兩個要素值得特別注意：「過去的記憶」和「純真的友情」；前者指向社羣的集體記憶，後者則指向彼此的友誼關係。當我們思索馬來西亞社會中存在的各類社羣，不

---

3 怡保學友張漢清表示：「因為〈生活營歌〉我們相遇了，因為〈生活營歌〉我們有著追求的理想，有著此生永不變的情誼……」他強調學友的情誼是「此生不變的情誼」（張漢清 2019）。吉隆坡學友吳金英也表示，雖然學友會解散了，但是「學友的情誼像不枯的泉水，每年仍有超過百人參加『前緣再敘生活營』，逾半個世紀的濃情永不相忘」（吳金英 2018）。

管是基於地緣的同鄉會（如各地的廣東會館、福建會館），基於血緣的宗親會（例如王氏宗親會），基於過往學習情誼的校友會（例如大馬留臺總會），在其中，「記憶」和「情誼」並不缺乏，但是「學友會」並非基於地緣、血緣或是單一校園因緣而凝聚，即便在一九六九年正式結束之後，學友們分佈海內外，沒有固定的聚會場所，沒有特定的組織和固定的領導人，但是，這一群學友仍然每年聚會，持續至今。因此，延伸出本文的研究問題：「馬來亞學友會社群想像如何可能？」由於此一歷程從一九五六年持續至今，時間跨度較長，故本文先探討「學友會社群形構的第一階段」，亦即一九五六年學友會開始活動，直到一九六九年五一三事件後，學友會被解散為止。

壹、文獻回顧與研究方法

　　為甚麼探討冷戰時期馬來亞華人的學生組織及其如何凝聚是重要的課題？本文認為在研究上具有幾項重要意涵，以下分別就「文化冷戰研究」與「馬來亞文學與文化」進行論述。從文化冷戰研究面向觀察，既有關於文化冷戰的論述中，呈現幾項明顯的發展趨勢，也正是本文嘗試與之對話之處。一、關注美蘇兩國文化冷戰的運作機制，尤其偏重美方的政策和組織，對於美蘇之外的其他東南亞國家，缺乏進一步的深入理解。例如針對冷戰時期美國的國家政策、對外宣傳的研究，如理查德‧T‧阿恩特 (Richard T. Arndt) (2006) 研究二十世紀 (1914-1990) 美國的文化外交史，說明民主、教育、文學和藝術如何豐富美國文化外交的論述，作為培養國際善意的長期投資；肯尼斯‧A‧奧斯古 (Kenneth Alan Osgood) (2006) 從總體戰的觀點分析艾森豪在海外的宣傳戰，從大型活動如和平原子能 (Atoms for Peace)、人對人計畫 (People-to-People)，至宣傳中的美國日常生活等，從不同角度詮釋美國的公共外交。尼古拉斯‧卡爾 (Nicholas J. Cull) (2008) 的《冷戰與美國新聞總署：美國宣傳與公共外交，1945-1989》(*The Cold War and the United States Information*

Agency: American Propaganda and Public Diplomacy, 1945-1989) 這本書，較為完整描述美國新聞總署的公共外交史，被媒體史家視為「USIA 通史」（貴志俊彥等 255）。既有論述奠基於美國國家檔案 (NARA) 等相關資料的挖掘，對美國外交政策與組織進行較為詳盡的描述。

哈佛大學東亞語言文系宋怡明 (Michael Szonyi) 的研究指出，近年來全球的冷戰研究呈現兩大趨勢：一是蘇聯集團的檔案開放，學者們重新評估冷戰時期，但此類研究仍著重軍事史和外交史，如帕屈克·梅傑 (Patrick Major) 與拉納·米特 (Rana Mitter) (2003)，並沒有真正開創「新冷戰史」。其次，一九九○年後的冷戰研究文化轉向，許多學者開始研究文化與社會如何型塑與被冷戰形塑，此方面的研究，仍以美國為最多，蘇聯次之（宋怡明 12）。而本文將視角轉至冷戰結構下的東南亞以及行動者，其意義有二：

一、是冷戰時期地方史的研究：處理全球冷戰下地方社會的日常生活，亦即常民日常的「地緣政治化」，「打破國際關係史和國內社會史之間的傳統界線」（宋怡明 2016:325）；一是從地方社會出發，透過敘事分析，觀察在地居民如何描繪冷戰，深入觀察在地居民如何描述國際政治對其日常生活的影響。在本文的個案中，馬來亞的華人青年如何因為國際文化冷戰的影響而聚集在學友會？馬來亞華人青年在冷戰時期多元種族的馬來亞，如何經歷左右翼的權力運作？將是本文嘗試突顯的面向。然而，本文嘗試指出的是，行動者的認知與文化宣傳之間存在落差，行動者自述以「非政治」(apolitical) 的方式參與學友會。

二、強調冷戰雙方陣營之間的對立面：二元對立的冷戰話語忽略對立雙方的互動與學習。易言之，既有的論述以共產主義 (communism) 和資本主義 (capitalism)、非人性 (inhuman) 與人性 (human)、惡意 (evil) 與善意 (good will)、帝國主義 (imperialist) 與解放主義 (liberationist)、非道德 (amoral) 與道德 (moral)，以及在文學思潮上以寫

實主義 (realism) 與現代主義 (modernism) 等二元對立的概念論述冷戰。然而,在本文中,透過動態活動的分析,可以看到對立陣營之間在文化活動方面的學習與模仿。

總此而言,誠如《前線島嶼:冷戰下的金門》推薦序所言:「隨著研究視角的轉移,學術界不再侷限於單一國家話語或國際外交觀點,轉而注意不同歷史主體對戰爭史的差別看法,以及關注地域社會的微觀歷史 (micro history)」(江柏煒 vii)。本文首先將著重在文化冷戰下美蘇之外的其他國家——馬來亞,其間的行動者如何在兩大國競合中經歷冷戰,從不同歷史主體重新觀察冷戰。此外,過去主流文化冷戰的論述,將左右翼視為二元對立的關係,而忽略彼此之間的互動、模仿和學習,本文指出對立的雙方在意識型態相抗衡,但是在學生活動的策略卻非常類似,這是本文欲進一步探索的面向。

其次,既有馬華文學與文化研究中,主要集中在冷戰時期的靜態活動(如出版刊物)分析,對於「學友會」、「野餐會」和「生活營」等動態活動的討論較為缺乏,因此,本文透過初級與次級資料的交互使用,能夠提供馬華文學與文化另一個觀察的視角。「學友會」正式的全名是「《學生周報》通訊部」,該組織的成立是為了讓具有類似文化立場的在學馬來亞華人學生,能有擁有活動的空間。學友會組織的重要性,正突顯香港友聯在馬來亞發展的特殊性,亦即友聯人在香港一開始並不從事營隊活動,而是他們抵達新馬之後因地制宜發展的結果。[4] 相較於此,目前學界對於香港友聯在馬來亞的文化生產研究成果較為豐碩,尤其是針對《蕉風》

4　在時間上,馬來亞的學生營隊活動(生活營)早於香港《中國學生周報》的第一屆學生營隊(冬令營於一九六二年舉辦),可見馬來亞友聯與香港友聯在文化活動上的互相交流與學習。後來何振亞也針對這點回憶:他說《學生周報》一開始辦活動就辦得相當成功,在香港的時候,友聯文化人不知道怎麼辦活動,但是,到了馬來亞,就是不曉得怎麼辦也得辦,沒想到因此獲得年輕人熱烈的回響,馬來亞的營隊經驗後來再帶回香港,影響香港友聯營隊活動的舉辦(何振亞 22)。

（1955-1999，二〇〇二年復刊）與《學生周報》(1954-1984)[5]兩份刊物的文本分析。在《蕉風》方面，可以分為幾個面向討論：首先，針對《蕉風》刊物本身進行研究。如林春美(2012)〈獨立前的《蕉風》與馬來亞之國族想像〉、賀淑芳(2013)〈《蕉風》的本土認同與家園想像初探 (1955-1959)〉和張光達 (2016)〈當代詩作的變異及其限度：以新世紀《蕉風》的詩作為探討中心〉。其次，聚焦於《蕉風》與新馬現代主義發展的關係。例如：馬崙 (1997)、張錦忠 (2003) 和郭馨蔚 (2016) 等人的論述，主要說明馬來亞現代主義的發展與演變，及其所具備的在地特殊性。最後，部分論者將《蕉風》與新馬現代性再度回歸到中國中心的思維，如蘇燕婷(2009)、潘碧華 (2009) 和金進 (2015) 等人。

在《學生周報》方面，目前的討論主要集中在幾個面向：首先，針對刊物本身的討論，如王梅香 (2016)〈東南亞區域政治下的臺灣文學傳播：以馬來亞《學生周報》為例 (1959-1966)〉，論述該刊為中學生綜合性刊物，其展現的中國性、馬來性篇幅其實遠多於現代文學，即便觸及現代文學，主要集中在臺灣藍星詩社的現代詩，其詩作多為抒情詩，而非明顯具有現代主義色彩的詩作。其次，針對刊物的文學史定位的論述，如「最早宣傳現代主義觀念和吸納現代主義作品的營寨是《蕉風》與《學生周報》」（許文榮 26）；「馬華現代文學大約崛起於一九五九年。那年三月六日白垚在《學生周報》第一三七期發表了第一首現代詩〈蔴河靜立〉」（溫任平 54）。這些論述說明《學生周報》作為戰後馬華現代文學發展的搖籃，及其所肩負的文學教育功能。

然而，對於《學生周報》在新馬所創辦的通訊處，及其所舉辦的各項文化活動，僅能透過文化人回憶錄一窺究竟，這是「馬華文化史」較為缺乏的面向，也是本文嘗試透過初

5　一九五四年十二月十七日，《中國學生周報》「新馬版」在新加坡創刊；一九五五年，香港友聯文化人余德寬於新加坡創辦《蕉風》雜誌。一九五六年，《學生周報》在新加坡出版。一九五八年，馬來印務公司在馬來西亞八打靈成立，《蕉風》與《學生周報》這兩份刊物也移到吉隆坡。一九七三年，《學生周報》改為《學報月刊》，一九七七年再改為半月刊，一九八四年停刊（川谷 2018）。

級資料補充的部分。例如姚拓在《雪泥鴻爪》一書中提到「『學友會』是《學生周報》最大的『用處』」(566)。白垚在《縷雲前書》（上冊）中則進一步解釋：「一般文化界的聯絡工作由我（筆者按：白垚）和小奚（筆者按：奚會暲）去做，青年學生的讀者文藝活動，多併在《周報》的野餐會和生活營內」（白垚 2016:213）。而在《縷雲前書》下冊則針對生活營歷屆活動多所著墨。

因此，在二○一九年一月、七月這兩個月，我分別於臺灣、馬來西亞進行半結構式深入訪談，同時，在臺灣的兩位檳城學友李有成[6]和余崇生[7]的引介下，認識馬來西亞檳城學友懷園，[8]再由懷園根據「世代」[9]、「區域」等指標，安排相關學友的正式訪談。二○一九年七月，在懷園的協助下，我得以赴馬來西亞進行生活營活動（三天兩夜）的參與觀察，以及在該活動前後一週進行深入訪談，其中正式訪談

6　李有成，筆名李蒼，一九四八年生於馬來亞吉打 (Kedah)，因為喜愛文藝，一九六五年參與檳城學友會的銀星詩社活動，後來編輯《蕉風》與《學生周報》。一九七○年，李與梅淑貞、采詩、懷園等人成立犀牛出版社（一九七○至一九七七年）。一九七一年進入臺灣師範大學英語系，臺灣大學比較文學博士，曾任中央研究院歐美研究所特聘研究員、歐美所所長、《歐美研究》主編及國科會外文學門召集人。研究領域包括非裔與亞裔美國文學、當代英國小說、文學理論與文化批評等。

7　余崇生，筆名余中生，一九四七年出生於馬來亞檳城北海。一九六六參與檳城學友會的活動，擅長書法，日本久留米大學文學部（比較文化研究研究所），曾任教於屏東女中、空中大學、屏東師院及臺北市立教育大學專任副教授。研究領域為中國思想史、比較文化史、語文學、臺灣文學。

8　懷園（化名），馬來西亞的文化人與新聞工作者。檳城學友會成員，與李有成、林本法（筆名歸雁）、趙維富（筆名思采）、顏宏高（筆名凌高），都是檳城學友會愛好文藝、電影的青年（鄭汶 2017）。

9　本文所訪談的學友們，其出生年從一九三八至一九五六年均有，參加學友會時，約為小六到中學階段，為了說明社羣形構的歷史性變化，本文將學友區分為一九五○和一九六○年代參與學友會的學友，試圖呈現學友會的階段性變化。此分類的依據乃是從學友的訪談中得出，根據學友們的出生年區分為不同世代，為了論述的方便，本文將一九三八至一九四八年稱為第一代，一九四九之後為第二代。若根據檳城學友受訪者采詩（化名，檳城學友會成員）的分類，學友會的發展應該區分為三個階段：第一階段，一九五五年至一九六○年，學友會初期階段，為第一代學友。第二階段，一九六○年至一九六六年，學友會的全盛時期。第三階段，一九六七至一九六九年，學友會的末期階段。後兩階段為第二代學友。但是也有學友（如賀立）認為學友們沒有「世代差異」，「大家都一樣」。

計有十五位學友，活動中的非正式訪談計有十六位學友，加上在臺灣訪談的兩位學友，共計三十三位學友。本文採取多重方式進行資料蒐集，除了學友們於「星洲網」上的「學友追憶少年夢」系列文章（二○一八七月十六日至七月三十一日），本文透過口述歷史的敘事分析，揭示香港友聯不僅在文學刊物上的發揮影響力，還深入新馬藝術和生活的各個領域，例如現今仍持續運作的新加坡「劇聯業餘劇團」、吉隆坡的「劇藝研究會」和「歌樂節」（泛指合唱組織）等，這些初級資料具有馬來亞歷史、文化與文學上補白的意義。

貳、「社羣想像」的媒介與「他者」的存在

一、《學生周報》作為「社羣想像」的初始媒介

根據班納迪克・安德森 (Benedict Anderson) (1991) 對於印刷資本主義促成民族主義想像基礎的討論，透過印刷品（小說與報紙）的閱讀和傳播，不同空間中、素未謀面的閱讀者，得以透過刊物的圖片和文字媒介想像羣體的存在。在安德森的論述中，想像的共同體指涉的是民族國家，但在本文中，學友們的共同體想像具有不同層次，一是自由世界的共同體；二是學友社羣的共同體。本文與安德森相類似之處，在於「現代共同體的想像」透過報紙、書籍等印刷品作為媒介（技術手段），連結閱讀階級 (reading class)，透過印刷語言，個體得以想像自身是更大羣體的一份子 (123-124)。在學友會認同形塑的初始階段，藉由《學生周報》的閱讀，馬來亞華人青年得以想像學友會的羣體，這是他們共同體想像的第一層次；繼而透過刊物內容的再現，學友將自身和更大的自由世界共同體聯繫在一起，這是學友社羣想像的第二層次。

一九五○年代，東南亞被納入國際冷戰的架構中，當時英國殖民政府在馬來亞進行剿共，而華校學生的反殖民學生運動如火如荼地進行，整個社會以至教育體系，左派勢力蓬勃發展。當時共產黨在馬來亞華校的影響力甚鉅，例如發行左派刊物，以及在校園中舉行讀書會，閱讀共產黨和毛澤東思想的書籍。到了一九五六年，華校學生對於馬來亞的政治

變革的急迫感已經達到高峯（陳國相 2012）。李耀桐說：
「新加坡與香港的情況不一樣。在香港，右強左弱，反共是
形勢比人強，新加坡完全相反，共產黨控制了那裏的工會，
也掌握了學生會、同鄉會，甚至商會的組織與活動」（白垚
2016:138）。因此，馬六甲的華人州長梁宇皋透過香港友人
Anna 黃而結識香港第三勢力邱然，促成日後香港第三勢力
赴新馬協助右派陣營從事青年活動。

　　根據第一代學友賀立（化名）表示：「當時左派有所謂
的社會主義陣線（簡稱『社陣』），他們底下有『社會主義
青年團』（簡稱『社青』），專門學習共產中國的『學習小
組』，灌輸毛澤東思想和建設新中國，那個年代（筆者按：
一九五〇年代）友聯學友會和他們的人數比例相差懸殊。
（筆者按：友聯學友會的人數較少）」懷園表示：「那個時
候左派的影響力很大，因為他們是搞羣眾大會的專家嘛！學
生同學裏面，（左派）的滲透很厲害，左派的勢力比較強，
非常的強，幾乎每一間華校都是這個樣子。」因此，自由陣
營必須針對華校中的左派勢力做出「反宣傳」，包括創辦刊
物和舉辦學生活動等。

　　由於在吉隆坡辦報比較困難，因此，香港友聯一開始選
擇在新加坡辦報。《學生周報》的創辦人是徐東濱（筆名徐
心岳），《周報》的文字編輯都是香港派任新馬，例如姚拓
和劉國堅（筆名白垚），其預設的潛在讀者是「馬來亞華人
青年」，目的是讓年輕一代認識社會與華文教育，後來從辦
報到舉辦各種學生活動，因為在新馬的成功經驗，才回到香
港舉辦青年活動（盧瑋鑾、熊志琴 2014:21-22）。換句話說，
學友社羣的形成是從「印刷資本主義」作為「想像共同體」
的媒介開始，透過《學生周報》此刊物作為交流的載體，形
塑「學友」對於「自我」的想像。誠如學友歸雁（本名林本
法）所言：「因為一份刊物《學生周報》把大家牽引在一起，
卻沒有因為《學生周報》的停刊而結束」（歸雁 2018）。《學
生周報》作為形塑學友的社羣及意識型態之媒介，而「學友」
的身份認同是透過「刊物」（印刷品）、透過文字閱讀形構，
因此，中文閱讀和書寫能力成為「誰是學友」的基本門檻。

根據王梅香 (2016) 的研究,《學生周報》定位是「中學生刊物」,在內容上包含文藝作品的引介和翻譯,學生作品的批改和刊登,各種思想的傳遞(如自由、民主思想)、科學新知(「科學世界」版)、作文教學和升學、各校動態(「學府春秋」版)、交友資訊和編者回覆(「大孩子信箱」版)等 (6)。這份刊物呈現馬華文化的三個主導力量:現代性、中國性和馬來性。在現代性方面,宣揚自由世界的科學進展,引介現代主義思潮和臺灣現代詩作品,作為自由世界「現代」和「進步」的文學想像。在中國性方面,該刊每一期都會有介紹中國文學作家和作品的內容,同時,設有「文史信箱」,回覆讀者關於中國文學的相關問題。然而,該刊刊載的中文作品,大多來自「自由中國」的作家作品,易言之,對於中國性的傳遞和想像是「自由中國」而非「共產中國」。總此,《學生周報》上的現代性和中國性論述,透過正面強化自由世界的進步與現代,影射自由世界的他者──「共產世界」,透過正面強調自身的價值,間接貶抑他者以強化自身的認同。

　　最後,《學生周報》期許馬來亞的華人青年「落地生根」(認同馬來亞),而非「落葉歸根」(前往共產中國求學),因此,設有「我們的馬來亞」一版,舉凡馬來亞的地方介紹、名勝古蹟、各種行業、風情民俗等,都歡迎讀者投稿。該刊鼓勵青年學子自己書寫「馬來性」,是由下而上的建構馬來性,而非由上而下的灌輸。其中,徵稿啟示還特別強調「照片」越多越好,可見《學生周報》深知影像對於宣傳的效力,試圖透過影像宣傳馬來亞,幫助馬來亞的華人認識馬來文化。

　　根據多位學友表示,在加入學友會之前,他們都是先接觸《學生周報》,透過閱讀這份刊物認識同一羣體的讀者。本文將學友區分為一九五〇和一九六〇年代的學友,分別是一九五〇年代加入學友會的學友(第一代學友),以及一九六〇年代加入學友會的學友(第二代學友),並觀察代際的延續與傳承。其中,有些人是在《學生周報》出版之前,就已經透過香港《中國學生周報》認識友聯。賀立表示:

> 小六（筆者按：一九五二年）的時候我看了相當
> 多書，沒錢就站在書店看，看的是《中國學生周
> 報》，以前的書店是中文書店，書本雜誌的來源
> 都是香港，臺灣很少，大陸就更不用説。……香
> 港主要來的是《中國學生周報》，娛樂性的是《南
> 國電影》，《今日世界》那是美新處的，《兒童
> 樂園》也有看，《兒童樂園》也是友聯出版社出
> 的。

　　及至一九五七年《中國學生周報》新馬版發行，在新加
坡的童賢（化名）便是在小六失學後重返校園之際接觸《學
生周報》，在無人引介的情況下，他看到《學生周報》的會
所與活動，當時他抱著追求團體生活、渴望吸取新知和學
習的心情參加新加坡學友會，尤其是歌詠隊、舞蹈組和乒
乓組。[10] 吉隆坡學友鄭聲（化名）、田樂（化名）參與學友
會，都是透過《學生周報》加入學友會。兩位受訪者是初中
同學，在校園中看到《學生周報》上所報導的活動，被其中
「歌詠組」（合唱團）所吸引，田樂表示，「參加歌詠組就
是好玩！」因為兩人對歌唱感到興趣，抱著姑且一試的心情
參與；另一方面，也因為當時年輕人的課外活動的選擇性並
不多。而鄭聲對歌唱有濃厚的興趣，相同的是，兩人都是先
透過《學生周報》上的活動介紹而參與學友會的活動，可見
《學生周報》不僅提供靜態的訊息，同時提供學友動態活動
的報導和各校園訊息，包括各項歌唱、演講和徵文比賽等。
　　總此，第一代的學友們，透過香港友聯的出版品而汲取
新知，認識所謂的「自由民主」，也認識傾向自由世界的
社羣。一九六〇年代的學友，可直接在校園中購買《學生周
報》，認識和開始接觸學友會。當時校園中有《學生周報》

10　根據受訪者童賢表示，香港友聯的邱然（燕歸來、燕姐）、古梅（梅姐）
　　和奚會暲（小奚、奚哥）當時在新加坡學友會教授舞蹈，當時《學生周報》
　　社的舞蹈表演在新加坡非常受到歡迎，常常受邀表演。一九五九年下半年
　　新加坡學友會結束。

校園通訊員，他們一方面是投稿的讀者，另一方面也是負責推銷《學生周報》的銷售者。部分學生以銷售《學生周報》換取生活零用金，他們多是校長教師推薦的優秀學生，或是家境清寒子弟（白垚 2016:213）。受訪者懷園表示：「有一天我到學校販賣部買本子，也順便買《學生周報》，其實我從初中一買到初中三，當時李有成看到我也買《學生周報》，就問我要不要一起加入學友會？我就這樣加入學友會。……後來，我成為《學生周報》的校園通訊員，主要是寫寫稿子，報導校園的訊息，也負責銷售《學生周報》。」由此可知，《學生周報》在學友社群形成的過程中扮演最初的媒介，加上學友們人際網絡的面對面互動，學友社群便逐漸形成。

二、「他者」作為「社群想像」的外部力量

透過印刷資本主義，閱讀《學生周報》的學生們想像我羣，雖然此時的「學友」身份尚未確立，該羣體的邊界也不甚清晰，但是，學友們已然意識到自身和另一個羣體不同。值得注意的是，學友們認為自身與相對的一方有所區隔，但是他們藉以證成自身的方式並不相同，部分的學友是因為被貼上「走狗」、「美國人的走狗」或「政治團體」等負面標籤，而區別自身與對立的羣體（檳城學友李有成）；部分學友則從文藝、思想上區分自身與對立羣體的差異（檳城學友政文，化名）。如果前者是透過被污名化、被他者化等「否定」而形成我羣的概念，後者即是透過「肯定」自我而形成我羣的認同。

就《學生周報》的編輯者而言，「我編輯過《學生周報》，其實我們是完全自主的，他們（**筆者按**：*左派*）那個時候攻擊我們的用語，完全是文革的用語」（受訪者李有成）。《學生周報》的編輯者遭受來自左派勢力的攻訐，將他們與「美國」、「帝國主義」連結在一起，然而身處其中的行動者卻是完全沒有感受到政治力量的介入。美國、香港友聯未曾干預《學生周報》的編輯與生活營的活動設計，學

友們認為自身有主導權，並未受到任何政治力的干預。[11]

　　就《學生周報》的接受者而言，「我從一九五七年參加學友會到一九五九年，裏面的人完全沒有跟我提過政治！完全沒有！我在學校裏面也是會有人講我（**筆者按：有人會把學友會視為「政治團體」**），他們會罵我『走狗』、『美國走狗』。我在當時也沒有再去想《學生周報》的背景」（受訪者童賢）。

　　檳城受訪者賀立表示，當時相對於《學生周報》的左派力量是比較具有侵略性 (aggressive)！他使用 "aggressive" 這個英文單字來形容相對立的這羣人。他說：「我們在學校裏面遭受很大的壓力！有人當面罵我「走狗」（美國人的走狗）！」受訪者賀立回答：「我說走狗又怎樣！我跟他打架。真的打啊！我很兇啊！」當時閱讀《學生周報》的學生和反對《學生周報》的學生形成對立的羣體，甚至還爆發肢體上的衝突。

　　類似的經驗也在受訪者李有成和懷園的身上發生，懷園說：「有一次我也差一點和對立的一邊的人打起來，因為他們看我賣《學生周報》，就說我是『走狗』甚麼的，而且跟我買了一本，當著我的面撕掉，其實我們完全是沒有政治思想的。」相似之處在於，這些學友都集中在檳城，剛好印證學友們的看法，在檳城的華校中，例如韓江中學，其左派力量較為強大。「在當時（**筆者按：一九六〇年代**）檳城的華校中，超過一半的同學是不參加左右派的活動，左派勢力大約有百分之二十至三十，友聯這邊大約是百分之十的人」（受訪者懷園）。然而，訪問其他地區的學友，如太平的定邦（化名）和吉隆坡的鄭聲（化名）、田樂（化名），也有類似檳城的經驗，就是「《學生周報》讀者」與「非《學生周報》讀者」產生對立，只是其他地區的情勢不若檳城緊繃。

　　例如在吉隆坡的狀況，「他們就說《學生周報》是美國贊助的，所以他們就會有很多這方面的擾亂，其實真正怎麼

11　曾經參與生活營活動規畫的受訪者劉嘩（化名）表示，有人說我們是從事「美國佬」支持的活動，這是他們不瞭解，其實我們是有主權的，我們絲毫沒有感受到任何政治力的介入。訪談日期：二〇一九年七月十九日。

樣的情況，坦白講，我們也不知道，我們所理解的是，友聯出版社出錢來辦活動。」在受訪者鄭聲的認知中，學友會較為「民主」，他認為當時存在對立的羣體，是一羣具有共產思想的人，並認為「這羣人的思想和我們不大一樣！」左派羣體主要為「政治」服務，例如協助社陣的人士從事一些政治活動，或從事宣傳勞動，如架設廣播電纜等。對鄭聲來說，這些人比較缺乏充實自己的學問，而是從事實際的政治活動；即使有讀書會，也是讀共產思想的書籍，他們的集會也是非法的。吉隆坡受訪者田樂補充道：「他們有些活動是辦在家裏，是非法的，不像《學生周報》是合法的。……我想他們的政治思想非常濃厚！」在吉隆坡的情況是，香港友聯人面臨來自左派人士的攻擊，包括在辦活動時，這些左派人士會在一旁擲石子干擾活動進行等。

即便是在較為鄉村的學友會，來自左派力量的攻擊並沒有消失。太平受訪者定邦表示：「我們在太平也會遭受來自對立陣營學生的攻擊！多數是華人，有一些是英校的。有人說你們是《學生周報》，你們是美國人的走狗！那個時候我就想甚麼狗我不管，我就覺得姚生（筆者按：姚拓）來、劉戈來請我們吃飯，不是很好嗎？我們所做的都是很好的東西嗎？寫文章啊！打乒乓啊！」「他們（筆者按：社陣）比較是盲從的！打到資產主義，我的幾個朋友都在裏面，他們也在裏面唱歌跳舞。……我覺得《學生周報》的人比較有思想！而對立的一方比較沒有思想，像他們唱的歌、跳的舞也是抄襲我們這邊，可是我想不懂，為甚麼他們的思想是這樣？」前述都是馬來亞各地的學友們曾被言語和行為攻擊的負面經驗，而在此過程，他們逐漸區分了自我與他者，如果學友以「自由、民主」肯定自身，對立的一方便訴諸「民族」，以同是中華民族吸引華人加入。

另一些學友，他們則透過肯定自身追求的價值形塑社羣的認同，主要有對於人生的啟發、同儕的教學相長、文學美學的意識型態和自由民主價值的追求，學友們藉此肯定自身在學友會的經驗，並成為其認同學友會的憑藉。

在人生啟發方面，吉隆坡受訪者劉曄（化名）表示：

「參加學生周報之後，給我們改變很大的原因是，那種……因為參加學生周報，人生感覺到有個抱負。尤其看到我們每個同學各方面都怎樣怎樣，我們希望我們也能夠追隨他們這種……所以其他那種搞不正當活動，我們不會參與他們。」從學友身上，將《學生周報》這邊的活動視為「正當」的活動，而另一方的活動是「不正當」的活動，正當／不正當的劃界，來自當時政府的合法／非法的界定。

在同儕的教學方面，吉隆坡學友鄭聲：「這個組織（筆者按：《學生周報》通訊部）在外面給人家講說不好啦！又是給人家甚麼利用！我本身就是刻意要去看看，是否是這個情況？後來發現也不是像外面所說的這個樣子，我覺得很好啊，那個時候我們年輕，能夠有這麼健康的活動，就一直跟大家滿愉快地相處。也有學長喔！年紀比我們還大一點的，他們都會跟我們大家也在一起啦！也可以請問他們、請他們教導啦！」、「在學友會的文藝活動，就是大的帶小的，會的教不會的。當我們看到自己的作品能夠被刊在壁報上，是很大的鼓勵！」（受訪者余崇生）。這些學友從同儕的互動與鼓勵中得到支持，進一步肯定學友社羣的正面力量。

透過文學美學的意識型態自我肯定者，如檳城受訪者政文，當時他就是一個文藝青年，他感覺《學生周報》這邊的文學作品是比較美的，用受訪者李有成的話來說，就是「張口」不會馬上看到喉嚨的。但是左派陣營，他們的文學看起來就像「宣傳品」。因此，政文比較喜歡《學生周報》的內容。從政文的描述中，可以看到「文學」如何可能與「社羣」和更大的「政治的想像」(political imagination) 發生關聯，同時，「文學美學的意識型態」成為評斷兩個社羣的標準。然而，此一文學的意識型態，可以扣連到更大的國際政治氛圍，亦即《學生周報》被視為是美國人支持的刊物，傳播自由世界的冷戰美學，亦即現代主義的美學標準，而非左派的寫實主義曲徑。

最後，透過自由民主價值肯定自身。檳城受訪者懷園表示：「我們那個時候年輕，都是想崇尚自由！所以，太多的約束，這個不可以、那個不可以，我們也不願意參加啦！所

以也就沒有去參加左派的活動。……那個時候我們的思想就像一張白紙，人家告訴我們是甚麼就是甚麼了。」李有成強調：「我們學友會比較自由開放！」由此可見，主張自由和民主的友聯和左派之間存有明顯區別。

從學友們的口述中，他們認為《學生周報》相對於所謂的「左派」或「社會主義」是比較「包容開放」的陣營，是「非政治」的社群，對於文藝也是多元開放和自由的態度，而這些認知是在與另一個陣營的互動中逐漸形成。總此，雖然學友們對於自身的社群存在不同的想像方式，參與學友會的理由也不盡相同，但是，他們對於自身相對的「他者」存在卻有明確的意識。一開始，學友們透過刊物形成自由世界的想像共同體，然而，真正讓學友社群的想像「具體化」來自日常生活中與左派學生社群的接觸與互動，包括雙方在言語與肢體上的衝突。進一步，學友們在參加學友會內部的體育、文藝活動，以及野餐會或生活營之後，讓「社群想像」更加強化與穩固。

參、日常生活的社群凝聚：文藝活動作為認同形構的媒介

在安德森的論述中，除了印刷語言作為想像共同體的技術之外，他還提到殖民者的三種制度性的安排，包括人口調查、地圖與博物館，並強調記憶和敘述在建構共同體想像所扮演的關鍵角色 (251)。本小節主要說明各地《學生周報》分部作為「學友會」社群的具體存在，以及該社群如何透過「動態活動」具體運作。在思考香港友聯在新馬的學生運動，以及自由陣營凝聚學生的方式，必須同時參酌後來被視為「左派」的新加坡學生運動，從歷史脈絡中理解這些文藝活動，可以發現，在馬來亞看似對立的左、右派學生運動，其精神淵源與運作方式實則非常類似。

就其精神淵源而言，不管左派或右派，都可溯源於中國的五四運動。在左派方面，一九四八年五月，新加坡的華僑中學舉辦一系列紀念一九一九年的五四運動，宣揚其追求民主與科學的自由意志（陳國相 18-19）。就右派而言，香

港友聯的創辦人自述他們從「少年中國學會」得到靈感。「少年中國學會」是中國五四運動時期的民間社會組織。一九一八年由王光祈、李大釗、曾琦、周太玄、陳愚生、雷眉生六人發起，他們的靈感主要來自梁啟超的少年中國，而梁啟超的靈感，則是來自歐洲的少年義大利和少年德意志（白垚 2016:134）。一九一九年七月一日，「少年中國學會」正式在北京成立，其宗旨為「振作少年精神，研究真實學問，發展社會事業，轉移末世風俗。」其信條為「奮鬥、實踐、堅忍、儉樸」。隨即「少年中國學會」創辦《少年中國》(1919-1924) 等刊物傳播新思想。「少年中國」的成員後來都成為中國共產黨的主要領導骨幹，如毛澤東就是少年中國學會的成員。而香港友聯的文化人陳思明和劉國堅都提過，少年中國這個組織，啟發了後來香港的第三勢力友聯，他們承繼五四精神，對於中國政治與文化有不同的方向和理解。（何偉之 8-9）因此，戰後在馬來亞對立的左、右派，其精神淵源都是來自中國的五四運動，就香港友聯而言，「思想啟蒙」與「文化事業」更是他們具體實踐的重點。[12]

此外，馬來亞的左、右派看似對立，但其文化宣傳的手法上卻是高度相似。就左派而言，推崇五四運動引發英國政府對其政治參與的打壓，然而左派青年在各項文藝活動上卻蓬勃發展，包括各種刊物的創辦、壁報的出版、學術的研究與討論，戲劇、舞蹈和歌詠的演出，假期時舉辦野餐會等（陳國相 35）。前述的所有活動完全可以在自由陣營的學友會中找到，而且透過更仔細的跨國層級分工而達成。

學友會最初的名稱是「《學生周報》通訊部」，正如同友聯在香港有「報社」分部以及「學生之家」；一九五五年《學生周報》在新馬發行之後陸續成立九個《學生周報》通訊部，從檳城、太平、江沙、怡保、文冬、吉隆坡、芙蓉、馬六甲、麻坡等城市，還有一些是借用通訊員地址的支部，如新山、關丹和亞羅士打等，有的不以學友會為名，而稱「報

12　在少年中國學會的發起人王光祈的計畫起草書中，他們要以思想啟蒙和文化事業為重點，本科學精神，為社會運動，創造少年中國（白垚 2016a:135）。

社」[13] 或「通訊社」。石城志將通訊部比喻成「文化跑道」，是《學生周報》的理想向外延伸的橋樑（白垚 2016a:87）。如果通訊部是「文化跑道」，那麼「友聯文化協會」則是主辦這些文藝活動的中心。該中心起初由陳思明兼任會長，白垚負責會務，包括《蕉風》、《學生周報》作者的聯絡，通訊部、學友會的活動，舉辦野餐會、生活營和文藝講座，也贊助文化團體的活動（白垚 2007:77）。事實上，當時並無「學友」、「學友會」等詞，而是「《學生周報》通訊部」和「校園通訊員」。根據白垚的說法，一九六○年代初，通訊部擬改稱「學生中心」，試圖以此名稱申請註冊，但最後沒成功。於是，徐東濱將「學生中心」(Student Center) 改為「《學生周報》之友會」(Student Weekly Fan Club)，簡稱「學友會」。

學友會不是基於地緣、血緣而成立的社羣，該社羣是由香港的第三勢力在新馬所成立的「學生團體」，這些學生來自四面八方，原本可能也不甚熟稔，唯一相同之處是，透過《學生周報》而得知有《學生周報》通訊部的聚會所。因此，該社羣比較類似斐迪南‧騰尼斯 (Ferdinand Tönnies) (1988) 分類中的「友誼社羣」，易言之，該社羣的集結應該基於類似的理念—「政治民主、經濟公平和文化自由」，符碼化為友聯的 Logo（見圖一），其中三個圈分別表示：政治民主、經濟公平、文化自由；倒三角形代表智、仁、勇，左右稻禾則象徵「和平」。在訪談的過程中，學友們普遍均能辨識友聯的標誌，但是對於該標誌的具體內涵卻不一定清楚。整體而言，學友會並不會特別宣傳友聯的價值和精神，因為學友內部對於以友聯標誌作為學友會的象徵存有疑義。[14] 但是，

13　新加坡和馬來亞，各地的通訊員、讀者、作者，都簡稱《學生周報》為《周報》，唯獨怡保，暱稱為報社，差別在那個社字。報社，不只是一份報紙，而是一個地方，可以參與，可以走近，可以身在其中（白垚 2016b:177）。

14　在筆者訪談的過程中發現，二○一八年太平學友會在生活營的活動中，將友聯的標誌呈現在活動紀念衫，學友們對此有不同的看法，部分學友覺得無可厚非，學友會與香港友聯原本即有關聯；部分學友認為，學友會現在已經獨立運作，沒有必要再強調香港友聯的淵源，應該盡量和香港友聯脫溝。即使對於香港友聯的標誌存有疑義，但是對於香港友聯文化人的參與，學友們卻是抱持著肯定的態度。

▶ 圖一：友聯文化事業機構標誌（學友提供）

整體而言，透過具體的文藝活動，讓學友們能夠感受友聯想要傳達的精神，並對此表示肯定與認同。

學友社羣的認同形構來自日常生活的實踐，主要透過「課內的補習活動」和「課外的分組活動」進行，而後者常與身體展演有關。香港友聯並非根據自己的需求推行文化活動，而是針對在地學子的需要提供資源／支援，這和香港友聯一直以來被批評「忽略羣眾的在地元素」有關（白垚2016a:104）。因此，香港友聯赴馬來亞之後特別著重在地民眾的需求，在課內的補習活動方面，根據檳城受訪者李有成、政文表示，「加入學友會的學友，大部分家境都不是很好，學友會提供當時中學生『課業補習』，吸引學友加入。」「我加入學友會是因為那個時候（筆者按：一九六五年）我們家的家境不好，我聽人家說那裏（筆者按：學友會）有補習英文，我就加入了」（太平學友盛豐〔化名〕、檳城學友良郡〔化名〕）。「那個時候如果沒有學友會，我們這些窮苦人家的孩子，可能會走偏了」（太平學友民安，化名）。

由此觀之，學友會提供學校資源之外提升文化資本的機會，就後來學友們成為馬來亞各個領域的菁英，包括馬來西亞的國會議員、桌球國手、大學教授、聲樂家、校長、醫師和商人等，的確可看到學友會讓家境清寒的學友們擁有階級向上流動的可能性。[15] 此外，部分學友加入學友會之後，「我們發現學友會不只補習，還有各式各樣才藝的學習，包括籃球組、乒乓組、學術組（文學組）、舞蹈組、歌唱組等，詳細的組別隨著不同地域而有差異」（太平學友民安）。易言之，各地學友會組織除了有類似的組別架構和分組，個別學友會根據自身的資源而發展出在地特色，這些在地特色也深深影響學友們未來的生涯發展（檳城學友良俊、采詩）。

以檳城而言，學友會以「文學」（學術組）著名。受訪者賀立表示：「檳城的學友會就以文藝活動為主，寫文章啊！發表文章啊！」受訪者政文亦表示：「當初會加入學友會，是因為當時的我已經有在寫作，當我得知檳城學友會有學術組，自然非常開心地加入。」在當時馬來西亞的學友會中，檳城學友會的學術組以「文學」聞名，主要和其中幾位學友如李有成（李蒼）有關，他們帶領學友閱讀臺灣詩人覃子豪的《詩的解剖》(1957)，透過這樣的方式練習寫作「現代詩」。因此，如果說《學生周報》是馬華現代主義背後的推手之一，學友會的學術組則是該力量的日常實踐。

受訪者懷園：「那個年代我們最佩服的就是周夢蝶、余光中，像我剛剛提的陳麗美她先生張齊清(1942-2012)，本身就是一位現代詩人，他說他在政大唸書的時候，只要一放學，就是去武昌街找周夢蝶。我們看很多文學的書籍，那個時候讀的東西也都是。」檳城學友會雖然也有話劇和舞蹈，但應該是學術組（文學組）著名。「我們有壁報，寫的文章

15　在川谷的回憶文字中，他引用姚先生的話，細數學友在刻苦的環境下成長，成為對國家社會有貢獻的人：「第一個是在怡保街頭幫父親推車賣麵的小孩子，居然考取數學博士學位，成為大學教授。第二個是太平一名窮學生，申請到澳洲大學深造，卻連一張飛機票也買不起，只好拿著一本三個五的小簿子沿街逐戶去要求贊助，結果成為土木工程師。第三個是家住檳城七條路私會黨黑區的小流氓，後來居然在新加坡大學畢業，成為造橋築路的設計師」（川谷 2018）。

可以貼上去，每個學友來看到你寫的文章貼在壁報上，就覺得很光榮啦！……那個時候我記得，每個星期都有一次的學術會，就有比較資深的學友跟我們講解『現代詩』要怎麼寫啦！就是覃子豪那本甚麼去了！（**筆者按：覃子豪《詩的解剖》**）」受訪者李有成、賀立、政文、采詩都是檳城學友會的成員，他們「以文會友」，把寫作當成是凝聚彼此、交流的方式。待文學作品完成之後，往往會以壁報的方式在學友會呈現，因此，不少學友表示「寫一手好字就是在學友會寫壁報練就出來的」（受訪者余崇生、懷園）。對於保羅·康納頓 (Paul Connerton) 而言，寫一手好字本身就是體化實踐的一部分，也是柔順身體馴化、訓練的結果 (1989:77)。後來這些學友的發展，也多和文字工作有關，例如書法家（受訪者余崇生）、學術研究者（受訪者李有成、良郡）、新聞記者（受訪者采詩）和報紙編輯（受訪者賀立、懷園）等。

太平學友會的學友們表示：「我們太平學友會最特出的就是『標本組』了，因為太平有太平山和太平湖，因此附近的生態非常豐富和多元。」「我曾經在太平山抓到很大隻的蝴蝶啊！太平的標本組很強！這是其他學友會沒有的。」太平學友黃國彊描述第一次到學友會看到的景象：「看到有人在解剖老鼠；在另一室看到動物標本：松鼠、猴子、大甲蟲、蝴蝶、蛇……」（黃國彊 2018）。太平學友們在製作標本時，往往會強調採集、脫水、烘乾等過程的身體實踐，這些特定的姿勢和手勢構成他們世代傳承身體記憶的一部分。

由於各地學友會條件和資源的差異，其發展出來的在地特色有不同。吉隆坡學友會（雪隆學友會）是各個學友會中活動組別最多元的，各個組別大多能均衡發展，尤其在歌唱組方面，培養後來的大馬男高音冠軍劉國耀。怡保學友會的乒乓組最為著名，也出過好幾位馬來西亞的國手。一九六六年「乒乓十傑賽」，怡保學友即獲得三席，其中江潤華得到冠軍，另兩席則是葉錦坤和黃春來（張漢清 2018）。怡保學友會透過桌球這個運動項目做為身體技藝的展現，學友們將打桌球這項活動習慣化，成為體化實踐的一部分，也是怡保學友會認同的來源。

至於馬六甲學友會受到來自臺灣的舞蹈家李淑芬（後被譽為「新加坡華族舞蹈之母」，Mother of Singapore Chinese Dance）的指導，[16] 在舞蹈組的發展特別特出，更培養了後來被譽為「馬來亞的林懷民」——柯榮添；以及太平學友會舞蹈組老師張冠（化名）。柯榮添本人非常具有舞蹈的天份，往往只要看過演出，即能記得舞步並教導其他學友。同時，他創作很多作品舞碼，大多是中國民族舞蹈，包括《采柑舞》、《催咚催》、《苗女弄杯》、《筷子舞》、《歡樂草原》、《夫妻觀燈》和《孔雀東南飛》等，後來深深影響馬六甲學友會的陳隆陞和彩雲（化名）（陳隆陞 2018）。張冠也師從李淑芬，後來成為太平學友會舞蹈組的主力，教導不同世代的學友。有別於其他學友會的體化實踐，通過舞蹈的身體展演較體育或歌唱來得困難，這是由於舞蹈的身體展演結合音樂、表情、身體動作和舞臺背景，除了要不斷操練舞蹈的基本功之外，還要配合更多的外在條件與團隊合作，也因此相較於太平的標本採集或是怡保的桌球活動都更加複雜。不過，也正因為舞蹈的身體展演更為複雜，耗費的時間和金錢更加驚人，在一九六九年學友會解散之後，其他學友會活動戛然而止，馬六甲學友會的舞蹈傳統，以及馬六甲學友對於自身舞蹈組的認同卻更為持久，直到現在仍維持舞蹈團體延續該傳統。

　　整體而言，根據不同學友的回憶，可以看到各地學友會的活動有類似的組別，例如乒乓組和舞蹈組，但是，不同的區域又發展出各自的特色，學友會儼然成為所在地的「文化中心」。從北到南而言，檳城學友會以學術組（文學組）出名，太平學友會以「標本組」（標本製作）聞名，怡保學友會以「乒乓組」著名，而馬六甲學友會、新加坡學友會則是擅長「舞蹈」表演。這些特色發展的背後，都有一羣學友在

16　李淑芬，原名石玉秀，一九二五年出生於臺灣南投集集，二〇一二年過世。她曾赴日習舞，後回臺任教。一九五四年，李淑芬成立個人舞蹈研究社，其舞蹈以臺灣原住民及地方性題材為靈感泉源。一九六一年，李淑芬移居新加坡。在此時期，他曾任教於麻坡中華中學多年，馬六甲學友彩雲（化名）因此受教於李淑芬。資料出處：華族舞蹈藝術協會 (Chinese Dance Artists' Association)。

其中發揮領導和引導的作用。香港友聯並沒有為學友會的發展設限，反而因地、因人而發展出具有不同特色的學友會，對於後來個別學友的生涯發展和個別學友會的走向也具有很大的影響。如受訪者賀立提到：「參加學友會對我自己之後的興趣或偏好都會有影響。像我自己的寫作也是在當時鍛鍊起來的。」受訪者民安也表示「學友會可以說是我們當時年輕人學習和交流的平臺」，更重要的是，年輕人在學友會發掘自己的天賦，發揮自己的才能，得到來自長輩和同儕的鼓勵，影響了他們未來的就業選擇。

肆、特定時空情境下的認同建構：野餐會、生活營

在日常生活中形塑學友社羣的媒介是各項的課程與活動，此外，不固定時間的重要媒介就是「野餐會」和「生活營」，這是馬來亞友聯有別於香港友聯之處，友聯在香港時期，舉辦過郊遊和文藝晚會等活動，但是「生活營」卻是馬來亞友聯從「靜態刊物」走向「動態活動」的特有活動。形塑學友社羣的過程中，慢速媒體和面對面的接觸都是可能的方式，但是香港友聯因應馬來亞的需求，發展出馬來亞在地需要的活動方式。何振亞談及香港友聯時指出其在文化上犯了兩個錯誤：一是好作高深、抽象和空洞的思考；二是文化與政治有意無意地混雜在一起。相較於此，友聯在馬來亞友聯較為日常、具體、實用，也與政治保持一定的距離（盧瑋鑾、熊志琴 2014:45）。

學友會的社羣文化除了日常生活中的形構，他們不定期舉辦野餐會，以及在馬來亞的寒暑假，舉行為期數週的生活營活動。以野餐會而言，就性質而言，有「作者野餐會」，如在波特申海濱、金馬崙高原、檳城的巴都丁宜，舉辦了四屆的作者野餐會，會期一週，每屆約三十人。白垚提到：「作者野餐會人才輩出，有些日後成為文壇的大家」（白垚 2007:77）。除了文學之外，學友們也參與「全霹靂文藝歌曲比賽」、「北馬巡迴畫展」等（張漢清 2018）。就地域而言，有各地學友會自行舉辦的野餐會，例如檳城學友會舉

辦「潮聲野餐會」，怡保和太平地區聯合舉辦的「北馬野餐會」，吉隆坡和馬六甲舉辦「雪甲野餐會」等。整體而言，野餐會類似簡化的生活營，不定期舉辦，時長不像生活營，其活動性質非單純出遊，也包括其他文藝講座等。就生活營而言，燕歸來曾說明創辦生活營主要因馬來亞的左派勢力：

> 我們的通訊員、讀者，在學校，常受到無理的騷擾，中學聯的極端左，說我們搶他們的群眾。我們可以講道理，面對這些無理的挑釁，我們要清楚瞭解自己的位置，與其一個一個的講解，不如集中在一起，互相交流，建立一個完整的自我，輻射出去，我想到辦生活營這個概念。
>
> （白垚 2016a:100）

> 生活營的積極意義，是提供一個平臺，讓同學們交流。希望同學們將來能創造一個平臺，人人都是播種的人，傳播自由文化早春的種子，播向青春校園，播向十字街頭，播向三村六鎮、四野九城。（白垚 2016a:56）

　　第一屆的生活營於一九五六年八月十九日在金馬崙的「白宮」舉辦，「那個時候金馬崙是我們首選的名勝地，天氣很涼爽！在高山，是個高原名勝地，馬來西亞的名勝地」（受訪者懷園）。「那個時候物資貧乏，我們也沒去過金馬崙，那個時候（金馬崙）名堂很大的！」（受訪者全利，化名）。

　　生活營中的學習不僅影響學友個人，也形塑整個學友會的社群風格與文化，對學友的認同與凝聚產生助益，也對學友們未來人生發展產生關鍵性影響。生活營之所以可能，是因為其讓學友們超越地域性的學友會，與其他地區的學友接觸，存在結構和個人的部分條件。就結構而言，當時馬來西亞在運輸媒介上，如汽車與火車等，讓學友們「跨地域」得以可能，換句話說，這時華人青年的「旅行」或移動，造就學友會成員們的交流。當然，參與生活營除了必須繳交費用

之外，主辦單位友聯集團也會擔負生活營大部分的費用，讓各地學友得以「自費」參與生活營。

一、甚麼是「生活營」？

根據白垚的說法，「生活營，是新的文化工作的起點，伸展出去，是無數橋樑，是無數跑道」（白垚 2016a:86）。對學友來說，生活營顧名思義就是「大家一起生活的營隊」。生活營是規律的生活，幾點起床幾點就寢，有特定的人來為你講座（吉隆坡學友田樂）。生活營是利用馬來亞較長的假期（例如暑假），由友聯主辦方（例如奚會暲、姚拓、白垚和古梅等人）規劃數週的活動（通常是二至三週），讓全馬來亞的學生周報之友社的會員齊聚在一起，根據「奚哥」（奚會暲）的說法，「生活營在馬來西亞是很重要的，是為了訓練來自各地的青年領袖 (youth leaders)」（盧瑋鑾、熊志琴 2014:57-58）。因此，一九六九年之前的生活營，並非每位學友都可以自由參與，而是由《學生周報》各分部的幹事推舉出一至二位學友為該屆的「營員」，能夠被選上「營員」對於學友而言是一項「榮譽」。張子深提到：「我會獲選參加（**筆者按：第一屆生活營**），有兩個原因：第一，我經常在《學生周報》，用各種筆名投稿。第二，我又是最早參加學報活動的人」（張子深 2018）。因為有人數總數的限制，一般是三十至四十人不等，生活營反而具有「菁英領袖」的性質，是「學生學習領導能力的團體活動」（雅蒙 2018）。

日後，他們在回憶起生活營時，往往以第幾年、第幾屆生活營學員來作為彼此的區分和認同。例如受訪者鄭聲說：「我是第五屆生活營的營員。」受訪者田樂說：「我是生活營第 X 屆的總幹事。」受訪者全利說：「我是一九六五年參加生活營，那時我高二。我太太是一九六六年參加生活營，晚我一屆。」由此可知，學友們以參加生活營的年次和屆數來自我標示和區分彼此。

本研究也發現，一九五〇年代參加生活營的第一代學

友，與一九六〇年代才參與生活營的第二代學友，與香港友聯人的緊密程度有所不同。根據第一代學友受訪者賀立的看法：「那個時候友聯第一代的意見領袖 (opinion leader) 和我們聯繫都很緊密，不管是生活營或是其他時候。那個時候我們的生活營是三個星期，從早到晚大家都在一起，大家都在交換意見，所以，比較早期的學友（例如劉國松、周喚等），大家都很受他們這班人的影響。」賀立所說的影響是這些學友未來升學和人生發展，因為受到香港友聯人的影響，如第一代的學友有許多人選擇到香港新亞書院留學，因為他們和香港友聯人有比較多的接觸，對於香港友聯的理解也比較深入，同時，香港友聯人亦會向學友介紹友聯的組織和理念。[17] 受訪者賀立：「我們知道友聯 logo 三個圈圈的意涵，分別是民主、自由和平等，這個在生活營有提到，講這個的主要是史誠之，他們有向我們介紹他們的理念。」從受訪者賀立的訪談中可以得知，香港友聯人在生活營的活動中的確有介紹友聯的組織和理念，但是，更深入的部分，關於「香港友聯」和「少年中國學會」的部分，則是在營隊的課程之外交流所得知，例如第一代學友何偉之 (2018) 提到，他是在大學畢業之後，在不同場合偶爾交談中，第一代創始人陳思明和第二代傳人劉國堅，都提到「少年中國學會」給予香港友聯人的啟發。

　　然而，到了一九六〇代的生活營，早期友聯的創辦人像邱然、史誠之等人已經離開馬來亞，這個階段，就以姚拓、劉國堅的影響力比較大。這個時候參加生活營的第二代學友，就沒有提到課程中有介紹香港友聯的訊息。整體而言，在生活營中，大家都是「一視同仁」，強調「平等」的重要性，生活營並不存在「地域」、「世代」或是「上對下」的領導和服從關係。例如：在生活營的活動期間，每位營員都是輪流當「主席」和「秘書」，易言之，生活營中人人都有機會當領導者，其目的在訓練每位營員的領導能力。

17　第一屆的生活營員黃本仁，中華中學畢業，由學友會推薦到香港新亞書院就讀歷史系（白垚 2016b:307）。

二、溝通記憶中的生活營 [18]

目前對於生活營的敘述多存在生活營規劃者的「文化記憶」之中，包括生活營的幹事們、友聯的總會人物，如姚拓、劉國堅等人，和其他《學生周報》的理事們，共同籌劃活動的記憶。根據學友張漢清表示：「通過導師們的多元化課程，各項才藝比賽等，這種啟發性的活動對參與者都會有潛移默化的作用」（張漢清 2019）。生活營的活動究竟產生甚麼潛移默化的作用？規劃者的設計是否傳達給接收者？根據學友們提供的資訊（初級資料）和次級資料，可以歸納為以下幾項活動：

（一）專題演講：在專題演講中，友聯總部安排各種內容的演講，由友聯延請專家學者來生活營演講。白垚提到，一九五七年，他在第三屆的生活營聆聽陳思明的講座〈人權史話〉；一九五八年，在第四屆生活營學習〈甚麼是民主？〉由邱然講授，這些講座內容的背後，仍有一定的價值和思想傾向，亦即傾向支持自由陣營的自由、民主和人權（白垚 2007）。受訪者賀立說：「那個時候的生活營是三個星期，我們每天都有專題演講，像燕歸來、史誠之等人，除了演講之後，聊天的時候也會繼續討論。……當時談文學反而少，談生活修養、民主、自由、經濟……對當時還是中學生的我們來說，這個是一個廣闊的世界。這些東西我們過去從來沒有接觸過，所以一下子我們就全盤接收了（筆者按：指學友們接收了香港友聯人帶來的思想啟發）。我們就像一張白紙一樣！」一九五〇年代的生活營，學友與友聯人的情感非常緊密，除了正式的

18　「溝通記憶」(communicative memory)：德國學者 Aleida & Jan Assmann (2006) 針對「記憶」進行更仔細的區辯，並提出「溝通記憶」和「文化記憶」(cultural memory) 的概念。所謂「溝通記憶」是指存在於個體與羣體回憶過去的「互動實踐」中，是某個歷史時期短暫的、貼近日常生活的記憶，可以透過口頭的討論、敘事而保留與延續二至三個世代（約一百年）(Welzer 5)。

演講時間，在演講時間之外，大家還會繼續談論相關的議題，對當時「中學生」的他們而言，這是一個更開闊的世界，有打開眼界的感覺。同時，賀立提到友聯人對當時共產中國的不滿，也知道友聯人「反共」的立場，但是友聯人對於學友，不會特別強調反共，不會特別向學友灌輸具體的政治理想，他們甚至很少談「少年中國」的事，反而只談自由民主、自由經濟。一九六〇年代參加生活營的受訪者懷園說：「我們參加學友會，純粹是『興趣』，純粹是一種感情集結，「沒有思想在背後……雖然後來進來之後之後，友聯的領導有跟我們講一些意識型態的介紹啦！我們後來也瞭解何謂左派，何謂共產思想，這是我們後來進來之後才知道的，他們也沒有系統化的灌輸，就是在野餐會啊！生活營啊有些講座提到一下，讓我們瞭解，算是一種『知識』吧！」懷園將在生活營接收的訊息視為「新知」。太平學友定邦表示，他印象最深刻的講座是「馬來亞文化旗下的小兵」，由劉國堅主講。另外還有田鳴恩、陳蕾士的專業講座，聽完講座之後，學友們晚上整理筆記，之後筆記還會由主辦方進行評閱活動。

不管是第一代或是第二代學友，他們對於「政治」並不熱衷，但對於自由、民主、新知卻情有獨鍾。此點與當時左派學生不同，一般而言，左派學生對於時事都非常關心，他們的廣播也包含時事分析等重點，他們認為，對於時事有徹底的認識，才能堅定同學的信心（莊樂田 684）。雖然香港友聯赴新馬有其特殊時代背景下的宣傳考量，是因為政治因素而集結起來，但是馬來亞學友們關心的反而是知識、文化，他們將友聯所傳遞的資訊和思想當作吸收新知，在生活營中汲取認識自由世界的方法，更重要的是，生活營的訓練和養成帶給他們往後人生的助益。

（二）辯論比賽：根據受訪者童賢表示，主辦方給予一個題目，例如：「團體比個人重要？」「小學生應否學

英文？」「民主制度是最理想的制度嗎？」「華人在馬來亞是否應該爭取公民權？」通常學友必須一日扮演「正方」，翌日扮演另一方（反方），透過正反兩方辯才的訓練，除了訓練學友從不同角度思考問題，也嘗試站在對方的立場考慮事情。辯才比賽也給予學友口才和現場臨場反應的應對訓練。最後，不管雙方意見如何，主持人都會讓雙方握手，表示不影響原本的感情，藉由辯論的過程，體驗「民主」的精神：即便我不同意你的立場，但我維護你可以說話、表達的權利，雙方可以透過對話而溝通彼此的想法。如果說專題演講告訴學友甚麼是民主，辯論比賽透過具體的操作過程將民主演練一遍。

（三）敏才比賽：雖然文化記憶中較少提及敏才比賽，但在溝通記憶中，這是幾乎每位學友都會提到的活動，可見學友對於敏才活動印象極為深刻。每位學友均須抽題，然後在五分鐘內準備，隨即上臺即席演講。根據受訪者李有成表示，當年他抽到的題目是「一」，不管如何想像發揮，必須在時間內完成演講，訓練學友的反應和膽識，對於學友而言，這是非常困難但也是很好的學習機會。受訪者鄭聲表示自己抽到「天」這個題目，沒有機會準備，即席發揮，他認為這是非常好的臨場訓練。

（四）天才晚會：每位學友均須參加，不限內容，表演自己的某項「天才」，在此過程中，學友展示自身的才藝，也訓練自己的膽量。不管是敏才比賽或是天才晚會，學友會傳達尊重每個個體的天賦，並讓學友的天賦在生活營得到發揮的機會。

（五）歌舞練習：不管左派、右派的學生活動，都有歌舞展演，然而，前者往往是悲憤的歌聲，配合動人的舞蹈，試圖引起學生心中的某種義憤填膺的情緒。生活營活動中也有大量歌曲、舞蹈的教唱和學習，部分歌曲蘊含學友會的自由理念或理想，這個部分是身體展演與記憶最重要的組成部分，也是一九九六年生活營重新

▶ 圖二（圖片來源：willieho68.wordpress.com/2017/07/27/2922）

　　舉辦之後，較為完整保留的部分，不同世代的學友，
通過歌聲、身體的舞動凝聚彼此。舞蹈方面，主要是
土風舞和民族舞蹈。在歌曲方面，主要是華語歌曲，
也有來自臺灣的歌曲，像〈曼利〉、〈高山青〉等，
或是印尼民謠〈星星索〉等。尤其是「生活營歌」和
「學友會」歌，在歌唱、舞蹈的過程中，每位學友必
須交叉牽手（見圖二），透過聲音和身體的記憶，建
立社群的認同。

（六）炊事練習／烹飪比賽：生活營中類似童子軍活動中的
炊事，主辦單位給予學友們一筆伙食費，學友們必須
自己規劃數天菜單並完成炊事，負責自身在生活營中
的飲食工作，可以說是生活營的生活訓練課程。對於
學友來說，烹飪是練習；但對於左派學生而言，他們
在從事學生運動的時期，動輒必須準備數千名同學的
供餐，這些都是左右派學生採取相同的方式，但卻有
不同意義的解讀。對右派學生而言，炊事練習是「體
驗生活」，但對於左派學生而言，炊事工作就是部分
的日常生活。

（七）化妝晚會：相較於左派學生的遊藝晚會，演出的戲劇
節目都是寫實的日常事件，目的在於堅定學生的意志
（莊樂田 684）。學友們的化裝舞會則是注重刺激青
年的創造能力。李系德（本名李英華）在〈學友追憶
少年夢 10：小鮮肉老臘肉回鍋肉〉一文，描述化妝
晚會讓學友放下形象整飭，天馬行空地搞笑。「約

四十顆年輕的心互相毫無芥蒂，玩得很瘋。化妝晚會上，幾名男幹事披上頭巾穿起裙子扮女人，有個更把口中的假牙拆下，化身『冇牙婆』，咧嘴一笑，頓時傾倒眾生（令一眾男生女生都笑得倒在地上！）」（李系德 2018）。以上這些活動都安排得非常緊密，通常學友們不大有時間休息，透過這些活動讓我們放下面子，不怕在眾人面前丟臉。

當筆者詢問檳城學友思露（化名）：「參加生活營，您最大的印象是甚麼？」他回答說：「結交很多朋友！」、「我學了很多東西，我學了很多勇氣。學到膽量，也學到升學。」受訪者鄭聲說：「凡是參加過生活營的，心都很在一起。因為那三個禮拜，大家學習和生活都在一起，要離開時，都非常依依不捨。」受訪者定邦：「參加完生活營之後，你對東西的看法會非常不一樣！會很像你認識了很多東西。」受訪者童賢則認為敏才訓練對他的啟發最大，而對鄉下孩子張子深而言，參與生活營對他而言是「茅塞頓開」，「聽了許多名家演講，結識了許多文藝青年和知名作家，還有許多新朋友」（張子深 2018）。儘管每位學友從生活營中習得不同的內容，不管是知識層面還是情感層面，對於他們的凝聚和認同，生活營都扮演形塑的關鍵角色。

透過上述的活動，生活營透過強調「非政治化」的活動將學友們聯繫在一起，建構了他們對於社羣的認同，並形塑他們對於自由世界、民主體制的想像。而本文在這些基礎上進一步提出，在這些活動的背後，牽涉到學友會透過身體展演、體化實踐作為社羣認同形構的重要方式。有別於《學生周報》透過文字和影像圖片傳達社羣想像，學友會的動態活動，透過共同歌唱、共同飲食和共同舞蹈的身體展演，讓音樂和舞蹈成為學友體化實踐的一部分，易言之，在學友會身上，我們看到他們透過身體展演記憶已經消逝的社羣（或組織）。即便在一九六九年學友會解散，半世紀之後學友們又重新聚首，當生活營歌響起，學友們會以非常熟稔的身體姿勢與和諧的聲調，再次召喚學友社羣過去的集體記憶。

結　語

　　馬來亞學友會的社羣想像具有兩個層次，以《學生周報》這份刊物作為初始媒介，藉此發展學友的人際網絡，並進而參與學友社羣的活動，此為社羣想像的一個構面。進一步，透過刊物內容所傳達自由世界的政治、教育、文化等面向，建構起自由世界一份子的想像。在此社羣意識凝聚過程中，左派學生的干擾與抗議強化學友的社羣想像，並進而透過肯定自身追求的價值，與形塑社羣的認同，包括肯定學友會對於人生的影響、同儕的互動、現代美學的思維，和自由民主價值的追求，學友們藉此肯定自身經驗，並成為其認同學友會的憑藉。

　　其次，「《學生周報》通訊部」的成立，將《學生周報》的書面社羣想像，轉為實質的互動經驗，包括日常生活中參與各地學友會活動（如課業補習、分組活動）、不定期野餐會及每年一次的生活營。生活營強調「領袖養成」、「菁英領導」，著重個體能力與天賦發展，學友在生活營中學習新知也鍛鍊自身，透過生活營各項活動的安排，認識並操演自由、民主的精神，培養思辨、溝通和對話的能力。整體而言，不論是平日的學友會活動或是定期的生活營，學友會活動藉音樂、舞蹈或是體育項目的體化實踐，凝聚社羣的認同。

　　學友們透過文藝活動進行體化實踐，以「非政治」的文化活動，以及「跨地域」連結的特質，形構以自由、民主價值為主體的學友社羣想像。各地學友會除了發展自身的特色和組織，也和其他各地的學友進行交流，而「學友」身份即是彼此溝通和接觸的識別碼，同時，也正是在此互動過程中，「學友」的身份、社羣的信念透過面對面的接觸、思想的交流和身體的實踐一再確立。

　　然而誠如生活營歌的最後一句，來實現我們的「理想」，究竟「我們的理想」是甚麼？學友們似乎從來沒有提出明確的答案。不過，個人不同的「理想」並未成為學友之間的阻隔，學友們進入學友會的理由不同，或許他們不能很具體的指出自身的理想，但是，他們對於自由、民主、「非政治」

文化活動有興趣，應該是成為學友的共同點。然而，這些看似「非政治」的活動，其實也區別了「政治」，區分學友會（右派）與左派，區隔自由世界與共產世界。

一九六九年「五一三事件」後，各地學友會正式解散，面對有形空間頓然消失，學友們無形記憶無處安置的黯然情況。僅以地域性小團體的形式互相聯繫，多是「非正式」的情誼交流，誠然，地域的接近性讓各地學友保持聯繫，因此，此階段比較是以「區域交流」為主。直到一九九六年，在姚拓的鼓勵和支持下，吳俊樺等學友開始以電話、信件聯繫學友。一九九六年恢復的生活營，在形式與內容都有明顯的轉變，從過去強調個體能力養成，轉向各地域的學友交流與合作；從過去學習新知、涵養能力的生活營，轉向情感交流、娛樂性質的生活營。

二〇〇四年之後，社群軟體的出現，學友會再度凝聚起來，這一次是以「虛擬社群」（電子媒體）的姿態重新凝聚無形的記憶。受到社群媒介的影響，一開始學友會以「學友之窗」部落格作為分享的園地，重新建構集體的記憶，之後才是 Whatsapp 和臉書社團。換句話說，學友社群凝聚方式的變異，隨著科技媒介的變遷而與時俱進，而媒介的改變，也讓學友們對「何謂學友」的邊界更加模糊，從一九六九年前透過入會手續可以清楚辨識「誰是學友」，直到現今，學友的親屬友人亦參與學友會，學友們對於「誰是學友」則產生不同的認知和詮釋。

現階段的學友會，進入「實質社群」和「虛擬社群」共生並存的階段。平日，各地學友以社群軟體相互聯繫，透過虛擬社群軟體更加強化學友的聯繫。而這些聯繫有時也轉換為具體的實質見面會、野餐會，以及一年一次的生活營聚會。從學友會的形成與演變，本文發現學友社群想像與認同形構歷經不同階段媒介物的輔助和轉化，媒介的介入重新形塑學友們的關係，持續地影響並不斷地重塑學友的社群認同。

徵引文獻

Anderson, Benedict [班納迪克・安德森] (2010)《想像的共同體：民族主義的起源與散佈》(*Imagined Communities: Reflections on the Origin and Spread of Nationalism*) [1991]。吳叡人（譯）（臺北：時報出版）。

Arndt, Richard T. (2006) *The First Resort of Kings: American Cultural Diplomacy in the Twentieth Century* (Washington D.C.: Potomac).

白垚 (2007)《縷雲起於綠草》（八打靈再也：有人出版社）。

白垚 (2016)《縷雲前書》，上冊（八打靈再也：有人出版社）。

白垚 (2016a)《縷雲前書》，下冊（八打靈再也：有人出版社）。

陳國相 (2012)〈簡述二戰後新加坡的華校學生運動〉。莊樂田（編）2012: 18-41。

陳隆陞 (2018)〈學友追憶少年夢 04：古城東街納學生報社〉。《星洲日報》，星洲網，20 July (www.sinchew.commy/20180720.)。

川谷 (2018)〈學友追憶少年夢 07：最最快樂的日子〉。《星洲日報》，星洲網，26 July (www.sinchew.com.my/20180726.)。

Connerton, Paul (1989) *How Societies Remember* (New York: Cambridge University Press).

Cull, J. Nicolas (2008) *The Cold War and the United States Information Agency: American Propaganda and Public Diplomacy, 1945-1989* (New York: Cambridge University Press).

歸雁 (2018)〈學友追憶少年夢 09：學友・犀牛・印象〉。《星洲日報》，星洲網，3 Aug. (www.sinchew.com.my/20180803)。

貴志俊彥等（編）(2012)《美國在亞洲的文化冷戰》。李啟彰等（譯）（臺北：稻鄉出版社）。

郭馨蔚 (2016)《臺灣、馬華現代主義思潮的交流：以〈蕉風〉為研究對象 (1955-1977)》。碩士論文，國立成功大學臺灣文學系，臺南。

賀淑芳 (2013)〈《蕉風》的本土認同與家園想像初探 (1955-1959)〉。《中山人文學報》no.35 (July): 101-125。

何偉之 (2018)〈學友追憶少年夢 01：歷史的留白〉。《星洲日報》，星洲網，20 July (www.sinchew.com.my/20180720)。

何偉之 (2018a)〈又是新愁〉。太平學友聯誼會（編）：《前緣再續生活營：歡聚太平湖畔》（太平：太平學友聯誼會），8-9。

黃國彊 (2018)〈學友追憶少年夢 08：永在回憶中〉。《星洲日報》，星洲網，8 Aug. (www.sinchew.com.my/20180803)。

何振亞 (2014)〈何振亞〉。盧瑋鑾、熊志琴（編）(2014): 9-45。

江柏煒 (2016)〈誰的戰爭史？〉。宋怡明 (2016): v-x。

金進 (2015)〈冷戰與一九五〇、一九六〇年代新馬文學：以《大學論壇》（新）和《蕉風》（馬）兩大期刊為討論對象〉。《臺灣東南亞學刊》10.2 (Apr.): 41-80。

林春美 (2011-2012)〈獨立前的《蕉風》與馬來亞之國族想像〉。《南方華裔研究雜誌 Chinese South Diaspora Studies》vol.5: 201-208 (chl.anu.edu.au/chinese-southern-diaspora-studies-publications)。

李系德 (2018)〈學友追憶少年夢 10：小鮮肉老臘肉回鍋肉〉。《星洲日報》，星洲網，3 Aug. (www.sinchew.com.my/20180803)。

盧瑋鑾、熊志琴 (2014)《香港文化眾聲道 1》（香港：三聯書店）。

盧瑋鑾、熊志琴 (2017)《香港文化眾聲道 2》（香港：三聯書店）。

馬崙 (1997)〈《蕉風》揚起馬華文學旗幟〉。《馬華文學之窗》（馬來西亞：新亞出版社），90。

馬來西亞留臺聯總（編）(2012)《馬華文學與現代性》（臺北：新銳文創）。

Osgood, Kenneth Alan (2006) *Total Cold War: Eisenhower's Secret Propaganda Battle at Home and Abroad* (Lawrence: University Press of Kansas).

潘碧華 (2009)〈中國現代文學與馬華文學的關係〉。《馬華文學的現代闡釋》（吉隆坡：馬來西亞華文作家協會），139-150。

宋怡明 [Michael Szonyi] (2016)《前線島嶼：冷戰下的金門》（臺北：臺灣大學出版社）。

蘇燕婷 (2009)〈跨出的步伐：從姚紫的小說看一九五〇年代馬華「現代小說」〉。《馬華文學的現代闡釋》（吉隆坡：馬來西亞華文作家協會），72-79。

Tönnies, Ferdinand (1988) *Community and Society* (New Brunswick, N.J.: Transaction Books).

王梅香 (2016)〈東南亞區域政治下的臺灣文學傳播：以馬來西亞《學生周報》為例 (1959-1966)〉。「臺港文藝與跨文化交流」工作坊，9-10 Dec.，國立清華大學臺灣文學研究所、國立清華大學亞太文化研究中心，新竹。

溫任平 (2015)〈馬華現代詩的疑慮及其冒犯性〉。《馬華文學版塊觀察》（臺北：釀出版），53-64。

Welzer, Harald [哈拉爾德‧韋爾策] (2007)《社會記憶：歷史、回憶、傳承》(*Das Soziale Gedachtnis: Geschichte, Erinnerung, Tradierung*) [2001]。李斌等（譯）（北京：北京大學出版社）。

吳金英 (2018)〈學友追憶少年夢 05：歌聲笑語學友情〉。《星洲日報》，星洲網，26 July (www.sinchew.com.my/20180726.)。

雅蒙 (2018)〈太極的兩疑〉。《星洲日報》，31 July。

姚拓 (2005)《雪泥鴻爪：姚拓說自己》（吉隆坡：紅蜻蜓出版公司）。

張光達 (2016)〈當代詩作的變異及其限度：以新世紀《蕉風》的詩作為探討中心〉。《中國現代文學》no.30 (Dec.): 177-198。

張漢清 (2018)〈學友追憶少年夢 06：兄弟您好嗎？〉。《星洲日報》，星洲網，26 July (www.sinchew.com.my/content/content_1778020.html)。

張漢清 (2019)〈友聯人／學友／生活營歌〉。《星洲日報》，26 July。

張錦忠 (2003)《南洋論述：馬華文學與文化屬性》（臺北：麥田出版公司）。

張子深 (2018)〈學友追憶少年夢 02：學友點點情〉。《星洲日報》，星洲網，20 July (www.sinchew.com.my/20180720.)。

鄭汶 (2017)〈南園依舊在〉。《星洲日報》，星洲網，9 Feb. (www.sinchew.com.my/?p=2652839)。

莊樂田（編）(2012)《英殖民時代新加坡學生運動珍貴史料選 (1945.09-1956.10)》（新加坡：草根書室）。

馬華新文學體制之建立

黃崖與一九六〇年代

—— 林春美 ——

前　言

　　在早期《蕉風》編輯中，黃崖無疑是最具爭議性的一位。與姚拓、白垚一樣，黃崖在中共建立政權之後離開中國大陸，先是在香港《中國學生周報》供職，而後於五〇年代下半葉南下新馬，繼續在友聯出版社服務。可是其宿命卻與二者迥異。姚拓雖然至死仍只擁有紅登記，是個「無國籍馬華作家」，然而居馬逾半世紀，尚且不論他在從事寫作、出版、教科書編撰等方面的貢獻，單是友聯長期虧損依然不放棄出版《蕉風》一事，已足夠為他贏得「馬華現代文學的搖籃手」之美譽。[1] 而一九八一年移民美國的白垚，雖然比黃崖更早五年離開大馬本土，但是二〇〇〇年之後「再南洋」，以回憶錄散文與自傳體小說的形式華麗回歸，而後《縷雲起於綠草》、《縷雲前書》兩部巨著的出版，毫無疑義地奠定了他在馬華文學史的地位。反觀黃崖，幾乎掌控一個重要文學雜誌的整個六〇年代，是《蕉風》在友聯時期在任最久的編

1　一九九六年，《南洋商報・南洋文藝》「但願人長久」系列推出姚拓特輯，即以此為輯名。

輯，但除了少數幾個曾得他提攜的作家——尤其是當年在他影響與帶領下創辦海天、荒原與新潮等文社的作家如張寒、慧適、年紅、馬漢及與他有金蘭之誼的黃潤岳曾在文章中提及／紀念他之外，他對於馬華文學的貢獻，罕見有人論及。[2] 黃崖一九六九年與友聯不歡而散，他離職的原因及其後自營出版社的起伏與風波，在後世的傳聞中多少帶有些不堪。儘管如此，若不論個人是非，而僅從文化生產的實質來看，黃崖可說是一九六〇年代馬華新文學體制建立的關鍵人物。

壹

　　黃崖向來被認為是執掌《蕉風》編務最久的編輯，然而對於他出任主編的確切年份，卻因早年《蕉風》沒有列明編輯，至今難有定論。一說是一九六四年。香港藏書家許定銘曾如此主張，可是後來在得見第八十二、一〇三期兩冊《蕉風》後改變看法，認為「原來之前幾十期沒註明編者的，也可能是黃崖主編的」。[3] 但資料的欠缺終究使他沒能進一步明確推算。一說是一九六二年。馬華文學館的蕉風網頁，[4] 及曾與黃崖共室／共事的白垚在其回憶錄中，皆明確提到相同的年份。[5] 另一說則是一九六一年。目前可見最早的資料，是一九六五年刊於五月號《蕉風》上署名文兵的〈一九六四年的馬華文壇〉一文。同一作者在同年十一月為配合《蕉風》創刊十週年紀念而籌劃的「世界文壇十年」特輯而寫的回顧文章亦指出，《蕉風》創刊首五年主編屢有更換，「一直到

2　反而是外國作者如許定銘、黃傲雲曾關注黃崖在編輯《蕉風》方面的成就。

3　詳閱許定銘 (2010; 2015)。

4　馬華文學館是二〇〇二年之後負責出版《蕉風》的單位，其製作的蕉風網頁曾整理一九五五至一九九九年歷任編輯名單及其執編年份，然近日查詢，此部分內容已不復存在。

5　詳見白垚 (2007)。竊以為白垚與馬華文學館所參考的可能是同一份出自《蕉風》內部的資料，那是由時任《蕉風》編輯的姚拓、小黑、朵拉 (1997) 所整理的「歷任編輯表」，附錄於三人聯名發表的〈四十二年來的《蕉風》〉一文。此表所列白垚主編的年份、編輯團形式的出現、李蒼擔任執行編輯的時間等，皆有謬誤，其真確性值得商榷。

五年前，黃崖出任主編以後，至今五年當中，《蕉風》又進入一個新階段」（文兵 1965a:20）。此二文並非事隔多年之後的回憶，又值黃崖在任期間刊於該刊，其謬誤應較低。這是本文傾向認同一九六一為黃崖主編時期之始的原因之一。

原因之二則須從編輯學的角度言之。在《蕉風》即將邁向第一〇〇期之際，編輯部在一九六〇年最後一期（第九十八期）的首頁刊登了一則「改版啟事」，聲明將循眾要求，自第一〇〇期起改為綜合性刊物。這則啟事據說「引起了各地讀者的強烈反應」（蕉風社 1961: 封面內頁）。在讀者熱情感召之下，編輯部從善如流，在原擬改版的第一〇〇期鄭重承諾今後將繼續「為文學服務，為青年讀者服務」（蕉風社 1961a: 封面內頁）。經幾個月刊物路線改道的攪擾之後，第一〇一期於是有了風波既定、新章再創的意味。該期〈編者的話〉如此表示：「今後，本刊將努力達成兩大目標：一為介紹優秀的文藝作品，二為提拔有希望的新作者」（蕉風社 1961b: 封面內頁）。編者亦預告從第一〇三期起將陸續介紹近代文藝思潮及具代表性之作。至第一〇三期，編者對本期作為一個新里程的啟始作出了正式聲明：「從這一期開始，我們將有系統的來介紹現代世界文學」（蕉風社 1961c: 封面內頁）。其後幾期，「自一〇三期起」的立場、走向又在刊物卷首一再被提及，[6] 足見對編者本身而言，第一〇三期頗具分水嶺的意義。

究其實，《蕉風》對「現代世界文學」的介紹並非自第一〇三期方才開始。〈編者的話〉中類似「從這一期開始」的修辭，其實在短短的一年之前也出現過。那是在一九六〇年五月號，主編黃思騁表示將「從這一期開始，陸續介紹世界名家短篇小說」（蕉風社 1960: 封面內頁），而他確曾刊登過莫泊桑 (Guy de Maupassant)、契科夫 (Anton Chekhov)、愛倫坡 (Edgar Allan Poe)、奧亨利 (O. Henry) 等人的作品中譯。早於黃思騁接編之前，在五〇年代末，《蕉風》也已經刊登

6　比如第一〇五期（蕉風社 1961e）：「本刊自一〇三期起，已決定今後選稿寧『精』不『濫』」；第一〇七期（蕉風社 1961f）：「自一〇三期起，開始有系統的介紹現代世界文學」。皆出自〈編者的話〉，封面內頁。

過與法國自然主義、存在主義、超現實主義等「現代世界文學」相關的文章。[7] 可是，第一〇三期的編者聲明大有既往不算的意思。這應該與主事者的新舊交替有關。第一〇三期出版一年後，〈編者的話〉有云：「一年來，我們花了不少的心力來介紹西方的現代文學」（蕉風社 1962: 封面內頁），則頗有將過去一年視為一體的意思。

姑且不論第一〇三期起對現代文學的介紹是否比以前更「有系統」，但編者對此態度更加積極倒是客觀的事實。從第一〇三期至第一一〇期，《蕉風》每期都有專文介紹西方現代主義文學。半年下來，介紹過的作家包括艾略特 (T.S. Eliot)、伍爾芙 (Virginia Woolf)、海明威 (Ernest Hemingway)、康拉第 (Joseph Conrad)、佛克納 (William Faulkner) 與湯瑪斯·曼 (Thomas Mann)，介紹過的文學流派則是意識流小說。除了專論，這幾期還刊登相關作家的作品中譯。這與黃思騁時期在世界名家小說旁僅附錄一則詳略不一的「作者簡介」的做法截然不同。上述幾期專論，皆由莊重、林音二人輪流執筆。莊重與林音，皆黃崖常用的筆名。而尤有意思的是，從第一〇三期以降半年的時間，《蕉風》幾乎隔期就有一篇黃崖的小說出現，[8] 這與黃崖不避忌在自己所編的刊物上刊登自己作品的作風若合符節。[9] 由此看來，黃崖接任《蕉風》主編應不遲於第一〇三期。那是一九六一年五月。[10]

至於黃崖編至何時則比較少有爭議。史料家李錦宗在

7　比如皆為鍾期榮所著的〈自然主義的法國文學〉上下，《蕉風》no.62 (May 1958) 與 no.63 (June 1958)；〈存在主義與沙爾特〉，《蕉風》no.73 (Nov. 1958)；〈超現實主義的詩〉，《蕉風》no.80 (June 1959)。

8　黃崖之前雖也有作品刊登於《蕉風》，但數量相較而言少得多。他一九五九年十二月南來，一九六〇年發表在《蕉風》的作品僅有三篇，可是一九六一年五月起至該年年底（即從第一〇三到一一〇期），他以不同筆名發表的作品卻合計有十四篇之多。

9　曾任友聯總經理的何振亞二〇〇四年接受訪問時還耿耿於懷地說道，他請黃崖出任《中國學生周報》總編輯，不料他竟做了「總作者」，接編第一期就刊用了自己一篇很長的文章。見盧瑋鑾、熊志琴 (2014)，頁 19-20。

10　說「不遲於」，因為也可能是從第一〇一期開始。如前所述，該期〈編者的話〉（蕉風社 1961b）具有章初啟之意；且那期除了附贈黃崖中篇小說之外，正刊封底亦刊登其於香港出版的新書廣告一則，頗有為新官上任造勢的意味。若真如此，《蕉風》的黃崖時代，就要推前兩個月了。

〈一九六九年新馬文壇動態〉中寫道:「吉隆坡「蕉風」於九月起開始革新,由姚拓、牧羚奴、李蒼與白垚接編」(李錦宗 1994a:58)。他後來在另一篇文章中明確指出,上述四人接編之前,該刊乃由黃崖主編。[11]《蕉風》自第二○二期起革新改版,如今已近乎常識(若不說是「神話」的話)。那是一九六九年八月號,但註明編輯人名字的做法,則從第二○三期才開始。[12] 這可能是李錦宗說它九月革新、由姚拓等四人接編的原因。多年前我曾就黃崖編至何時之事詢問白垚,白垚的回答是:「蕉風二○一期及之前數年,自方天、姚拓、黃思騁後,一直由黃崖獨編」。[13] 因黃崖在《蕉風》上的最後一篇文章見於那年五月號,[14] 而其後兩個月(至改版前)該刊風格如前,故本文且從白垚之說。

從一九六一年開始主編,至一九六九年離去,黃崖掌控了一個重要文學雜誌近乎十年的時間。一九六○年代的《蕉風》實際上就是「黃崖時代」。作為當時絕少數持續出版、且聲勢較強大的非左翼文藝刊物,《蕉風》對於拒絕左傾的文學受眾之影響是毋庸置疑的。然而本文主張黃崖是六○年代馬華新文學體制建構的關鍵人物,並非由於他佔據著文學傳播單位的重要地位,而是因為他以各種身份、名字與方式實踐自己編輯方針的積極性,在極大程度上形塑了六○年代《蕉風》的面貌。

貳

許多學者認為,儘管文學體制 (the institution of literature) 擁有足以代表它的各種機器 (apparatus),然而它並不與物質

11　詳閱李錦宗 (1994),頁 38。

12　未署名的編者在《蕉風》第二○三期的〈風訊〉中說,刊出編輯人名字的做法,是表示負責任的意思。他同時也交代,上一期乃姚拓與白垚所編,而牧羚奴與李蒼則「從旁幫了不少忙」;而這一期開始,他們才約了牧羚奴、李蒼「參加編務」(蕉風社 1969:96)。

13　白垚致筆者私函,26 Mar. 2014。

14　見黃崖 (1969)。

性的機器概念相關，反之更與非物質性的、抽象的想法相關 (Hohendahl 30)。彼得・伯格 (Peter Burger) 認為，文學體制發展出的一套美學編碼足以區別不同的文學實踐，而具主導性的藝術概念將決定一個特定時期裏哪些被認可為文學，因此對生產者與接受者的行為模式起著深遠的影響 (422)。

在文學體制的確立中，文學批評，或文學論述 (literary debates)，扮演著重要的角色。它被視為是「體制中的體制」，因為「在公共領域的框架內，它既被指派執行創造評價文學文本的規則，又肩負將規則付諸實踐的任務」。而文學批評者既身處公共領域，其評論即超越了作為其自身／個人的意見的價值，而不可避免地亦烙印著他身後的體制的權威或所屬階級的影子 (Hohendahl 38)。因此，也有人把它看作是在社會矛盾中「建立文學體制規範的鬥爭」(Burger 422)。

黃崖可謂最善於為這些規範鬥爭的《蕉風》編輯。他在任那幾年，正是文學論述在《蕉風》最風風火火的時期。儘管從今時今日的角度回顧，六〇年代符合如今所謂文學批評的著作十分稀有，然而討論文學的屬性、特質、價值、現象等的文章卻不可謂不多。對於後者，時人多以「文學理論」、「文學批評」名之。一九六二年初，《蕉風》第一一三期新闢「刊登一些評論現階段的馬華文壇的短文」的專欄（蕉風社 1962: 封面內頁），為往後好幾年的論辯風潮掀開序幕。這個專欄雖然無名，但每每置於卷首，編者重視之意、及其導引讀者關注之企圖明顯可見。黃崖本身是這些評論最重要的主導者，他以莊重、葉逢生、陸星等筆名在這個專欄裏發表了不少文章，這些文章通常在該期封面的「本期要目」下列於第一，頗有作為「頭條」的意味。在不同的化名／化身之外，編者的身份亦賦予黃崖一定程度的權威性。「編者的話」對相關的文章不論讚譽、評價或推薦，無形中起著導引的作用，對接受者文學觀點的建構多少起著一些影響。

一九六三年十一月，黃崖在短時間內刊登第二個文藝座談會紀錄的同時表示，「在共同的討論中，我們可以發掘許多問題，也可以發現許多真理。發掘問題，可免誤入歧途；發現真理，可免在黑暗中摸索；這是每一個文藝工作者所迫

切期望和需要的」（蕉風社 1963: 封面內頁）。基於此，同期《蕉風》開闢了「文藝沙龍」專欄。與其說是新的欄目，不如說是第一一三期以來論述文章的延續，及其「正名」。自此始至黃崖離任，「文藝沙龍」除了在《蕉風》出現重大改革——如「東南亞化」和「重新馬來西亞化」——的初期暫停出刊或以其它名目與形式出現之外，基本上一直持續至一九六九年，可說聚攏了更多同路人，形成了更醒目的公共輿論。白垚頗為論者所關注的〈現代詩閒話〉五篇，即發表於這個專欄內。而黃崖時期頗常刊登的文藝座談會紀錄，其作用無異於使讀者得以更貼近現場的另一種「文藝沙龍」。

　　排除掉文學的政治功能、確立文學的自主法則，是這個時期最為激烈的「建立文學體制規範的鬥爭」。雖然《蕉風》早在一九五九年也曾以激進的姿態提出「反對以政治標準來替代藝術標準」的主張（蕉風社 1959: 封底），然而除了作為改革號的第七十八期本身之外，就僅有其後幾期所刊的少數幾篇文論對該論調做出回應；其「鬥爭」誠然是後勁不足的。而黃崖及他的作者們不意竟「隔代繼承」了第七十八期的鬥爭苗頭。這個時期的文藝批評反覆定義文學的屬性，明確主張文學歸屬藝術範疇，不應受政治、道德等任何外在力量干預。他們極力肯定文藝工作者精神的獨立性，反對作者向「黨」或「組織」的原則輸誠，以致淪為政治集團的工具。對文學工具論的強烈反對，使「表達」與「傳達」成為當時用以區分文學作為純粹藝術或政治工具、作者具自主性或從屬性兩種對立面的流行概念。持這種看法的文章很多，有些出自黃崖之手，如〈我們應有的瞭解〉（第一一六期）、〈談文藝批評〉（第一二〇期）、〈所謂「反映現實」與「表現個人」〉（第一二二期）、〈永恆的存在〉（第一二四期），有些出自他人，如施菲〈文藝界？文藝界！〉（第一三四期）、高文〈淺談「表達」與「傳達」〉（第一三四期）、余立〈奴隸的悲哀〉（第一三四期）。而座談會紀錄〈我們的基本信念〉（第一三一期）可謂是集其大成者，它不僅是這時期《蕉風》主流意見的一次總匯，而且因其出席者包括了至少二十五名當年活躍的青年作者，因此在一定程度上亦

代表了某個層面馬華青年共同的「基本信念」。[15]

　　文學的自主法則對於他們而言有兩層意義。其一，文藝作品的價值存在於其自身，作者唯有本著藝術的良心，忠實地表達自己的內心，方能成就卓越的作品。黃崖數次以斯坦貝克 (John Steinbeck) 之獲得諾貝爾文學獎的殊榮為典範，說明文學堅持自身的純粹性，不為政治教條所干擾與約束的必要性。[16]而中國現代文學史上一些具備文學修養的老作家，在工農兵文學興起之後就再寫不出像樣的作品，則為其反面材料（陳昨非 1968）。其二，文學作品是心靈活動的產物，真誠的「表達」只能出自於自由的心靈；而作為「傳達」的工具，其本身是不具有存在意義的。人若失去了自由，則「我」將變成「非我」，甚或淪為奴隸，聽命於暴君／獨裁者的差遣。因此，文學的自主法則，直接關乎人的存在意義（黃崖 1963）。而這第二層意義實際上是使第一層意義成為可能的前提。

　　從這個角度觀之，最容易掉入使人喪失心靈自由與文學自主陷阱的，無疑就是當時被視為文壇主流的現實主義文學了。高文〈現實主義的陷阱〉（第一二三期）、李想〈寫實主義乎，政治工具乎？〉（第一三六期）、白垚〈蚊雷並不兆雨：現代詩閒話之三〉（第一三九期）、李平〈寫實的夢〉（第一八八期）等多篇反工具論的文章皆指出，現實主義者對文學改革社會功能的過度要求，將使作品一味強調思想正確性；而過於濃厚的功利主義色彩，最終將導致文學的工具化與公式化面貌。上述那場彙集了至少二十五名青年作者的座談會甚至更明確地指出這種工具效用背後的黨性色彩：「馬華文壇所謂的『新現實主義』，其實也就是共產黨的『革命現實主義』」（蕉風社 1963b:4）。另一些文章在指出馬

15　《蕉風》在方天主編的時代也曾刊登過幾篇重要的座談會紀錄，但黃崖時代的座談會紀錄卻另有一層時代意義。方天時代的出席者多是本刊編委及成名作家，如申青、馬摩西、范提摩、常夫、曹兮等，他們多是南來作家；而黃崖時代的出席者卻都是土生土長的青年作者，如慧適、梁園、陳孟、張寒、陳慧樺、山芭仔、魯莽、年紅、馬漢、周喚、冰谷、王潤華、淡瑩等。

16　詳蕉風社 (1962a)，頁 2；黃崖 (1963)，頁 3-4；亦見於蕉風社 (1963b)，頁 3-4。

華現實主義在「借著文藝作掩護去進行政治的勾當」時，亦闡述了現實主義本身的時代性與侷限性。比如有一篇文章就指出，興起於十九世紀末的寫實主義在彼時已不能算是「最進步的文學流派」，因為其「描寫事實的真相」的價值，已經被後起的一波又一波新的文學潮流——如自然主義、表現主義、象徵主義、寫象派、超現實主義、意識流、存在主義，挑戰與超越了（洪堆 9-10）。另一篇文章則指出，無論在民主抑或共產主義的社會裏，寫實主義其實都是難以真正實踐的。在民主社會中，基於政治理由寫作的作者往往採取善惡分明、忠奸立判的二分法，過於簡化書寫對象的複雜性導致寫作的失真；與此同時，由於人的主觀心理感受必然影響人對現實的認識，所以「在基本原理上」，文學也是「不可能絕對寫實的反映人生」。另一方面，在共產主義社會中，作家必須聽命於黨的指示與政策之故，亦將導致「寫實」成為不可能落實的任務（李想 12-13）。

　　黃崖時期對文學自主法則的高度推崇，塑造了六〇年代《蕉風》的兩個重要特質：一是現代主義文學的引入，二是作為「純文藝」刊物的定位調整。這在很大程度上影響了其後的文學發展。

　　如前所述，黃崖自接編《蕉風》就積極推介西方現代主義作家與作品。在一篇題為〈為現代文學申辯〉的文章中，他表示「現代文學工作者是最輕蔑為某一種目的而寫作的」（黃崖 1963a:3）。在六〇年代的文學語境中，這似乎也意味著最能夠免於掉入「現實主義的陷阱」的一種選擇，也是一種本質更為「純粹」的文學。對應寫實主義在實踐「寫實」方面的不可能性，他認為現代主義文學恰如其反地落實了文學反映時代人生的責任：「這是一個不安、懷疑、失望、頹廢的世紀，現代文學像一面鏡子，把這些外表的、內在的事實映照了出來」（黃崖 1963a:3）。而由於時代的驚人變化，現代世界更趨於紊亂，現代人的心理更趨於複雜，以探索人物心理活動見長的現代主義也許更能因應時代人心變化的挑

戰，因而也是一種更「新」、更「進步」的文學。[17]

一九六四年，在青年作者林風建議、據說數以千計讀者回應的情況下，[18]黃崖開始大刀闊斧改革，躊躇滿志地打算讓《蕉風》「一躍而成為東南亞一份具有影響力的純文藝期刊」（文兵 1965:69）。改革之後的《蕉風》，在其封面上鮮明的自我定位為「純文藝月刊」。如果我們追溯邁入黃崖時代之前的《蕉風》編輯方針的演變，則可發現黃崖「純文藝」的轉向其實貫徹與實踐了較早前《蕉風》「朝向純文學方面發展」的改革理念——這是友聯同仁在一九五九年提出，然而卻顯然有些雷聲大雨點小的。五年之後黃崖以旁置《蕉風》創刊之初要作為沙漠綠洲的主旨而落實「純文藝」的追求，他的作法無疑比他前兩任主編都來得更為徹底。此事雖說是順應本地部分作者與讀者的意願，卻也十分切合黃崖本身對文學純粹性的追求。他可能亦同意林風所言，認為對本邦青年的培育工作已可交由新近創立的刊物，畢竟出版這些刊物的社團——如海天、荒原、新潮、新綠出版社，都是在他的帶動下成立的。然而，其全力朝「東南亞的權威」邁進、立意以質之高低為選稿之標準的結果，是本地作品的銳減，港臺作品的激增。對一本創刊時期以「純馬來亞」文藝刊物自我標榜／期許的刊物來說，半途「純文藝」的轉變，也許就形同一種質變，是對在地責任的背棄。這一方面固然顯得「政治不正確」，另一方面，臺灣作品的大量刊載，亦因臺灣在政治上被視為美帝之附庸、而其現代派文學之西化取向的緣故，又加重了他人對友聯「政治隱議程」的諸多揣度。[19]

時移事往之後，隨著友聯的政治經濟背景透過口述歷史及同代人的文字追述逐漸浮出水面、與美援文藝體制論說的興起，「冷戰」成了解釋早期《蕉風》基調與走向的最熱門

---

17 類似想法可見高文 (1963)、高賓 (1963)、白萍 (1963)。這些文章雖大多使用籠統的「現代文學」一詞，然其內容卻無疑皆指向與「現實主義」文學思潮相對的「現代主義」。

18 見林風 (1964)，頁 13；有關讀者迴響則可見蕉風社 (1964; 1964a)。

19 然而，卻也有因這時期作品水準之普遍優於之前而給予高度評價，稱之為《蕉風》的「黃金時代」者，比如賴瑞和 (2016)。

理論。有學者將上述「純文藝」的轉型說成是「臺灣化運動」，並認為這「應當是友聯機構在亞洲和東南亞的『戰略部署』」（賴瑞和 2016）；亦有學者認為其對「現代主義信仰」的鼓吹背後，其實「也有鮮為人知的政治目的與使命」（莊華興 23-24）。

《蕉風》對「純文藝」與「現代主義」的追求發生於同一時期，甚至就由同一文學信念派生，然而友聯同仁對於二者的態度與立場其實截然不同。《蕉風》從第一四三期至第一七三期改為「純文藝月刊」，不僅將疆場從馬華擴大到東南亞，而且還增加篇幅，提高定價，並移至香港印刷，這些重大改革背後若無友聯的認可──或至少默許，則絕不可能持續進行兩年多之久。

相較而言，對於現代主義，友聯核心人物的態度是甚為模糊與保留的。疑為徐東濱的魯文即認為，不重韻腳與排列的現代派詩歌，其分句是「零亂排列著」的。他不像黃崖一般深信現代主義可為死寂的文壇激起「壯麗和動人的」波瀾（黃崖 1963a:3），反之覺得「他們日後的成績如何，目前似尚難判定」（姚拓 4）。白垚一九五九年發表的「新詩的再革命」宣言，雖然明顯受到紀弦〈現代派的信條〉的影響，但「現代派」一詞在其文中卻是秘而不宣的。至一九六四年寫〈現代詩閒話〉時，儘管「新詩」在稱謂上已「進化」為「現代詩」，但「現代主義」一詞在五篇閒話中終不可見。此二例或可說明彼時文人對「現代主義」一詞及其附帶意義的不確定性，因此是不能全然以白垚本人半個世紀後重新定義的「反叛文學運動」來掉回頭去詮釋的（白垚 2007）。連在接編之初就以介紹「現代文學」為主要目標的黃崖，雖也曾明確表示將現代文學視為一「流派」，[20] 而且所介紹的確都是西方現代主義作家與作品，但他的所謂「現代文學」卻也是雙重意思的：一方面明確指涉如佛洛斯特 (Robert Frost)、康明斯 (e.e. cummings)、福克納、海明威等人所運用的「現

20　見蕉風社《蕉風》第一二七期中的〈編者的話〉：「本刊對各種流派的文藝作品一視同仁，當然，也不會忽視現代文學的價值」，詳蕉風社 (1963a)。

代創作技巧」，即文學表現形式上的「現代主義」；另一方面則指與「傳統」相對立的、具有新內容與新形式的文學，即籠統的時間上的「現代」（黃崖 1963a:3）。就《蕉風》所刊的評論文章看來，這也是當時許多作者與讀者對「現代主義」的普遍認知。

而儘管黃崖在現代主義的推介方面顯得熱情洋溢，在實際操作上，他並非得以一往無前。本邦讀者的反應在這個事件上有著不可忽視的作用。由黃崖執筆的〈編者的話〉(1963；1963a) 一時表明將採取精簡政策，盡量選刊簡短的西方文學作品，一時又申明會兼顧讀者的需要與能力來介紹現代文學，已足以說明他在推介現代主義文學方面所面對的諸多掣肘，以及他自己在回應馬華現實狀況時所須做的權衡與調適。觀諸黃崖的文字，可知他本人對「現代主義」一詞的使用毋寧是節制而謹慎的。他常以含糊的「現代文學」指稱包含現代主義在內的、一切具創新意味的「非古典」文學。在《蕉風》上直接而無畏地以現代主義作為旗幟的，反而是本地土生土長的青年作者。[21] 而明確將「現代主義」、「現代派」等當作惡名昭彰的帽子套在《蕉風》作者頭上的，則是左翼作家了——這類文章在左翼刊物《浪花》內著實不少。

由此看來，如果《蕉風》對現代主義的引進帶有任何政治目的與使命的話，那大概就是與「純文學」雜誌的定位與訴求共生的，一種內置其中、張揚去政治的政治性——其政治性亦唯有將包括可能源自自身的政治干預都徹底排除，或至少隱蔽，方能達致。這也許是為甚麼數十年後許多「學友」回憶起《蕉風》與《學生周報》時，總對時興套於其上的「政治陰謀論」摸不著腦袋，可見當年二刊「去政治」的舉措大致算是徹底的、成功的。[22] 而窺之黃崖本身的「現代文學」著作，如此的主張未嘗沒有其真摯性。

21　見蕉風社 (1967)。

22　見吳海涼 (2018)；麥留芳 [Mak Lau Fong] (2016)。在許多人的少年回憶中，那多是一段由生活營、野餐會、壁報、舞蹈、音樂、戲劇等譜寫而成的純真歲月。類似文章，可見《星雲》版二〇一八年七月十六日至三十一日的「學友追憶少年夢」系列文章。

參

黃崖對「現代文學」推崇備至。他不止一次以「古典」與「傳統」作為現代文學的對立面。在他看來，側重於「記述人類內心的和意識的活動」的「現代小說」，對古典／傳統小說慣常以情節和動作描寫為主的作法是「輕蔑」的。[23]「反傳統」對他而言，大抵與勇於創新、具時代朝氣同義。因此他認為足以作為當時文壇主流的，是意識流小說（蕉風社 1961d；黃崖 1961）。然而，可能由於當時本地小說作者——包括黃崖本身——在資源與條件上的侷限，他們對「現代主義」的追求與體現，大多止步於心理描寫。

在主編《蕉風》時期，黃崖對於所刊「善於描寫心理活動」的小說，大多都表示肯定之意。他以馬華作家開始嘗試心理描寫手法為「一個可喜的現象」，「確是值得我們高興」（蕉風社 1961f）。[24]他自己在小說創作上也頗有對此主張身體力行的表現，比如〈三個十字架〉（第一〇七期）寫少女因愛情而背負十字架的內心之苦；〈懺悔〉（第一一二期）借不同人物之口述表達他們各自的心理感受；〈三個十字架〉（第一〇七期）寫少女因愛情而背負十字架的內心之苦；〈誤會〉（第一二一期）借主角的內心獨白講述一個烏龍偵探故事；〈老鄉〉（第一四四期）寫人物在內心善與惡兩把聲音中的掙扎等等。可說是以自己的多產來試探了心理描寫的多種可能。可惜黃崖小說人物的內心往往過於淺顯而外露，他們無機而善變的心理往往亦牽動了情節的峯迴路轉，致使他的小說常常掉入言情甚至迷情的通俗套路。

與黃崖同為蕉風「一時之瑜亮」的白垚，在其南來後第一首詩〈夜航〉中，抒寫了自己夜航南洋的心情。很巧合的，黃崖南來後刊登於《蕉風》的第一篇小說，也以自己南來的旅程經驗為題材。這篇題為〈航程〉的小說，講述船上乘客

23　見蕉風社（1961e）。類似看法在其後多期〈編者的話〉中亦可復見，如在第一〇八、一〇九、一一七期等。

24　該期《蕉風》同時也出現幾篇以描寫心理活動為主的小說。

之間的人際關係，敘述者「我」大抵就是黃崖的化身（編過《周報》、姓黃）。小說情節在一場颶風來襲之後急遽變化，人物的關係與遭遇亦隨之出現戲劇化的轉變。一篇原本頗為「寫實」的小說，筆鋒一轉之後竟變成有點偵探加言情的通俗之作。因此，如同白垚〈夜航〉以對遠方的嚮往，開啟爾後其著作中對海上江南的反覆詠嘆，黃崖〈航程〉的風格，似乎也預兆了他南來之後的小說基調與傾向。

　　黃崖南來之後的著作甚多，其中最值得關注的是他以本地政治或歷史為題材的幾部長篇小說：《烈火》(1965) 及其續集 (1967)、《煤炭山風雲》(1968) 和《金山溝的哀怨》(1976)。這幾部小說雖不脫黃崖一貫的通俗格調，卻又不乏思考本土現實，對人物心理的刻畫也不乏細膩之處；這幾部作品寫作時間前後橫跨十餘年，不同作品當中某些前後一貫的態度與立場，或可在某種程度上說明冷戰年代文人的心理結構，亦可讓我們從中窺探黃崖的思想與文學觀。以下僅以《烈火》為例以論述之。

　　《烈火》二部作於《蕉風》東南亞化時期。在他所編的刊物偏離「馬來亞化」創刊初衷最遠的時候，他的小說反而比他之前任何將馬來亞地理作為背景的作品都更加貼近馬來亞。此書亦尤能顯見馬來亞政治現實和黃崖親身經歷與感受的融合。他在〈後記〉中說到自己中學時被兩個政治團體爭取的經驗，升大學那年逢大陸變色，也曾每天參加四小時政治學習，直至十個月後逃離故土，去到「不屬於任何中國政權統轄的香港」；幾年之後南來，得知本地青年正經歷與他從前相同的試煉，於是決定寫這部小說（黃崖 1974a）。此書將小兒女的愛情置於一九五九年馬來亞首屆全國大選、彼時學校內外左右思想之鬥爭、家庭糾紛等等大語境中來書寫，個人幸福／愛情的抉擇，在其中與個人人生路向緊密關聯。小說主線之一是沈國基與王寶珠之間的情路坎坷。因為階級背景不同，兩人戀情面對各自家庭的激烈反對。意識型態的鬥爭，是黃崖認為深深銘刻在他與同代青年生命中的「時代的烙印」（黃崖 1974）；他在書中借寶珠之弟寶源、與國基的堂弟國光之口，對此作了較理論性的思辨。唯物論

的信徒寶源，認為歷史背景與個人的思想意識密不可分，堅信「客觀環境總會決定主觀一切的！」（黃崖 1974a:64），而對左右兩方思想都有意深入理解的國光則質疑此說，認為人的客觀環境可能改變，因此歷史背景——或言階級——就不可能是個人思想形成的決定性因素。他以華人在南洋的經歷說明「歷史背景」的可變易性：

> 在南洋，我們更清楚的看到一個事實：所謂「資產階級」，在兩代或三代以前都是「無產階級」。而且，我們也相信一件事：現在所謂「無產階級」，可能在兩代或三代之後會變成「資產階級」。（黃崖 1974a:311）

既然人的階級屬性可以改變，那麼又何來由階級而生的「階級性」呢？更何況，人類有愛，而「愛是沒有階級的」（黃崖 1974a:47）。小說借一資產階級的情婦不為「銀彈策略」收買，反而最後為愛刺殺情夫復自殺的小插曲，說明人的情感不能以所屬階級來判定。而國基與寶珠為了長相廝守不惜背離自己的階級，離開家庭、自力更生，更是對毛澤東「在階級的社會裏，只有階級的愛」一說之否定。相對於左派常說的「階級仇恨」，《烈火》更強調愛。小說反覆提到人生存不能以仇恨作為基礎，反之只有彰顯愛，才能使人類達致和諧。如果愛被否定或剝奪，那麼因婚姻遭反對而致精神失常的國光三姑的下場，則就是最好的警示。

階級決定論的荒謬性，在小說許多人物的言行舉止中多有所見；人的某些情感、心態，在其間是無法以左右來作為判準的。比如左傾的王寶源與劉亞明，他們認為所有小資產階級都是資產階級的走狗與幫凶，其主張固然是偏激的；然而國光之弟國明認為左傾分子反殖民主義的主張即意味著反對馬來亞獨立，卻未嘗不也偏激。又比如國基的資本家爺爺與寶珠的無產階級父親，雖然兩人反對國基與寶珠結合的理由不同——前者是基於對王家的成見，後者則由於男方是「階級仇人」——可是兩人在這件事情上的偏執與專制態度，則無二致。

一九五〇年代末馬來亞的政治與文化氛圍，在白垚遺作《縷雲前書》中，是「非左即右，沒有中道」的 (2016:282)。然而黃崖《烈火》卻顯然在在否定簡單的非左即右之合理性。主角國光對其弟國明「你不靠右，就是靠左；你不支援甚麼，就是反對甚麼」的說法甚不以為然 (1974a:187)；他認為「沒有說『喜歡』，就未必會說『不喜歡』」，因為「在『喜歡』與『不喜歡』之間作一個選擇是不簡單的」(1974a:258)。許多事情無法截然兩分，究其根源，與人性本身的複雜性有關。黃崖小說對人性主題向來多所著墨，[25]《烈火》一書更是體現了他對探索人性之複雜多面的熱衷。我們且以寶源和國光的爺爺這兩個階級背景完全對立的人物為例作為說明。寶源基於本身的階級立場而仇視資產階級，覺得與國基戀愛的姐姐是階級叛徒，但因感念姐弟之情，始終沒有堅決阻止他們來往。雖然他認為對姐姐處境的同情將使他陷入自己所輕蔑的「溫情主義」的陷阱，而且也視戀愛為具腐蝕力的「小資產階級意識」，但最終還是答應幫姐姐去說服父親。他對國光也一樣。雖然在階級立場上國光屬於理應被打倒的資產階級，而且實際上寶源也曾利用他來掩飾左翼學生組織的政治色彩（而使國光極為不快），但他對國光卻仍存有真摯的友情。當寶源的家人因與馬共有所牽連而相繼被捕時，他甚至勸告前來探望的國光與他家保持距離，以免惹上不必要的麻煩。至於國光的爺爺，雖然在國光眼中是個自私自利、冷酷無情的人，但國光也目睹了他不計利害說明一個中國來的戲班子，甚至還熱心為他們籌到一筆可觀的盤纏的事實。爺爺平時多有種種不近人情的言行，就在國光因而覺得他是個使人憎惡的資本家時，爺爺為捐助學校建立科學館而慷慨解囊的真誠之舉，卻又讓他不得不反省自己對他的評價，並深刻認知善惡是非之間之難以輕易分界。

　　人性複雜，人的思想立場自然也如此。比如國州選舉，爺爺對助選、投票等民主程序是積極參與的，但並不表示他

25　即便是《煤炭山風雲》與《金山溝的哀怨》二書，雖以本土現實為題材，但歷史或政治的是非恩怨只是小說借以開展的「故事」，而故事內容所關注和突顯的，其實還是人性的問題。

就熱情擁抱了民主。他強迫家人遵從他的政治選擇，甚至要他們發誓把票投給聯盟的做法，已說明了對民主的違背。他對操縱兒孫終身大事的獨裁姿態也是對民主的諷刺。另一些人，比如國光同學黎志清的父親，也是資本家，曾贊助兒子成立籃球隊以對抗校內左翼學生籃球隊。從表面上看，他是社會主義政治路線的死對頭；然而實際上他不僅無黨無派，而且更對政治不感興趣，他所考量的，只是維護自身的生存與利益不受侵害而已。另一方面，對主張社會主義政治的那一方人馬，說他們反對馬來亞獨立，或如他們自己所說，馬來亞仍在殖民主義與極權主義的治下、尚未真正獨立，在國光看來，都是把事情一刀切而導致的偏狹武斷之見。

上述諸端雖然盤根錯節，但個中存在的價值評斷卻並非模糊不清。小說主角國光對冷戰時期兩個相互對峙的意識型態的探索歷程，在某個程度上大抵折射了作者本身的想法。國光本有意進一步瞭解左翼思想，因此跟寶源提出參加他們組織的要求。[26] 不過由於他出身資產階級家庭的「歷史背景」的關係，儘管經受組織的觀察、考驗，但接受他加入的批准遲遲沒有下來。這樣的經驗讓國光覺得，左翼對人的「歷史背景」的過分強調，不啻淡化了人作為個體存在的價值；而更糟糕的是，對組織權威的絕對服從，亦將導致人與人之間失去可能的相互理解、信任等較人性的情感，而人與人之間關係異化的結果，則是人將他人變成了（可加以利用的）工具。黃崖《烈火》中的這些思想，與他主編《蕉風》時期非工具論、反附庸性的文學主張是一致的。

相對於輕蔑個人價值的社會主義，小說指出了那個時代另一個可能的選項：自由主義。在故事尾聲，作者借瘋狂的三姑放火燒家以報復獨裁父兄長久以來剝奪自己婚戀與人身自由之舉，極具象徵性的在小說中點燃一把自由主義的「烈火」。而對人生路向的尋尋覓覓，則透過主角國光的思索有所表達。國光否定以抵押個人自由為獲得平等待遇／地位的

26　這與黃崖本人的經驗相仿。他曾說自己在中共治下「仍能冷靜的去觀察新政權，每天參加四小時的政治學習」，並曾「和軍事代表、政府代表，甚至外國顧問討論各種問題」。見黃崖 (1974)《烈火》中的後記，頁 450。

可能，並認為當人的生活與勞動完全被外在的權力操縱時，平等是不可能發生的。在他看來，自由主義者與個人主義是不可分開的。而個人主義，即如他所尊崇的老師黃士偉所言，其「最簡單扼要的解釋是：自尊，尊人」(1974:24)；人唯有尊重自己與別人的權利，容忍不同思想的存在，作有限度的犧牲，才能夠與他人和諧相處。和諧，是《烈火》幾番強調的一種圓滿狀態與價值。國光當神甫的四叔就幾次表示，人與人若能和諧相處，「天國」就降臨了；這與黃士偉在一次與國光討論時所言，只有在和諧的環境中，人類才能夠獲得「最高的自由」同義 (1974:254)。正因如此，國光對左右兩派同學之間相互破壞、繼而又相互報復的做法都極力反對；他最終也因為左翼組織訴諸暴力的鬥爭手段而徹底拒絕了社會主義。

實際上，和諧也是黃崖貫徹始終的文學主張之一。他在一九六〇年代就一再提到，文學美感的基本原則是和諧（包括內容與形式、作品與讀者、讀者與社會之間）。[27] 到了八〇年代，他在〈漫談文藝創作〉一文中依然將和諧列為構成「美」的首要條件（黃崖 1982）。這篇連載於當時重要現實主義園地《文藝春秋》之上的文章，還提及諸如「表達」與「傳達」等與他二十年前發表於《蕉風》、《學生周報》上的文章完全相同的看法。[28] 黃崖於一九六九年與友聯決裂，十數年後在現實主義刊物上發表的文學觀依舊如昔、未有更易，可見不是甚麼「集團立場」。

因此，黃崖在六〇年代對現代主義的推崇與推動，不能因其自由主義立場而論定是與友聯的政治目的抑或策略相關。對這種新近流行的文學思潮的熱情，一方面可能是出自他本身對意味著進步的「新」潮流的傾慕；另一方面，其自由主義立場也許也讓他覺得應該任由這種文學思潮「自由」發展。儘管他在小說寫法上力求跟上「描寫心理、輕蔑情

27　可見於黃崖的〈三株胡姬〉與〈墨竹與古松〉，分別刊於《學生周報》no.393 (Jan. 1964) 與 no.398 (Mar. 1964)。

28　詳黃崖 (1982)。

節」的新／現代的潮流，但在精神上卻還是以五四那種以人文主義為前提的「人的文學」為倫理目標的。[29]「為人生」的文學觀的影響，使黃崖即便是格調通俗的小說，都帶有「反映現實」的使命。這尤其體現在其小說之故事背景與敘述者的選擇上。他南來後的許多中短篇小說都以馬來亞具體地方為背景，而不少故事都出現一個黃姓的敘述者。雖然其地方背景多數都缺乏實際意義，但作者通過真有其地、親歷親聞的元素來打造一種——哪怕是最表面的——現實感的意圖甚明。六○年代中期以降他寫了好幾個以本地現實為題材的長篇小說，而八○年代則在《文藝春秋》發表以本土下層社會人物為題材的「小人物系列」，及以轟動一時的大盜波達清事件為藍本的長篇《半個太陽》。雖然這些小說多數寫得並不成功，但作家的人文主義關懷倒還是可以肯定的。人文主義的立場，使人與人性一直都是他作品的核心關注。他在《烈火》中表示，「如果能夠喚醒人性的覺醒，甚麼困難都會消除」(1974a:330)。他那時即已主張人性對階級約束的超越性；而到了八○年代，他也依然強調人性的普遍性，認為「人性是可以突破時間與空間」（黃崖 1982）。這一點使他與友聯諸人沒有根本的差異。在白垚多年後的回憶中，五○年代末陳思明所提倡的「人本文學」主張，與徐東濱所鼓吹的「新人文主義」理念，都被溯源至五四時期張揚人的覺醒與個性解放的人道主義基礎上；而他自己的〈新詩的再革命〉，亦是「借五四的火把，照當下的天空」。[30] 由此可見，黃崖與友聯諸人所體現的，其實是五四知識分子傳統的其中一面。對他們而言，五四——中國知識分子首次擁有「重新估定一切價值」的自由與正當性的分水嶺、嶄新的「個人主義的人間本位主義」之倫理與價值確立之開端，[31] 比之一九六○年代的現代主義，更可為彼等「現代」之源頭。

29　楊聯芬 (2003) 的《晚清至五四：中國文學現代性的發生》很精彩地闡述了五四時期的人文主義與中國現代文學之現代性的關係。詳見其書第一章。

30　詳〈何物千年怒如潮〉、〈文學慣性的突破〉，二文皆收錄於《縷雲起於綠草》以及《縷雲前書》的下冊卷八「夢的峯巒」。

31　上述主張分別見於胡適〈新思潮的意義〉與周作人〈人的文學〉。

肆

　　如上所述，友聯同仁體現了大致相近的倫理目標與文化信念。然而，以友聯的「集團」本位，特別是它與亞洲基金會之間的關係，來解釋每一階段《蕉風》的編輯方針與作品特色，卻顯然不是理想的做法。因為友聯究其實是一個頗為鬆散的集團，它不是由成色一致的成員所組成的、鐵板一塊的「共同體」。這個在經濟架構上具有機構或公司形式的組織，在冷戰年代的金援致使它無可避免地罩上一層政治色彩，而在其中共事者於是容易給人一種「同志」之感。然而，若當真如此，那麼友聯對「同志」的招募也可算是甚為隨便的——至少不曾聽聞有任何人曾被調查背景才獲允加入。而曾經參與其事者也不見得須對它作永久的承諾——比如燕歸來，友聯創辦人之一，據說是將它與亞洲基金會牽上線的核心人物，六○年代中後期即淡出歷史的舞臺，避世獨居，只與她的少年同道「通過祈禱互通音訊」（白垚 2007:53-59）；比如方天，作為中共「叛徒」張國燾之子的背景簡直完美符合了這個美援機構的「預設條件」（如果有的話），可是五○年代後期竟那麼自由地離開，而後甚至下落不明；又比如奚會暲，曾經代表友聯與亞洲基金會接觸的重要人物，六○年代曾先後因留學與家庭緣故，先是中斷、後是結束與友聯的賓主關係（盧瑋鑾、熊志琴 2014）。讓這些自由來去的人看來成其為「共同體」的，可能只是他們最基本的一個政治立場：反共。這是他們唯一一面鮮明的旗幟。

　　我們從多個訪談可知，友聯旗下的刊物，其編輯在政治立場不與團體相悖的大前提下，一般享有相當大的自主權。[32] 因此，美援背景對刊物最初的定位或形象的奠定可能確實起一定的影響，但對其後續發展產生實際導引作用的關

32　曾參與《中國學生周報》編輯工作的羅卡與吳平，在接受盧瑋鑾等人訪問時，都表示不曾在編輯上受到友聯高層的壓力或控制。然而羅卡亦透露，在對一九六六、六七年香港「九龍暴動」的報導中，儘管他本身認為那不盡然是左派煽動就能成事的，但友聯站在其反共立場上，卻認為那問題不宜在當下討論。詳盧瑋鑾、熊志琴 (2014) 中羅卡、吳平的訪問部分。

鍵，應該更在編者本身的作風與主張。同為五〇年代末自港南來的友聯同仁，方天、姚拓、黃崖主編的《蕉風》風格各異，即可說明這一點。六〇年代黃崖主編時期，《蕉風》走向幾番更易：先是大張聲勢宣揚現代文學，繼而一變而成東南亞大型純文藝刊物，最後宣佈重新向馬來西亞化進軍。這些種種，與其說是按擬定策略全無意外實踐的陰謀，不如說是在行動者（主要是編者與作者）與時代、環境相互衝突與磨合中偶然產生的。

在黃崖主導下走向以純粹性質與自主法則來確立文學之價值的《蕉風》，雖然在第一七四期之後又重新再高舉馬來西亞化大旗，但這不可視為是對其早年主張的簡單回返。兩年東南亞化的轉向，無意之間也許竟激發了本地作者對自身身份屬性的思考。從其後發生的一場關於「地盤」的小論爭，及逐漸調整更新的作者陣容來看，第一七四期及其後的重新馬來西亞化的內涵，已與創刊初時對本土題材的強調大不相同，而是更指向作者的在地身份與本土特色。此外，這兩年的轉向在某種程度上亦扭轉了讀者對《蕉風》定位的認知，以致自此之後讀者提起《蕉風》，更多將它視為「純文藝」——而不再是「純馬來亞化文藝」——的刊物。「純馬來亞化」，經此轉折，遽然成為遙遠的、被遺忘的歷史。而經黃崖時代以「純粹性」與「自主性」淘洗的「現代文學」則逐漸形成一種新的審美符號。

徵引文獻

白萍 (1963)〈不要做鴕鳥〉。《蕉風》no.128 (June): 4。

白垚 (2007)《縷雲起於綠草》（八打靈再也：大夢書房）。

白垚 (2016)《縷雲前書》，上冊（八打靈再也：有人出版社）。

Burger, Peter (1983) "Literary Institution and Modernization." *Poetics* vol.12 (Nov.): 419-433.

蕉風社 (1959)〈讀者‧作者‧編者〉。《蕉風》no.78 (Apr.): 封底。

蕉風社 (1960)〈編者的話〉。《蕉風》no.91 (May): 封面內頁。

蕉風社 (1961)〈本刊啟事〉。《蕉風》no.99 (Jan.): 封面內頁。

蕉風社 (1961a)〈本刊啟事〉。《蕉風》no.100 (Feb.): 封面內頁。

蕉風社 (1961b)〈編者的話〉。《蕉風》no.101 (Mar.): 封面內頁。

蕉風社 (1961c)〈編者的話〉。《蕉風》no.103 (May): 封面內頁。

蕉風社 (1961d)〈編者的話〉。《蕉風》no.104 (June): 封面內頁。

蕉風社 (1961e)〈編者的話〉。《蕉風》no.105 (July): 封面內頁。

蕉風社 (1961f)〈編者的話〉。《蕉風》no.107 (Sept.): 封面內頁。

蕉風社 (1962)〈編者的話〉。《蕉風》no.116 (June): 封面內頁。

蕉風社 (1962a)〈編者的話〉。《蕉風》no.117 (July): 封面內頁。

蕉風社 (1963)〈編者的話〉。《蕉風》no.126 (Apr.): 封面內頁。

蕉風社 (1963a)〈編者的話〉。《蕉風》no.127 (May): 封面內頁。

蕉風社 (1963b)〈我們基本的信念〉。《蕉風》no.131 (Sept.): 3-4。

蕉風社 (1964)〈編者的話〉。《蕉風》no.139 (May): 封面內頁。

蕉風社 (1964a)〈編者的話〉。《蕉風》no.140 (June): 封面內頁。

蕉風社 (1967)〈青年作者與馬華文壇〉。《蕉風》no.172 (Feb.): 4-6。

蕉風社 (1969)〈風訊〉。《蕉風》no.203 (Sept.): 95-96。

陳昨非 (1968)〈獨立的文藝國〉。《蕉風》no.188 (June): 7-9。

高賓 (1963)〈我們有救了！〉。《蕉風》no.128 (June): 3。

高文 (1963)〈現實主義的陷阱〉。《蕉風》no.123 (Jan.): 3-4。

Hohendahl, Peter Uwe (1989) *Building a National Literature: The Case of Germany, 1830-1870* [1985]. Trans. Renate Baron Franciscono (Ithaca & London: Cornell University Press).

洪堪 (1968)〈馬華文壇與寫實主義〉。《蕉風》no.189 (July): 9-10。

黃崖 [莊重] (1961)〈談「意識流」小說〉。《蕉風》no.104 (June): 3-4; 8。

黃崖 [莊重] (1963)〈永恆的存在〉。《蕉風》no.124 (Feb.): 3-4。

黃崖 [陸星] (1963a)〈為現代文學申辯〉。《蕉風》no.127 (May): 3。

黃崖 (1964)〈三株胡姬〉。《學生周報》no.393 (Jan.): 3。

黃崖 (1964a)〈墨竹與古松〉。《學生周報》no.398 (Mar.): 3。

黃崖 (1969)〈加強東西馬文藝界聯繫：在山打根青年文藝協會的談話〉。《蕉風》no.199 (May): 7。

黃崖 (1974)《烈火》[1965]（香港：高原出版社）。

黃崖 (1974a)《烈火續集》[1967]（香港：高原出版社）。

黃崖 (1982)〈漫談文藝創作〉。《星洲日報・文藝春秋》，25 Apr.-14 May。

賴瑞和 (2016)〈《蕉風》的臺灣化時期 (1964-1967)〉。「文學、

傳播與影響：《蕉風》與馬華現代主義文學思潮」國際學術研討會，20-21 Aug.，馬來西亞留臺校友會聯合總會，八打靈再也。

李錦宗 (1994)〈馬華文學簡史〉。《馬華文學縱談》（吉隆坡：雪隆潮州會館），1-48。

李錦宗 (1994a)。〈一九六九年的新馬文壇動態〉。《馬華文學縱談》（吉隆坡：雪隆潮州會館），49-66。

李想 (1964)〈寫實主義乎，政治工具乎？〉。《蕉風》no.136 (Feb.): 12-13。

林風 (1964)〈百尺竿頭更進一步：給《蕉風》的建議〉。《蕉風》no.138 (Apr.): 13。

盧瑋鑾、熊志琴（編）(2014)《香港文化眾聲道 1》（香港：三聯書店）。

Mak Lau Fong [麥留芳] (2016) "Intellectual Activist, Playwright, Poet"。白垚（著）《縷雲前書》，下冊（八打靈再也：有人出版社），2-7。

文兵 (1965)〈一九六四年的馬華文壇〉。《蕉風》no.151 (May): 68-70。

文兵 (1965a)〈路迢迢‧行徐徐：探十年來的馬華文壇〉。《蕉風》no.157 (Nov.): 18-21; 61。

吳海涼 (2018)〈末代學友的末代情〉。《星洲日報‧星雲》，30 July。

許定銘 (2010)〈黃崖革新的《蕉風》〉。《香港文學》no.306 (June): 82-83。

許定銘 (2015)〈兩冊老《蕉風》〉。《大公報》，26 Aug.。

楊聯芬 (2003)《晚清至五四：中國文學現代性的發生》（北京：北京大學出版社）。

姚拓 [魯文] (1959)〈文藝的個體主義〉。《蕉風》no.78 (Apr.): 4-5。

姚拓、小黑、朵拉 (1997)〈四十二年來的《蕉風》〉。江洺輝（編）：《馬華文學的新解讀：馬華文學國際學術研討會論文集》（八打靈再也：馬來西亞留臺校友會聯合會總會），76-81。

莊華興 (2016)〈戰後馬華（民國）文學遺址：文學史再勘察〉。《臺灣東南亞學刊》11.1 (Apr.): 7-30。

馬華文學的現代主義
星座詩社與六〇年代

—— 黃琦旺 ——

我是山茶
含苞三年
春天開後
竟不是花
我是明月
普照冬夜
黎明才發現
被凍成一片白雪

——王潤華，〈屋外〉(1974)

前　言

　　一九四五年二戰後，世界各地的文化與生活型態因戰爭構成了巨大的影響，東南亞各殖民地的國家型態亦在這種情境上有／無意識地逐漸形成。而馬華文學於此時期起了關鍵的分化與變形——馬來亞華文文學已成為新、馬華文文學的前夕，可能構成了往後的馬來西亞華文文學發展的扭曲與審美意識型態的模糊，甚或形成了新／馬文學進程一定的模式。審美意識型態可謂思索各地文學進程十分重要的基礎，

馬華文學的寫實與現代的序列是如何演化，本文嘗試整理，以求能撥開政治社會覆蓋下的馬華文學（可能有）的模式。

　　此文以星座詩社作為主軸討論馬華的現代主義，乃因這一社詩人多為馬來亞本土或「僑生」出身，在六十年代的臺灣實踐並渲染現代主義，以五、六年的時間締造了足以「名揚海內外」的（馬華文學境外的）現代主義語境。在《蕉風》友聯的南下文人面對馬來亞華文文學殘留的新寫實和浪漫主義困境中，星座的年輕知識分子（取代了五四出身的知識分子）的創作型態以及他們在新／馬華文學扮演的是怎麼樣舉足輕重的腳色，其中語境是很值得探知的。

壹、馬來亞文學的現代性進程

　　一九五三年到五六年的反黃運動之後，新加坡林有福政府 (1956-1959) 及爾後的李光耀政府仍在文化上施行打擊黃色的政策。就在一九六〇年，發生了馬大英語系恩萊特教授事件 (the Enright Affair)。[1] 我重提當時這起事件，乃認為可以從這裏思考寫實過渡到現代的劃分點，它可以作為馬來亞文學在作家的想像與國家的想像 (the writer's imagination and the imagination of the state) 之間，[2] 向世界刻意暴露（宣示）出政治的寫實與現代意識抗衡的根據點，這與構成往後馬來西亞華文文學發展的扭曲與審美意識型態的模糊有關，形成了新／馬文學進程的特定模式。恩萊特教授於一九六〇年十一月甫到新加坡馬來亞大學英語系任職時即對當時李光耀自治政府「反黃」及干涉學術自由的政策提出意見。當年

1　恩萊特 (Dennis Joseph Enright, 1920-2002)，英格蘭利明頓 (Leamington) 出生，劍橋大學畢業，五十年代英國「運動派」詩人之一。年輕時在非洲和遠東游歷近廿載，一九四七年至一九五〇年在埃及亞歷山大大學教授英語後到日本、泰國，一九六〇年到新加坡大學繼續教書生涯。一九六〇年因一場現代主義的演講發生恩萊特事件，一九七〇年即回英國，編輯《文會》(Encounter)、當報刊評論員並專注創作。

2　想像作為國家機器以外的自由思想，張景雲先生引赫胥黎「勇敢的新世界」滲透現實，謂：「百年後的世界，萬人之中一人是統治者，一人是自由思想逃亡者，其餘都是奴隸」（張景雲 30）。張先生其實很關注一九八六年國際筆會提的一個議題作家的想像與國家的想像（對權力的想像）。

十一月十七日，恩萊特在馬大就職演講發表〈羅伯特‧格雷夫斯與現代主義的式微〉("Robert Graves and the Decline of Modernism")，[3] 演說前半段闡述「一種文化何以建構」，期冀馬來亞的社會文化不只是「加上了班頓比賽」的「沙龍文化」(sarong culture)；針對「反黃政策」，他認為「每一種文化都有黃色的痕跡」，甚至提醒：「一個集權的國家，可能產生最文明的社會，因為最少在暫時，它的公民是不存在的。」陳東嶽在其文〈對恩萊特教授事件的是非分析〉中概述了恩萊特的看法：

> 藝術是從污泥中產生出來的，因此它所表達出來的可能是一部分人所不能接受的。……如果我們取締這類作品，我們可能就產生假道學的作品，結果可能導致具有創造性的藝術活動的絕響，……藝術最主要的是個人化，他們對於可能被解釋作爲構成「黃色文化」的理由，而需受到限制，照例是不接受的。（陳東嶽 1960）

新加坡政府為這些意見做出很大的反應：發函嚴厲警告將褫奪工作准證，甚至言辭犀利帶侮辱性的稱恩萊特為「乞討的教授」(mendicant professor)，指責恩萊特以外僑的身份行公民批評政府的權利，逾越了教學的職務，干預本地政治（《南洋商報》1960）。另一邊，馬大學生會及時開緊急大會，請政府明理並捍衛學術／大專院校言論自由（《南洋商報》1960a）。人民聯盟因政治鬥爭也發文告指責李氏政府搞針對，扼殺了學術言論自由，但也透露了當局的確在明防衛先鋒詩人教授的自由，在暗更是為了控制文化創造的尺度（或因政治因素／利益向英籍詩人下馬威）。這一起被李光耀稱為「茶杯裏的風波」的小新聞，對文藝界就未必了。[4] 仔細

3　格雷夫斯是最先把現代主義作為文學術語的詩人之一。可見新加坡的《海峽時報》所刊之演講縮減版，24 Nov. 1960，第 8 版。

4　Edgar Liao：「『恩萊特事件』顯示出被掩飾的複雜性。在戰後時期去殖民化的文化政治情境，一個相信文化和其生產構成一個與政治截然不同的領域

想，它顯現了馬華文學風格構成的一種（繼承戰前的）模式：文藝風格是在（戰前）政治意識的抑制和（戰後）對強權的假設的刺激下暗地裏構成和成長。

如果從回溯晚清孫中山在南洋進行革命活動，新式學堂和白話文的流行開始來談馬來亞的現代性，我們可以假設馬來亞華文文學在它特有的模式中進行著一個「詞語的序列」(the order of words)。[5] 在地文學的建構，其中白話文和華文跟南洋的審美意識有一定關係，以至當時的語境被推向（選擇）寫實風格。然而，戰後歐美文藝界渲染藝術的現代性，強調「獨立性的價值」、「具有自主性」，創作成品成爲被崇拜的客體，人文的意義既是「寫作一首詩建構一個單獨、自足的現實世界」的觀念，正如恩萊特強調的文學與文化的現代性進程。「現代時期」曾被帕斯 (Octavio Paz) 定義爲「一種產生於叛逆精神的批評時代」(137)，五十年代的馬來亞華文文學，尤其在南洋大學創建之後，人文主義的推行和世界文藝界的理論思想給予的衝擊是相當大的，因這世界的文學模式，寫實的繼承者們也無從拒絕現代性。

針對作爲「文學對象」的社會及「作爲客體的文學」的語言兩方面來說，現代詩（或者說現代文學）都是一系列在自己的現代性（自主性）當中潛伏穿越突破藩籬的「詞語的序列」。與其一再的提「去殖民」，我卻要倒回去提「現代」發生的時候跟佛洛伊德 (Sigmund Freud) 心理學的密切關係：自我（德語：Ich；拉丁語：ego）就是一個現代人的特徵。許多人以自我作爲主體的中心（來自其成長的文化中心），而拉康 (Jacques Lacan) 進一步說：自我（法語：moi）只是一個對象（一個想像中的構造）：其本質就是挫折的、異化的、不斷的對自我進行抗拒的。從這裏可以理解恩萊特所謂

的英國著名學者在反應激烈的羣衆面前發表評論，挑戰激進的政府。」詳見 Liao (2016)。

5　弗萊 (Northrop Frye) 的文學批評理論中一個很重要的概念。他認爲想像力會造成同一系列依次相牽連的詞語效應，產生同類型的意象—象徵—隱喻—原型之序列。藉此，弗萊認爲文學的原型是存在的。而且，其作爲詞語的序列，它爲批評提供了概念框架和知識體系，這些體系和思想並非源自意識型態的系統，而是源自於想像力本身。

的「藝術最主要的是個人化」，正如帕斯所謂的「現代文學都在自我的否定」的用心。如果從文學上來解釋「自我的否定」的概念，跟弗萊原型批評所說的想像力建構的「詞語的序列」類似，創作不就是不斷延伸的想像力詞語的序列，個體憑藉它進行內在的自我否定。

馬華文學的存在和風格，不管其時間性，以想像和修辭釋放無處不在的（現實的）隱喻，詩語言在這樣一種「詞語的序列」當中被建構起來，就如弗萊所說，這是文學創作背後的自然規律。魯迅的偶像尼采 (Friedrich Wilhelm Nietzsche) 視幾千年文化經典為「語言和修辭的幻象」的預言。弗萊的「美學幻象說」也是尼采的「修辭幻象說」理論邏輯的延伸。馬華文學的模式也正是在這樣的「國家權力與作家的幻想」中，主體的修辭與其抗爭對象的美學幻象。

這樣的自主性實際上不是戰後才發生的，如果熟悉三〇年代的中國現代文學，應該理解現代性早在一戰之後就洶湧進白話文文學的進程。如果馬來亞華文文學跟中國五四有關係，應該不僅僅是從方修以迄一直被強調的「僑民意識」，更多是其中的現代性的想像：個體挫折的、異化的、不斷的對自我進行抗拒的詞語序列。一九二七到一九三三年那段時期的南洋色彩是一個明顯的現代性進程。

就以上現代性書寫的概念和方法，從社會意識到心裏狀態，馬華文學「詞語的序列」，首先由二〇年代末「南洋色彩」的語境建構開始，再由五〇年代中期南洋大學複雜的現代性氛圍構成的浪漫、象徵或自然主義的各自抗衡，而六〇年代的政治轉型大大影響了兩個世代樂觀的人本主義（尤其在種族融合的大前題下），浪漫與象徵的風格被導向虛無與幻滅（比如威北華）以及個人化的抒情與虛構（比如神州詩社）所謂的現代主義的「自我抗拒」相對的隱遁。這兩個世代，各自都有一個對立面：廿年代南洋色彩相對於僑民意識（這個對立還涉及了參雜方言切音的白話文與國／華語這兩種語境）；六〇年代轉換成寫實主義與現代主義的對弈（左／右意識的抗爭）。

一、重談南洋色彩：〔絕緣迴線〕及〔壓覺〕

　　熟悉馬來亞華文文學的學者沒有不知道「南洋色彩」的主張和這個主張下的作家羣。他們的作品有某些特質是頗具有現實批判的，緊抓廿年代末卅年代華人移民的五個主題：

> ……暴露舊式買賣婚的痛苦，封建社會婦女地位的低落，被販賣南來的豬仔的非人生活，流浪者內心的彷徨與離鄉思母懷友的憂傷，基調較高吭的，則歌頌天的崇高，海的偉大而要把自己的心結成汪洋萬里的海潮，而用火種來溫暖整個世界。（楊松年 4）

這或者就是他們被文壇注意的「有南洋意義」、帶左傾的新興文學意識；但如果把視線轉移到他們在本地各大報章主持副刊染上的「色彩」，會發現用以書寫這些主題的形式和所主張的文藝概念實際上才是這些作家該被注視的、深具現代性的審美焦點。從一九二七年張金燕在新加坡《新國民日報》的〔荒島〕開始，後有新加坡《南洋商報》的〔洪荒〕和遷移到檳城《南洋時報》的〔洪荒〕，吉隆坡《益羣報》的〔枯島〕，他們多以「墾荒」為所主持的副刊命名，突顯身處克難的情境。作為各主要城市的知識分子，這些南來但與在地作家相融的羣體，有著耕耘「南洋文藝」的共識，在書寫上以蕉風椰雨和熱國的南洋景物與氣候時空挪移，展開異域「蠻荒時空」予以構建有別北向的新文化與新文學：用血汗鑄造文藝的鐵塔。從書寫實踐上來看，我們可見這些作品在語言（不避方言）、修辭（秀麗而雕琢）和題材上聚焦於當其時移民的存在困境，不無鮮明的現代精神「個體挫折的、異化的、不斷的對自我進行抗拒的詞語序列」的展現。

　　方修在其《馬華文學大系》中批評他們的詩為唯美主義，只認同曾聖提「鑄造南洋文藝的鐵塔」和某些具新興文學意識的作品，產生了優秀的小說並接受某些訴諸存在意義的詩表現出「揭露殖民地人民」的悲慘境遇。實際上縱觀

《馬華文學大系》一九二七年後的選篇，不管詩歌、散文還是小說，如果不選鼓吹南洋色彩作家的作品，可以說就乏善可陳了。為此，方修（不得已之下）在每一種體裁的導言上還得特意對所選作品加一些不符合主流、自然主義、唯美風格的譴責。換言之，馬來亞華文文學的可觀性（如果不說主流），不可否認的是表現在一九二七年到一九三〇年高喊南洋色彩，進行「浪漫主義激情」（楊松年 104）書寫的這些「墾荒」的作品上。

在這些副刊編輯和作家中，如果不是「受當時濟南慘案的刺激」（楊松年 16）而形成另一股新興（寫實）文學，南洋色彩的審美意識，尤其是〔洪荒〕、〔文藝半日刊〕如曾聖提、張放、竇素白、曾華丁、汪開競諸子，多是從純文學出發的。其中特別堅持的是曾華丁，這可以在他一九三〇年主持的《光華日報》嚴格意義的純文學副刊〔絕緣迴線〕和《南洋商報》的副刊〔壓覺〕——極具現代性的兩個文藝美學——中看出：

> 從它納入史流的輪道之日起，我們決定將我們的「力」來充實它，用社會的香氣來滋養它，使它如同一根生活在磁場裏或電流的輪道裏的真實的絕緣迴線，生活在我們的「力」和社會的香氣的中和的氛圍氣裏，同時又希望它的電磁般的或種的功能在史流的推進的實踐中成為一種有用的力量。（《光華日報》1930）

> 在這馬來人的「距浪」鼓的悲啼中倖然誕生的〔絕緣迴線〕，它是純文藝的周刊，並且也可以說是幾個遊離在舊社會的屍骸中的無產者的一部分的意識型態的闡現。……我們知道我們各人還是社會裏的一個生物，因之都會感覺，因也綜合一些感覺的總和，畫下一些龍虎。
> （《光華日報》1930）

所謂《壓覺》：「對皮膚關節或口蓋鼻腔等處
施以壓力時，則起感覺。生此感覺之點，名曰
『壓點』(Pressure Spots)。對於壓力的感覺，名
曰『壓覺』(Pressure Sensation) 人身各部不等，
壓覺之性質常因刺激物壓力大小而異，壓力小
則生微癢，稍強即生壓覺，過強則生痛覺。」
（《南洋商報》1930）

楊松年認為〔壓覺〕表示了「編者希望所發表的文章，不
是個人呻吟，也不是強烈的革命意識，而是人們面對艱難
生活的不滿」（楊松年 107），或可借羅蘭・巴特 (Roland
Barthes) 一九七○年代末的攝影觀「刺點」(punctum) 來穿鑿
「壓覺」被提出的意義：曾華丁更想強調的是當時存在的艱
苦和複雜在人所意料之外，所收的作品雖不是大文章，但卻
可以對那個時代親身歷練的個體產生各種「壓點」，就這一
個意義上看到南洋純文藝的必然性。這個必然性強調了與
「舊社會的屍骸」隔離，如〔絕緣迴線〕的文學主張——建
構個別的輪道／迴線 (cycle)，用的是我們的（生物的生命）
「力」和社會的香氣融合成的氛圍。這幾乎又跟法國象徵主
義的「通感」(synesthesia) 一氣，跟「壓覺」的意義一樣表
明處身在異域中慣常的「難以表明」之物境。就其以「物理
學」的術語來為純文藝副刊命名的觀點之抽象，能將他排除
在現代性的進程之外嗎？這些概念幾乎是很雛形地把自身從
僑民意識隔離、斷開的審美意識，是深具現代意義的浪漫美
學。

　　報章文藝副刊的南洋色彩「運動」，浩浩蕩蕩不過五年，
開始不久就適逢五三慘案及抗日渲染成的偏左的大語境。
一九二九年〔荒島〕停刊，因為被誣以莫須有的政治罪；
〔洪荒〕被報館的「肥腦袋」擅改版樣以圖索取刊費，遷到
檳城後一直到一九三○年這個作者羣主持下的副刊也都全部
停刊。標榜新興文學的〔椰林〕和〔枯島〕，作品雖寫實卻
也抵不過抗日和左翼這一雙翅膀的遮掩。無論如何，時空斷
開和色彩的觀念啟發了往後的馬來亞文學的特殊模式。

二、南大中文系長篇詩與短篇詩的現代性策略

（生活作弄他們

他們也嘲笑生活）

痛苦儘管來

他們只需要些微歡暢

敲著銅壺與鐵片

拍著手掌與大腿

還有姆指與食指的捺響。

彼此會心的微笑

撚一撚卷鬚 翻一翻眼

搖一搖頭

裝一裝鬼臉。

——泡蒂，〈寫幾個守門人〉(1961)

　　二戰後五年，一九四八年緊急法令結束了僑民意識與馬來亞獨特性的爭論。反殖民的呼聲以及馬來亞獨立的曙光很自然的給了馬來亞華文文學一個（寫實的）清晰面貌。

　　不管苗秀、趙戎或是方修開始了他們文學史的走向，共同點都是強調殖民地社會促使現實主義在馬華的主流。但是，方修在《馬華文學大系》強調過卅年代後的新興浪漫主義，並補充說明「馬華社會一開始就是殖民地社會的一部分，民族資產階級沒有力量，因而來自資產與小資產的大部分寫作人，就不能成為歐洲文藝復興時期那樣一種意氣風發，精神昂揚的浪漫主義作家，不能感到本身有力量，有信心來突破殖民勢力，封建勢力，買辦勢力的重圍。……或者偶爾受到某些外來文藝思潮的衝擊的時候，有些浪漫主義作品的產生之外，一般上是側重於實事求是地觀察現實，分析現實，於是也傾向於現實主義了」（方修 29）。這段話似乎暗示輝煌一時的南洋色彩留下了餘韻，那個時代的文人是以「浪漫主義」為文學「審美」（或者應該被譽為感性）的基礎，但時勢不允許奢侈的「浪漫」需克制成「現實」。苗秀在〈這還是雜文的時代〉直接了當：「在亂人的屠刀下尋

求甚麼『閒適』，實際上等於『幫凶』。在馬華的文藝園地中，雜文一開始便以戰鬥的姿勢出現，正如魯迅先生所說過的，能生存的雜文小品文，該如匕首，投槍，為我們殺出一條生路來。我們從沒有忽略過雜文這種積極的任務」（苗秀68）。正氣凜然的語調，宣判文人的責任和使命；但不寫雜文的時候呢，那個時代的情境和氛圍離得開浪漫嗎？

於是我們在李廷輝、苗秀等編的《新馬華文文學大系》看到當時的文學審美模式。這或可以借用王賡武〈馬華文學導論〉的敘述：

> 有兩個無不相互有著關係的事件，俾使新一代的
> 作者更堅強起來。那是馬來亞的緊急狀態以及共
> 產主義在中國獲得勝利的事實。其一，限制了人
> 們的思想與情感；其二，從中國人的文學作品受
> 到禁止，而迫使這裏的作家向自己的才智去發
> 展。這些作者受到很多限制，對他們的視野有著
> 明顯的界限。但在另一方面，他們是自由的……
> 現在，他們可以自由地寫作他們所瞭解的關於朋
> 友，家庭以及自己的處境的事情。而最後他們將
> 為馬來亞自己的錯誤者而寫作。（王賡武8）

即便方修不認為浪漫主義是文學主流，一九五五年南洋大學中文系造就了六〇年代的大學作家羣，專業的文學訓練使他們有自覺地以現代性的象徵主義來處理在政治敏感情境的寫實。因此，戰後的文學表現跟戰前完全兩樣，這些大學生以及受影響的文藝青年，豐富了原本只屬於報人和教師的文壇，構成了新世代的文學視野。這一階段出現了江河（陳川波）寫實的敘事長詩；黃應良、何乃健泰戈爾似的哲學與抒情小詩；槐華、吳岸、蕭艾、冰谷、適慧、泡蒂等等前輩詩人；傑出的散文、小說作家梁園、韋暈、殷枝陽、原上草及赴臺之前的林綠，還有港臺作家，尤其是香港文學作品的流入（反黃運動前），幾與本地創作融會在一塊。此階段的文學表現，可以看到作家想像與國家權力想像之間的抗衡。

三、威北華幻滅浪漫主義作為寫實主義的總結

這期間有一位特殊的作家，威北華（1923-1961；寫散文時筆名為「魯白野」），二○○四年新紀元學院中文系雜誌《中文人》做現代主義專輯。訪問張景雲有關馬華的現代主義，[6] 他即提示威北華作為馬華文學現代性不可忘卻的一員：「現代詩的先行者」。張景雲認為他在五十年代左傾被視為主流的時代能不被強烈的社會性所鉗制，而能表現屬於現代性元素的詩歌（蘇燕婷 6-8）。閱讀威北華作品，會發現他有許多主張寫實的文字，他特別信任歌德「我所寫的詩，都是建立在現實之上」的觀點，也認為街頭詩乃繼承這樣的優秀傳統；實際上他的作品雖著意「寫實」，卻有一點沖淡了表現派的感覺，在視覺上很能引起共鳴。他作為「看得到將來世界的魅力遠景的歷史學者」那樣的詩人，我其實有點迷惑為何張景雲強調他的現代性？後來才明瞭他的作品與社會現實的距離頗大，而且沉重的憂鬱情感在充溢「歷史」與「未來」之間（你會想到孟克 (Edvard Munch) 畫作《吶喊》(The Scream) 那種歇斯底里的色調），內省與自我的否定顯出了他風格上的非主流。這種「未來」與「歷史」的拉扯，示出本雅明 (Walter Benjamin) 的廢墟─幻滅美學，是德裔畫家保羅‧克利 (Paul Klee) 的《新天使》(Angelus Novus)：天使（歷史）離開入神凝注的事物在廢墟中升騰，表現其時學者世紀末心態的最極端。

王潤華在二○一五年在拉曼大學的一場詩的研討會，提呈了他對威北華的評論文章〈倒流的河流：威北華流亡與廢墟的書寫〉，沒有錯的話應該是第一篇研究威北華文學的論文。文中闡明威北華與凱里爾‧安瓦爾 (Chairil Anwar) 的密切關係──受這位詩才洋溢但桀驁不馴，浪漫頹廢且風流，

---

6 張景雲即詩人張塵因。一九四○年出生於緬甸丹荖，在檳榔嶼長大，五○年代末到七○年代居星島十二年，後移居吉隆坡，在報界服務，以主筆聞名。他在兩本散文集的「自況」中說自己：十六歲輟學，不曾受過大學教育，但曾經進入雲南園──在新加坡南洋大學學生宿舍工地當建築工人。曾當過臨時教員、灰料工人、讀中文員、小園主助理、家庭教師、鬻文匠、畫廊經理、夜總會樂隊經理等等。唯一詩集為一九七七年出版的《言筌集》。

顛覆了印尼卅年代的文藝傳統，把現代派詩歌（奧登、里爾克、麥里思等人）的詩帶到印尼的先鋒詩人的影響，其詩極具戰後冷戰時代的精神，書寫在困境中極端個人的感受，發出存在主義的嘆息。文中也對威北華的非主流風格做了剖析，認為他已經突破死板的寫實概念：

> 由於威北華喜歡將浪漫、現代、甚至革命與個人的激情混在一起，這就造成馬華文學無法欣賞其複雜的藝術結構。他們只能從死板的文學概念去辨認寫實的、浪漫的或現代主義的，他們也只會從僵化思想意識去評價革命的，社會的、人生的、愛情的詩。而威北華將一切從文學與土地的，無論是馬華的，馬來的、印尼的、西方的，統統綜合成他個人的主義、個人的詩歌，這就是威北華，可能他覺得他的散記還不夠文學、創意不足，所以使他停留在魯白野。
>
> （王潤華 2015:172）

　　威北華可作為戰前戰後馬華文學寫實與現代性交會的總結者，但更有趣的是：千禧年後，張景雲與王潤華各自提供了兩種不同針對威北華現代性的回響。王潤華對威北華的關注，乃以威北華作為知識分子離散與重返理論的本土依據：所謂本土的現代主義。但對於經歷與威北華的坎坷相似，從少年時代起即「虔誠」細讀威北華作品的張景雲，就不是理性的離散所可以概括的了。不以為自己屬於馬華文學詩人的張塵因，他提供了一個解釋他（或也適用於威北華）的現代生命型態可能的詞語：偶然 (serendipity)，[7] 作為對現代性的闡釋，相對於離散（知識分子）的漂泊情結，偶然的威北華又是另一種在地必然的現代性型態了。這或可以清楚的讓我們看到六十年代馬華兩種現代創作的型態及其構成的模式。

7　源自一七五四年創自錫蘭王子故事中的 "serendip" 一詞。沒有具共識的翻譯，我想到沈從文《燭虛》裏頭一直出現的「偶然」及徐志摩詩〈偶然〉中：「你是天空裏的一片雲」，頗適合張景雲。

貳、星座詩社的現代主義策略：異鄉人與離境的旅程

　　一九六三至六四年在馬來亞華文學即將成為過去的前夕，星座詩社在木柵成立（王潤華 1988:102）。在新馬分家大大影響了華文文學的節骨眼上，瘂弦統計「出現的詩刊有一百五十餘家之多」，可謂為「中國詩史上的一個小型的『盛唐』也並非虛譽」（瘂弦 1999）的黃金六〇年代，一羣馬來西亞的臺灣留學生與同是英殖民地出生的港澳「僑生」，準備用詩刊來給（支流的）自身重新定位：「簡單的說，我在馬來西亞時是不成熟的，而且尚未定型，赴臺後變成了另一個人，這個人已非當年同樣的人」（林綠 1975:58-59）。

　　跟六〇年代的臺灣同步，「雄心萬丈，拼命奮鬥，塑造自己」，解除刺耳的「僑生」這個「一直是代表『壞』」的稱謂（林綠 1975:57-58），實踐並渲染現代主義並在詩歌「橫的移植」的行列中辯證反思，星座詩刊從一九六四到六九年完成了十三期，在這段時間裏締造了「名揚海內外」的華文文學現代主義語境。同時《蕉風》友聯南下文人面對馬來亞華文文學殘留的寫實和浪漫主義困境，積極與年輕一代推行現代主義書寫，星座的年輕知識分子（取代了五四出身的知識分子）的創作與批評型態也在新／馬華文學扮演了舉足輕重的「異鄉人」角色。按現代性：個體挫折的、異化的、不斷的對自我進行抗拒的詞語序列，作為外在標籤的「僑生」和內在意識的「異鄉人」身份，實際上無法解除，只能以詩的語言重新「定義」，循著世俗那些「普遍的可重複性」(iterability) 的標籤詞語，再創、表現並予以結構，構成詩人／知識分子團體的離散美學策略。

一、星座詩社的基石：《星座詩刊》

《星座詩刊》按張錯〈夜觀天象星棋羅布：我與「星座詩社」〉(2011) 比較詳細的回顧與本文搜索的資料對比，六年來的出版狀況如下表：

期數	編輯委員	社長	地點
《星座》創刊號 民五十三年四月一日	當期編輯：藍采 編委：王潤華、李素衷、高準、張振翱、陳菁蕾、葉光榮	畢洛	木柵鄉萬壽路3號2樓
《星座》第二期 民五十三年五月十日	當期編輯：藍采 編委：王潤華、李素衷、高準、張振翱、陳菁蕾、葉光榮、馮儀娟		
《星座》第三期 民五十三年？日	缺		
張錯之回顧：「當年創刊主力就是政大第五宿舍出身的我和潤華、及來自新聞系的同房室友畢洛（張齊清），加上當年駐防木柵軍中詩人藍采。第一期就以藍星詩頁方式印刷，詩頁封面圖畫還是藍采跟余光中先生要來的。出了三期，並沒有太多特出表現」（張錯 2011）。			
《星座》革新號第一期 民五十四年？日	缺		
《星座》革新號第二期 民五十四年六月十五日	當期編輯：孫鍵政、王潤華 編委：林綠、洪流文、翱翱、陌上桑、淡瑩、孫鍵政、荒原、張力、陳慧樺、方鵬程、葉曼沙、陳世敏、梁潤成、麥留芳	畢洛	木柵鄉新興路62號
《星座》革新號第三期 民五十四年七月十五日	當期編輯：林綠、淡瑩 編委：王潤華、洪流文、翱翱、陌上桑、孫鍵政、荒原、梁潤成、陳慧樺、方鵬程、葉曼沙、陳世敏		
《星座》革新號第四期 民五十四年九月十五日	當期編輯：洪流文、方鵬程 編委：王潤華、林綠、翱翱、陌上桑、淡瑩、孫鍵政、荒原、張力、陳慧樺、葉曼沙、陳世敏		

《星座》革新號第五期 民五十四年十月十五日	當期編輯：陌上桑、陳世敏 編委：王潤華、林綠、洪流文、翱翱、陌上桑、淡瑩、孫鍵政、荒原、張力、陳慧樺、方鵬程、葉曼沙、藍蕾	畢洛	木柵鄉新興路62號

張錯之回顧：「林綠來臺後，嶄露頭角，改出『星座革新號』，網羅編輯成員幾乎僑生臺生一半一半。譬如新聞系的陌上桑、孫鍵政、陳世敏等人都是本地生。張菱舲為《星座》封面新構圖找來青年畫家夏祖明，利用植版的方形字……」

《星座季刊》春季號 The Constellation Poetry Quarterly 一九六六年三月第九期	當期編輯：淡瑩、張力、荒原、陳慧樺 編委：翱翱、林綠、林方、王潤華、葉曼沙、洪流文、陳世敏、黃德偉、方鵬程、陌上桑		木柵鄉永寧巷9號之5
《星座季刊》夏季號 The Constellation Poetry Quarterly 一九六六年七月第十期	當期編輯：星座詩社編委會 編委：翱翱、林綠、藍采、淡瑩、張力、荒原、林方、蘇凌、王潤華、葉曼沙、洪流文、姚家俊、陳一山、黃德偉、陳慧樺、陌上桑	畢洛	香港代理：集成圖書公司九龍阿皆老街31號7樓
《星座季刊》秋季號 The Constellation Poetry Quarterly 一九六六年十月第十一期	當期編輯：星座詩社編委會 編委：林綠、蘇凌、葉曼沙、黃德偉、陳慧樺、姚家俊、李壯源、翱翱（香港）、許定銘（香港）、林方（新加坡）、淡瑩（馬來亞）、王潤華（馬來亞）、洪流文（婆羅洲）		星馬代理：星座月報社37 Lorong 4, Geylang, Singapore

張錯之回顧：「一九六六年春季開始，《星座》正式以季刊雜誌出現，編輯成員擴展入臺大、師大跨校。……利用成員的外文修養，每期都以特輯方式，春季號推出『英美詩人論現代詩』、『梵樂希選輯』，展露詩刊風格，追尋譯介西方前衛，又不忘中國現代詩演變關注，到了夏季號，除了介紹波特萊爾，更有『中國詩人論現代詩』特輯，撰稿人就有紀弦、羅門、瘂弦、洛夫、張默、蓉子、商禽等人。詩創作方面，連七等生也有兩首詩發表，氣勢奪人，林綠組稿功不可沒。一九六六年秋季，我和潤華已畢業離臺，但我們三人仍努力不輟推出美國現代詩三大鼻祖特輯，由王潤華寫愛格坡，我寫惠特曼，林綠寫愛眉・羅威爾。余光中的〈單人床〉、羅門、蓉子的詩作都發表在《星座》」（張錯 2011）。

| 《星座季刊》第十二期
The Constellation
Poetry Quarterly
一九六七年七月 | 當期編輯：星座詩社編委會
編委：林綠、蘇凌、葉曼沙、黃德偉、陳慧樺、姚家俊、李壯源、翱翱（美國）、淡瑩（美國）、王潤華（美國）、洪流文（婆羅洲） | 畢洛 | 木柵鄉永寧巷9號之5

香港代理：集成圖書公司九龍阿皆老街31號7樓 |
| 《星座季刊》第十三期
The Constellation
Poetry Quarterly
一九六九年六月 | 當期編輯：星座詩社編委會
編委：林綠（臺北）、陳慧樺（臺北）、鄭臻（臺北）、翱翱（美國）、淡瑩（美國）、王潤華（美國）、黃德偉（美國）、鍾玲（美國） | | 星馬代理：星座月報社37 Lorong 4, Geylang, Singapore |

張錯之回顧：「到了一九六七年我已在猶他州楊百翰大學英文系，潤華、淡瑩在加大聖他芭芭拉分校。《星座》十二期繼續有余光中、洛夫、鄭愁予的詩作；甚至當年就讀臺大，後來成為小說家的李黎（鮑利黎）初試啼聲的〈山語〉，亦發表在《星座》。可見《星座》已逐漸從大專型蛻變成社會型的專業詩刊。一九六九年林綠出國來西雅圖華盛頓大學，與我及黃德偉在華大聚合。星座成員銳減為八人，另加上鄭臻（鄭樹森）及鍾玲，出了一本過百頁的十三期《星座》，悄然引退。林綠在這期曾發出『給中國詩壇打 DDT』的預告豪語，也曾引起詩壇一陣莫名恐慌，但始終雷聲大雨點小，樓梯響，沒人下來」（張錯 2011）。

　　按上表四個區塊，可看出《星座詩刊》於民國五十三年、五十四年、西元一九六六年、六七、六九年四階段的現代詩傾向與進程。民國五十三年四月創刊，他們稱這是把「這顆游離的『詩的新星球，推上了軌道』」（《星座》1964: 前頁），刊楣是余光中選的超現實畫家夏卡爾 (Marc Chagall) 的芭蕾舞背景畫《夏日午後的麥田》(A Wheatfield on a Summer's Afternoon) 的右半部：天外的眼睛和划舟的麥田管理人。[8]

　　刊楣畫是先鋒的現代主義，但從藍采的代創刊詞猜測，取這幅畫如果有象徵意義，或為表現社員「堅定真的表現，使星座詩刊做到純粹善美燦爛」的呈現。這個階段的三期可以看出臺灣詩人藍采和李莎的主導性，引領大一熱愛文藝的「僑生」在百花齊放的現代詩叢林探路。

8　《星座》創刊號之封面，參見臺灣文學期刊目錄資料庫 (https://db.nmtl.gov.tw/Site4/s3/journalinfo?jno=099)。

　　一九六五年第二個階段，以革新號在某種程度上開始標榜獨立風格，可能是那個時期的一個「文藝登山」活動，觸及了詩人們的抒情浪漫。此年林綠已赴臺並參與其盛，也因為他的廣闊人脈，招了一些在馬時期的文友，如淡瑩、陳慧樺；臺灣本地生對此詩刊也有一定的熱忱，甚至當時的抒情散文才女張菱舲找來皇冠的封面設計夏祖明用拼貼的方式作抽象構圖。這一年共出了五期，其中版頁的第二頁應該是特別設計給三四百字論文學的短文，第二期就有傾向寫實的尉天聰談〈征服語言〉，強調詩語言不宗唐宋也不宗西洋，不鼓勵模範語，講求語言的絕對自由（《星座》1965:2）。第三期則是林綠談〈詩的領悟〉，強調詩的微妙和晦澀的語言，在作者與讀者之間需找到共同的熱情。第五期則有王潤華談〈詩人追求的愛人〉，說現實與夢想的絕對二分。縱觀這五期的內容，多是情詩，包括林綠的〈你手中的一夜〉、王潤華〈今夜來到特洛埃〉、淡瑩〈你的名字〉、葉曼沙〈今夜指南山也呢喃〉等等，幾乎可以說是星座社員的浪漫抒情進程：太陽、長髮的希臘人、海、沙灘與朝聖之舟、落霞道、夜等等意象，顯示出詩人們都擁有了各自的語言色彩，這些詩也由詩人各自渲染成組詩，整理成詩集出版成為個別表徵。浪漫以及意象化的傾向，很大程度也延續自林綠、淡瑩、陳慧樺「馬青年作家」帶過來的「原生」風格，這一個階段的改革號，林綠的主導性應該是最大的：「大學時期，與翱翱、王潤華等人共辦《星座》詩刊，自五十五年起主編該刊至五十八年」（林綠1975:1）。

　　張錯在〈一顆星座將星遽隕‧哀林綠〉一文也特別提到「當年沒有他就沒有『星座』今天的輝煌」(2018:70)。這段話也在〈夜觀天象星棋羅布：我與「星座詩社」〉中出現：

　　　　林綠來臺後，嶄露頭角，改出「星座革新號」，
　　　　網羅編輯成員幾乎僑生臺生一半一半⋯⋯

　　　　一九六六年春季開始，《星座》正式以季刊雜誌
　　　　出現，編輯成員擴展入臺大、師大跨校。一時夜

觀天象，星棋密布，將星如雲。又利用成員的外
文修養，每期都以特輯方式，春季號推出「英美
詩人論現代詩」、「梵樂希選輯」，展露詩刊風
格，追尋譯介西方前衛，又不忘中國現代詩演變
關注，到了夏季號，除了介紹波特萊爾，更有「中
國詩人論現代詩」特輯，撰稿人就有紀弦、羅門、
瘂弦、洛夫、張默、蓉子、商禽等人。詩創作方
面，連七等生也有兩首詩發表，氣勢奪人，林綠
組稿功不可沒。（張錯 2011）

　　一九六六年轉為季刊，出版了春、夏、秋三期，封面改
用劉國松、秦松設計的抽象圖案。[9]春季的「星座」二字是
書法家張隆延的隸體。這一年星座詩人開始各奔前程卻又是
定型的關鍵時期，王潤華、淡瑩、翱翱、葉曼沙、洪流文等
人升學的升學，畢業的陸續回國。在臺灣學習的自由和美好
經歷，重歸馬來西亞狹窄的文化場域如報館、學校後，即構
成了強大的鬱悶心情，這或可從王潤華的詩集《高潮》中窺
見一斑：

就這樣我內心鬧了足足四個月的水災，江沙的
洪水消退時，也許在一般人的心中，至多遺留
下一些泥濘的臭味，或殘破的家具，過後他們
的心如剝斑的牆壁，在淡薄的灰釉漆過後，一
切都消失了；可是這場水災給我留下的，就如
太平洋戰爭，浮起了千千萬萬具士兵與平民的
屍體後，給兩岸的國家留了象徵性的千萬座公
墓；它給我留下七十二行大理石圍成的公墓。
刻在紀念碑上這場水災的日期不是一九六七年
一月四日晚上，而是發生在：達爾文把上帝的
神像移掉，把猴子放在人類祖先的神位上，尼
采把復生的耶穌再次宣佈死亡之後；佛洛依德

9　版畫家秦松與現代水墨畫家劉國松在六十年代臺灣畫壇為知名的二松。

衝破人類潛意識的防堤，讓性慾把人往下流飄
流去以後。至於地點也不是單指江沙：它是令
沙特嘔吐的城市；令卡繆感到一切都陌生而成
為自己故鄉的異鄉人的地方。至於洪水的源頭：
從價值、信仰崩裂的堤岸急衝下來的；是自性
慾前道德觀衝破的閘門而來的：是自「上帝死
後，一切將被允許」的豪雨及物質沉下後所溢
漲起的浪頭……。（王潤華 1970:46）

可想而知，這場虛實交雜的災難，不止讓當事人深感生
命型態的落差，畢業而墮入自己故鄉的「陌生」恐慌，甚至
也影響並警惕了其他社員在這個「令沙特嘔吐的」狹隘生存
環境的逼迫下，這個世代的詩人必須從被動與壓抑的苦悶當
中脫困：我們看到在這個時期三個季節，星座的內容積極添
加了批評與理論的翻譯，從龐德的意象、艾略特自由詩的格
律、梵樂希的純詩、波特萊爾等人的象徵詩，都在思考現代
詩與傳統／現代詩的傳統，詩的內在與思想。甚至以英美詩
人與批評家的理論直接突顯各種當時最尖銳的詩的議題，包
括時代的複雜與難懂的詩，詩的現代性與思想危機和反叛以
及赫‧格蘭 (Hart Crane) 當代詩是否能「把機器吸收進去」
等等。最精彩的是社員們不斷的對比英國詩人（作為權威的
傳統的）和美國詩人的差異和影響，如同王潤華翻譯路易
斯‧遜森 (Louis Simpson) 的話：

詹姆士說美國必須向歐洲學習，但沒有一個歐洲
作家有向美國學習的必要，但現在的世界已不同
了。今天歐洲人在政治和文化上都和美國有著重
大的關係。詹姆士的論見已過時了。
（《星座》1966:15）

春季的編後話說：「在現代詩壇逐漸沉寂變得沒有衝力
的今日，星座的改版是必需的。我們不提倡什麼派什麼體，
我們只為繆斯奉獻力量，一切能觸及現代人心裏深處的閃

電,一切能使這一代青年清醒是上一代『青年』顫慄的浪花,都是我們最歡迎的」(《星座》1966:72)。從這裏看,改革為季刊後的星座諸將儼然已有立場,他們意識到美國把源自於英國的文化傳統轉換成新穎的面貌,反過來刺激了英國,幾乎可以借鑑為海外華語的創作之於傳統中國文學的權威——以去除中心邊緣、跨越民族和地域的方式回歸藝術的內在意義,也就是作家的想像與國家權力的想像之分隔。可以說星座社員在尋求一種作為「異鄉詩人」的歸屬並肯定現代性開啟的無限可能,以美國詩人從傳統(詩與權力平衡的假象)突圍為表徵,面相彼此的未來,必須先摒除地域束縛和民族性的狹隘意識。不難發現,在王潤華、淡瑩、翱翱之後,林綠、陳鵬翔、鄭臻相互奔向美國已是社員們彼此的約定,如同在履行一個現代主義(取經)詩旅的策略,經過王潤華和淡瑩的引介他們甚至在美國找到了這種策略的先行者:

> 很多人都不知道我們有一位「現代詩」的急先鋒失蹤了。等到去年尾「星座」詩人在美國中西部的「夢到她」湖邊找到他時,他已是研究艾略特的優秀學者。當盧飛白先生以「李經」的筆名在臺灣詩壇出現時(見《文學雜誌》等已停刊的刊物),許多現在詩壇的老大哥還在大寫押韻平頭的新詩,拖著一條蹩腳在詩壇上一拐一拐地學走路。盧飛白先生日前致力於文學批評,是「芝加哥批評家」的一員,他的英文著作 *T.S. Eliot: The Dialectical Structure of His Theory of Poetry* 在一九六六年由芝加哥大學出版後,成為第一個有系統性的研究出艾略特的詩律是架在辯證法上面的艾略特學者。全書不可分割,不過我們由於急切將這些光榮帶給中國人,只好閉著眼睛,隨便切出一塊,放在你們的前面,然後大聲說,我們找到他了,他已成為名學者!我們還想勸他剃髮,再當詩人呢!(《星座》1969:30)

　　回顧秋季號號召「中國詩人論現代詩」：從紀弦的主張「取消現代詩」、羅門的「現代詩人已漸成為內在世界的守門人」、張默「現代詩人的精神世界」，強調以文學的內在性以抵擋外在複雜和變幻莫測，星座主要社員和他的同仁幾乎確認了中國傳統「內在性」抒情與現代主義的密切關係，也舉出龐德與中國詩及思想的淵源（《星座》1969:34-44）。一九六七年淡瑩譯〈雪托維爾的掙扎，詩與批評〉，也可以讓我們看到他們在此策略中的思索：「現代性幾乎沒有不進行辯證與創作的詩人了」（《星座》1967:4）。

　　停了一年之後（按林綠在前言的說辭，這一年都在忙著詩叢的出版），一九六九年對比較確定下來的八位星座社員來說：作為現代詩人，更重要的是掌握文學批評的盾來實踐他們現代主義的創作型態，周策縱教授和盧飛白印證了他們理念的可能性。《星座季刊》編譯組甚至製作了一九四五年以來的美國詩壇鳥瞰圖，陳慧樺翻譯艾肯（Conrad Aiken）的〈現代詩與現代人的心靈〉，有一句話可以借來說明「異鄉人」必然的策略：「顯然的，在這世紀最初年，我就必須站穩立場，不僅要決定詩該往哪裏走，而且也得肯定，作為一個詩人，自己必須往何處走」（《星座》1969:25）。

　　季刊到了這個階段已經很明顯地「跨界越國」化甚至漢學化。此時的季刊可以說是傾向於王潤華當時對盧飛白和周策縱的白馬社的接觸，他稱之為「海外五四新詩學」的風格，跟戰後香港、馬華五十年代萌發的現代主性風格幾乎可以在某種程度上接軌：

> 可惜至目前他（**盧飛白**）在西南聯大與清華大學的文學活動，尚未有考證，但是他到美國寫的現代主義的詩，直接從大陸繼承五四的現代主義火種，不屬於臺灣的現代主義。他的現代主義詩歌的中文，明顯地繼承了二十世紀四〇年代杜運燮、鄭敏、袁可嘉、卞之琳、馮至、沈從文、李廣田的語言。（王潤華 2017:264-265）

《星座季刊》第十三期，林綠大膽地要給臺灣詩壇打DDT，也可以說明這樣的策略帶給星座詩人們信心和勇氣。這一劑藥沒有在預期出版的第十四期完成（這一期按王潤華的說法已邀到了盧飛白的詩〈足跡：敬悼 R.S Crane 師〉）（王潤華 2017:236），或因此而延宕到一九七四年的〈評《中國文學大系》〉。想來，停刊幾乎代表著，星座詩社異鄉人的跨國意識已經預示了一種在任何「在地意識」的主流文壇中被定格在「離境」的區域裏頭了，這同時也產生了馬華文學對彼「自我放逐」的疑慮。

　　許定銘的部落格文章評價一九六六年至一九六九年的《星座詩刊》時，當中無意間提到「新近詩人」與「名詩人」的對立，可以引來作一個小結：

> 這一期（第九期）《星座季刊》仍是三十二開，但厚七十二頁，除了李英豪、翱翱（張錯）、洪流文……等二十家詩創作外，還發表了三首英文詩和一個有十篇論文的〈英美詩人論現代詩〉特輯，與及梵樂希選輯。不過，我覺得最重要、最具資料性的，還是由該社整理，連續兩期才刊完的〈自由中國詩集目錄彙集〉，收集了四九年至六六年所出的詩集和論著，對研究者幫助不少。第十期的夏季號，創作以外有波特萊爾《惡之華》選譯九首、〈中國詩人論現代詩〉特輯十一篇外，還增設〈星座漫步〉報告詩壇盛事與詩人行蹤。第十一期的特輯是〈美國現代詩三大鼻祖〉，評介了愛倫坡、惠特曼和羅威爾等三家。從這三期看，《星座季刊》是辦得有聲有色的，其水平直迫《創世紀》和《藍星》，只是它的作者多為新進詩人，與上述兩詩刊的成名詩人比，稍為略遜一皮而已。（許定銘 2016）

二、記錄星座詩叢、譯叢的價值

星座詩叢的出版始於一九六六年，也就是詩刊改作季刊的時期。十三本詩叢一本譯叢，按《星座詩刊》的排序先後出版略記為：

1. 翱翱著《過渡》(1966)
2. 葉曼沙著《朝聖之舟》(1966)
3. 洪流文著《八月的火焰眼》(1966)
4. 淡瑩著《千萬遍陽關》(1966)
5. 林綠著《十二月的絕響》(1966)
6. 黃德偉著《火鳳凰的預言》(1967)
7. 姚家俊著《陽光之外》(1967)
8. 翱翱著《死亡的觸角》(1967)
9. 淡瑩著《單人道》(1968)
10. 陳慧樺著《多角城》(1968)
11. 林綠著《手中的夜》(1969)
12. 蘇凌著《明澈集》(1969)
13. 王潤華著（《禮拜日》(1967)）《高潮》(1970)
14. 王潤華、林綠、淡瑩〔譯〕《秋舞》(*Autumn Dances*)（卜納德匈牙利詩人柔諾・卜納德[Jeno Platthy] 著）

另有非星座詩叢出版的社員詩集三本：

15. 王潤華著《患病的太陽》(1966)，藍星詩社
16. 畢洛著《夢季・銀色馬》(1966)，布谷詩社
17. 畢洛著《玻璃魚》(1976)，建國日報

詩叢跟詩刊的意義不一樣，詩刊的羣體型態有共同的認知作為支柱，加上《星座詩刊》改革號和《星座季刊》豐富的文學理論和批評、比較的奠定，與有共識的詩人們談論創作是溫暖而熱鬧的。《星座詩刊》從「小盛唐」那樣的現代主義花叢裏出來，從文學批評與漢學找到直接五四的火把可以說

明這樣的溫暖和熱鬧。創作是個別書寫的實踐，如同個別生命的歷練，除了孤獨更有不可抗拒的苦悶只能由詩人獨自來承擔。如果以上詩集都趨向現代性「個體挫折的、異化的、不斷的對自我進行抗拒的」存在掙扎，那麼詩叢對華人文壇來說既是張菱舲所謂的：「詩境裏的星座們，是一些輕輕撞擊著的組合，天宇間秩序的永恆」（張錯 2011）。個別創作的出版，在當時戰後的各個國家，無論港臺馬華都十分熱絡。星座詩人們說那是「心靈的結晶」，這也是一種屬性。不管是「過渡」、「陽關道」、「朝聖之舟」還是「八月的火焰」、「十二月的絕響」和各種陽光的意象是從實入虛、時空旅程出入境的通行證。通行證經過若干程序即可獲得，我想更重要的是出入虛實二境的所賦予的價值。

　　價值 (value) 原是物物交換之間的利害取捨，德國哲學家羅茲 (R.H. Lotze) 在存在哲學中加上「價值」的探索，十八世紀末的現代哲學包括尼采都讓我們發現「價值」與討論人生理想與品評行為是有關係的——取義捨生必然成為在困境中處理兩難時的判斷標準。戰後新生，現代主義取精英文化或民族文明，捨地域限定或國家主義。詩叢是在一九六六年林綠的主編之下開始的，當時的意念是什麼一時也說不清楚，但是從詩集的的序文、後記可以感覺到詩人們的共同語境。寶島臺灣是他們遇見繆斯的地方，讓他們予以重生，為此詩集就是追逐繆斯的歷程，帶有個別的情操，也是詩人們對個別屬性的價值取向，這比較是另一種移民型態不是放逐（他們並沒有懷才不遇，這是神州詩社的事情）。

　　本文來不及整理和細讀十七本詩集的形式表現意識，然而，這對理解星座詩社的「現代主義」語境，以及彌補創作者的記憶來說十分重要。以目前篇幅和時間的限制，只能另章處理。這一節姑且記錄一些想法，亦可帶出一些討論。初步的閱讀：詩叢的出版幾乎是詩人們個別向繆斯呈交的「畢業」製作，尤其是只出版一次的，按林綠的話不過應驗「每個人都曾是詩人」(Everyone was a poet once.)（林綠 1975:58）。一九六六至六七年出版的詩人如葉曼沙、洪流文、黃德偉、姚家俊的風格在那個時候是屬於詩刊的第一及

第二階段的——如果沒有忘記夏卡爾的畫:《夏日午後的麥田》的右半:天外的眼睛(火焰眼,火鳳凰,患病的太陽)和划舟(朝聖)的麥田管理人,〈朝聖之舟〉、〈八月的火焰眼〉、〈陽光之外〉、〈火鳳凰的預言〉都可以從畫中感覺到其中燦爛絢麗的語境;一九六八至六九年第一次、第二次出版詩集的詩人因地域的遷移與心靈的蛻變,已不再是「繆斯鍾愛的乖巧兒女」了,[10] 否定與辯證與成熟的意象使這些詩與前期的抒情有別,晦澀與複雜性明顯減少(〈十二月的絕響〉和〈手中的夜〉是很好的例子)。兩個階段呈現兩種價值的風格,相互影響並互用語境,形成了即浪漫又趨向象徵、溫婉卻又豪情、理性兼具強烈的意象、反思傳統抒情的表現型態。作為寶島繆斯的兒女,又必須從寶島繆斯的手中被送出去,詩叢交換了什麼?取捨了什麼?

三、星座詩社的文學屬性

1、一九七二那一年

綜合以上二節所述,星座詩社出版的十三期的詩刊、十三本詩叢以及一本譯叢可以說是那六年裏「在臺自己耕耘的一塊園地,種下許多計劃、理想……」(林綠 1975:61)。可知,詩刊停刊並不是社員們預期的:

> 三十二開的《星座詩刊》出版了五期,因此連同詩頁總共出了十三期。臺灣當時重要的詩人及年輕詩人,多數都在上面發表過作品。可惜第十三期出版後(一九六九),編輯中,只有陳慧樺一人留在臺北,其他重要的成員都在美國,因此便暫停出版,一停便是整整十年。
>
> (王潤華 1988:103)

10　詩人余光中喜歡用「繆思鍾愛之才女」云云來形容有才氣的作家,但這裏借用之用意有別:指詩人們已開始從寶島的繆斯蛻脫出來。

根據王潤華，七十年代末林綠仍想過復刊，「他還開了一份名單……並在我們名字後註明『博士』。他說這是世界上獨一無雙的由博士組成的詩社」（王潤華 1988:103）。然而，時過境遷，看來「僑生」必然的身份抽離讓大家都「意盡闌珊」。[11]

　　何以意盡？一九七二年賴瑞和刊在時報人間副刊「海外專欄」的〈中文作者在馬來西亞的處境〉已經做過揣測，認為出身「馬華文學」的王潤華、淡瑩、林綠、陳慧樺等人「自我放逐」，「要回到中國文學的源流」，已經對馬來西亞的中文文壇失去信心或興趣。當時人在西雅圖的林綠坦承回應在大學的幾年之間已經另闢一塊創作的園地，必然把馬華文學淡忘了，並強調馬華文學推動不了現代主義文學，與其讓創作分心不如集中在臺灣的心血。他不認同所謂的「自我放逐」，因為用中文書寫的馬華文學本就是中國文學，在他的概念中只有主流，沒有支流（林綠 1975:61）。星座社員中馬華出身的詩人除了林綠回應之外，王潤華、淡瑩、畢洛、葉曼沙和洪流文都未作反應（反而是川谷在一九七三、七四年的《蕉風》為王潤華、劉寶珍（淡瑩）和麥留芳打抱不平，引起一些議論）。[12] 弔詭的是，同樣在一九七二年，林綠另一篇長文〈向歷史交卷：評《中國現代文學大系》〉（幾乎可以彌補星座詩刊來不及刊出的「給臺灣詩壇打 DDT」），矛頭直指臺灣文壇機制的狹隘偏好，為「遺漏」在「中國現代文學」之外的「海外」作品評理（林綠 1974）。同年，包括陳慧樺在內的一些星座成員更重組成立大地詩社，也出版詩刊和其它文學作品。

　　從這些議論，可知為馬華境外現代主義耕耘的星座詩社留下了兩個未處理的、互相衝突的屬性問題：一是不被臺灣

11　王潤華：「可是我們每個人都是遙遠天邊的星星，年紀大了，在繁榮的臺北、新加坡、洛杉磯、香聖地牙哥等等大城市上空，我們的光芒顯得更微弱，更何況當年的純真、幻想早已跟著年齡一年一年蒼老與消退！」(1988:103)。

12　繼賴瑞和的討論之後，又有陳徽崇的〈馬華作者一去不回來〉引起一九七三年十二月《蕉風》第二五〇期川谷、一九七四年《蕉風》第二五一期葉嘯、第二五二期陳徽崇、第二五五期藍啓元、川谷等熱絡地討論這樣的議題。

的中國現代文學承認其中國／中華 (Chineseness) 屬性，二是
備受（尤其是馬華文壇）爭議的星座社員義無反顧的中國／
中華屬性。兩個問題實際上都具有因語境差異而構成的錯
位：在臺他們是不夠「中國」的異鄉人；在馬來西亞他們對
「馬華文學」獨特性的效忠力不夠純正。

　　六○、七○年代華文文學所謂的「中國」，作為符號意
識的意義多於地域，對此張錦忠已經分析得很清楚：臺灣在
那些年代，以「中國」或「自由中國」自居，突顯的是中國
意識型態；冷戰的年代，臺灣以「中華屬性」的代言者自居，
為此在公共領域所論述的「中國」，乃「中華屬性」的符號，
而非地理政治實體。因此在臺的離散華語系作家如王潤華等
人成立星座詩社，或後來如陳鵬翔等人成立大地詩社，作為
他們在臺灣的書寫活動基地，也表示他們認同臺灣的「中國
文學」文化或文化政治符號意涵。這個「中國認同」的文化
政治符號，顯然是冷戰時代的產物（張錦忠 97-99）。

　　林綠在回應文中也很清楚星座成員「中國意識」的立場：

> ……在馬來西亞是不成熟的，而且未定型。赴
> 臺後變成了另一個人，這個人已非當年同樣的
> 人。……這是一段很重要的心理過程。我想潤
> 華、淡瑩、陳慧樺亦如此。這裏所謂的「感情」，
> 即是「中國意識」。（林綠 1975:58-59）

此所謂的「中國意識」無論在情感或血緣上是跟共產中國無
關的。對於作家的想像與國家的想像，作為詩人的林綠也有
清晰的梳理：

> 馬來西亞的作者就沒有「中國意識」嗎？有的，
> 但那是一種痛苦的壓抑。比如說十幾年前，星馬
> 政府便已不准作者稱呼中國為「祖國」，「祖國」
> 的含義必須是星加坡或馬來亞。站在星馬國家的
> 立場，這自然是對的。然而……既屬俱有漢族文
> 化特性的「馬華」作者，又不能痛快的發洩自己

的感情，這是一種最大的痛苦了。中國人分佈全
球各地，雖然成為當地公民，使用該國護照，如
果有人説他不是中國人而是美國人或馬來西亞
人，恐怕他會認為奇恥大辱，這是中華民族性使
然，也是顯著的特性之一。（林綠 1975:59）

　　以上說辭道出當時對國家與民族情感的區分，也很大程
度地透露出星座詩人們守護著作為華文書寫者的自由想像。
其中語境跟當時國家屬性被壓抑的馬來西亞華人文化、文學
的「多元限制」語境是不同的。星座諸人的想像既是林綠說
的「中國意識」，也是「種下許多計畫、理想」的文學抱負，
王潤華直接稱之為「使命感」：

現在重讀《星座詩頁》與《星座詩刊》，我驚訝
詩刊發表過這麼多重量級的詩人作品，譯介了很
多西方理論。這些工作，不是目前文藝青年想要
做的事情。我們的使命感實在太重，不是今天文
青想要擁有的。（王潤華 2013:133）

另一方面，對於林綠所謂的「在馬來西亞是不成熟，而且未
定型」，也可以用王潤華在卅多年後的回憶補充：

我的中學在馬來西亞的北部金寶小鎮，位於主幹
山脈山腳下，下午放學後有時候不回家，參加左
派同學組織的地下讀書小組……閱讀與討論手抄
本艾青、田間及其他左派戰鬥詩。傳閱反殖民主
義的禁書，那就是時尚，因為左派就代表文藝青
年的潮流，加上敢對抗英國殖民帝國主義而讀禁
書，那就有反殖民主義英雄的滿足感。
（王潤華 2013:132）

以上所述推算應該是五〇年代的事情，在二戰後強調多元意
識的馬華社，文學意識型態反而是很單元的。可想而知，留

學臺灣文學視域大開後，星座詩社對現代主義文學會抱著多
大的想像：

> 我與星座詩社的文青，都抱負著帶領現代詩學與
> 西方文學思潮走向亞洲，因此社員紛紛出國深
> 造，期待完成博士回返亞洲各地的大學教書，寫
> 作、推動東西方多元的文學與思潮。雖然成為最
> 多博士的詩社，由於過於超載的的使命，反而壓
> 垮了星座詩社與《星座詩刊》的出版。
>
> （王潤華 2013:133）

　　這或可以回答七〇年代對星座詩社「不回來」的爭議，
不知是否滿足這個議論下的設問：星座諸員取遠捨近，是
一條正確的（馬華）文學之路嗎？實際上對那個時代的
語境來說，在情感和意識上「把文藝當成宗教」（王潤華
2013:133），星座詩社乃至於大地詩社是在現代的意義上進
行了「西游取經」的文學之路。無可否認，他們在港澳臺，
新馬乃至於中國大陸也產生了影響。取經詩旅的使命感使
《星座詩刊》沒有不垮的條件。

　　作為具有「中國意識」情感的「異鄉人」，星座諸馬華
社員向（馬華社境外）臺馬華文學的「中國認同」或「中華
屬性」中心論靠攏，積極參加六〇年代的文學活動，「在臺
灣文學複系統位居中央的當道者或主流論述眼中，他們很可
能：『不夠中國』」（張錦忠 97-99）。為此，林綠針對巨
人出版社分八大冊的《中國現代文學大系》的選錄（一九五
〇至一九七〇年的詩、散文、小說）大發議論。不單只因為
星座詩社具代表性的詩人作品完全沒有被選錄，更因為此大
系刻意被遺忘的在臺「海外」華人作家。這樣的意外，對星
座詩社的馬華諸員在臺灣建立起來的文學心路歷程，無疑是
另一個層面的挫折：從狹隘的馬華文學意識型態走出來，華
文作家的想像又被吸入「中國意識」優越感的葫蘆裏。國家
的想像再一次臨越文學創作的理想和使命。

　　一九七二年為分界線，幾乎標記了星座詩社的「流亡」。

一九六九年詩刊已經很明顯地「跨界越國」化甚至漢學化。七○年代王潤華與盧飛白和周策縱的白馬社之接觸，進一步向「海外五四新詩學」風格親近，在某種程度上他的「中國意識」與五四和漢學接軌，不限制在臺灣傳統的「中華意識」當中。這也可以說明為何跟星座詩社有關的回應多是林綠、翱翱作為（王潤華、淡瑩、陳慧樺的）代表。一九六五年，新馬分家兩年後王潤華、淡瑩從西馬赴美開啟跨界越國文學，畢洛投入報界一九八七年落籍墨爾本以及回馬隱蔽的葉曼沙和洪流文，早已如同各個城市「遙遠天邊的星星」或積極或消極地繼續為星座的「使命感」建構個別屬性。

一九六九年馬來西亞發生了五一三事件，馬華文學已經徹底失去馬來亞華文文學的語境、格局和型態。畢洛、王潤華、林綠、陳慧樺和他們的同儕，成長於五○年代的馬來亞，六○年代離去之後馬來亞已經跟他們的青春一樣不復存在。那產生過歸屬幻象的「中國／中華意識」，實際上更突顯了異鄉人的流亡特質。語境跟時間一樣，旅臺至少四年的星座詩社諸員如同從仙鄉回返，再回到原鄉（空間）已是陌生人。

2、重返

詩人的想像是把瞬息變幻固定在文字語言上表現。林綠評《中國現代文學大系》的那一年，王潤華在愛荷華大學擔任研究員，與安格爾、聶華苓的國際寫作計畫作家同住在五月花公寓。那一年的詩歌創作力爆發，詩作大多發表在《創世紀》。一九七三年返回新加坡到南洋大學執教，一九七四年〈屋外〉這首詩獲《創世紀》創刊廿週年紀念詩獎：

> 我寫〈屋外〉的時候，已經受聘新加坡南洋大學中文系，正要離開愛荷華回去新加坡。瘂弦將《創世紀》創刊廿年周年紀念詩獎在南洋大學頒發給我，引起我更醒悟〈屋外〉詩中南大的悲情與命運。……我寫「我是山茶，含苞三年，春年開後，竟不是花」，是借用唐代司空圖的詩的意象，傳說山茶含苞三年，才開花，雖然美麗，但

是山茶未列在名花花譜,因此不算名花。

（王潤華 2014a:133）

〈屋外〉一般（包括作者本身）認為是隱喻南洋大學的學生苦讀三年的學位卻不受承認之悲情,然而詩隱含的隱喻性可能更深。星座大部分要員十年留學的心路歷程,不會不對事物瞬息幻變沒有「醒悟」。面對同樣空間產生的陌生和恐懼,王潤華逐漸建構起其「重返」詩學,二〇一四年他曾對重返的心情做這樣的闡釋:

> 「重返」是我尋求跨文化、跨國族、跨知識的經驗與創作。這次回返馬來西亞南部的南方大學,校園是富有人文與文化的校園,花草樹木茂盛,四周原始雨林已殘破不堪,但樹木與飛禽,霸氣十足,對我構成威脅,似乎對我很不友善,好像排斥我這位永遠的城市異鄉人,以為我不能適應原始的生活。可是不到兩年,四周的雨林快速開發,又使我不安起來。不安使我更深入的重返消失或還存在的熱帶雨林。**重返就是探險,也是幻想,理想與現實衝突,魔幻與寫實交替,這就是我的詩學。**

> 所以我在熱帶雨林裏,今生今世,永遠尋找隱藏在大自然的一朵野百合,那是我的詩學永恆的青春與生命。

（王潤華 2014:viii；引者著重）

這固然是個人的詩學,但與林綠回應「不回來」的文章強調的公民護照和民族屬性的想法仍有相契點:都是在現實與理想,國家與詩人,良善與殘酷,朋友跟敵人之間權衡。只是林綠有追求「酒神」的情義而王潤華傾向「太陽神」的情理。重返只能在回憶與重寫中到達,「不回來」已然跟「回不去」同一屬性。星座詩社在境外完成了冷戰世代,現代主義跨界

越國該有的華文文學使命，仍需繼續以重返的想像面對馬來西亞後殖民、後現代「回不去」的熱帶雨林。

<h2 style="text-align:center">結　語、
後星座詩語境：重返與歸隱馬來亞華文文學模式</h2>

縱觀第二章第二節所述，我私下理出《星座詩社》在文學界表現的四種風格趨向：林綠（翱翱、黃德偉、陳慧樺）的浪漫與象徵，翱翱（林綠、淡瑩）的豪情和溫婉，王潤華（鄭臻、陳慧樺）的理性與意象性，淡瑩（葉曼沙、洪流文）對抒情傳統的反思。四種風格的現代性取向各異，但都歸於「創作室批評」(workshop criticism) 詩人（王潤華2017:249）。這種現代性詩人的型態是否也形成了臺港馬華與東南亞的創作型知識分子的形象，而給人枯燥學院派的印象，構成了一種隔閡？在「異鄉人」與「離境」之外，加上學術的嚴肅性，是否是完成了自由出／入境的現代主義使命的《星座》諸君被疏離的原因？王潤華在一九七八年《內外集》的序就說出了他完成學業後生存型態的蛻變：

> 在大學嚴肅的大門內，我要埋首做理性與知性很
> 重要的學術研究，走出學院的大門後，我要在自
> 己的藝術世界裏寫感性的詩。學術研究與寫詩需
> 要兩種不同的頭腦，兩種不同的方法與技巧。它
> 們如水與火，不能相容。（王潤華 1978:1-2）

對於「在地作家」或作為國家想像的作家，那沉重又虛無的擔子，翱翱和林綠都賦予正面回應。翱翱在八〇年代易名為張錯，表示自己找到語言風格並開始了詩創作的分水嶺；林綠以沉默的創作和居家歸隱來實踐自我否定的現代性價值。王潤華和淡瑩雖不作回應，但王的跨界越國：盧飛白和周策縱的新五四詩學的推介以及近年來的重返馬來亞，清楚說明了相對於「離散」，現代性無可抗拒的「現實」與「在地」，也說明了離散的終極有回歸／棲息和一定的循環軌跡：

……現代文學 (modern literature) 是一種很特別的文學，稱它為現代，是因為與當代 (contemporary) 不同。當代指的是時間、現代指的是感性 (sensibility) 與風格 (style)，當代沒有其他的評價與思想含義，而現代具有批評的定位與價值的判斷。現代的特性由西方的政治、文化與文學的複雜因素所構成，它影響了世界各國的文學，因此世界當代的文學很多都稱為現代文學。在新加坡與馬來西亞的現代文學也沒有例外，前衛的作家都受過現代主義的啟發。有創意的作品的特質都以西方的現代主義文學為典範。但是長久以來認定為現代主義的文學所呈現的現代性，只是其中的一種，新馬文學應該還有另一種本土的現代性。

（王潤華 2017:116）

正如愛麗絲幻境記裏的紅后所說的一樣，只不過是想站在一個地方，你就要跑得很快（韓素音 23）。突發奇想，如果把星座詩社離散似現代性美學的完成，跟當年以現代主義的審美標準審視新加坡政府保守文化的詩人 D.J. 恩萊特 (D.J. Endright) 的學生放在一起比較——例如很有代表性的畫家詩人葉緯雄 (Arthur Yap)——新馬華人文學的現代主義會呈現同樣的機遇嗎？

徵引文獻

陳東獄 (1960)〈對恩萊特教授事件的是非分析〉。《南洋商報》，24 Nov. (eresources.nlb.gov.sg/newspapers/Digitised/Page/nysp19601124-1.1.5)。

方修 (1976)《馬華文學的現實主義傳統》（新加坡：洪爐文化企業公司）。

Frye, Northrop (1957) *Anatomy of Criticism: Four Essays* (Princeton, New Jersey: Princeton University Press) .

《光華日報》(1930)〔絕緣迴線〕no.2，12 Feb.。

韓素音 (1964)〈馬華文學簡論〉("An Outline of Malayan Chinese Literature")。李哲（譯）。趙戎（編）: 14-26。

李廷輝（主編）(1971-1975)《新馬華文文學大系(1945-1965)》，八冊（新加坡：教育出版社）。

Liao, Edgar (2016) "Remembering of D.J. Enright: The Mendicant Professor in Singapore." *Din Merican: The Malaysian DJ Blogger*, 21 July (dinmerican.wordpress.com/2016/07/21/104510/).

林綠 (1974)〈向歷史交卷：評《中國現代文學大系》〉。《隱藏的景》（臺北：華欣文化事業中心），201-216。

林綠 (1975)《林綠自選集》（臺北：黎明文化事業公司）。

《南洋商報》(1930)〔壓覺〕no.1，26 July。

《南洋商報》(1960)〈代勞工律政部長警告，馬來亞大學英教授，切勿介入本邦政治〉。19 Nov. (eresources.nlb.gov.sg/newspapers/Digitised/Page/nysp19601119-1.1.5)。

《南洋商報》(1960a)〈馬大學生會緊急會議大會議決，為英文系主任辯護，要求政府撤回措詞嚴厲的警告〉。20 Nov. (eresources.nlb.gov.sg/newspapers/Digitised/Page/nysp19601120-1.1.5)。

苗秀（編）(1971)《新馬華文文學大系（第一冊）：理論》（新加坡：教育出版社）。

Paz, Octavio [奧克塔維奧・帕斯] (2001)〈從浪漫主義到先鋒派〉("Modern Poetry from Romanticism to the Avant-Garde")。《文學與現代性》(*Littérature et modernité*) [1976]。田慶生（譯）（北京：北京大學出版社）。

蘇燕婷、伍燕翎(2007)〈尋找「馬華現代文學」〉。《中文人》no.4 (Nov.): 6-8。

王賡武 (1959)〈馬華文學導論〉("A Short Introduction to Chinese

Writing in Malaya")。趙戎（編）: 8-13。

王潤華 (1970)《高潮》（臺北：星座詩社）。

王潤華 (1978)《內外集》（臺北：國家書店）。

王潤華 (1988)《秋葉行》（臺北：當代叢書）。

王潤華 (2013)〈在樹下成長的南洋華僑文藝青年〉。《文訊》no.327 (Jan.):132-133。

王潤華 (2014)《重返詩抄》（新山：南方大學出版社）。

王潤華 (2014a)〈只有《創世紀》，才適合發表我詩歌的新想像〉。《文訊》no.348 (Oct.): 132-133。

王潤華 (2015)〈倒流的河流：威北華流亡與廢墟的書寫〉。李樹枝、辛金順（編）:《時代、典律、本土性：馬華現代詩論述》（金寶：拉曼大學中華研究中心）。

王潤華 (2017)《跨界越過》（廣東：人民出版社）。

《星座》(1964) no.1，1 Apr.。創刊號。

《星座》(1965) no.2，15 June。革新號。

《星座季刊》(1966) no.9，10 Mar.。春季號。

《星座季刊》(1967) no.12，31 July。

《星座季刊》(1969) no.13，30 June。

許定銘 (2016)〈隱藏的繆思：漫談我所藏的臺版詩刊〉。《許定銘文集》，13 Aug. (huitingming.wordpress.com/2016/08/13/)。

瘂弦 (1999)〈新詩這座殿堂是怎樣建造起來的：從史的回顧到美的巡禮〉。詩路：臺灣現代詩網路聯盟網站，23 Nov. 2005 (shorturl.at/KTX07)。

楊松年 (1988)《星馬早期作家研究》（香港：三聯書店）。

張錯 (2011)〈夜觀天象星棋羅布：我與「星座詩社」〉。《自由時報》，1 Oct. (art.ltn.com.tw/article/paper/459137)。

張錯 (2018)〈一顆星座將星遽隕‧哀林綠〉。《文訊》no.394 (Aug.): 70。

張錦忠 (2011)《馬來西亞華語語系文學》（八打靈再也：有人出版社）。

張景雲 (2014)《犬耳零箋》（吉隆坡：燧人氏事業）。

趙戎（編）(1971)《新馬華文學大系（第八冊）：史料》（新加坡：教育出版社）。

動盪的一九七〇年代

馬華文學之為「無為共同體」

——張錦忠——

> 真正的共同體不僅僅意味著內部成員之間享有知己般的無間溝通狀態，而且還可以說是方正本質的合一聖體。
>
> —— Jean-Luc Nancy（蘇哲安譯）

> 其實，共同體從來沒有發生過。
>
> —— Jean-Luc Nancy（蘇哲安譯）

> 所謂「文學」或「審美」的經驗，就是有由共同體的考驗而產生的結晶，一開始就完全被共同體所佔盡了。
>
> —— Jean-Luc Nancy（蘇哲安譯）

前　言

　　這篇論文旨在思考幾個問題：馬華文學是怎樣的一個「共同體」？這個問題的假設是：「共同體」的概念可以用來談馬華文學，或一個文學場域。接下來才是何以馬華文學是個「無為的共同體」。我們談「馬華文學」，大體上會假

設一個叫「馬華文學場域」的存有狀態，但是所謂「文學場域」究竟是甚麼，恐怕不太容易說得清楚。我們也談「文壇」、「文學中心」、「文學派系」、「文學團體」、「文學系統」或「詮釋社羣」，這裏頭其實隱含一個或多個「共同體」（文學共同體）的概念。不過，今天談「共同體」似乎有點不合時宜，因為它似乎已經成為一個陳腔濫調的名詞，最常聽到的共同體關鍵詞就是「想像的共同體」。[1] 因此，如果還要談共同體的話，應該要有甚麼想法？其次，這樣一個「共同體」概念，能怎麼看一九七〇年代的馬華文學？它何以「無為」？「無為」意味著甚麼？

我們不妨先回想一九七〇年代的「馬華文學建制」與文化環境。談一九七〇年代的馬華文學勢必要從一九六七年頒布的「國語法令」與一九六九年的「五一三事件」講起。「國語法令」造就馬來文成為凌駕其他語文的宰制語，整個文化環境就是一個馬來意識型態統攝的共同體，在裏頭馬來意識主導及支配「國家」的廟堂位置——國家文化、國家文學形同「國營企業」。馬華、馬印、馬英文學沒有政府的支助，如同「獨立中學」般在民間存活，「自己文學自己搞」，成為黃錦樹說的「小國的華文少數文學」。而五一三事件剛好相反，它代表了共同體的瓦解或鬆動，更左右國家社會發展方向深遠。一九六九年五月的大選與「五一三事件」之後，執政三黨內的巫統—馬來人認為本族特權地位有動搖之虞，國家資源會落入他族手中，因此制定新經濟政策，在多個領域實施固打制，強化「卜米主義」(Bumiputraism)，以國家資源保障馬來人就業、經商、受教育的管道，同時限制他族進入大學的人數。超過五十年後的今天，五一三暗影仍然如鬼魅般驅之不去。

五一三事件之後，一九七〇年代初期即見證了幾件馬來西亞歷史的宏大敘事：一九七一年的新經濟政策、與國家文學計畫，前者以重組社會結構為宗旨，宣告邁入由敦拉薩、

1　即眾所周知的安德森 (Benedict Anderson) 的「想像的共同體」(imagined communities)。

敦依斯邁醫生所繪製的新經濟藍圖如火如荼實施的時代，亦即「卜米時代」；後者以國家文化大會宣告「國家文學」的誕生。面對「大他」(big Other)，馬華文學在「卜米元年」開始成為被異化的（不）共同體。當然，也可以說，沒有馬華文學或他語文學，就沒有國家文學、國家文化的必要。我們不妨看看，七〇年代的馬華文學如何回應共同體外的整體，以「隔離的存在」彰顯其間的失落／空洞／懸空的「共同體」拼圖。

簡而言之，一九七〇年代的馬華文學其實是處於一個多種族、多語文、多元文化但政府卻實施獨尊單語政策及單一文化計畫的環境。另一方面，他語與他語教育卻在不同族裔的「共同體」中存在、進行。政府在政策上拒絕提倡多元文化主義的潛在議程顯然是以國家機器的強勢來隔離、邊緣化其他族裔文化，限制或管制其發展，以達到逐步同化他族的目標。職是，由於政府的認可機制與資源壟斷，上個世紀七〇年代的馬華文學就已是一個（被）隔離或隔堵的、處於邊陲系統的、弱勢的、漫延力較弱 (lesser diffusion) 的文學建制，彷彿那是一個圍圍於「馬來西亞」、「國家」、「國家文學」、「國語」、「馬來文化」的整體性之內的「他語文學飛地」。這，就是馬華文學「共同體」的「隔離存在」現象。因此，對「國家」而言，作為一個「共同體」，馬華文學是「不得有所作為」(inoperative) 的（不）共同體——不得在「國家文學」裏頭「運轉」。[2] 這也就是我所說的，作為一個「無為的共同體」的馬華文學。

（馬華）「共同體」處於「（國家）整體／全體」(totality)底下，意味著各族裔擁據各自的「共同體」。這也意味著，共同體的「同」大於「異」，但在「整體」之下「異」卻大於「同」，故絕對「世界大同」的共同體純屬虛構，乃烏托邦也。整體從來沒有放棄它的絕對主權。共同體之內另有不同向度的共同體（這是「一」與「多」的辯證）。我們今天

2　這裏「不得運轉」借用了《無為共同體》（《解構共同體》）中譯者蘇哲安 (Jon Solomon) 的說法，見 Nancy (2003)，頁 viii。本文多處引用儂希的話皆借用蘇哲安的翻譯。

談馬華文學就是在這個層面論述。國家作為一整體,實乃一霸級共同體 (megacommunity);國家的運作乃以政制、法制、治術「同化」各種異體,「一統天下」。而文學的共同體的運作則在生產端則涉及幾個不同向度,例如語系、族裔、性別、文類。對應的其中一個類別,舉例來說,可以是「馬華文學」(語系)、「華馬文學」(族裔)、「女性文學」(性別)、「科幻小說」(文類)等共同體。就以上述這幾個可行案例而言,當然可以堆疊成一個共同體(例如「馬華文學」),因為理論上可以堆疊成一個共同體間的邊界是開放的、共通的,而非隔離的存有。這也是馬華文學共同體與「國家文學」的不同之處。

　　「文學共同體」即文學空間與主體的思考。就「文學物流鏈」而言,報紙副刊、文學刊物、出版書籍、影音錄像是馬華文學的「載體」,生產端產出的產品需要後製與行銷,需要這些載體與管道 (channel) 的流通空間。換句話說,文學共同體的共同存有空間由產銷(作者—編者—出版者)拼織而成,文學在裏頭有所作為。馬華文學的出版書籍量不夠大,因此,報紙副刊與文學刊物特別重要,在七〇年代尤其如此。但是,在「馬華文學」(或其他)的共同體內,主體其實是人——「書寫者」(「生產者」),副刊、雜誌、出版社、文學社羣如上所述,其功能在於擔任載體與管道,乃書寫的流通空間。故此談七〇年代的馬華文學共同體,難免要問是哪些人在書寫彼時的馬華文學?他們為何書寫?「誰在書寫馬華文學?」的「那個書寫主體」,其實是「個體」的問題。

　　一九七〇年,馬來西亞《南洋商報》的文藝副刊跟新加坡版商報分家,推出陳雪風編的〔青年文藝〕,兩地的商報海共用的是梁明廣與陳瑞獻編的《南洋週刊·文叢》。《星洲日報》的文藝副刊〔文藝春秋〕則於一九七五年創刊,編者為甄供(曾任道)。《新明日報》也設有〔青園〕副刊。北馬的《星檳日報》與《光華日報》也分別設有〔文藝公園〕等文藝副刊,七〇年代砂勞越文風鼎盛,各報副刊極多。文藝刊物主要還是《蕉風月刊》、《教與學月刊》、《天狼星

詩刊》、《度荒文藝》《新社文藝》、《樓》、《大學文藝》、《紅樹林》、《茶座》、《五月詩刊》、《寫作人》（《馬華文學》的前身）等綜合性或詩刊在星馬兩地出版，也有《鼓手文藝》、《煙火》等「叢刊」供星馬婆三地的寫作人投稿。文學社羣有天狼星詩社、砂勞越星座詩社、南馬文藝研究會、霹靂文藝研究會等，出版社則有五月、蕉風、犀牛、駱駝、棕櫚、鴿、鼓手文藝、人間、鐵山泥、野草、仁和文化、北方書屋等等，談不上蓬勃，但也不至蕭條，天狼星、星座詩社也出版叢書，新加坡在七〇年代出版社不少，方修的書就多由世界書局、萬里文化、洪爐文化、羣島等出版社出版。在上面簡述的「文學物流鏈」流動／活動的共同空間裏頭，產銷諸端各人的文學理念、意識型態、美學基準的歧異多於同一，足以分為幾個不同的「共同體」。

　　儘管二分為「現代派／現實派」是過於簡化或無知之舉，但也是一九六〇年代以來大家習以為常的說法。將某個時期的馬華文學分成現代／現實兩個陣營，或者說是兩個「共同體」的問題，其實還是主體／人的問題，即「誰在建構這樣的史觀？」。然後要追問的是——「現代／現實」與文學有何關係？與馬華文學有何關係？書寫的欲望為何導向現代／現實？還是這意味著「共同體」的異化、分裂？兩者之間其實並沒有共、同、通？從這些問題來檢視「馬華文學現實主義」與「馬華文學現代主義」這兩個共同體，恰恰能拆解或解構「共同體」的概念。

　　從「馬華文藝獨特性」的年代所強調的「此時此地」來看，一九七〇年代的馬來西亞，是一個政經文教動盪不安的大時代，種族主義高漲，國家與馬來意識居宰制地位，馬華文學當然是弱勢、邊緣。馬華「現實主義派」（或「社會現實主義」）理當積極回應這個「霧鎖南洋」的「此時此地」，發揚光大（馬華）文學的「改造社會、指導社會、教育羣眾」功能，但是國家機器開動的 NEP/DEB 派變形金剛，早就已經在鋪天蓋地的在「改造社會與指導社會」，透過國語教育羣眾／人民、執行經濟與教育的種族固打制，把多元的馬來西亞社會重組為種族分化的「馬來人的馬來西亞」——或許

馬來人會認為那是奪回至尊主權的大業。如果介入社會或行動主義是「老現」（社會現實主義）共同體的文學理念或書寫綱領，那我們應該可以從那十年間的文學表現與生產來檢視，「走現實主義路線」的馬華文學如何再現現實、批判社會，並影響讀者，進而改變社會結構。這老現共同體的欲望——或黃錦樹所說的「馬華現實主義的欲望」——顯然沒有得到滿足，我們看到的更可能是「馬華現實主義及其不滿」。所以在距離七〇年代相當遙遠的時光，二〇一五年左右，駝鈴才會說：「事實上，現實主義至今仍然是馬華文學的主流。它不但沒衰退，反而更加深化和蓬勃發展。作者們除了抓緊人物與環境的典型性的基本要求之外，也採用其他一切適當的技法，力求作品達致最高的審美境界」(198)。駝鈴甚至頗勵志的將理想當作現實：「在馬華文壇，今天可以堂堂正正走出來見人的，仍然是那些走現實主義路線的作者。他們的作品，不但反映了各個歷史時期人們的精神面貌，也呈現了國家社會的發展與變化」(199)。難怪黃錦樹要說：我們「還是必須正視方修說的馬華文學（永遠）的主流——現實主義問題。之所以無可迴避，不止是因為它迄今可能仍是六七十歲以上馬華寫作人的普遍信仰，大馬作協存在之宗旨」。[3]

一九七〇年代那十年間，社會現實派書寫者當中，方北方出版了五本書，[4] 方修更加多產，十年出版了十三本。[5] 杰倫的詩集《天掉水》也在七〇年代出版。不過，這個年代的現實派共同體對馬華文學建制最大的貢獻其實是文學典律的打造，最重要的推手就是方修。眾所週知，方修在一九五〇年代下半葉開始留意馬華文學史料，六〇年代出版了三卷

3　黃錦樹的說法引自二〇一九年七月初在「華夷風起」檳城文史營隊的演講：〈華人史與馬華文學〉。本文引述的駝鈴的話也來自錦樹的論述個案。

4　方北方出版的是短篇集《江城夜雨》(1970)、《愛屋及烏》(1975)、《火在那裏燒》(1976)，雜文集《北方春草遲》(1976) 與長篇《幻滅的黃昏》（風雲三部曲之三，1978）。

5　方修的十三本包括《馬華文藝思潮的演變》(1970)、《長夜集》(1973)、《輕塵集》(1974)、《馬華新文學及其歷史輪廓》(1974)、《馬華新文學簡史》(1974)、《沉淪集》(1975)、《馬華新文學史稿》修訂本 (1975-1976)、《馬華文學的現實主義傳統》(1976)、《人物篇》(1976)、《爐煙集》(1977)、《小休錄》(1978)、《戰後馬華文學史初稿》(1978)、《兩徑軒雜文》(1979)。

《馬華新文學史稿》(1962; 1963; 1965)，為他的現實主義馬華文學史觀定調。但是方修最為世人所知的是他在七〇年代以個人之力編輯了那套十巨冊的《馬華新文學大系（1919-1942年）》，那也是他留給馬華文學的重要遺產。沒有共同的典律，共同體話語的指涉對象難免分歧，因此建構共同體勢必要建構典律。方修的典律建構工程有二：一為馬華文學作品選集，包括詩、小說、戲劇等文類，以及作家選集，以奠定作家的重要地位，其次就是編纂《馬華新文學大系》。這套大系其實是太平洋戰爭以前的馬華文學作品大系，收錄一九一九年至一九四二年間的文學創作、論述與及文學史料。對文獻保存可謂居功至偉。戰後部分，方修則編撰了《戰後馬華文學史初稿》，但戰後馬華文學大系的計畫，則只完成《小說一集》、《戲劇一集》、《散文一集》，及《詩集》，可謂未竟之業。不過方修之後，文學史書寫與馬華文學史料成為馬華文學研究的「學科領域」，方修的奠基之功應該記上一筆。

同樣在七〇年代，方修的文學史書寫與典律建構後來以《馬華新文學簡史》(1974)與《戰後馬華文學史初稿》(1976)呈現。這兩本書後來一直是馬來西亞的馬華文學課程的文學史定本。陳大為指出：

> 方修在編選《馬華新文學大系》之際，將其有關馬華文學史的教學講稿（《馬華新文學史稿》）化整為零，切割成十卷的導言，之後再重新整併成《馬華新文學簡史》(1974)。此書的討論範圍從一九一九年至一九四二年，是目前馬華唯一的文學史，但由於自稱「簡史」，讀者就很難有太多的苛求。最不幸的是，其後三十餘年，居然沒有第二部取代它的文學史專著，儘管當前馬華文學界的學術水平已遠非早年土法煉鋼的批評文章所企及，一部嚴格意義上的馬華文學史，始終未能面世。（陳大為39-40）

換句話說，任何「重寫馬華文學史」的書寫都無法繞過或迴避方修，都必須站在史料巨人方修的肩膀，從方修開始，回到方修去「論方修」，例如林建國的〈方修論〉。[6]

其實，一九七〇年代的典律建構大工程還有李廷輝主編的《新馬華文文學大系》(1972)。各冊編者分別為苗秀、趙戎、周粲、孟毅等，多為「新社」同人。[7]《新馬華文文學大系》收錄的是一九四五年到一九六五年的馬華文學與史料，可以說補充了方修編纂大系的不足。比起方修大系的教條式現實主義意識型態，這套大系的選取與論述標準顯然較為寬鬆與包容，儘管編者的文學理念多傾向寫實主義。這也彰顯了「現實派共同體」內部的分岔與扞格。楊松年認為李廷輝編這套大系是受了方修大系影響。[8]今天我們研究戰前與六〇年代上半葉馬華文學，方、李兩套大系皆為重要的入門書。殖民地時期的南洋書寫、馬來亞獨立建國後的華文書寫的基本文件與文獻多半都可以從兩套大系找到。後來新編的馬華或新華文學大系，並沒有超越方、李這兩套大系的規模。

楊松年在七〇年代就研究新加坡早期華文報章文藝副刊，後來出版成專著《戰前新馬報章文藝副刊析論》(1986)。楊松年在一九七四年擔任《新加坡文藝》季刊主編。多年以後，他在一個訪談中回憶道：

> 六〇年代初期開始，寫實主義與現代主義兩方掀起筆戰，搞得兩方很不愉快。當時我們創辦《新加坡文藝》，其中一個目的是希望拉攏大家，所以提出不分門戶的主張。新加坡寫作人協會後來也發出同樣的呼聲。《新加坡文藝》當時就充當兩派主義的橋樑，開始時邀約雙方的文稿，既不

6　見林建國，〈方修論〉，張錦忠（編）：《離散、本土語馬華文學論述》（高雄：國立中山大學人文研究中心；離散／現代性研究室，2019），9-42。

7　「新社」為新加坡學術團體，一九六六年由李廷輝、魏維賢、楊進發、黃敬恭等成立，出版有《新社文藝》、《新社學報》等出版品及文藝叢書多種。

8　楊松年說：「這套大系也刺激了李廷輝等人在新加坡教育部的支持下，編輯自戰後至新加坡獨立前的另一套新馬華文文學大系」(2003)。

　　　　容易，後來就沒有前期的緊張了。現在雙方已經
　　　　可以同心協力推動文藝。（楊松年 2003）

　　我認為儘管不見得是刻意為之，《新加坡文藝》的創刊才是「馬華文學」趨向「分家」（「馬華文學」與「新華文學」）的開始。刊名彰顯了新華文學的主體性。不過，更大的意義在於楊松年以「新加坡」的在地意識來建構新加坡華文文學的共同體，而不是現實主義或現代主義。換句話說，楊松年顯然意識到，文學共同體的建構未必一定要以文學思潮、理念或派系來作為「共同」的公分母。

　　一九七〇年代中葉，馬華文學「現實主義派」若干人籌組馬來西亞華文寫作人協會，為共同體的需求與欲望的外部具現（追求「共同意義的實體」的存在）：一個虛構的想像文學的主體對「同一性」的命名的欲望。有了寫作人協會，共同體的統攝運作有組織章程、有活動議程、有機關「喉舌」；換句話說，有共同的「身體」，甚至有「溝通的場所」──聯合共同體成員（主體）的各種會議與會所。不過，作協在籌組過程中的紛爭、言論、甚至訴訟恰好就是共同體自我拆解的見證。在「社會寫實派共同體」與「現代派共同體」互相排斥的七〇年代，作協顯然不是共同體的公分母，被視為現代派的溫任平在作協當時被分到執掌離權力中心較遠的職位，籌委會也推舉了其實是《學生周報》出身的原上草（古德賢）擔任第一任作協主席。

　　「現代派」在馬華文學史的出現，未必是從《蕉風半月刊》創刊開始，當時的編輯方針其實是走「純馬來亞化」路線，作者羣也跟青年書局的南方叢書作者羣重疊。從刊名到編輯方針，以及當年主編方天的創作，那不就是在地意識的開展嗎？當然，那也是廣義的寫實主義的實踐。《蕉風半月刊》所打造的，其實是一個有別於（左翼的）社會現實主義的馬華文學共同體。這份刊物要直到第七十八期的革新號才開始升起現代主義的旗幟，提出「文藝的個體主義」的論述。故我以為從文學史角度來看，那是馬華文學第一波現代主義浪潮的開端。新浪潮來了，總有弄潮兒出現，那就是白

垚及他的現代詩羣，黃崖，《學生周報》文藝版的作者羣，以及銀星、海天、蘇河、新潮、荒原等文社小誌的作者羣。但馬華文學的現代主義新浪，要等到六〇年代中葉梁明廣、陳瑞獻冒現，以《南洋商報・文藝》、五月出版社，六九年第二〇二期以後的《蕉風月刊》，以及《南洋週刊・文叢》為場域，才掀起第二波高潮，高蹈現代主義 (high modernism) 作品也在這時期產生。一個現代主義的馬華文學共同體（簡稱「現代派共同體」）於焉形成。大體上，說在七〇年代南中國海兩岸星馬婆三地的五月出版社、犀牛出版社、棕櫚出版社、天狼星詩社、砂拉越星座詩社、人間詩社、《蕉風月刊》、《學報（半）月刊》、《樓半年刊》、《紅樹林詩刊》形成「現代派共同體」的「星羣」，應該相當接近事實。那十年間現代風格的出版品，詩選方面有賀蘭寧編《新加坡十五詩人新詩集》(1970)、李木香編《砂勞越現代詩選》(上集)(1972)、溫任平編《大馬詩選》(1974)、溫任平編《馬華文學》(1974)、潘正鐳編《八人詩集》(1975)、張樹林編《大馬新銳詩選》(1978)，這些詩選集為新馬現代詩建構了典律；而李有成、思采、牧羚奴（陳瑞獻）、完顏藉、梅淑貞、艾文、謝永就、溫祥英、溫任平、宋子衡、菊凡、張塵因、王潤華、商晚筠、方娥真、溫瑞安、張寒、麥秀、方秉達、黃昏星、周清嘯等被歸為現代派陣營的作者也多在那十年間出版了詩、散文或小說集，充實了現代派共同體的文庫。

共同體自有其命運，它會停滯、解體、重組。七〇年代的馬華文學自有不少案例。過去在談典律建構時我曾提到「六、七〇年代的馬華文學系統，其實是一個雙中心的文學建制——現實主義文學與現代主義文學並立當道，同為主流」（張錦忠 155），而這個雙中心在八〇年代以後已「漸趨整合或混合」(161)。這也意味著共同體的瓦解、重整、疲乏、亡失等現象。造成現象的原因眾多，內部外延因素皆有之。以社會現實派共同體來說，一九七六年陳雪風、金苗等人的「是詩？非詩」筆戰可視為「內訌」事件，也曝露了社會現實派共同體內的幫派主義，互相批鬥的精神旺盛，但卻沒有能夠拿出多少可觀的作品來。[9] 外在因素則是中國當

代作家在文化大革命結束、四人幫垮臺之後，重新接受西方文學與現代主義（看看當時的《世界文學》雜誌社就知道；更多拉丁美洲小說也在那時引進中國），社會現實主義已不是唯一的創作指標。馬華社會現實派過去以文革派為馬首是瞻，如今頓失所依，不知何去何從。

值得一提的是，社會現實派共同體在七〇年代中葉停滯多年後，在世紀末的一九九九年重新集結，重組為《燙火》文學季刊。全人包括伍良之、金苗、杰倫、春山、唐珉、孟沙、駱鈴以及當年《星洲日報‧文藝春秋》的創刊編輯甄供等人，顧問曾經包括方北方、方修與吳岸，陣容可謂相當堅強。第三十五期有個批判黃錦樹的專輯，火力頗旺，可惜當事人許多年後才看到，當年的「小樹」也已成長為「大樹」，「小刀鋸大樹」大概也是難為之事了。這也是一種「馬華文學的時差」。

另一方面，「現代派共同體」的開展，在八〇年代也漸趨停滯，「最後一個現代主義者」洪泉八〇年代初在《蕉風》冒現，小說中人多處於隔離的存有空間，多半以意識流或破碎的話語回應國家霸權造成的種族政治與底限民主自由社會，也是馬華文學如何回應共同體外的整體的聲音。[10] 八〇年代以後，馬來西亞已進入「馬哈迪時代」，政經文教環境繼續動盪，華巫種族間齟齬不休，最後以「茅草行動」收尾，同時以「假大空」的「凹凹上二〇二〇」(Wawasan 2020) 為幌子鞭策人民前進。在馬華文學共同體內部運轉的「物流鏈」也開始世代交替，《星洲日報》、《南洋商報》兩大報副刊的新生代編者背後沒有大樹或民國，對斧頭鐮刀興趣不大，現代主義已非新潮，各種後浪萬里捲潮來。新世代的書寫者自有其視野與關注。這個時候如果還有人仍然只以「現代派／現實派」來論述馬華文學，顯然只能用「不知有漢，毋論魏晉」來形容了。

9　「是詩？非詩」論戰事件見陳雪風編《是詩？非詩論爭輯》（吉隆坡：野草出版社，1976）。

10　洪泉小說後來集結成《歐陽香》（八打靈在也：蕉風出版社，1989）。

馬華文學在國家的共同體之內，因「不得有所作為」的因素而形成「無為的共同體」，而內部各派系共同體也因地緣政治、時勢與文學潮流變動而無為、瓦解、重整、消失。這是共同體的常態。不過，值得追問的是，共同體瓦解之後剩下甚麼？如果共同體是若干數目的個體的彙集，共同體的鬆動、瓦解之後，如果還有文學空間的話，恐怕就剩下個體，也只有回到個體，讓個體去自強不息，文學才有出路。這個「反伊底帕斯」的結果其實不是壞事，這一方面解釋了馬華文學自「有國籍」以來，在共同體之內的無所作為，以迄於今。但是「自強」(strong) 的個體，在共同體裏頭自能「鶴立雞羣」，或突圍而出，像暗夜或荒野中的巨人那樣孤獨、清醒、成長、進擊。因此，這也解釋了何以七○年代以來，商晚筠、潘雨桐、李永平、張貴興、陳大為、黃錦樹、黎紫書、鍾怡雯、賀淑芳等人能夠卓然脫穎，因為他們在共同體之外書寫，成為自己的書寫主體。顯然從共同體的終結到個體的茁長，才是「文學」的誕生。誠然，六十年前，當《蕉風月刊》在第七十八期改版的時候，就有人提倡「文藝的個體主義」了，[11] 不過，弔詭的是，一旦提倡「共同」來實踐「個體主義」時，其實就已是一種「共同體」。

11　見魯文 (1959)，〈文藝的個體主義〉。

徵引文獻

Anderson, Benedict (1991) *Imagined Communities: Reflections on the Origin and Spread of Nationalism*. Rev. ed. (London: Verso).

陳大為 (2009)《馬華散文史綜論》（臺北：萬卷樓出版公司）。

黃錦樹 (2015)《注釋南方：馬華文學短論集》（八打靈再也：有人出版社）。

黃錦樹 (2019)〈華人史與馬華文學〉。「華夷風起：檳城文史研習營」，7-13 July，國立臺灣大學中國文學系、哈佛大學東亞語言與文明系、馬來西亞拉曼大學中華研究院、蔣經國國際學術交流基金會，檳城。

魯文 (1959)〈文藝的個體主義〉。《蕉風》no.78 (Apr.): 4-5。

Nancy, Jean-Luc (1991) *The Inoperative Community* (*La Communauté desœuvrée*) [1986]. Ed. Peter Connor; trans. Peter Connor et al. (Minneapolis: University of Minnesota Press).

Nancy, Jean-Luc [尚呂克・儂曦] (2003)《解構共同體》(*La Communauté desœuvrée*) [1986]。蘇哲安（譯）（臺北：桂冠圖書公司）。

Solomon, Jon [蘇哲安] (2003)〈譯者序：翻譯的共同體，共同體的翻譯〉。Jean-Luc Nancy (2003): ii-xv。

駝鈴 (2015)〈馬華文壇的現狀〉。《駝鈴漫筆》（吉隆坡：燜火出版社）。

楊松年 (2003)〈編寫新馬華文學史的新思考〉。《南大資訊》no.9 (Dec.) (nantah.org.my/index.php?option=com_content&view=article&id=107)。

葉金輝（訪問）(2003)〈從文學評論到新馬文學：楊松年教授訪談錄〉。《南大資訊》no.9 (Dec.) (nantah.org.my/index.php?option=com_content&view=article&id=106)。

張錦忠 (2003)《南洋論述：馬華文學與文化屬性》（臺北：麥田出版公司）。

一九二〇年代泰戈爾來訪與馬來亞華人的社會反響

兼論馬華文化與文學的「前左翼」場域

— 許德發 —

前　言

印度著名諾貝爾文學獎得主泰戈爾 (Rabindranath Tagore, 1861-1941) 曾於一九二〇年代前後三次過境、逗留或到訪馬來亞，引起各族前所未有的熱烈反響，其中包括華人社會。其第一次行程是在一九二四年前往中國講學時，途徑檳榔嶼、巴生、吉隆坡與新加坡。第二次則是於一九二七年專程造訪馬來亞約廿七天（隨後去印尼），期間旋風式的先後到訪新加坡、馬六甲、麻坡、芙蓉、吉隆坡、加影、巴生、怡保、安順（司馬登）、太平及檳榔嶼等地演說。最後一次則是於一九二九年從印度往返日本、中國時取道馬六甲海峽，短暫停泊於新加坡及檳榔嶼。在其一九二四年路經馬來亞及一九二七年之來訪時，華人社會之教育界與文學界皆自發組織歡迎會、演說，中文報章則大肆報道其行蹤，報章亦附有社評、副刊專號與文章連載等，可說乃當時社會及文學界之大事。然而過去中文學界並未對泰戈爾訪馬作具體研究，[1]

1　英文著述方面，僅有 Angela Oon (2016) 處理了一九二七年泰戈爾之來訪馬來

即便在中國，有關一九二四年泰戈爾訪華的研究中也只略為
提及他途徑緬甸時，華僑在當地華僑中學開歡迎會（孫宜學
2001:50-51），卻沒有針對馬來亞華人更為熱烈的反應做任
何記敘。本論文將整理泰戈爾三次過境或訪馬的具體目的、
行程，並主要探析馬華社會的反響，包括演說的安排、內容
與過程，以及中文輿論的反應與文學副刊專輯選文的意涵。

　　此外，相對於一九二四年泰戈爾之訪華，中國文學與思
想界則有不同的反應，新文學內部反對的浪潮幾乎壓倒了歡
迎的聲音。陳獨秀、茅盾等左翼作家對泰戈爾宣揚東方文明
優勝論進行了激烈批評，甚至魯迅、郭沫若也冷嘲熱諷以
對，這實已反映出「後五四」文學場域的複雜性，也說明中
國文學已越來越無力擺脫政治意識的糾纏。過去學界一般認
為，馬華社會之文學與思想發展乃中國之順延，然而相較於
中國的反對聲浪，馬華知識界對太戈爾到訪之反響卻顯得不
同步，這提供了我們觀察馬華社會「前左翼」的語境與脈絡。
本文將嘗試勾畫馬華社會當時的文化及文學場域與社會語
境，理解當時的社會期待與心態，以揭示此中反響之異同、
原因及其蘊含。實際上，過去有關早期華文報刊研究皆從文
學現實主義或左翼文學角度切入，比如方修的文學史、或之
後林萬菁的南來文人研究皆如此，後者即從一九二七年國民
黨清黨切入探析作家南來。但在這之間卻可能忽略了其他思
想、流派或價值的關聯與線索，猶有進者，這更是忽略了左
翼文學崛起之前的文學流變與境況。[2] 本文故此也將嘗試初
步揭示當時的「前左翼時期」的馬華社會文化與文學場域。

壹、泰戈爾訪華與中國「後五四」文學場域

　　泰戈爾與新馬的結緣其實與他第一次到訪中國密切相
關，甚至可說是其中國旅程中的一部分。因此要瞭解新馬華

亞。至於一九二四年及一九二九年之來訪，似也闕如。

2　如果從中國近代各種比較寬闊的思想源流切入去看南來文人與學者，我們或
　　可看到中國近代以來的各種思想線索，如南社文人、新學、甚至國粹論述在
　　南洋的散佈、傳衍等。

人的社會反應，首先我們必須理解泰戈爾第一次訪華的情景
及反應。泰戈爾與中國文學界的關係，實可追溯自一九一三
年歷史最久的大型綜合性雜誌《東方雜誌》第十卷第四號對
其之引介。該期發表了錢智修所撰寫的介紹泰戈爾文章〈台
峨爾氏之人生觀〉，這也意即泰戈爾最初是以哲人身份被引
介到中國的（楊萌芽 212）。一九一五年，五四運動開始風
起雲湧之際，陳獨秀在創刊不久的《青年雜誌》上發表了譯
自〈吉檀迦利〉的四首短詩，題為〈讚歌〉，並在篇末附有
簡短介紹。自此以後，中國文學界的「泰戈爾熱」逐漸升溫，
到一九二四年泰戈爾訪華時更是達到了高潮（楊萌芽 212-
213）。我們先來看泰戈爾作品的中文翻譯，據大略的統計，
從一九一五年十月至一九二九年底，《新青年》、《小說月
報》、《少年中國》、《東方雜誌》、《文學周報》、《晨
報副刊》、《京報副刊》、《時事新報・學燈》及《民國日
報・覺悟》等廿三種雜誌與報紙副刊，共發表泰戈爾作品中
文翻譯三百五十篇次以上（評介文章中作者自譯的引文不計
在內）。商務印書館、泰東圖書局等五家出版機構，出版了
《太戈爾戲曲集》、《太戈爾短篇小說集》等中譯本十八種，
卅一個版本；譯者近九十人，包括當時活躍在文壇上的沈雁
冰、鄭振鐸、趙景深、劉大白、葉紹鈞、許地山、徐志摩、
沈澤民、瞿世英、王獨清、李金發、梁宗岱、胡仲持等（楊
萌芽 212）。顯然的，泰戈爾實際參與了五四新文學的發展。

　　泰戈爾於一九二四年訪華前後，對之評介的聲勢可謂浩
人。自泰戈爾答應訪華至一九二四年四月踏上中國土地前
後，為他做出專號刊物的有《東方雜誌》（一九二三年七月
二十五日，第二十卷四號），發表了〈太戈爾學說概觀〉（王
希和）和四篇譯作（任魯譯《海上通信》、錢江春譯小說《葉
子國》與《喀布爾人》、梁宗岱譯劇本《隱士》）及「國
際大學近況」的報導等。《中國青年》第二十七期（一九二四
年四月十八日）亦刊出「泰戈爾特號」。實際上，作為新文
學重要陣地的《小說月報》，早在一九二一年一月十日、四
月十日（第十二卷一號、四號）即發表了鄭振鐸的《雜譯太
戈爾的詩》，其中四號還有許地山譯的泰戈爾小說《在加爾

各答途中》，並附跋。而在刊物第五號上則發表了瞿世英翻譯的泰戈爾劇本《齊德拉》。比較重要的是，瞿世英與鄭振鐸從一九二一年二月廿七日至四月三日在《晨報》第七版副刊連載的〈太戈爾研究〉（孫宜學 2001:35）。《小說月報》第十三卷第二號（一九二二年二月十日）的「文學家研究」專欄，其實是泰戈爾的小專號，內收文章有〈太戈爾傳〉（鄭振鐸），〈太戈爾的人生觀與世界觀〉（瞿世英），〈太戈爾的藝術觀〉（鄭振鐸），〈太戈爾之「詩與哲學」觀〉、〈太戈爾的婦女觀〉、〈太戈爾對於印度和世界的使命〉（以上三篇作者均為張聞天），並附有插圖「太戈爾的最近小影及其手跡」，形成了太戈爾來華前的一個翻譯介紹的小高潮（孫宜學 2001:36）。到了泰戈爾來華前後，《小說月報》又先後四次集中地譯介泰戈爾，即一九二三年九月十日、十月月十日（第十四卷九、十號）都有「太戈爾號」（上、下），篇幅更大。《小說月報》自第十二卷第一號改革始，泰戈爾是第一個享有封面標明作家專號殊榮的作家（楊萌芽 212）。一九二四年，《小說月報》（一九二四年四月十日第十五卷四號）特地編了「歡迎泰戈爾先生」臨時增刊。《小說月報》「泰戈爾專號」發表的研究和介紹文章有鄭振鐸的〈太戈爾傳〉、王統照的〈太戈爾的思想與其詩歌的表象〉、徐調孚〈太戈爾重要著作介紹〉以及其作品翻譯（孫宜學 2001:42-43）。這些都為泰戈爾訪華做了鋪墊，而其等在思想取向上基本屬於文化溫和主義者，如《東方雜誌》，再如《小說月報》、《晨報》，則是以文學研究會為背景，基本主張英美文學源流。《小說月報》實為文學研究會的主要刊物，而文學研究會是五四新文學運動後出現的第一個現代文學組織，與五四可謂有直接的繼承關係。它鼓吹「為人生的藝術」，也倡導灌輸文學常識，介紹世界文學，包括泰戈爾的作品，其社員之一的冰心就深受泰戈爾的影響。它可謂最基礎地發揚了《新青年》的文學「為人生」的宗旨（錢理羣、溫儒敏、吳福輝 16）。值得注意的是，鄭振鐸與張聞天等人都是正面的介紹泰戈爾，偏重其人格力量，及其清新宜人、歌頌大自然的詩歌與小說（孫宜學 2001:36-37），

其中鄭振鐸是以最熱情的語言歡呼泰戈爾到來的作家之一。

泰戈爾於一九二四年四月十二日應講學社等團體的邀請下抵華，在中國待了五十多天的時間。講學社基本是梁啟超、徐志摩、胡適為主，由此即可知歡迎泰戈爾後面的主要力道是來自文化保守主義及英美源流文學作家。自歐遊回來後，梁啟超完成了從反對傳統文化到堅信西方文化破產及擁抱東方文化的思想轉變。對泰戈爾訪華，梁啟超顯示了巨大的熱忱。他將之形容為像佛教傳入中國那樣，說「我們用一千多年前洛陽人士歡迎攝摩騰的情緒來歡迎泰谷爾哥哥，用長安人士歡迎鳩摩羅什的情緒來歡迎泰谷爾哥哥，用蘆山人士歡迎真諦的情緒來歡迎泰谷爾哥哥」（孫宜學 2001:113）。文學研究會也參與接待的行列（孫宜學 2001:113），自然不難理解為何文學研究會的鄭振鐸、簡又文、王統照等對太戈爾來華都著文歡迎了。而徐志摩則是對泰戈爾來訪望穿秋水，還把原先與胡適等好友的聚餐會定名為新月社，以泰戈爾弟子自居，伴侍泰戈爾左右（孫宜學 2001:119）。胡適立場比較矛盾，不過基於認為太戈爾是文學革命的先驅，都「決心採用人民的口語作為文學表達的普通工具」，而變成歡迎者（孫宜學 2001:117）。中國歡迎者有相當的一部分人是因為泰戈爾在西方受到熱烈歡迎，而熱烈歡迎太戈爾的，他們對泰戈爾本人並沒有多少研究，就盲目的趨西方的時髦（孫宜學 2001:119）。國民黨也持歡迎態度，當泰戈爾到了香港，孫中山特地從廣州派專使去見泰戈爾，並帶去親筆邀請信，邀請泰氏到廣州會面（孫宜學 2001:51）。從整個「後五四情境」來看，這與五四新文化運動陣線的分化與落潮有關，其實自一九二三年後已經很久沒有甚麼文化熱點，因此泰戈爾來訪造成文化界開始躁動起來（孫宜學 2001:42）。徐志摩在一九二三年十二月廿七日寄給泰戈爾信中說，「我們已準備停當以俟尊駕蒞臨。這裏幾乎所有具影響力的雜誌都登載有關你的文章，也有出特刊介紹的。……從來沒有一個像你這樣在我們這個年輕的國家的人心中，引起那麼廣泛真摯的興趣……」（孫宜學 2001:42），其實並不誇張。

然而如上所述，泰戈爾訪華這一令人矚目的歷史事件，也引起當時學界知名人士不同的反應，其中讚譽者和抨擊者的巨大反差令人咋舌，圍繞泰戈爾訪華，新文學界出現了巨大分歧（楊萌芽 213）。實際上，泰戈爾一踏上中國的土地，就感受到尖銳的批評，甚至取消了計畫中三次的演講（孫宜學 2001:121）。對泰戈爾批判最力的，是五四新文化運動成果的捍衛者和左翼文化人士，其中包括陳獨秀、郭沫若、沈雁冰（茅盾）、瞿秋白、吳稚暉、沈澤民、林語堂等，魯迅則以嘲諷回報（孫宜學 2001:121）。主要批評文章有郭沫若的〈太戈爾來華的我見〉（《創造周刊》，一九二三年十月四日）、雁冰的〈對於太戈爾的希望〉（《民國日報》，一九二四年四月十四日）、瞿秋白〈臺戈爾的國家觀念與東方〉（《嚮導》，一九二四年四月十六日）以及陳獨秀的一系列文章等等（孫宜學 2001:121-122）。早在泰戈爾來華之前的三月，陳獨秀就已計劃在《中國青年》刊出一期反對泰戈爾的特號，但因故未果。泰戈爾來華後，他頻繁地在政治性刊物《中國青年》、《嚮導》上撰文，如〈太戈爾與東方文化〉、〈評太戈爾在杭州〉、〈上海的演說〉、〈太戈爾與梁啟超〉等，連續且激烈的抨擊泰戈爾，猶如再現了他在五四時期打到孔家店的風采（孫宜學 2001:124-126）。這實際上與他之前反對梁啟超等人提倡東方文明是一脈相承的。

　　大體上，新文學內部反對的浪潮幾乎壓倒了歡迎的聲音，這主要是因為泰戈爾在一系列演說中高唱東方文明的復甦，抨擊西方文學的物質主義的結果。同時，泰戈爾的非暴力與和平主義的思想傾向已不能滿足左翼人士。茅盾或沈雁冰這時已從《小說月報》時期的立場轉向左翼文學了，他這時對泰戈爾的看法能夠代表多數新文學界知識分子的看法：

> 所以我們也相對地歡迎泰戈爾；但是我們決不歡迎高唱東方文化的泰戈爾；也不歡迎創造了詩的靈的樂園，讓我們的青年到裏面去陶醉去冥想去慰安的泰戈爾；我們所歡迎的，是實行農民運動（雖然他的農民運動的方法是我們所反對的），

> 高唱「跟隨著光明」的泰戈爾！我們以為中國當
> 此內憂外患交迫，外在兩重壓迫——國外的帝國
> 主義和國內的軍閥專政——之下的時候，唯一的
> 出路是中華民族的國民革命；而要達到這目的方
> 法，亦唯有如吳稚暉先生所說的「人家用槍打
> 來，我們也趕鑄了機關槍打回去」，高談東方文
> 化實等於「誦五經退兵」！而且東方文化這個名
> 詞是否能成立，我們正懷疑得很。這便是我們不
> 歡迎高唱東方文化之泰戈爾的理由。
>
> （楊萌芽 213）

上面已提過，這反映出「後五四」文學場域的複雜性，也說明中國文學已越來越無力擺脫政治意識的糾纏（楊萌芽 212-216）。然而，如上所述，這些反應大都是在泰戈爾到了中國之後，高論中國與印度文化之偉大及作為代替西方物質文化之後發生的。

貳、第一次路經新馬與華人的反響、思想順延與滯後

馬六甲海峽是中印之間重要的海陸通道，泰戈爾訪華必然途經馬來半島，他於一九二四年三月卅日過檳城，同年四月二日到達新加坡。如上所述，泰戈爾路經馬來亞可說是其訪華行程的一部分，然而新馬華社又以甚麼態度與方式來迎接泰戈爾呢？基本上，在中國本土，泰戈爾未到中國之前，輿論叫好的多於反對者。在泰戈爾未到中國之時，他恐怕沒料到，在路經馬來亞時已經先得到海外華人社會通過各種形式表達了熱烈歡迎了。

一、報刊副刊專號與文學界的引介

當泰戈爾未到中國時，在新馬的華僑文學界已率先掀起一番熱潮了。泰戈爾的相關作品已先於新加坡《新國民雜誌》上陸續刊出。其中，如上提及的鄭振鐸所翻譯的〈太戈

爾傳〉（一九二四年三月二十四日）、徐培德所譯的〈《園丁集》選集〉（一九二四年三月二十四日）、徐調孚〈太戈爾的重要著作介紹〉（一九二四年三月二十四日）、泰戈爾之詩歌〈孩童之道〉（一九二四年三月二十五日）、〈迦檀吉利〉（一九二四年三月二十七日）、《飛鳥集》（一九二四年三月二十八日），宮島新三郎〈太戈爾和托爾斯泰〉（一九二四年四月一日），王靖〈太戈爾之主義〉（一九二四年四月二日）、鄭振鐸〈歡迎太戈爾〉（一九二四年四月三日）、吉田弦二郎〈太戈爾與音樂教育〉（一九二四年四月四日）、武田豐四郎〈太戈爾的戲劇和舞臺〉（一九二四年四月七日）、王統照〈太戈爾的思想與其詩歌的表象〉（一九二四年四月十一日）等文章皆陸續出現在《新國民日報》上（黃佩晶 2017）。從文題與譯者可知，馬華文壇幾乎都轉載了中國新文學界的翻譯，尤其是直接使用了《小說月報》為迎接泰戈爾訪華的專號文章。必須說明，所轉載的文章選擇，背後其實是一種文學趣味的取向，也透露了馬來亞中文報章與中國新文學的關係，尤其與文學研究會的關係匪淺。從這一層面來看，馬華文學確是中國現代文學的順延。有趣的是，郭沫若、陳獨秀與茅盾的文章都不見轉載，這已略見一九二〇年代馬來亞華人文學的源流。

如果說《新國民日報》是國民黨的喉舌，那麼當時歷史最久、立場偏向保守的《叻報》又如何呢？顯然的，《叻報》也顯示了歡迎的姿態。與《新國民日報》一樣，自一九二四年三月底開始，它也陸續刊載了王統照的〈太戈兒的思想與其詩歌的表象〉(1924)。該報也特別撰文〈印度大詩人兼哲學家泰谷爾博士之傳略與學說〉推介泰戈爾，並稱道：

> 世界最大的詩人和哲學家泰谷爾氏，就要到我們中國去。氏為印度的驕子，為東西文明的溝通者，為現在精神界的救星。現在趁著他過星洲的機會，且來把他的小傳和學說，略略介紹於次……。（《叻報》1924:10）

同時,該報亦以整版特載其小傳與學說。當時的馬華文壇相對單純,也沒有甚麼「主義與問題」爭端,這表明了怎樣的一種馬華文學語境與氛圍呢?以上的文章內容與出處實已意味清晰。如上所述,這些文章都直接轉載自《小說月報》一九二一年至一九二四年的譯介,而實際上,在泰戈爾訪華時,準備接待的團體就包括文學研究會與新月社等(孫宜學 2001:41)。值得注意的是,自一九二三年起已見中國左翼對泰戈爾的批評話語,但馬來亞中文報紙的文章轉載選擇可察見馬華文壇與社會仍沒有接受左翼思想的痕跡。就此而言,馬華文壇與思想是滯後於中國本土的思想發展的。

另外,馬華早期作家陳桂芳更曾以新詩〈歡迎太戈爾博士〉(一九二四年四月五日)表示了她對泰戈爾到華演講的歡愉之情。全詩如下:

> 太戈爾博士,
> 從印度南來我國講學,
> 把印度太平兩洋的文化溝通,
> 把東西兩樣的氣質調和。
> 和的聲!
> 愛的果!
> 鏗鏗,
> 顆顆,
> 從舌尖筆頭的跳啊,
> 把一顆顆分給渴望的人們,
> 養就一個愛的大同。
> 歡迎呀,
> 歡迎呀,
> 和平之礎!(轉引自黃佩晶 107)

對作者而言,將泰戈爾的「博愛」與溝通東方文化平列於詩句中,並沒有顯得有何礙眼之處。這與在中國的歡迎者基本沒矛盾,卻與茅盾或沈雁冰及眾左翼人士相反。對馬華文學界而言,顯然沒有存在「讓我們的青年到裏面去陶醉去冥想

去慰安」的問題。馬華文學界至少是親近於文學研究會的，也說明此時的馬華文壇基本仍籠罩在五四遺風中。上文已提過，由於泰戈爾所宣揚的自由、平等、博愛與人道主義思想與「五四」所需要的精神內涵相契合，泰戈爾的相關思想與作品在五四時期被特別推介，因此馬華文壇對泰戈爾並不陌生（黃佩晶 106-110）。

二、教育界與報界的迎接、籌備

　　與文學界同步，在泰戈爾路過馬來亞的消息一經公開後，新馬民間或所謂的「學界」隨即掀起了籌備歡迎會與演講會的熱潮。必須指出，馬來亞於一九一九年才先後出現了檳城中華中學與新加坡華僑中學，中小學可謂當時學問的中心，報界故此把教育界稱為「學界」。《新國民日報》報導：「道南學校前晚（即一九二四年三月廿日）發起歡迎泰戈爾籌備會」（《新國民日報》1924:6）。各校反應熱烈，議決在中華電影戲院歡迎會，也擬定了歡迎會流程。據籌備傳單指出：

> ……氏係東方文明代表，素抱人道主義，大戰以後，東方文化，急待調和，氏之學說，適為應時之需，今幸蒞臨此間。有如明星在望，敝校同人擬發起歡迎，請氏演講，一代大師口頭指點之語，其足益我人生者，自當不少……。
>
> （《新國民日報》1924:6）

從此一籌備宣告當可知，泰戈爾同樣是以其「調和東西文明」面向被馬來亞華僑教育界所歡迎，這與前面提及的文學界並無二致。對於學界的反響，一位署名耀初的作者有一文提及：

> 升登飛艇，而後知天之高及日月星辰之象。橫渡五洋而後悉滄海之闊與波濤之洶湧。猶之吾人不

讀書，不求學，渾渾噩噩，與草木同枯。又安知
世界之變幻、科學之離奇也哉。苟能潛心修學，
披羣書，而後能識古今大體；閱報章，而始悟世
界之變化無窮也。嗟夫，印度太戈爾博士，非潛
心修學，博覽羣書，奚能與世界上有如是之關
係？蓋彼每蒞一地，必增該地人民之知識。故凡
得博士蒞臨消息，而開會歡迎者指不勝屈，今博
士應北京大學之講席，幸而路過星洲，吾僑聞風
興起，籌備歡迎，瞻仰豐儀，一聆偉倫，想博士
抵吩時，必有驚人偉倫以享吾僑也。余不禁引領
以俟。（耀初6）

文中曰「吾僑聞風興起」、「瞻仰豐儀」，並將泰氏推舉為
俱世界高度的人物，鮮明指出了華僑學界對泰戈爾的高度仰
望，這應該是與輿論及中國社會的宣傳有關。文中提及的
「必有驚人偉倫以享吾僑也」更透露了華人社會極大的期待
心理，值得我們加以探究。若放大視野來看，上個世紀初年
的華僑社會都對名人或中國南來的著名作家或學者皆懷抱著
熱切期待，下文將再加以敘述。

　　除了副刊，《吩報》竟然直接轉載鄭振鐸特為泰戈爾訪
華而撰寫的〈歡迎泰戈爾〉一文以為其社論，這更顯特殊（鄭
振鐸2）。同日，《新國民日報》也刊載一篇署名心聲的作
者所撰述的評論〈歡迎太戈爾博士〉：

亞洲印度開化最早，三千餘年前文物制度燦然大
備，歐美今日之文明，固多淵源於彼，而吾國中
古時代之文化，受佛學調劑之力亦弗鮮；使釋迦
牟尼涅槃後，時產哲士，則今日亞洲文化當不呈
斯現象也；何圖於印化式微之秋，乃有太戈爾博
士繼傳哲統者，寧非人類之幸福乎。

不寧唯是，世界各國知識界自經歐戰大教訓後，
深知從前種種建設，側重物質方面，殊於人類進

化上多枘鑿者；故為消滅枘鑿計，不得不謀溝通
歐亞文化之想，由是太氏之作品，乃為歐美人士
所注意，如歡迎演講也，研究學說也，幾視為天
經地義之重要問題；故太氏所履之境，（按太氏
曾遊英美德日等國）學者思想，勃然大變，而最
熱烈歡迎之者，厥為英倫人士仿印度最敬之膜拜
禮。誠以其著述充滿「和平」與「愛」而令人生
仰也；今太氏應北大之聘，赴華講學，吾人對於
此人類之大師，應具若何熱誠以歡迎乎？

（心聲 2）

以上言論可說遙呼在中國歡迎者之言，將泰戈爾形容為當代印
度文明的繼承者，同時熱切響應了泰戈爾對亞洲文化、和平與
愛的言說，沒有絲毫對其強調反暴力主張有何訾言。文章續道：

雖然，前乎太氏赴華講學之士，奚啻百十，理宜
民智與時俱長，詎橫覽現象社會惡劣如故，政治
糾紛如故，實際上未獲若何之影響，豈真諸哲之
思想，之言行，與我國民性弗相吻合歟？曰，非
也，蓋我民性素善忘記，只圖具形式上片刻之歡
迎，而於他人之學說，殊弗悉心研窮其理而實行
之，故雖有百十哲士之講學，亦等於烏有矣！竊
嘗考諸，地球上任何國哲士，半由天才，半由苦
學，更經種種波折，始能卓然名播於世，且諸哲
士之性質，之思想，又復各個弗同，故除聽講而
外，非出全力研究其作品，斷弗能參透三味者。
今日太氏又赴華散賑矣！吾願邦人乘斯機會而窮
研其學說，以闡明歐亞之國民性，復以研究所得
而進謀人類之真正「和平」與「愛」，庶無負太
氏此行也；嗚呼！昔人以韓愈為為文起八代之
衰，其亦知太氏關係亞洲文化之轉移，當十百倍
之耶！（心聲 2）

文中批評了中國社會過去只有形式的歡迎,其言說耿耿,認為中國人或華人應研究泰戈爾的學說,以求人類和平與愛,此處更重要是將之比喻為韓愈,期待「亞洲文化之轉移」。這樣的言論放在中國的「後五四」語境,恐怕是反動的。最後作者說道「爰致辭曰:和平天使,自由之神;等身著作,景仰人羣;光臨禹域,啟迪吾民;道經獅島,眾迓欣欣!」(心聲2)敬仰之意溢於言表。

在萬眾期待下,泰戈爾終於在一九二四年三月廿八日途經檳榔嶼、三月卅日抵達巴生並停留於吉隆坡。他到檳城時,《新國民日報》以標題〈太戈爾博士途經英屬馬來各處受熱烈歡迎之盛況〉電文報導了檳城人歡迎泰戈爾之情形,極為有趣:

> 太博士之為人,不喜周旋,**其態度又望之凜然,使旁觀者幾不能下筆形容也**。……吾人見到博士立於甲板之鐵欄旁,陽光照耀其矍鑠之老態,微風拂其寬博之衣襟,其鬚與豐美之頭髮,襯出其慈祥與炯炯有光之兩眼,益覺赫赫有神,博士對於在埠歡迎者,一視同仁,藹然可親,羣眾以誠摯而自然的態度向之致敬。
>
> (《新國民日報》1924b:6;引者著重)

他原定於四月一日抵達新加坡,但到了四月三日才抵步,並在當日下午三時匆匆離開(《叻報》1924a:2-3)。據報導,泰戈爾所乘搭的愛錫奧珀號忽停擱於巴生瑞天咸港,以致守候在新加坡碼頭的眾多人士大失所望。報導曰,「今晨博士已安抵叻,即於本日下午轉乘日本郵船熱田丸前赴中國上海,故本坡歡迎委員會特登該輪謁見。博士此次因適巧本日有日本郵船前往上海,故不能在坡演講」(《南洋商報》1924:15)。很多已安排就緒的歡迎會與演講都臨時取消。華僑社會在輿論大力引導下,對於太戈爾後來無法逗留,極為失望。眼見馬來亞各族羣眾之大失所望,泰戈爾答應在中國演講歸途中再訪馬來亞,「聞此次赴中國應北京大學之聘

後歸來時，將遊歷安南及日本、彼又希望本年七月內歸來，可在新加坡及吉隆（坡）埠各勾留一星期，故現時本坡歡迎委員會已與博士預商其時一切之布置矣。又太谷兒博士將在中國北京作二月之居留，凡在其旅行時，一概謝絕見客，又同行數人，均著名之士……」（《南洋商報》1924:15）。

泰戈爾過叻之後，《新國民日報》報端上出現了一則小詩，可深切表明知識界對其之敬仰：

> 送太戈爾如震旦
> 以詩代序……
> 太谷爾呀！你去中國。
> 有許多煩悶困苦的同胞，伸著脖子來等你。
> 很希望你洒幾點楊枝露，開一服涼劑。
> 江南三月，正棘長鶯飛！珍重前途，趕得上暮春
> 天氣。（宗6）

同時，在獲知泰戈爾無法逗留演講後，評論人獨步立即於《南洋商報》撰文評析，指稱泰戈爾是時間的偉人，其價值比空間的偉人更長久。所謂的「時間的偉人大都屬於聖人、學者、詩人。此種偉人，雖一時震動世界之程度，不如空間偉人，然其聲譽價值，大都較空間偉人為久，泰戈爾先生，就是一個時間的偉人大詩人」（獨步 1924:15）。作者對泰戈爾評價可謂極高：

> 人們不得不謀現實之肉體的生存，同時不可不求相當精神的快樂——藝術的幸福。現實生活好像土地，藝術好像花；沒有土地不能生花，有土地沒有花，實在沒有趣味。花是比土地較美，藝術是比現實有趣味。一言以蔽之，實生活和藝術，都是人生的要素，凡能為人類謀實生活，或藝術上的幸福者，我們都應該感謝他。太戈爾先生是一個大詩人，大藝術家，增加人類精神上的幸福，所以崇拜他的人很多。（獨步 1924:15）

「生活與藝術」不就與文學研究會「為人生而藝術」一脈相承嗎？這裏又再透露了華僑社會當時仍處在五四新風氣之中，「在新時代，必需新安慰的藝術，新思想詩人之詩，就是新安慰的藝術；今日我們逢此世界的新思想詩人，要往祖國講演，經過新加坡，誰不喜歡，觀我華僑數日來踴躍預備歡迎他，就可以明白其熱誠了」（獨步 1924:15）。最後對「此次泰戈爾先生，雖因決定本日下午三句鐘乘郵船赴華，不能接受華僑的歡迎，可是他預算再回的時候，要在本坡一星期久。所以我們不必失望，我們今日歡迎他，同時歡送他，後來再大歡迎，和大歡送他就是了」（獨步 1924:15）。華社對他在訪華之後能夠再度蒞臨馬來亞之期待躍然紙上，但相較與中國的「後五四」則是滯後的。

三、對泰戈爾在中國之爭議的回應

由於在中國受到激烈批評而受挫，泰戈爾後來提早離開中國去了日本，該年七月因病未踐約訪馬便匆匆回返印度。對於他將歸去，《南洋商報》報導：

> 印度詩人太谷兒博士此次遊歷中日兩國都會，到處演講，本坡人士多欲一親言論，故設備歡迎會，刻聞歡迎會籌備員那馬西君已接到香港友人來電，謂博士日間將乘蘇華馬魯輪船來叻，計期約在七月七號，可以抵埠云。
>
> （《南洋商報》1924a:6）[3]

這則報導說明本地社會仍然期待泰戈爾歸途中能踐約再逗留

3　據〈印度文學博士抵哇，詩哲太戈爾之同學〉：「曾與太戈爾遊歷遠東各國後，太戈爾由新加坡返回印度，其友印度孟加拉文學博士拏嘎 (naca) 氏（巴黎考獲文學博士）則為了研究社會學及風俗人情事已抵達爪哇，據云不日欲往峇厘島觀看焚屍。看後由哇回印，數月後再與太戈爾文豪來哇，作汗漫之遊云」（《南洋商報》1914:10）。

新馬。同時,報刊中又有連載三日的專論提及,「泰戈爾差不多要來了」,特別論述了華僑社會應該以甚麼態度迎接泰戈爾,這顯然是因應泰戈爾在中國之爭議而引起的。作者強調,「太氏是個詩人,我僑要歡迎他的人,若誤解他是詩人以外的別種人物,常常會生起反動的不滿意——起初歡迎他,後來攻擊他。記者已經見過太氏受到兩次誤解受攻擊了(一在日本,一在中國)」(獨步 1924a:2)。顯然,作者已關注到泰戈爾在中國所引起的爭論。作者言道,以日本為例,日本人把泰戈爾當著聖人、哲學家,「但是太氏的哲理,並不是純粹有系統有組織的哲學——或者可稱謂直覺的哲理——他在講臺上極端攻擊物質文明;日本人聽了大失所望,就極端嘲笑太氏,這都是他們起初的歡迎,大都是雷同附和的,並不知道太氏實在是甚麼人物」(獨步 1924a:2)。作者進一步指出,在中國,泰戈爾幾次都說自己是詩人,也希望大家以詩人視之。「太氏的哲理在世界的哲學史上,非佔重要地位,反之,若把太氏與世界大詩人比較,大可特樹一幟。太氏在世界文學史上實佔重大地位」。「我們要知道,凡大詩人都具有哲理的天才——著作都含有幽妙的哲理……若把詩人的哲學誤解為分析的、有系統的、有組織的純粹哲學——指哲理天才的詩人為哲學家實為錯誤。有一種人以為哲學家是比詩人偉大而高尚,強指自己所崇拜之詩人為哲學家,此真大錯而特錯。大詩人之偉大,毫無遜於大哲學家之偉大,若舍其大詩人之特色,而以其非純粹的哲理與哲學家並稱,其舍長用短何等幼稚」(獨步 1924a:2)。作者希望華僑社會以詩人身份看待泰戈爾,以免重複中國一部分人士那樣,過於注重其哲學而對其有錯誤期待,而對他批評。

作者提醒,不可「極端隱掩自己所崇拜者之缺點,並且想出種種方法,要證明自己所崇拜者為一個萬能之大人物」。作者也指出,太戈爾極端攻擊物質文明,但他「豈不知精神文明不能脫離物質文明而獨立?所以,太氏之真意並不是要完全撲滅物質文明」(獨步 1924a:2)。作者進而引述泰戈爾在中國的演說,指出他認為物質也重要,但只能輔助精神生活的發展。顯然的,作者頗有替泰戈爾解圍之意,

也說明作者與中國正在興起的陳獨秀等左翼或矛盾等革命文學流派不一。「不過太氏為詩人，其熱情高潮之時，必壓抑其理智，不顧前後矛盾，而作偏激之詞罷了」(1924a:2)。最後作者再次強調我們應該感謝泰戈爾增進人類的精神幸福：

> 總而言之，太氏雖然很多才，但是由嚴格分別起來，確為一詩人，我僑胞，應該以歡迎詩人的態度去歡迎他，明白詩人之特質，推其真意，以同情心同情他，不要像雷同附和的人們——他人若崇拜，自己不詳細研究，無條件的，自己亦崇拜，他人若輕視，自己亦隨便輕視之。
>
> （獨步 1924a:2）

此文回應了泰戈爾在中國演說所引起的爭議，文章基本採取比較中肯的態度，即把泰戈爾的詩人本質加以回歸，呼籲華僑社會正面看待泰戈爾。此處也可顯見華人的思想狀況。

不過，一位署名煥彬的作者則少見的批評了泰戈爾。作者指出，「自從印度太戈爾先生來華，一般高唱玄學的人可稱忙極，彷彿請到了救苦救難的活菩薩，我們中國的腐敗從此可以有救了」（煥彬 9）。作者進而對泰戈爾的愛的哲學提出批評，「一則曰慈愛、再則曰慈愛，以菩薩心腸發為不辨菽麥的詩歌，慈愛之氣一時充滿宇宙之間，彷彿西方物質文明是屬階，東方聖賢言行是良藥」（煥彬 9）。文章批評泰戈爾本是文學家卻喜歡人家稱讚其哲學，到了中國更似乎要在道德學上坐第一把交椅。最後，文章長篇的論證道德最高標準在於利人，而慈悲心只是初步的道德。「科學家為人民增福利，在道德學上有真正的位置，然後可以救中國的腐敗，這才是科學家的苦心，最高的憐憫，與道德家有雲泥之別，因此呼籲研究道德者眼光必須放遠」（煥彬 9）。這恐怕是少數的泰戈爾批評者，但值得注意的是，他主要是從科學與道德的關係立論，與陳獨秀諸左派的階級意見無關，但似乎也淹沒在眾多的歡迎者的熱烈歡呼聲中。

參、泰戈爾第二次來訪、巡迴演說與盛況

一、一九二七年到訪原因與華人的反應

　　時隔三年之後，一九二七年泰戈爾主動透過關係表達了來訪新馬之意，這主要是因為他受到一九二四年過境時的熱烈反應所鼓舞。為此，海峽殖民地工部特別開會討論：

> 在辦事室開會，各籍著名人士均紛紛蒞會，由工部局長花裏氏主席，先由金比爾氏宣布開會理由，略謂前年博士往遊日本，經過馬來由，因身體不適，匆匆作別，現聞博士有再來之約，我人應表示歡迎。特提出兩事，請加以討論。（一）應束請博士來叻，經會眾通過，並推舉金比爾擬稿，即日拍電於博士。（二）組織委員會。議決各籍人士均得加入該會，其目的務使本坡全體人民，於博士來叻時，均可得到利益，並當場舉定金比爾氏等幹事員二十人云。時國際大學教授維廉氏亦在座，即起言云。近聞吉隆坡亦曾開過歡迎博士之籌備會，因上次博士到吉，未能久留，甚感抱歉，現下博士經已允許再遊馬來（亞），博士之意，須考察馬來（亞）人之心理，是否與一九二四年之心理相同，故甚喜再來一遊。維廉氏又云，現下彼接到博士之子來電，謂大約本月末、伊父即可再來馬來由矣。聞博士此次來遊，除踐前約外，並將國際大學之目的及理想演述，使馬來亞全體人民皆能知悉云。又一消息，太戈爾起程南遊時，已約定結伴前來者，有華人林乃莊君（君係太戈爾大學教授）與現任北京內閣大臣顧維鈞同學、陳炯明在漳州時曾充任某縣知事事。（《南洋商報》1927:4）

　　從引文可見，一九二四年新馬人民的熱切歡迎以及他對未踐約而匆匆回國感到歉意，是造成他再訪的原因。此外，為國

際大學宣傳與籌款也是原因之一。國際學校是泰戈爾為反抗英國殖民政府的奴化教育而興建的，主張以印度的傳統教育方式培養印度的愛國人才，同時提倡溝通各國文化，正式成立於一九二一年（孫宜學 2001:113, 147-148）。在獲得各界認可後，泰戈爾致電馬來亞之威廉博士，表示他將於六月廿三日自加爾各答首途，趁輪船聖絲亞號前來馬來亞（《南洋商報》1927b:4）。因此，歡迎泰戈爾來訪委員會又定於六月廿一日下午五時，在工部局開會討論籌備歡迎手續，並要求各界有興趣參與接待的單位把請求及詢問函件，遞交給會議。[4] 然而，一週之後，據《南洋商報》，「太戈爾博士現因為要事所阻，須俟七月十一日始可動身前來馬來亞，七月十五日始可抵步云」（《南洋商報》1927d:3）。隔日，歡迎泰戈爾委員會又在工部局開會，除了討論歡迎手續，也分配了各族社會歡迎泰戈爾的時段（《南洋商報》1927e:4）。

如以上引言所述，委員會歡迎新馬各籍人士參與，因此特別安排了印度人、華人參與歡迎行列的時段。一九二七年七月十五日下午，印人及錫蘭人社會開會討論籌備歡迎泰戈爾之程序，決定由印人協會負責籌辦此一專給印人社會歡迎泰氏的活動（《南洋商報》1927f:3）。新加坡華僑學界則定於七月廿四日假座新加坡大坡中華電影戲園歡迎泰戈爾，並成立了以中國駐新領事為主的委員會，其他委員包括新加坡各華校校長，[5] 顯然重現了三年前的熱況。同時，檳城華人領袖柯孟淇也與印人領袖南米一起召集於西人大會堂舉行的

---

4 「印人及錫蘭人旅新重要人士，由蘇旦氏、南嗎則氏、什亞達氏召集，在來佛基二十二號門牌之建築內，討論籌備歡迎太戈爾博士之手續，南嗎則氏被推為籌備歡迎委員會之會長，正麥荷氏被推為秘書。經眾人討論後，供印人社會歡迎泰氏的活動由印人協會負責，也議定歡迎博士之手續，以代表印人社會」（《南洋商報》1927c:3）。

5 「……總幹事為道南學校校長、翻譯為浚源學校校長、速記是崇德學校校長及端蒙教員、文牘鄭照吾、招待則為南洋中華女校及工商愛同，幹事包括育英與樹人學校，布置是劉思瑾、鄭照吾及財政為道南校長。」同時擬定請柬：「本會定於七月廿四日（即星期日）下午二點半鐘、假座大坡中華電影戲園、開歡迎東方詩聖太戈爾先生大會，並請先生演講、屆時謹請各社團各學校踴躍加入，共聆偉倫，良機不再，幸勿失之交臂，（入場不須券，但衣冠須整齊）……」（《南洋商報》1927k:3）。

籌備會議，並由柯擔任主席（《南洋商報》1927a:3）。

在輿論方面，《新國民日報》發表言論強調泰戈爾是詩學家、亦是教育家，「歐美亞民族，凡是智識者，誰不敬仰之、歌頌之」，並指出歌頌或敬仰他，非僅僅因其詩、教育，「實以其辭藻含有真愛與和平，喚醒世人之夢也。嗟夫，處此強凌眾暴之秋，而竟有唱真愛與和平調者，其人格之偉大其識力之宏博，不愧為人羣之導師、和平之使者。吾人對此導師、天使，將若何感謝之？曰感謝之法：一方面研究太氏之作品而光大、一方面盡個人能力以維持太氏所創辦之國際大學，則庶合歡迎太氏之主旨矣」（省躬女士 6）。

顯然，言論始終不脫三年前的思路，肯定其世界地位，並高度推崇其人格與愛及和平的人生觀，這實已表明經過三年前中國左翼的激烈批判之後，此時華僑社會立場仍一以貫之。同日報紙也具體列出泰戈爾的日程，並在第十五版推出「歡迎太戈爾博士專號」，內容涵蓋泰戈爾略傳、逸事，尤其詳述其國際大學等（南 15）。在這一專號中，編者在題為〈歡迎太戈爾博士〉一文中特別提及「崇拜英雄乃人之常情，惟不知英雄而崇拜之，未免屬於盲動耳。太戈爾乃東方文學界泰斗，世人號為詩聖，每到一地皆受該地人熱烈之歡迎，今到星洲，星人歡迎之熱烈亦不下他處，然星人歡迎太氏，果以其詩聖之資格而歡迎之乎，抑在他處？」（南 15）。文章語鋒一轉，指出泰戈爾以詩稱於世，新加坡人以其詩人資格歡迎他的理由固當，但究竟多少人知其詩？文章最後指出，不論因其哲學、宗教、詩歌而歡迎他者，必須「各因其好而研究之、探其底奧焉可」（南 15），似隱隱中回應了中國的論爭。副刊〔新國民雜誌〕也刊載專論，轉載了《小說月報》瞿世英的〈太戈爾的人生觀與世界觀〉(1927)及泰戈爾的專訪譯文〈歐洲東方與藝術〉(1927)。

二、行程與演說主題：中印文化與和平

泰戈爾原定於一九二七年七月十一日啓程，十五日抵達（《南洋商報》1927d:3），但後來又延期，最終於十四日

啟程。有關其行程,連士升在其《泰戈爾傳》(1961) 一書中雖有提及,但只說是「之前曾到巴生、江沙、安順、太平,才到檳城」,並未具體說明。實際上,泰戈爾於七月廿日到達新加坡,[6] 廿六日赴馬六甲,三十日自馬六甲赴芙蓉,卅一日至八月四日在吉隆坡、八月五日在加影、八月六日在巴生、八月七日至十日在怡保、八月十一日在安順(司馬登)、八月十二日在太平、八月十三日至十七日在檳榔嶼(《南洋商報》1927m:3)。現依據報章略理出其具體行程,如下:

七月十四日:啟程(從加爾各答出發)

七月廿日:抵達新加坡

七月廿二日:新加坡維多利亞戲院演說

七月廿四日:新加坡中華大戲院演說

　　　　　　(華人教育界主辦)

七月廿五日:新加坡觀賞粵劇

七月廿六日:塔船到馬六甲(住曾江水寓所)

七月廿八日:麻坡演說(在中華學校辦歡迎會)

七月卅日:到芙蓉

七月卅一日至八月四日:吉隆坡

八月二日:吉隆坡中華戲院演說

八月四日:對吉隆坡華人演說

八月五日:加影

八月六日:巴生(英華學校演講)

八月七至十日:怡保

八月九日:怡保育才學校演說

八月十一日:安順(司馬登)

八月十二日:太平

八月十三至十七日:檳榔嶼

八月十五日:訪問輔友社、鍾靈中學演說

6　七月廿日抵達後第一天為海峽殖民地總督克利佛德爵士 (Sir Hugh Charles Clifford) 夫婦所接待,入住總督署(《新國民日報》1927a:6)。

十月五日：從印尼返回印度，途經檳榔嶼 [7]

十月六日：去曼谷

（《南洋商報》1927m:3）

以上安排可說明整個社會熱切期待泰氏的演講，其所到之
處，華人社會可謂多有參與，新加坡與吉隆坡兩地有特別向
華人演講的場次，在麻坡、怡保與檳城的演說與接待亦是以
華社與華校為中心。實際上，在上個世紀初期，演說會在華
人社會之中極為重要，由於當時文盲比率高，報紙的銷量有
限，演講才是相對有效傳達知識到底層的方式。這其實與晚
清以來的風氣有關，下文再述。在期待與醞釀許久後，首場
演說於維多利亞戲院進行，主要對象為英語社羣，由總督親
自主持。報章對此一演說場景略有報導：

> 茲悉明日（星期五）博士將在域多利亞紀念廳內
> 演講時，廳內特備十排之座位，每位九元，可赴
> 土庫約翰裏特爾百貨公司購券云。
>
> （《南洋商報》1927h:3）

> 昨日□□者，極形擁擠，樓上下座無隙地。……
> 昨日詩人之演詞頗長，其要旨為人類和平問題。
> 詩人並述及幼時逃學之經過，謂逃學實起於一種
> 自由之感覺，不願受教室之束縛，□□兒童離開
> 城市，脫離城市生活，往鄉間與大自然接觸，任
> 之自由自在，享受大自然之「美」與「真」云。
>
> （《新國民日報》1927c:6）

《新國民日報》亦譯載《實的力西報》之現場報導，該報導
形容泰戈爾「演講時具有一種潤柔而清朗之音韻，令滿座蕭
然、悠悠入耳……」（《新國民日報》1927d:6）。值得注

7　連士升在《泰戈爾傳》(1961) 中說於八月十六日「從檳榔嶼返回印度」，為
　　有誤之說法。

意的是，當時新加坡著名的海峽華人知識分子、廈門大學校長林文慶博士也於演說前一天抵叻，並出席泰戈爾歡迎會。據報道他「精神矍鑠，毫不見風塵之苦云」（《南洋商報》1927j:3）。

在演說會之前，華人社團先於中華俱樂部歡迎泰戈爾，出席者有領事許公遂、林文慶、胡文虎、宋旺相及其他重要華社領袖。泰戈爾致辭大意論及中印歷史的關係，同時述及其在中國之遊歷。為了促進印度人與華人之知識交換，他提議遣送一位梵文系學生到北大，同時接受一位中國學生到其國際學校。他指出「印度歷史之遺失者，多已經譯為中文，故要研究古代長時間遺失之歷史，必須讀中國歷史，可見中國及印度之聯繫並非來自商業及政治，而是來自性情之理想」（《南洋商報》1927i:2）。又謂，「其所以愛華人，非僅為歷史上印人華人之聯絡，亦因見華人之理想具有人格之觀念」。此外，他亦闡述其國際大學理念不發證書，不以學問為售賣之物，同時鼓勵文化間之理解（《南洋商報》1927i:2）。泰戈爾的首場面對華社的演說終於一九二七年七月廿四日在新加坡中華電影戲院揭開序幕。這是一場由華人學界所召開的歡迎會與演說會。演說前夕，學界還特別開會討論。[8] 如上所述，當時知識界的中心是華校，主要的參與華校包括華僑中學、睿源、崇德、樹人、愛同、應新、養正、道南、啟發、端蒙、中南、育英、中華女學、南洋女學、工商補習等校，可見其演說被知識界所重視。此一歡迎與演說會由代領事許公遂擔任主席，而到會者以各校教職員與男女學生居多，其他社會人士亦極為踴躍。泰戈爾在演講中追憶他在中國的訪問，強調中印文化之偉大及他與中國、印度文明的關係，自覺對綜合中印兩國文化之責任，「余之工作有如古人，乃努力於鎔治中印文化的古代印人，能得古代華人

---

8 「華僑學界歡迎太戈爾籌備會，定於二十一號（星期四）晚七時、假座道南學校開會，簽名參加者有華僑中學、睿源、崇德、樹人、愛同、應新、養正、道南、啟發、端蒙、中南、育英、中華女學、南洋女學、工商補習等校，其餘道遠未接到傳單者，籌備會希望統於是晚道南學校開會，或於十四（星期日）下午兩點半至大坡中華電戲院加入，無任歡迎云」（《南洋商報》1927g:3）。

之同情、敬重與合作，余望今之華人亦能以此待余也。諸位華友，諸位教師，今日辱蒙邀余來此演講，余誠感幸。蓋此乃承接余對中印文化友好合作運動之表示也」（《新國民日報》1927e:6）。隨後主席答謝詞中稱泰戈爾「惠然蒞會，使座中人咸獲親接當代偉人、東方詩聖之風采，而躬聆其偉訓」（《南洋商報》1927l:3）。

馬六甲是其第二站，在那裏他同樣受熱烈歡迎。泰戈爾及其隨員乘塔拉烏歷提號抵馬六甲，據報導「歡迎博士委員會主席篤抵氏及委員谷斌氏到船上迎接，博士登陸時，篤抵氏介紹各歡迎委員會參見博士，太平局紳弼策氏代表馬六甲之印人及錫蘭人協會貢獻花環於博士，眾歡呼，博士同隨員等乘車到克利平六英里處曾江水君寓所，博士同隨員遊馬六甲乃下榻於此也」（《南洋商報》1927p:3）。曾江水是麻坡中華學校的建校和發展的重要贊助人，部分校地為其所捐獻，藉此機緣，隨後的泰戈爾第二場演說因此安排在麻坡。七月廿八日，「麻坡各國人士特開大會，歡迎東方詩聖泰戈爾。下午四點鐘，泰戈爾偕其秘書維廉博士及隨員方之楨君等，由馬六甲乘汽車抵麻，時到碼頭歡迎者甚眾。他先到中華學校略事休息，兼進茶點」（《南洋商報》1927n:4）。其時，麻坡中華校長是出身北京大學的方之棟，而方之楨即方之棟之弟。泰戈爾首先到砂香街中華學校思維堂出席歡迎茶會，麻坡各族政、學、商界聞人六十餘人參加了茶會（鄭昭賢 163）。首先由方之棟致歡迎詞，他言道「……吾人久仰博士盛名，恨未識荊，今日得瞻風采，不勝榮幸」，同時「強調不僅是詩人身份歡迎他，實因其倡導和平、對於世界人類有偉大之貢獻、具崇高之人格，希望在座諸君捐除國家狹隘之見，努力為人羣造幸福，以和平手段促進世界文明」（《南洋商報》1927n:4）。這可見華人社會仍以他的哲者人格之角度來歡迎他，而中國的歡迎者如徐志摩、鄭振鐸與簡又方同樣以其人格精神迎接他（孫宜學 2001:143-144）。在此，也可見華人社會對於其提倡中西文化與和平基本認同。在中華學校的歡迎茶會完成後，眾人在中華學校操場拍照，泰戈爾隨即赴麻坡三馬路新民舞臺演講：

……請博士演講，由李適生君用國語翻譯。講詞
係（一）述其辦理國際大學精神，並申論教育宗
教人類與自然的關係；（二）在瞭解個人與人類
的關係。（《南洋商報》1927n:4）

最後由主席答謝詞及中華學校教務主任梁才女士增頌詞，
「懿歟詩聖，萬流仰鏡，才高李杜，德媲孔孟，旨在洞明，
倡導和平，寄諸歌詠，布護大地，福音是迷。撰稿者實為方
之棟，並由化南女生李□□，書寫則出諸書家劉靜山先生手
筆，字體兼趙，□筆挺秀，尚有中華基督女校預備唱歌，因
時間忽促，不能實行。時聽講者數千，座為之滿，至六點鐘
博士始返馬六甲。聞中華學校將在新月刊出太戈爾專號，並
將演講詞譯載，至於贊助國際大學捐款，得張開川君出力，
成績甚優云云」（《南洋商報》1927n:4）。聽眾數千人，
可謂場面氣氛熱烈。翻譯者李適生，據說其英文造詣高，曾
任中國江蘇師範學校英文主任，據報他的翻譯順暢貼切，獲
得讚賞。此外，泰戈爾演說也被譯成淡米爾語。當時在麻坡
中華學校任教的還有譚雲山，他也因此有機會於一九二八年
九月前往印度國際學校任教，研究印度文化與佛學，成為中
印文化交流的使者（鄭昭賢 162-163）。

　　在吉隆坡，據《南洋商報》轉載《馬來郵報》的報導，
泰戈爾到了吉隆坡火車站時，「歐人、印人、華人及其他種
人俱集於車站，火車駛到月臺時，眾均歡呼，印人樂隊繼之
奏樂」（《南洋商報》1927o:4）。吉隆坡華人社團亦宴請
泰戈爾並邀請演說。在演說中，泰戈爾「述中國及印度曩昔
之文化，凡不識他國情形者，斷不能精審其本國，西方人於
歧途而從事於戰鬥者經長久之時間，為全世界起見，中國與
印度之文化應行參合，此即國際大學之目的云」（《南洋商
報》1927p:3）。他後來到了巴生的英華學校 (Anglo-Chinese
School)，獲得出乎意料的反應，據說「他被要求朗讀其詩而
不是講座。泰戈爾評論道：『巴生是馬來亞唯一公認我為詩
人的小鎮』」(Oon 2011:6)。隨後他北上到怡保，在育才學校

禮堂演說，據報「到會者千多人，極一時之盛。大意希望將來印度人能說中國話，中國人能說印度話，將來可以互通」（《南洋商報》1927q:4）。最後一站是檳城。八月十六日午後四時，輔友社特召開歡迎泰戈爾大會，難得當時的報章有非常細緻的描寫：

> 老詩人至時，萬頭攢動，羣視一隅，亦現於人羣之中，老詩人繙然白髮，滿面春風，穿中國式之服裝，項套花圈，手持花朵。狀若一幅李老君之圖，加以音樂悠揚之聲，不禁令人生敬。老詩人升座後，社長誦歡迎辭。老詩人亦大演妙諦，慈藹可親，娓娓動聽，惟間壁油較廠之機器隆隆作響，似謂物質勝於精神者。
>
> （《南洋商報》1927r:3）

同一天上午十時，剛成立於一九二三年、檳城著名的鍾靈中學亦開會歡迎太戈爾博士。據報導，

> 參加斯會者有當地華民官碧老君及歐西女士，暨該校董事、員生……統計不下三百人……太博士繼起演說，由方之禎翻譯國語，聽者娓娓，掌聲時起於座間，演已，主席再起致謝詞，繼而高呼口號「太戈爾博士萬歲，亞洲文明萬歲，世界和平萬歲」……迨至散會已是十一點三十分矣。
>
> （《南洋商報》1927r:3）

引文可見，泰戈爾被記者描繪成太上老君那樣的超然形象，而其演講內容，幾乎重複在中國的演說，強調亞洲文化之偉大。值得注意的是，這樣的論述竟獲得了「萬歲」的歡呼，與在中國完全不可同日而語。在這裏，沒有人如中國的批評者沈澤民那樣質問：「……我們是問太戈爾的思想，對於今日的中國青年是否要得？」（孫宜學 2001:145）。顯然，這與此地沒有太多的錯綜複雜政治糾葛有關。

之後，泰戈爾到印尼訪問，[9] 並於十月五日早上再抵檳城，印度人社會各要人到碼頭迎迓，泰戈爾暫駐於丹戎坪格，於十月六日前赴曼谷（《南洋商報》1927t:5），[10] 於此告別了馬來亞。[11] 對於馬來亞社會的熱忱招待，他的告別充滿了深情，「余自抵臨此邦，鑑於風景之天成，殷勤之款待，盛情之歡迎，於余之心，日覺其滿意……」，「以民族善良而和平，是不愧乎有精神之友邦人民也。余於此，願表示感激於克督之招待……。太戈爾留白」（《南洋商報》1927s:3）。

三、一九二九年的最後路過

到了一九二九年，泰戈爾第三次過境馬來亞。一九二九年三月九日下午四時，泰戈爾抵達新加坡，但匆匆只住了一宿即於三月十日午後北上赴日、華。報導如下：

> 印度大詩人太戈爾博士於九號午後四句鐘附大英
> 輪船公司之奈德拉號抵新，時適大雨傾盆，亦
> 有為歡迎詩人之降臨，印籍人士赴碼來歡迎者
> 頗眾，惟博士行色殊匆忙，僅逗留一宿，次日
> （星期日）午後即赴中國及日本一行，然後特棹
> 赴美，應各團體之請，特往演講。按博士曾於

---

9 報章有以下報導：「聖太戈爾已自巴里島回到巴城，曾在泗水讀書俱樂部演說，述及巴里印度教之發展，與英屬印度之印度教發展之比較，稱巴里重美學，印度則重心理學與哲學云」（《南洋商報》1927t:5）。有關泰戈爾到訪印尼，可參閱 Das Gupta (2016)，頁 101-125。

10 有關泰戈爾在泰國的訪問，參閱 Charoenpong (2016)，頁 48-66。

11 泰戈爾離開後，報章有一則報道頗有趣：「……今日自海牙國際同盟會來一函，住址不甚明瞭，該函已發表於報端，發信日期係巴黎本年八月二十九號，該函言荷蘭東印度獨立運動之最近情形，現將其文略錄數節於下。該文謂此外吾人曾與世界名詩人泰戈爾往還，太戈爾不久將赴東印度，吾人各種團體均有時機將彼輩志願苦惱需要告諸太氏云。但本地新聞界認此係該國際同盟會利用太氏之名作宣傳，但彼輩文中曾有此議，謂若社會言論對太戈爾有危險發生時，太氏可更正，謂彼非該會員云。更有趣味之消息，見十月十八號海峽時報，即已被流刑之爪哇過激黨詩馬溫，乃國際同盟會之理事長云」（《南洋商報》1927u:3）。

一九二七年七月間旅行，博士今年已屆六十八
歲，然健康如故云。（《南洋商報》1929:5）

他到了日本再轉去美國，再從美國到日本與中國，[12] 報章還
跟進其行蹤，「印度老詩人太戈爾刻在日本東京臥病，據稱
詩人係患心病，症候不重，想當早佔勿藥云」（《南洋商
報》1929a:3）。泰戈爾後來由美國經日本返回印度，其秘書
威廉士特別從印度取道檳城往新加坡迎接他（《南洋商報》
1929b:18）。據一九二九年七月三日報導，他從中國過境新
加坡，乘搭法郵「安若」號抵叻時，受到新加坡印人公會之
歡迎。印人往碼頭迎接者頗多，印人公會會長及其他要人皆
到場（《南洋商報》1929c:6）。他於六月廿八日由新加坡
搭「遊鐵荷別」號到檳城，並於廿九日參觀輔友社社所，因
為他此前曾為輔友社新會所主持奠基儀式，同日即返回印
度（《南洋商報》1929d:18）。也有不少檳城華人在此次過
境中捐款於泰戈爾所創辦的國際大學，「計開有載喜雲遺產
五百元、許生理君一百元、許如琢君一百元、何錦德君及莊
來興君各廿五元」（《南洋商報》1929b:18）。

餘　論：
一九二〇年代馬來亞華人文學與文化的「前左翼」場域

由以上論述可知，至少遲至一九二七年馬華文學界與中
國新文學的「後五四場域」並不同步。不僅僅從對泰戈爾之
迎接，也從報刊在轉載與引介泰戈爾譯作上顯然可見，這時
候的馬華文學仍然追循著五四《新青年》以來、為「文學研
究會」所繼承的「文學為人生」的文學旨趣。大量的、由文
學研究會諸人所譯介的，深具秀麗、愛與自然特質的泰戈爾
作品為馬華報章所歡迎與喜愛。這完全與「後五四場域」的
文學與政治糾葛無涉，因此幾乎少見任何對泰戈爾激烈批判

12　泰戈爾於一九二九年匆匆兩次到上海，但只進行低調的私人訪問，住於徐
　　志摩家（孫宜學 2015:111-115）。

的文章被轉載。當時報章選文標準不但透露了編者的品味與立場，亦說明了讀者與社會的思想傾向。除此之外，馬華學界對泰戈爾的演說中一再強調的「和平」、「中印文化」、「亞洲文化」深表歡迎，對其人格更是欽佩。泰戈爾之受敬仰自然與其諾貝爾桂冠有關，但其來訪之社會反響與他在中國的遭遇可謂不可同日而語，其所到之處，可說都獲得熱切的歡迎，輿論甚至把他比喻為「詩聖」、「精神界救星」、世界哲人，這說明馬華社會知識界與文學界有其特殊語境。對他，華社以一種仰望的姿態待之，並籌備一系列的演說會，熱切期待他給予啟迪與指導。從更大的角度來說，當時來訪的著名學者如一九一六年的章太炎（許德發 2015）、一九一九年的黃炎培、一九二〇年代的蔡元培（許德發、張惠思 2020）等，也同樣引起熱潮。這一語境值得我們加以追問。

　　陳平原曾指出，將學校、報章與演說並列為「傳播文明三利器」是晚清話語，乃日人犬養毅之發見，而在此三利器中突出與渲染「演說」功用則屬於梁啟超的精彩發揮：「大抵國民識字多者，當利用報紙；國民識字少者，當利用演說」（陳平原 6）。陳平原亦認為，近代中國演說風氣的形成，可謂康梁師徒之大貢獻。在戊戌變法失敗後，流亡日本的梁啟超對於世人不解「演說」乃「風氣驟進」的原動力，大發感慨：「我中國近年以來，於學校、報紙之利益，多有知之者；於演說之利益，則知者極鮮。去年湖南之南學會，京師之保國會，皆西人演說會之意也。湖南風氣驟進，實賴此力，惜行之未久而遂廢也。今日有誌之士，仍當著力於是」（陳平原 6）。儘管戊戌變法功敗垂成，但藉演說中外大勢，「欲以激發保教愛國之熱心，養成地方自治之氣力」，卻日漸成為晚清志士乃至整個社會的共識（陳平原 6）。稍為排列晚清眾多提倡演說的文章，以及各地如何開展演說的新聞報導，即能明白這一「利器」當年所發揮的巨大作用。實際上，學校、報章與演說這三大傳播文明利器也是馬來亞華人社會於二十世紀初年辛亥與五四之交的重要武器，而這是以華人新客人口增長為前提的。泰戈爾之來訪及華社急切的期待，我們也必須放在這一近代語境來看，才能理解其原因。

正如鄭良樹所言，辦校在辛亥革命前夕只是序幕，辛亥之後，馬來亞華社進入空前的辦學熱潮 (62)。基本上，在這一辦學浪潮中，猶如一篇報導的標題——「女教育前途之樂觀」——所透露出來的一種進取的時代精神那樣：

> 本埠譬如女學校林校長妙蘭女士力圖教育之進步。前所聘李教習淑莊……刻聞又電聘前廣州女子師範學校校長張芷馨來校。相助為理，並托其聘請教習兩名。復電上海黃炎培先生，代聘教習兩名，現均獲其覆電，刻日首途來校，行見各女教育家一齊蒞嶼。該校學務之發達，可拭目而俟。□此可為女教育前途之樂觀。
>
> （《檳城新報》1919:6）

實際上，從一九一〇至一九二〇年代之交的報紙敘述來看，這個辦校浪潮使得整個華社含有一種樂觀、進取的氛圍。《叻報》把讀者投稿作為「代論」的一篇文章最可見此一時代精神。

> 新世界的潮流已推到南洋來了，新時代的光輝已照到東方來了。我們今後的生活怎樣？我們今後的進行怎樣？我們今後的活動怎樣？我們今後的實力怎樣？我們今後的目標怎樣？是不是仍處暗中不能醒覺呢？……我們要醒起來，在太陽的光輝下討一個新生活，在世界潮流下定一個新主義，我們不可在黑暗的社會中沉沉睡去……此後要向一個靶子走。這個靶子即是人類共同的靶子的新教育了。新教育是甚麼的教育？是適於人生的教育、是適於德謨克拉西的教育、是適於平民的教育、是適於新時代的教育、是適於實際生活的教育、是適於全人類的教育……（民聲 2）

顯然，這完全是五四進取精神感染下的產物。

在一封致給馬來亞華僑以邀請出席中國教育總會大會的信件中，中國教育總會說道，「同人等以南洋羣島設立學校在二十餘年以前，較中國內地更為發達，且吾國僑居於南洋羣島者人口五百萬，及齡兒童亦不下百萬，欲令發揚國家思想，保持民族精神，尤賴主持教育諸先生締造經營，不遺餘力，但改良研究，羣力是資，若各埠教育總會能派代表到會，則以積年經驗所得，輸入於宗邦，轉以內國教育精神，傳播於僑界，則不獨本會之榮光，亦未始非華僑教育之一助也」（《檳城新報》1919b:6），可見當日華僑教育發展之盛。在報章中，也會常見到類似〈又多一學校〉的新聞標題：

> （蘇厘柏拔悲天訪函）云，我僑蓬飄國外，代遊年湮，數典忘祖，迄今人盡巫言，家無漢字，固已無諱庸諱。尚長此不變，則堂堂中國神明之胄裔，不將如螟蛉之同化於果蠃而後已耶！念茲在茲，不寒而栗。本埠華僑、工商各界，數幾達數千，而灌輸祖國文化之機關，尚付闕如，有識之士，怒焉憂之。今歲熱心家……等，奔走呼號，提倡不遺餘力，卒將一座大好中華學校，於上月宣告成立。刻已聘到教員，自後莘莘學子，求學有所，不致陶融於異族矣。
>
> （《新國民日報》1919a:9）

由此可窺見華僑興校如雨後春筍般之風氣。在提及怡保的育才學校，《新國民日報》曰：「故近年以來，所有教職員異常勤務，而該校即日形發達，大有一日千里之勢……」（《新國民日報》1920a:9）。

另一值得關注的是夜校的創辦，也同樣到處興起。這裏引述一則新聞可資證明：

> 學校施教育，所以分科實授者，如商業可為灌輸貨殖之智識，國民可為培養初步之學術。通俗可為造就淺識之文義也。聞本埠現有熱心教育家，

特出而創設通俗夜學，專取年長失學之人，以補
習粗淺文義，業經發出廣告招生，校址設在日本
橫街門牌八十號駱鐵墀先生之美術館內。聞所教
授，將採用滬江大學校長董景安君所編普通字
六百個成為識字課本，復以原選六百字編成衛
生、倫理、修身、正俗、愛國、地文、信札七種
讀本，每種二十課，凡失學者如能每日攻習一小
時，半年即可讀完全書。既得識解，复能書寫，
無求於人，此誠補救年長失學之急需云。

（《檳城新報》1919c:6）

這恐怕與五四時期所推動的平民教育有關。容再舉例，「林
明埠平民半夜學校近有自治會設立，以為輔助教育上之所不
逮。來學者極眾，幾無座位可容。該校職員有鑑及此，特於
月之二十日開全體會議，磋商一切進行及擴充校舍事，全體
諸人俱贊成。籌備款項有二千餘元之譜，並擔任月捐者亦
極形踴躍，聞新校舍不日當能落成矣」（《新國民日報》
1920b:9）。「本坡登陵火車頭瓊僑益華夜校與紅橋育才夜
校，近來漸行發達，益華學生有五十□名，育才學校學生有
四十六名，其所以如此之發達者，固由於教員之熱心教授，
學生有志求學，要皆在董事者對於徵收學費一層，斟酌得
宜，有以致之耳……」（《新國民日報》1920c:6）。簡言之，
這股興學風氣使得於五四那一年，馬來亞檳榔嶼與新加坡幾
乎同時出現了中學之創辦，即檳城中華中學與新加坡南洋華
僑中學，隨後有檳城鍾靈中學（一九二三年元月）、尊孔中
學（一九二四年）等等。這裏要指出的是，一方面辦校風氣
與中學之創辦促進了華社的求知氣氛與欲望，另一方面又促
進了對知識的期待與仰望。

　　至於宣傳利器之一的辦報，也在改良與革命運動的對弈
中成為風潮，然而當時的識字率畢竟不高，報刊的銷量有
限，因此演說才是各位重要的傳播利器。就像梁啟超所設想
的，學校、報章與演說三者同為傳播文明之利器，只是因國
家窮，民眾識字少，只好更多地依賴演說。由於演說淺俗，

人人能聽懂，按《順天時報》的說法：「是補學校之所未備，報章之所未及，其莫要於白話演說乎」（轉引自陳平原10）。一九〇四年，秋瑾撰〈演說的好處〉，稱報紙之外，「開化人的知識，感化人的心思，非演說不可」。秋瑾具體論證演說的五大好處：「第一樣好處是隨便甚麼地方，都可隨時演說。第二樣好處，不要錢，聽的人必多。第三樣好處，人人都能聽得懂，雖是不識字的婦女、小孩子，都可聽的。第四樣好處，只須三寸不爛的舌頭，又不要興師動眾，捐甚麼錢。第五樣好處，天下的事情，都可以曉得」（轉引自陳平原6）。在五四時期，《檳城新報》就有一則題為〈演說為教育第一機關〉的新聞，提及檳城一女校定期舉辦演說會。文中認為：

> ……獨賴吾孔教之蒂固根深，故僑內外各埠大小村市，尚不乏有通時達變博古通今之碩彥鴻儒在焉。列位同志諸君子，果克存心愛羣，不妨各處遍設演說□，誠□勸。……設學校以培養後生小子者，其功效快速，豈不更勝十倍哉。
>
> （《檳城新報》1919a:6）

當時的輿論也與晚清以來中國知識分子所主張的那樣，認為演說最重要，甚至比學校更勝十倍。新加坡同德書報社十週年紀念會時，《新國民日報》記錄來自北京大學的學生鞏廷裕的演說內容，最能說明整個知識界的共識。鞏氏主要提及五四愛國運動，「國內學者經過這次大教訓，就知道非使人人都有知識，不足以使國內生變化，因之就生出文化運動了。登刊報章雜誌、設立通俗圖書館、演講所、平民夜校等等以增進人民知識。貴社就注（重）這一方面，實在可喜。我國人民僑居於此地的甚多，但是受過教育的卻少，只是設置書報，我想還不足以使不識字的有知識，還望籌辦通俗講演所、夜校，以達到普及教育的目的……」（《新國民日報》1920f:6）。巧合的是，在泰戈爾來訪的當天，《新國民日報》有如此的報導：

昨星期一晚南溟學校開國語演講成立會。到會者
濟濟滿堂，首由會長陳君聞端宣布辦國語演講會
之由來。次由三位教職員胥書昶、楊恆業、詹啟
新等相續演講國語關係之重要。復由諸會員接續
演講，各出千言，聽者動容，到十一點半鐘始散
會。（《新國民日報》1924a:8）

另舉一例，《新國民日報》報導一位叫曾英德女士得其父親
之栽培，「學問豐富，道德高尚。前年承汕頭某校之聘，回
汕頭任教務三年餘。前日抵星，聞昨一日（拜三晚）安息日
會請女士演說。大致謂世人多為金錢所役，以致失了靈性，
人生所有之快樂，皆未曾夢見，希在座諸君，盡力以傳福音
要道，俾世人聽見，以免失了靈性，將來可望成一個完人，
不致終為器械云云。女士所演之語，聽者莫不讚美，誠一時
之盛也。聞該會每拜三晚都有請人演說，想往聽者必不乏人
也」（《新國民日報》1919:6）。編者以「演說誌盛」為題
報導此一新聞，即可見演說的盛況。一則題為「芙蓉青年會
又演說」的報導有以下內容，「□博愛、潘奕源、林青山三
君，於十二號因公抵芙蓉，下榻於青年會。曾青萍君特於是
晚，召集職員，開歡迎會並請演說。博愛君從『實業』方面
發揮，奕源君從『道德』方面立論，青山君演題則為『新聞
事業與國家之關係』，分道揚鑣。合座百人，靡不色喜，鼓
掌之聲有若雷鳴」（《新國民日報》1920:9）。最後一段對
場景的描繪可見演講之受歡迎。此外，風氣更新更明顯反映
在文明結婚上（《新國民日報》1920d:6）。在同德書報社
舉辦的文明結婚儀式上，甚至還請了梁紹文演說（《新國民
日報》1920e:6）。這一風氣以及注重演講的社會啟蒙功能促
使了社會歡迎與期待重要作家與學者之演說。

因此在整體上，我們看到，一九二四年泰戈爾在中國遭
遇到的「後五四場域」並沒有出現於新馬華人社會之中，乃
至於一九二七年亦如是。由於整體華人社會正處於一種自辛
亥革命、五四以來因辦學（小學、女校、中學、夜校等等）

而帶來的知識進取風氣，這時候馬華社會是一個相對單純、沒有主義、只有問題的社會，共產黨或者無產階級左翼思潮顯然還沒蔓延到馬來亞華社之中。新馬社會除了關注辦學、教育、文化傳承，其實亦異常關注風俗與實業問題，這或許也可以解釋為何馬來亞對泰戈爾或其他著名作家、學者是熱切歡迎與仰望的。證諸歷史，一九二七年四月十二日，蔣介石在上海發動清黨。方修在《馬華新文學簡史》中認為，一九二七年起是馬華文學的「新興文學的濫觴時期」，這時候中國大陸已興起「革命文學」，一方面肯定文學的階級性，另一方面否定舊資產階級的文學思想，主張文學應該是無產者文學，而馬華新興文學的情況也一樣，並認為一九二七年一月四日《新國民雜誌》上刊登的一篇由作者永剛撰〈新興的文藝〉為理論指導之肇始（方修 52-53）。然而綜上論述似乎已說明，一九二七年四月泰戈爾造訪時馬華文壇與學界還看不到明顯的左翼力量。陳鍊青的例子最明確，作者自述在一九二七年當華僑熱烈歡迎泰戈爾時，他不贊成泰戈爾的言論卻選擇沉默。直到一九二九年泰戈爾再一次路過時，他才為文批評，一方面從環境支配角度，認為印度是一個神秘的國度，因此印度的傳統精神藏在泰戈爾的生命核心，故主張空虛與幻想；另一方面則開始從階級的角度批評，認為泰戈爾出身於貴族，所以作品也充分代表其階級，因此「我們不需要貴族的藝術，更加不需要玄之又玄的思想之傳播」（陳鍊青 166）。此時，陳鍊青才直接且公開說道：「我們此刻的藝術底意識，是建築在我們所需要的另一個階級上面。……他的藝術我們不願意賞鑒，因為我們不是有閒階級中人，實無多大功夫去鑒賞他彫鏤一隻金鑲玉嵌的酒杯」(166)。這意味著到了一九二九年，新馬華人思想氛圍似乎才開始轉向階級意識。

　　質言之，對泰戈爾來訪，中國與本地華僑的社會反響具有極大的差距，這可詮釋為兩地文學、思潮與聯繫雖有互通之處，但並非是完全一致的共時性順延關係。泰戈爾的來訪之所以獲得幾乎一致的歡呼，說明了馬來亞華人社會當時還處於五四之後的辦學與教育重構及文化傳承之中，演說成為

一重要的宣傳與啟蒙工具，社會對於著名人物之到來，自有一種熱切的期待。隨著左翼文人的到來，才徹底改變了這一前左翼語境，固有的五四風氣丕變。

徵引文獻

《檳城新報》(1919)〈女教育前途之樂觀〉。4 Jan.: 6。

《檳城新報》(1919a)〈演說為教育第一機關〉。27 Jan.: 6。

《檳城新報》(1919b)〈全國教育會聯合會來函照錄〉。10 Feb.: 6。

《檳城新報》(1919c)〈通俗夜校之招生〉。10 Feb.: 6。

Charoenpong, Sawitree (2016) "Rabindranath Tagore in Thailand: His Visit, Impact and Legacy." Ghosh (ed.): 48-66.

陳鍊青 (1929)〈獻給泰戈爾先生〉。方修（編）：《馬華新文學大系（七）》[2000]（新加坡：星洲世界書局），165-167。

陳平原 (2007)〈有聲的中國：「演說」與近現代中國文章變革〉。《文學評論》no.3: 5-21。

Das Gupta, Arun (2016) "Rabindranath Tagore In Indonesia: An Experiment in Bridge-Building." Ghosh (ed.): 101-125.

獨步 (1924)〈對於太戈爾先生過叻之感想〉。《南洋商報》，2 Apr.: 15。

獨步 (1924a)〈我僑應該用怎樣的態度歡迎泰戈爾先生？我們當明白泰氏是個詩人〉。《南洋商報》，30 June-2 July: 2。

方修 (1986)《馬華新文學簡史》（吉隆坡：馬來西亞華校董事聯合會總會）。

Ghosh, Lipi (ed.) (2016) *Rabindranath Tagore in South-East Asia: Culture, Connectivity and Bridge Making* (Delhi: Primus Books).

煥彬 (1924)〈科學與道德〉。《南洋商報》，7-8 Aug.: 9。

黃佩晶 (2017)《馬華問題小說與「五四」問題小說之關係 (1918-1925)：以〈新國民日報〉為中心》。碩士論文，蘇丹依德里斯教育大學，霹靂丹絨馬林。

《叻報》(1924)〈印度大詩人兼哲學家泰谷爾博士之傳略與學說〉。6 Mar.: 10。

《叻報》(1924a)〈泰谷爾氏明早過叻〉。1 Apr.: 2-3。

連士升 (1961)《泰戈爾傳》（新加坡：南洋印刷社）。

民聲 (1920)〈西北門僑工倡辦義學緣起〉。《叻報》，20 Mar.: 2。

南 (1927)〈歡迎太戈爾博士〉。《新國民日報》，21 July: 15。

《南洋商報》(1914)〈印度文學博士抵哇，詩哲太戈爾之同學〉。22 Aug.: 10。

《南洋商報》(1924)〈太谷兒博士已於今晨抵叻，昨日因船延擱未到，本日下午即轉搭日輸往上海矣〉。2 Apr.: 15。

《南洋商報》(1924a)〈太谷兒博士來叻有期〉。31 June: 6。

《南洋商報》(1927)〈工部局籌辦歡迎太戈爾〉。23 May: 4。

《南洋商報》(1927a)〈檳城人士籌備歡迎太戈爾博士〉。16 June: 3。

《南洋商報》(1927b)〈太戈爾博士來遊馬來之期〉。20 June: 4。

《南洋商報》(1927c)〈歡迎太戈爾博士之委員會〉。21 June: 3。

《南洋商報》(1927d)〈太戈爾博士來馬來亞期〉。29 June: 3。

《南洋商報》(1927e)〈歡迎太戈爾博士委員會開會預誌〉。30 June: 4。

《南洋商報》(1927f)〈印人歡迎太戈爾博士之先聲〉。16 July: 3。

《南洋商報》(1927g)〈華僑學界歡迎太戈爾大會預誌〉。21 July: 3。

《南洋商報》(1927h)〈聖太戈爾博士明日之演講在域多利亞戲院〉。21 July: 3。

《南洋商報》(1927i)〈聖太戈爾與馬來華僑〉。22 July: 2。

《南洋商報》(1927j)〈林文慶博士抵叻〉。22 July: 3。

《南洋商報》(1927k)〈華僑學界歡迎太氏秩序〉。23 July: 3。

《南洋商報》(1927l)〈華僑學界開會歡迎太戈爾博士誌盛〉。25 July: 3

《南洋商報》(1927m)〈聖泰戈爾遊歷半島之程序〉。28 July: 3。

《南洋商報》(1927n)〈麻坡人士歡迎聖太戈爾誌盛〉。2 Aug.: 4。

《南洋商報》(1927o)〈吉隆人士歡迎太戈爾之盛況〉。5 Aug.: 4。

《南洋商報》(1927p)〈半島漫遊中之聖太戈爾〉。6 Aug: 3。

《南洋商報》(1927q)〈太戈爾博士說，可惜我不能說中國話〉。15 Aug.: 4。

《南洋商報》(1927r)〈檳城中外人士歡迎太戈爾博士盛況，鍾靈中學生高呼口號亞洲文明世界和平〉。17 Aug.: 3。

《南洋商報》(1927s)〈老詩人已往勿老灣〉。25 Aug.: 3。

《南洋商報》(1927t)〈聖泰戈爾博士之遊蹤〉。6 Oct.: 5。

《南洋商報》(1927u)〈轟動一時之老詩人政見又舊話重提突如其來之一封書，與東印度過激黨有關〉。20 Oct.: 3。

《南洋商報》(1929)〈行色匆匆之印度詩人太戈爾過叻，九號午後抵新次日黃昏即附原船北上〉。11 Mar.: 5。

《南洋商報》(1929a)〈一樹櫻花，詩人病臥，詩人係患心病〉。31 May: 3。

《南洋商報》(1929b)〈捐助太戈爾大學〉。25 June: 18。

《南洋商報》(1929c)〈詩人太戈爾叻過盛況大受本坡印人公會之歡迎，太戈爾述其到加拿大之使命，大不滿意美國之移民法律，今日乘原輪法郵離叻回印〉。27 June: 6。

《南洋商報》(1929d)〈印哲泰戈爾氏抵嶼，翌日下午三點將啟行回印〉。3 July: 18。

Oon, Angela (compil.) (2011) "Tagore's Travel Itinerary in Southeast Asia." *Tagore's Asian Voyages 1927: Selected Speeches and Writings on Rabindranath Tagore* (Singapore: Nalanda-Sriwijaya Centre, Institute of Southeast Asian Studies), 4-6.

Oon, Angela (2016) "Rabindranath Tagore's Visit to Singapore and Malaya in 1927: Local Responses and Controversies." Ghosh (ed.): 67-78.

錢理羣、溫儒敏、吳福輝 (1998)《中國現代文學三十年》（北京：北京大學出版社）。

瞿世英 (1927)〈太戈爾的人生觀與世界觀〉。《新國民日報·新國民雜誌》，22 July: 14。

省躬女士 (1927)〈歡迎太戈爾博士〉。《新國民日報》，21 July: 6。

孫宜學 (2001)《泰戈爾與中國》（石家莊：河北人民出版社）。

孫宜學 (2015)《泰戈爾：中國之旅》（北京：中央編譯局）。

王統照 (1924)〈太戈兒的思想與其詩歌的表象〉。《叻報》，27 Mar.- 9 Sept.。

《新國民日報》(1919)〈演說誌盛〉。3 Jan.: 6。

《新國民日報》(1919a)〈又多一學校〉。2 Oct.: 9。

《新國民日報》(1920)〈芙蓉青年會又演說〉。20 Feb.: 9。

《新國民日報》(1920a)〈擴充校舍〉。10 Sept.: 9。

《新國民日報》(1920b)〈優待教員之可風〉。10 Sept.: 9。

《新國民日報》(1920c)〈瓊僑夜校近況〉。11 Sept.: 6。

《新國民日報》(1920d)〈文明結婚預誌〉。18 Sept.: 6。

《新國民日報》(1920e)〈文明結婚誌盛〉。27 Sept.: 6。

《新國民日報》(1920f)〈在同德書報社演說〉。28 Sept.: 6。

《新國民日報》(1924)〈星洲華僑學界歡迎太戈爾博士之籌備〉。22 Mar.: 6。

《新國民日報》(1924a)〈南溟學校開國語演講成立會〉。27 Mar.: 8。

《新國民日報》(1924b)〈太戈爾博士途經英屬馬來各處受熱烈歡迎之盛況〉。2 Apr.: 6。

《新國民日報》(1927)〈歡迎太戈爾博士〉。21 July: 15。

《新國民日報》(1927a)〈印度詩人泰戈爾博士抵叻後〉。21 July: 6。

《新國民日報·新國民雜誌》(1927b)〈歐洲東方與藝術〉。22 July: 14

《新國民日報》(1927c)〈昨日公民大會之盛況〉。23 July: 6。

《新國民日報》(1927d)〈華僑教育界歡迎太戈爾博士誌盛〉。25 July: 6。

《新國民日報》(1927e)〈泰戈爾博士：萬人擁擠聽詩音、東方西方文化之連接〉。25 July: 6。

心聲 (1924)〈歡迎太戈爾博士〉。《新國民日報·評論》，1 Apr.: 2。

許德發 (2015)〈國粹教育與域外流寓者：論章太炎在馬來亞的演說〉。《漢語言文學》6.4: 33-47。

許德發、張惠思 (2020)〈蔡元培的南洋跨境經歷與華僑文化教育語境之探討〉。《教育研究集刊》66.2 (June): 1-36。

楊萌芽 (2006)〈太戈爾訪華與二十世紀二十年代中國文壇〉。《中州學刊》no.4 (July): 212-216。

耀初 (1924)〈評論〉。《新國民日報》，1 Apr.: 6。

鄭良樹 (1998)《馬來西亞華文教育發展史》，第一分冊（吉隆坡：馬來西亞華校教師總會）。

鄭昭賢 (2012)〈泰戈爾與麻坡中化〉。《中化歷史長河：篳路藍縷興華教》，上冊（麻坡：中化中學），162-163。

鄭振鐸 (1924)〈歡迎太戈爾〉。《叻報》，1 Apr.: 2。

宗 (1924)〈送太戈爾如震旦〉。《新國民日報》，3 Apr.: 6。

以禁書令與民眾圖書館為中心

冷戰前期馬新華人

文化的解構與重構

—— 莊華興 ——

—— 莊華興 ——

前　言

　　華人於十九世紀中晚期開始大量移居南洋，形成了稍具規模的華人社羣。到了上世紀一九二七年，南京國民政府清黨導致不少文人、知識分子逃往南洋避難，再經歷抗戰到一九四九年大陸建立新政權，南洋逐漸成為文人、知識分子流亡與避難的大後方。文人久居此地，逐漸培養起南洋在地意識與實踐南洋華僑文化。戰後馬新兩地爭取獨立建國，馬來亞文化 (Malayan culture) 成為各族共同的追求目標，華僑華人文化認同與主體意識發生微妙的變化，冷戰掀開後，馬新華人文化進一步面對前所未有的衝擊，並重新建構。

壹、美國圖書的海外傳播

　　太平洋戰爭結束後，旋即迎來了東西冷戰。美國艾森豪威爾 (Dwight David Eisenhower) 上任總統不久，一份機密文件向國務院揭示，「共產主義的圖書項目規模龐大，擴張到許多國家」(White House 1953)。一九五一年至一九五七年，中國用包括英語在內的八種不同的語言出版了四百多本不

同的著作，共四百六十五餘萬冊，涵蓋各類主題（胡騰蛟187）。一九五五年底，議員巴拉特・奧哈拉和邁克爾・費翰在東南亞調查訊息項目後鼓動國會為新聞署的圖書項目立法，加強「美國民主」類廉價書籍的傳播（胡騰蛟188）。美國圖書的海外傳播是通過政府與美國圖書館協會與私人組織的三方合作進行的。私人組織包括富蘭克林和卡內基基金會、亞洲基金、文化自由大會等。三方的合作，實施了十餘項海外圖書項目，推動了美國圖書在海外的傳播與影響。「至一九六四年，美國一躍成為世界上著作輸出最多的國家。由於美國突出『去宣傳化』的宣傳策略，強調海外圖書項目對『美國價值』的學理性描述，因此，這一時期美國海外圖書的功能遠遠超出了一般意義上的『國際交流』，還在展現『美國形象』、凝聚『自由世界』的『冷戰共識』、消除『反美主義』與共產主義影響等方面起著特殊的作用」（胡騰蛟190）。在禁止大陸書籍以及聯合邦如火如荼成立民眾圖書館之際，美國開始通過各種管道給星馬兩地贈書。美國早於一九五〇年已向新加坡贈書。主要贈書機構為吉隆坡與新加坡兩地的美國新聞處和亞洲基金會，後者是以民間機構為掩護的美國中央情報局附屬機構（盧瑋鑾、熊志琴33）。受贈單位涵蓋面廣，包括新加坡國家圖書館、馬新兩地大學圖書館、公眾圖書館、中學圖書館、民眾與各政府部門。附錄一為根據《南洋商報》而彙整的美國贈書清單，從中可以窺見在冷戰前期美國贈書情況之一斑。

　　除了官方機構美國新聞處，最積極配合贈書的民間機構為亞洲基金會。它「每年在本區域分發五千冊適合中學生、大專學生以及專業人士閱讀之書籍」（《南洋商報》1974:16）。亞洲基金會的贈書分佈面廣，不僅分發給學府，也分發新馬兩地各政府部門。該基金會於一九六七年八月贈送五千本羅馬化國文書籍予新加坡國家圖書館（《南洋商報》1967:3），此舉顯然是配合美國冷戰戰略轉變的需要，即鼓勵移民認同與融入當地社會。換句話說，美國新聞處、亞洲基金等機構，對本區域的文化、思想的影響，到科學工

藝、體育運動、國家制度的建設，無不發揮深遠的作用。[1]
這發生於冷戰對立最高漲的六〇年代，其戰略意味更為明
顯，而且比左派的滲透面更深廣。

　　在冷戰初始階段，臺灣蔣政府也運書贈送南洋華僑，以
保持海外僑胞支持國府的力量（《南洋商報》1951:1）。此
舉除了協助華僑的文化建設，可謂與華僑社會盛行的左翼文
化展開競爭，而此時禁書令仍未施行，作為冷戰共識下的文
化戰略佈局確是很明顯的。到了一九五九年初，批發香港與
新加坡友聯出版社書籍的友聯書報發行公司在新加坡小坡大
馬路四六九號公司門市部展出書刊數千種，[2] 並提供折價與
送贈品，陳列的書刊包括國學、經典、文學、藝術、教育、
文化、兒童讀物，及各種參考書、教科書與工具書。友聯出
版社的大量書籍適時填補了左翼書籍被禁所留下的空白，並
對馬新華僑社會提供了另一種文化血液與滋養，冷戰時期的
禁書令並沒有使華人文化發展就此萎縮，這與及時性的文化
汰血不無關係。此後，華人文化雖面臨重生，但它亦被捲入
了馬來亞建國後的語文教育漩渦。

貳、冷戰與華僑政策

　　冷戰大致始於一九四七年，以二戰後美蘇之間的意識型

1　除了美國新聞處和亞洲基金積極推行文化冷戰，哥倫坡計畫也給東南亞國家
　　不少的援助。哥倫坡計畫於一九五〇年一月間誕生於錫蘭首都哥倫坡，全名
　　為「南亞洲與東南亞合作經濟發展哥倫坡計畫」。此計畫原是澳洲於一九五
　　〇年英聯邦各國外長在哥倫坡舉行會議時提出。根據一九六四年該計畫常年
　　報告書，自一九五〇年哥倫坡計畫開始，至一九六三年六月底為止，南亞與
　　東南亞所獲得的外援，總計達一百三十八億二千萬元，其中包括技術協助、
　　貸款、贈款，以及供應農業配備等。貢獻最多的國家為澳洲、英國、加拿大、
　　日本、紐西蘭、美國，這些國家都是二戰後的美國同盟國。參加哥倫坡計畫
　　的國家除了前述六個技術援助供應國以外，受惠國則有印度、巴基斯坦、錫
　　蘭、馬來西亞、緬甸、柬埔寨、寮國、印尼、尼泊爾、菲律賓、韓國、泰國、
　　南越、不丹、馬爾地夫羣島（《南洋商報》1964:5）。
2　友聯書報發行公司成立於一九五五年，兩年後於小坡創立門市部，所發
　　行的圖書及期刊如《兒童樂園》、《學生周報》、《銀河畫報》等，深受讀
　　者歡迎。其「發行網之普及和服務的熱誠，不僅為一般人是所讚許，對馬新
　　華文文化也作了相當的貢獻」（《南洋商報》1959:28）。

態對立為起點。一九四九年初，美國國家政策顧問喬治‧佛羅斯特‧凱南 (George Frost Kennan) 奉命起草《美國對東南亞的政策》，開始關注東南亞國家作為美國在東方的經濟與政治戰略地位。[3] 一九五六年七月，美國政府有感於東南亞華僑問題的重要性以及目前華僑政策的不協調，決定由行動協調局 (Operations Coordinating Board) 制定一項統一的東南亞華僑政策，稱為「華僑與美國政府」("U.S. Policies and Current Actions Toward Overseas Chinese of the Governments in Southeast Asia")。這時候，東南亞華僑成為美國反共必須爭取的對象。因此，美國揉合內政與外交管道，對東南亞華人展開了全方位的宣傳攻勢。這股攻勢首先訴諸直接對抗的方式，即爭取華僑參與反共，鼓勵華僑（尤其是馬新華僑）支持臺灣國民黨政府。此戰略引起東南亞國家的不滿，這時候多數東南亞國家已獨立建國，美國遂於一九五六年改弦易轍，鼓勵華僑融入居住國，並有限度給予華僑結社的自由。一直到一九六四年，美國的宣傳攻勢才逐漸緩和。這段期間讓我們見證了東南亞華僑如何被捲入美中的亞洲冷戰，及美國利用文化冷戰策略以抑制東南亞華僑靠向共產中國。

　　一九五七年十二月十一日行動協調局發布了《美國對東南亞華僑政策的指導方針》（"Guidelines for United States Programs Affecting the Overseas Chinese in Southeast Asia"，下稱指導方針），其內容是鼓勵東南亞國家以溫和的方式促進華僑融入當地社會。為了貫徹這項政策，首先是切斷他們與文化母國的關係，俾加速華僑的融入乃至同化。該政策符合英殖民政府戰後返回馬來亞並設法延長殖民統治的野心。[4]

3　他在政策文件中評估中國共產黨統治大陸的後果以及東南亞原產品對自由世界的重要性。「東南亞作為包括橡膠、錫和石油在內的原料產地和溝通東西、南北半球交通來說是至關重要的，……倘若共產主義席捲東南亞，我們就必然遭受政治上的大潰退，其影響將波及世界其他地區，尤其是在中近東以及那時暴露於危險邊緣的澳大利亞將受到影響」（轉引自劉雄 58）。

4　一九四六年英殖民政權推行的馬來亞聯邦計畫 (Malayan Union Plan) 最可看出其擴張權力的野心。在這項計畫下，新加坡成為英國直屬殖民地，馬來亞各州統治者的政治權力則被削弱，僅限於掌管伊斯蘭教與馬來習俗事務。這項計畫引起了馬來人的強烈反對而不得不撤回，一九四八年以馬來聯合邦 (Federation of Malay States) 體制取代。

一直以來，華僑文化滋養獲得母國文化的補給，尤其是華文學校師資和華文讀物的供應。進入冷戰前期第二階段，東南亞國家一方面鼓勵華僑融入當地社會，一方面頒佈禁書令，禁止中國和香港出版的書籍在新馬兩地流通、傳播與收藏。另一方面，美國以香港美新處為中心，向東南亞華僑社會提供文化出版的資助，以填補禁書令留下的空白（包括教科書），同時也借華文媒介宣揚美式價值觀。在東南亞國家從內部的嚴打（禁書、禁歌曲／唱片、禁影、查封社團）與外部強勢的美援戰略，成功扭轉了以尋求經濟安穩為首要考量的華人移民社會態度。然而，學界談文化冷戰，迄今多著眼於美援文化（香港稱「綠背文化」），對東南亞國家內部的禁書令或廣義的文化禁令未見有著墨。本文認為，美國的文化冷戰，無論是透過銀彈攻勢（美元）或宣傳，不僅直接面對華僑（如亞洲基金會和香港／馬新友聯），也跟東南亞當地政府合作或配合，嘗試截斷華僑的文化補給源頭。五〇年代雷厲風行的禁書令即為文化冷戰戰略之一。

參、冷戰與華僑政策

根據資料，戰後馬新禁書令最早出現於一九四九年。是年二月二十六日《南洋商報》第五版刊出一則新聞〈教科書一種被禁止〉，即英軍實際向馬新兩地左翼人士、左翼政團宣戰（俗稱緊急狀態）（《南洋商報》1949:5）。換句話說，軍事圍堵和文教圍堵同時進行，馬來亞全國華校教師會總會（簡稱教總）在此時成立，林連玉在此時登上馬來亞歷史舞臺，這些並非偶然。[5] 同時也說明東南亞冷戰和殖民主義互

5　一九四六年開始，馬來亞英殖民政府即發表祁士門計畫 (Cheeseman Plan)，企圖在各源流學校推行英語教育。一九五〇年推出荷爾格報告書 (Holgate Report)，建議政府逐漸改變各語文源流學校，使英文成為所有學校的唯一教學媒介語；一九五一年有巴恩氏教育報告書 (L.J. Barnes Education Report)，建議廢除華文學校；翌年頒布一九五二年教育法令 (1952 Education Act)，宣佈以英文和馬來文媒介語的國民學校取代華文學校；一九五六年拉薩報告書 (Razak Education Report) 直接針對華文教育（以及其他民族母語學校）提出「一種語文，一個源流」的政策作為國家教育的最終目標，即以馬來文作為所有學校的教學媒介語。這項報告書成為馬來（西）亞華社永遠的痛。英殖

為表裏、相互需要之事實。發動冷戰是為了反共、打共、滅共，是意識型態對決（不巧都是以華人為主要犧牲品，包括普通華人百姓），冷戰則為殖民主義者提供便利，延長了馬新兩地的殖民統治。

隔年（一九五○年），英殖民政府開始雷厲執行禁書令。一九五○年七月至九月，新加坡連續三次發佈禁書令。首先見於七月八日新聞，題曰〈禁止刊物一批〉，七月十五日和九月三十日聞頗為聳動，題作〈禁書又一大批〉。緊接著，九月二十一日聯合邦政府也發佈三十九種禁書。這是第一波禁書令。

一九五七年八月卅一日，馬來亞取得獨立，為了鞏固統治政權，親英的新興權貴加強反共措施。一九四九年共產中國的崛起以及執政大陸，東南亞當地政府把華僑視為中共在海外潛伏的第五縱隊，對華僑更為敵視。

到了一九五八年，進入冷戰前期第二階段，馬新兩地的禁書令更有針對性，打擊範圍也更大。新加坡政府於十月二十三日援引不良書刊法令禁止中國及香港五十三家的出版物輸入新加坡，同時撤銷六家小報和一家雜誌出版執照（《南洋商報》1958d:5）。同年十一月八日《南洋商報》刊登〈中國香港出版社出版物，新馬分別予以禁止，六十八家中只新中國一家出版物星馬俱準輸入，星禁止五十三家馬禁止三十家，其中受雙方禁止者共達十六家〉。顯然，本次禁書令是針對出版社以及該出版社的所有出版物，因此，引起了馬新華社的的質疑與不滿。馬新雖分屬兩個不同自治區，[6] 各有禁書條例。然而，兩地華文書業相互依存。新加坡作為國際交通樞紐，進出口貿易頻繁，馬來亞聯合邦則有不少的華校和華人子弟，因此成為新加坡華文書業者的市

民政府在十年間連續推出多項教育報告書，見證了冷戰逐漸嚴峻以及策略上的多樣化，尤其是五○年代後期全力推行的文化冷戰戰略。

6　馬來亞聯合邦 (Federation of Malaya) 於一九五五年舉行普選，由巫人統一機構（簡稱巫統）、馬華公會和印度國大黨組成的聯盟贏得議會選舉五十二席中的五十一席，聯盟領袖東姑阿都拉曼受委為自治政府首長。新加坡於一九五九年成為自治邦，首任總理為人民行動黨領袖李光耀。

場。新加坡書業公會曾針對該地政府禁書對聯合邦的影響
如是指出:「由於本坡政府禁止五十三家出版社刊物的輸
入,聯合邦境內的書籍來源也因此同樣大受影響,理由是該
地的書籍來源,多仰賴新加坡的供應,聯合邦政府於去年
禁止卅家,現在經本坡政府一禁,實際上就等於同樣禁止
五十三家出版社刊物的輸入,銷售和發行」(《南洋商報》
1958e:5)。

　　馬來亞聯合邦則更早實施禁書令。一九五五年八月
十八、十九兩天公佈禁書名單,新聞稱凡擁有或收藏者將
以違法論。此後,幾乎每年都頒佈禁書令。最嚴峻的是從
一九五八年十月卅日至十一月二日分四天五版於《南洋商
報》刊登禁書名單。甚至新加坡的五家華文刊物在聯合邦的
出版申請亦遭當局拒絕發給準字(《南洋商報》1958f:9)。
以下臚列戰後至七〇年代《南洋商報》關於馬新兩地禁書的
新聞標題,各時期的禁書名單經整理列於附錄二:

一、新加坡禁書

1949.02.26〈教科書一種被禁止〉,第五版。

1950.07.08〈禁止刊物一批〉,第六版。

1950.07.15〈禁書又一大批〉,第六版。

1950.09.21〈政府憲報昨日公佈,勒令南僑報停刊,警探四
　　　　　十名今晨搜查該報,三名職員被警局扣留輛
　　　　　訊〉,第五版。

1950.09.30〈禁書又一大批〉,第六版。

1958.10.23〈防弭顛覆宣傳,撲滅色情文化,政府援引不良書
　　　　　刊法令,禁止共產中國及香港五十三家出版物輸
　　　　　星,撤銷六家小報一家雜誌出版準字〉,第五版。

1958.11.07〈書業公會編列禁售出版社名單,新加坡聯合邦禁
　　　　　書不同,一為五十三家,一為三十家,兩邦同禁
　　　　　之出版社只有十六家〉,第七版。

1958.11.08〈中國香港出版社出版物星馬分別予以禁止,六十
　　　　　八家中只新中國一家出版物星馬俱準輸入,星禁

止五十三家，馬禁止三十家，其中受雙方禁止者
共達十六家〉，第六版。

1963.02.05〈內政部禁止十種出版物〉，第五版。

1965.06.19〈文化部長下令禁止一批黃色書籍銷售〉，第五版。

1965.07.25〈憲報昨宣佈禁止四種中文書籍出售〉，第十二版。

二、馬來亞聯合邦禁書

1950.09.21〈聯邦政府發表三十九種禁書〉，第七版。

1955.08.18〈聯邦公佈禁書名單稱凡擁有或收藏者以違法論〉
（未完），第九版。

1955.08.19〈聯邦公佈禁書名單稱凡擁有或收藏者以違法論〉
（續完），《南洋商報・星期刊》第十版。

1956.12.28〈聯邦禁止新報輸入〉，第九版。

1956.12.31〈聯合邦政府明令禁止卅種出版物售賣流通〉，
第九版。

1957.01.16〈禁售廿九家出版物〉，第八版。

1958.10.30〈中國香港卅家出版書籍，政府禁止售賣全部名
單〉，《南洋商報・星期刊》第九版。

1958.10.30a〈中國香港三十家出版書籍，政府禁止售賣全部
名單〉（續），第十四版。

1958.10.31〈中國香港三十家出版書籍，政府禁止售賣全部名
單〉（續），《南洋商報・星期刊》第九版。

1958.10.31a〈星洲五家華文刊物申請在聯合邦出版，政府當
局拒絕發給準字〉，第九版。

1958.11.01〈中國香港三十家出版書籍，政府禁止售賣全部
名單〉（續），《南洋商報・星期刊》第十三版。

1958.11.02〈中國香港三十家出版書籍，政府禁止售賣全部
名單〉（續完），《南洋商報・星期刊》第十一
版。

1961.08.26〈內長昨日公佈一批違禁書刊〉，第十版。

1961.12.31〈聯合邦憲報公佈《火的回憶》被列為禁書〉，
第十三版。

1962.05.25〈憲報昨公佈三種書籍禁止輸入〉,第九版。

1962.09.21〈《馬來亞民族運動簡史》聯邦憲報公佈禁止入口〉,第十版。

1963.01.18〈馬政府憲報公佈禁數種刊物包括《文藝與生活》一書以及《改革馬來亞》歌曲〉,第十版。

1963.07.26〈內政部長頒佈《青春之歌》列為禁書〉,第九版。

1963.08.25〈因損害國家利益及本邦安全,內部安全部頒禁《回憶片片錄》一書〉,第十一版。

1964.11.13〈清帝溥儀著作《我的前半身》被列為禁書〉,第十版。

1965.04.30〈北京音樂出版社出版革命歌曲大家唱禁止在大馬印行,內長拿督義斯邁昨宣佈〉,第十三版。

1966.03.24〈內政部長昨頒令禁止十三種書籍輸入馬來亞各州〉,第十一版。

1966.05.07〈內政部長在憲報公佈五部華文禁書名單〉,第六版。

1967.10.13〈馬內政部長在憲報公佈禁止十本黃色書籍入口〉,第六版。

1971.07.18〈三十九本黃色書籍被禁入西馬來西亞,星社陣出版《偉大的革命文獻》則禁在馬印行出版擁有及銷售〉,第六版。

　　五〇年代兩次禁書涵括冷戰前期 (1949-1964) 前後兩個階段。但是,第二階段的禁書比第一階段更嚴厲,同時也見證了冷戰策略對華人從強硬到軟硬兼施的過程。截至一九六一年九月,新加坡政府已禁止香港版中文書總共有十萬本(《南洋商報》1961a:7)。

肆、禁書與華社處境

　　事無湊巧,馬來亞聯合邦政府於獨立建國前夕頒佈禁售廿九家出版物。這發生在東南亞冷戰形勢最熾熱的時候,顯然殖民政府開始改變策略,進行文化圍堵。面對大規模的禁

書令，新加坡一位署名亞里的讀者對當局給出的理由感覺無法理喻，因為當局是打著「紅色書籍」的理由禁售華文書，但同時卻允許英文赤色書籍售賣，作者在文中指出了問題的真相：「聯合邦政府甚至於不問是否共產主義書籍，凡中國大陸廿九家出版社的出版物一律禁售」（亞里 8）。華文教育被歧視，連華文書籍也遭殃。當局禁書的手法，是典型的「有殺錯，沒放過」的冷戰思維。簡略說，當局將禁書出版社其餘的出版書籍或代理書籍一概禁絕之。查所禁止的書籍，並非全是政治性書籍，在一九五八年十月二十三日的禁書令中，即包括中國古典名著《三國演義》、《水滸傳》、《儒林外史》、《紅樓夢》等（《南洋商報》1958d:5）。在一九六一年九月六日的報導中即透露，新加坡政府禁止的香港版中文書總共有十萬本（《南洋商報》1961a:7）。截至一九六五年杪，聯合邦也有八百二十九種刊物以及三十種出版社書籍被禁（《南洋商報》1965:9）。這種趨勢早有跡可循，「一九四〇年，正當大東亞戰爭前，上海的印書館，不包括華語課本在內，在海外華人間就銷售了近五十萬本書籍」（潘興才 8）。如果考慮海外華人識字水平偏低，這個數字就非常可觀了。又南洋大學於一九五六年創立，對中文書籍的需求更大，也需要更專業的書籍。馬新華人文化建設恰恰在冷戰前期 (1949-1964) 提上了議程。

此外，馬來亞聯邦政府一方面禁止政治書籍，另一方面卻默許「文化協會」（指英國文化協會）配給華校一批具有宣傳意味的政治書籍，如《共產主義運動簡史》、《中共的幹部教育》、《中共政權第五年》、《史達林罪行秘史》等等，可見殖民政府除了打擊共產主義，同時嘗試切斷華僑與母國文化的臍帶。而「文化協會」（包括美國新聞處），有讀者揭露這個單位曾「把許多新聞片借給各學校放映」（兩地人 16）。它藉此進行宣傳的意味再明顯不過。

緊接著，新加坡自治政府於一九五八年十月廿二日援引「不良出版物法令」頒佈禁止共產中國四十三家，香港十家，合計五十三家出版社的書刊和唱片輸入新加坡，或在新加坡銷售與流通。該法令第三節所賦予的法律權限，宣告政

府有權隨時宣佈禁書。猶有進者,「收藏和擁有」有關禁書在第四節條文第二小段之下亦屬違法。翌日的新聞又報導,在被新加坡禁止的共產中國的四十三家出版社當中,包括科學、衛生、教育、技術、郵電、美術、唱片、財政經濟、體育、工程、電力工業、機械工業、音樂、戲劇,以及文藝的出版社(《南洋商報》1958d:5)。這項禁令的衝擊自然不小。南洋商報記者鄭秀民撰寫了一篇特稿〈收藏禁書是不是犯法?〉,分析了該禁書令之影響。「政府上個月二十二日頒佈的禁令,不但影響到書店,而且影響到無數擁有禁書的人或團體。」該文繼而指出書業積存的「禁書種類多至千種以上,價值可能在一百萬元以上,⋯⋯至於無數個人擁有的禁書,其影響就大得多了,可能在數千萬元以上」(鄭秀民6)。有一署名徐乃鏘的作者在《南洋商報・新語》發表一篇散文〈我是個倒霉的書店老板〉,表達了對前述禁書令對書業者的衝擊:「我在報上得悉了這消息,下意識地感到一切都完了。我費了一整天的時間,暫時關門營業,把全店書籍作一徹底檢查,竟然發現我以將近一千元血本新采購的書籍,竟有九十巴仙屬於被禁售的,這簡直是對我的書店判了個死刑無疑,只好將書店關門大吉」(徐乃鏘15)。

聯合邦政府兩次的大規模禁書在華人社會與華文書業者的爭取之下,以折衷的方式解決。雖然有關方面否認它有意抑制華人文化的發展,[7] 但禁書令造成的破壞與創傷的確是一個事實。首先是書商與讀者因售賣、發行或收藏禁書,惹上無妄之災。無論是遭罰款或書籍被充公,皆造成龐大的損失。其次,黃色書刊乘虛而入,佔據了禁書令留下的空白,華人文化一夕之間變得輕浮與庸俗,一九五三至一九五六年

7　譬如聯合邦政府以書面答覆南洋商報提出有關禁書問題時,如是保證:「政府無意抑制中華文化在馬來亞的發展。但是為了本邦的安全與利益,政府必須禁止共產主義或有害本邦的書籍,輸入馬來亞銷售或流通」(南洋商報1958c:9)。瞭解當時情況的人士都曉得,其時本邦的安全與利益都系於西方帝國─殖民主義者的反共恐共意識與「去革命」的需要。在冷戰年代,禁書也成為反共的手段之一。實際上,在以勞動力為經濟生產方式的五〇年代華僑社會,書籍能發揮多大的影響力,仍然成疑,更毋論文學書籍。但書籍與知識對築造高階文化,以及賦予文化思想上的深度是可以肯定的。

被方修稱為反黃運動時期，恰好說明當時的社會現實。

尤其值得注意的是當局對《毛澤東選集》的處理手法，中文本被禁止公開銷售而英文本卻不受禁令所限。當局給出的理由是「中文本的《毛澤東選集》是因為書名被禁止的，而此禁令適用於此書的任何譯本。如果英文本的書名與中文本同或事實上由中文本翻譯的都屬禁止的書籍」（《南洋商報》1958c:9）。顯然，這已無關保證本邦安全與利益，而是把中文語言視為共產主義的載體，而中國大陸是華文書籍的源頭，因此，華僑與中國的這層文化關係必須截斷。當時在馬來亞新山行醫的韓素音知道英人恐懼的是甚麼，她一針見血地指出：「當然，扼制華人文化是為了反對共產主義，不讓年輕人通過語言媒介受到思想灌輸。新加坡大學的英國教職員和政府官員們非常有把握認為英語教育能夠預防共產主義思想」。[8] 殖民主義者也有意無意的對殖民地人民的文化進行踐踏，冷戰時期的禁書令進一步突顯了這種現象。當時殖民政府發言人即辯解道：「受英文教育的人的文化水準較高，他們有判斷的能力，不受異端邪說的影響，所以華文、巫文、印文的紅色或黃色的書籍要禁止，英文的書籍卻網開一面，用不著禁止」（《南洋商報》1970:21）。

在冷戰結構中，顯然語言已成為可疑之物，因此一切與該語言有關的實物必須加以銷毀，包括書籍、電影和唱片。倘若沒有這些雷蒙·威廉斯 (Raymond Williams) 所說的文獻式文化，馬華文化就只剩下草根階層的生活內容。

禁書令雷厲推行後突然出現不少黃色書刊、小報和連環圖書（俗稱公仔書）次文化現象。一九五三年十月十五日，新加坡珍珠山腳發生少女莊玉珍被奸劫殺慘案，新聞延續一個多月。到了同年十二月中，出現反黃的新聞報導。一九五六年中，社會各界提出組織反黃總機構的想法。其中

8　原文為："Of course the wrecking of Chinese culture was designed to 'counter communism', and to prevent the young from being indoctrinated through the language medium The British staff of Singapore University and the government administrators seemed quite certain that an English education would preclude communist ideas."

包括婦聯組織、電車工聯、販總、書業會友、各民族團體等。馬來亞聯合邦則有雪家長公會、北馬工商僱聯菸業工友會、馬來亞勞工福利會、泛馬膠總、甲印務工友職工會、北馬工商僱員聯總等加入反黃行列。一九五六年八月二十日,反黃總機構宣告成立,聲勢浩大。新加坡從一九五三年初陸續出現禁止和掃蕩淫穢小說、淫書、春宮圖、脫衣舞表演等,以及讀者、家長對黃色書刊氾濫的憂慮與反黃的討論,一直到一九五八年七月中,情況才稍有緩和。

　　一年後(即一九五九年中),新加坡的反黃運動再度掀起波瀾,這一次聲勢更為壯大,參加這項運動的組織幾乎涉及社會各領域,包括南大學生會、校友會、中學教師會、小商聯誼會、小商公會、鞋業職聯、黃梨工聯總會、福州咖啡酒餐職工會、同業鞋革工聯會、輪船潔淨工友聯合會、廠商工友聯合會、金銀工業星分會、海員工會、汎星各業職工會聯合會。聯合邦文化與宗教團體亦表示支持新加坡的反黃運動。第二波反黃運動超越了維護道德的社會訴求,各工會組織進一步提出統一工運進行反黃,泛星各業職工聯合會更領頭,頻頻呼籲各工團為建設新文化努力以及推動健康文娛(《南洋商報》1959b:5;1959c:17;1959d:12;1960:5)。從單純的反對黃色書刊到掀起反黃運動與統一工運,以建設新文化,事件演變顯然並不單純。有一位署名延輝的作者發表了一篇文章〈捉鬼傳與反黃〉,矛頭直指新加坡舊政府(即林有福政府)「為了麻醉人民對於真理的渴求,為了壓制人民對於舊社會的反抗,為了鞏固他們無休止的剝削,於是大力地散播黃色文化的種子。對於健康文化,卻處於無理的壓迫和摧殘」(延輝 1959)。林有福政府時期,行動黨揭發教育部長周瑞麒接受美國政治獻金。論者對這宗事件的解讀印證反黃無非是左翼人士突破冷戰封鎖的抗爭手段,亦藉此打擊美元文化:「當時正處在冷戰高峯期,美國政府在世界各地大撒美金,收攏反攻勢力,圍堵蘇聯為首的共產國際集團。當時也是亞洲民族主義獨立運動高漲的年代,任何政黨或個人一旦被指控曾經接受美援必受人民遺棄」(陳加昌103)。

在一九五三年第一波至一九五九年第二波反黃運動之間，禁書令未見鬆綁，反而有加緊之勢。一九五八年十一月八日《南洋商報》報導〈中國香港出版社出版物，星馬分別予以禁止，六十八家中只新中國一家出版物星馬俱準輸入，星禁止五十三家馬禁止三十家，其中受雙方禁止者共達十六家〉，聯合邦則早於同年十月卅日至十一月二日，四天分五版於《南洋商報》刊登禁書名單。官方嚴厲執行禁書令打擊左翼勢力，民間也如火如荼組織反黃總機構，更號召統一工運，建立新文化與健康文娛。冷戰前期第二階段的意識型態對立，牽動禁書令對馬新華人文化的解構與反解構，而兩者互為表裏。今人談那個時代往往離不開反黃（如方修），根本的問題如冷戰、禁書令、文化建設的二元結構（即左翼文化和友聯機構建立的民族主義文化）有意無意地被蒙蔽或被隱藏起來。

從一九六〇年六月下旬至七月初，又有新情況，連續數日（《星洲日報》1960:5; 1960a:5；《南洋商報》1960a:6; 1960b:5），新加坡警方採取行動，取締連環圖書以及政府在憲報公佈禁止香港十家連環圖輸入的新聞報導。聯合邦這廂，亦有人呼籲明文規定何種刊物為淫穢書籍（《星洲日報》1953:7），從一九五九年二月至一九六〇年中，聯合邦終於大動作掃蕩黃色書刊與禁止連環圖輸入，民間也召開座談會表達反黃的決心。此番禁黃書與反黃運動，也引起了人們對何謂淫穢刊物的討論以及具體對勞倫斯小說《查泰萊夫人的情人》的討論，如章〈《查泰萊夫人的情人》是怎樣的一本小說〉(1963:22)、劉前度〈談《查泰萊夫人之情人》〉(1964a:17)。色情與情色固然可以辦證，連環圖書的輸入是否如官方所言，趁機混水摸魚，亦值得深究，但兩者出現在冷戰嚴厲禁書的年代，首當其衝的自然是根基薄弱的華人文化。馬新兩地書業界和華人社團領袖表示擔憂並非毫無道理。

伍、設立民眾圖書館

　　一九五五年，馬來亞聯合邦取得自治，獨立建國的目標更為明確。這時候，自稱代表馬來亞二百餘萬華人的政黨馬華公會開始通過馬華中央教育委員會和教總合作處理華文教育課題。為了杜絕民眾接觸左翼書刊，聯合邦政府開始通過設立民眾圖書館管控人們的閱讀選擇與活動，填補民眾閱讀的空缺，同時負有推動華人文化之目的。有些圖書館由政府獻地建館，有些則設在新村學校內、民眾會堂或政黨會所內。有關方面賦予民眾圖書館的角色為「推行星馬民眾教育」、「負起傳播文化的任務」（《南洋商報》1958b:9；1959a:13）。圖書館的成立須向聯合邦政府申請註冊，五〇年代中後期，各地紛紛設立不少民眾圖書館。一九五五年四月四日《南洋商報》新聞載，馬來亞民眾圖書協會主持人溫典光於三日在安邦民眾議會圖書館主持開幕，[9] 這是該協會設立的第二十個公共圖書館（《南洋商報》1955:9）。此二十間包括雪蘭莪六間、吡叻六間、森美蘭三間、彭亨五間。據他透露，至一九五六年，聯合邦各地將開辦八十間新村小型民眾圖書館與兩間大型民眾圖書館。一間大型民眾圖書館已設於雪蘭莪中華大會堂，[10] 另一間擬設於怡保。至同年十月，聯合邦各地已成立民眾圖書館一百一十六間，一九五八年四月，數量達兩百餘間，一年半內增加一百餘間，其發展之迅速可見一斑。至一九六六年中，怡保公眾圖書館發展的規模最大，會員六千名，藏書二萬六千餘冊，刊物雜誌二百餘種。視聽部另集有三百張唱片，其中有美國新聞處配給的電影。新聞報導云：「這間圖書館所以能發展至今日的地步，

9　溫典光為馬華公會華文教育中央委員會秘書長。

10　此即吉隆坡民眾圖書館。一九五四年四月廿六日，隆雪華堂議決協同馬來亞民眾圖書館協會，在該堂樓下左邊議事廳，設立吉隆坡民眾圖書館，一九五五年三月卅一日正式投入運作。馬來亞民眾圖書館協會代表梁長齡、溫典光為馬華公會領袖，其他成員有教育界人士如鄭榮興、甄國燦、黃偉強、邢廣生、宣鶴皋、黃堯、宋萬榮、梁景峯、何惠珍等。一直到一九五九年四月，隆雪華堂會議討論結束民眾圖書館，惟切確脫離隆雪華堂的日期並無記載。後來，該圖書館注冊成為獨立團體，並搬離隆雪華堂。

有賴於美國和平工作團團員卡爾里氏之努力。在其三年之苦力指導以及學生義務工作人員協助下館務蒸蒸日上，有條有理，全部煥然一新」（《南洋商報》1966:5）。美國參與的痕跡十分明顯。這間圖書館是馬來亞第一間由市議會維持的免費圖書館。

各地民眾圖書館的圖書將由民眾圖書館協會負責發配。[11] 除了鼓勵閱讀，圖書館設有各類康樂團體和學習小組，康樂組織如弦樂隊、口琴隊、歌詠隊、籃球隊、民眾歌劇團、電影組、攝影組，學習組包括成人教育班和讀友會。除了推動閱讀，民眾圖書館也主辦籃球州際賽、全國羽球賽、乒乓賽，民眾圖書館協會則頒發獎學金。一九五六年五月，各地正式開辦成人教育班（簡稱成教班），並獲得政府撥廿萬元經費。一九五五年，民眾圖書館協會組織了民眾歌劇團，目的是提高文化水準，以後到各新村作巡迴演出。根據一九五八年四月的統計，計有成人教育班六百餘班，並獲得教育部津貼。[12] 這些組織所推動的活動主要為吸引華人青年參與，俾遠離左傾活動。

各地民眾圖書館都在馬來亞民眾圖書館協會屬下，該協會於一九五五年三月正式註冊，[13] 由馬華公會文化小組主任梁長齡任主席，溫典光為秘書。民眾圖書館的組織由監察、組織、圖書館、成人教育、編纂戲劇、音樂及體育七個小組委員會構成（《南洋商報》1956:9）。吉隆坡中央民眾圖書館規模最大，初設於中華大會堂，負責人為邢廣生與溫典光。[14] 它成立於一九五四年年中，最初成立的目的是「為吉

11　譬如一九五八年一月，民眾圖書館協會發配第三批書籍，並通知各州圖書館辦理取書事宜，每間得約四百本（《南洋商報》1958:11）。

12　推行成人教育的義務團體為聯合邦成教協會和馬來亞民眾圖書館協會。前者在鄉村地區開設了二百五十八個識字班，在市區開設二百二十七個國語班，學員合共一萬名，聘有四百名兼職教員；後者有七十五個班二千名學生，聘用五十名教員。從一九六一年四月一日起，聯合邦政府接管全國成人教育班，鄉村地區的成教班由鄉村發展部接管，而市區的成教班則由教育部深造教育組接管（《南洋商報》1961:9）。

13　協會屬下圖書館有二百餘間，其中有馬來文圖書館有五十餘間（《南洋商報》1958a:11）。

14　馬來西亞國家圖書館一直到一九七一年才設立，它原附屬於國家檔案局。

隆坡附近各新村民眾圖書館之『神經中樞』，調節彼等圖書之供應」（《南洋商報》1954:11），熱心村民合力捐購，後來吉隆坡中央民眾圖書館成為馬來亞民眾圖書館協會秘書處，並協調為聯合邦各地民眾圖書館配書。民眾圖書館的設立，有三點值得注意：

一、地理位置上，它設立於華人新村，如雪隆曾江南區、曾江北區、雙溪威、沙登四新村與士荿月新村，先有圖書館，然來才設立中央民眾圖書館；

二、服務對象主要為華人人口集中的社區。這兩點恰恰呼應冷戰下左右意識型態的對立；

三、由吉隆坡中央民眾圖書館所配給的書籍，部分來自英國文化協會、亞洲基金會、美國新聞處或國務院的捐贈。

結　論

中國人移民南洋雖可上溯唐代，但中國南方閩粵瓊三省出現大量華工移民南洋，尤其是馬新兩地，是清末民初以後的事。由於移民以草根階層為眾，少部分人士致富之後上升為商紳階層，知識階層似有還無。馬新華人研究學者顏清湟曾指出，華人社會結構中並沒形成「仕」的階層，此自然是受歷史條件所制約。因此，華僑文化的建設始終倚賴文化母國的滋養和補給。而華僑文化陣地主要是華校和華報，禁書令對馬來亞華社衝擊之大不難想象。譬如一九五七年一月八日《南洋商報》的一篇報導中，馬來亞民眾圖書館去函聯合邦輔政司，請求收回禁止中國廿九家出版物之成命。報導云：「函中請當局視書籍之內容而個別決定某書籍是否適合馬來亞情形，而決定是否準予在聯合邦售賣及流通」（《南洋商報》1957:9）。至於禁書令的衝擊，馬來亞民眾圖書館道出了不得不承認的事實：「倘如目下掃數不準該廿九家書

一九七一年初正式成為獨立的部門。該館之臨時館位於吉隆坡威寧街門牌二五二六號。設館的目的，在於迎合人民的教育需求，補助鄉村地區的知識貧乏，促進國語的研讀、使用、學習與進步。

局之刊物在馬售賣及流通，則現時之民眾圖書館及學校之圖書館，將不能存在。尤其，戰前出版之開明書局書籍，其中不乏優良者，倘予以禁止，實為聯合邦文化發展之一大損失」（《南洋商報》1957:9）。同年一月二十三日報導又云：「書籍乃文化之延續工具，在上述廿九家出版社所出版之上萬本書籍中，以學術及教育性之書籍居多，間或有若干不適合於本邦環境者，但大部分乃為無政治性而以學術性為中心者……」（《南洋商報》1957a:9）。新加坡中華總商會在致馬華商聯會的函件中稱「禁令范圍太過廣泛，不獨打過擊星馬書業界營業，且將阻塞正當的文化交流」（《南洋商報》1957b:5）。移民文化界雖與文化母國有千絲萬縷的關係，但不能否認移民文化的自主性。新加坡中華商會提到的文化交流便是建立在這個基礎上。禁書令原來的目的是打擊共產黨勢力滲透新馬華僑社會，然而，無視內容的盲目禁書令無疑是對僑社文化建設進行釜底抽薪，是致命的打擊。到了一九六一年底，書市上開始缺書。新加坡社陣主席兼女皇鎮議員李紹祖醫生在立法議會中追問為何舊政府時代（**筆者按：指林有福政府**）可以買到的書現在卻買不到，新加坡內政部長王邦文在答覆中給出了三個理由，包括中國正在實施經濟計畫，生產只為了滿足國內需求；中國缺乏印刷物質，供應不繼；讀者有限，老闆不願輸入（《南洋商報》1961b:8）。第一和第二個理由把缺書責任推給供應國，第三個理由則無法解釋前政府時期的讀者何以在短時間內對各類書籍的需求劇減。李紹祖歸咎於「政治部」不是沒有道理。

美國贈書與「配書」行動幾乎是與禁書令／掃書行動同步進行，美國發動民間機構如各大名校、亞洲基金會等，與各地的美國新聞處、駐地大使館合作贈送書籍。當禁書令雷厲風行之後，嚴重影響了新馬華人社會的文教場域，華人青年不僅缺乏讀物，書市上充斥著灰黃讀物，社會問題亦時有所聞。新加坡莊玉珍被姦殺事件（一九五三年十月十二日）便是一個典型例子，兩年後又發生女童單玉珍被姦殺案（一九五五年五月六日），並成為家長與教育界關心的話題。置於五〇、六〇年代的時空脈絡來看，人們（尤其是青

年與學生界）的消遣方式很有限，其時讀書會大行其道或閱
書報社普遍設立，並不難理解。為填補查禁書籍留下的空
白，美國遂加強捐贈書籍，英國也透過各地文化協會向學校
與文化機構配書。贈書與配書分成兩類，一類書針對在籍學
生和公眾人士，另一類贈送給新馬兩地各政府機關，書種包
括美國人文、科學、天文、醫學、憲法等，無所不包。美方
企圖通過文化冷戰戰略扭轉華人對美國的觀念，離棄共產主
義思維的滲透。最明顯的是，在配給的書籍當中，有些是
「宣傳書籍」。一位署名兩地人的作者在《南洋商報‧商餘》
的〈從「禁書」說到「配書」〉一文披露：「在上個月學校
曾接到一批文化協會配來的書籍，起初原說明是免費贈閱。
這些書本多數是『宣傳書籍』，其中都是說明美國的社會建
設以及中共和蘇聯統治下的『暴政』等，我順便舉出幾本書
名：《共產主義運動簡史》、《中共的幹部教育》、《中共
政權第五年》、《史達林罪行秘史》等」（兩地人 16）。
配書方法也非常奇特，先是免費，不久登門收款，理由是有
學生拒絕繳納圖書費，而不得不「酌量收回低廉用費」，以
杜絕學生不繳交圖書費的藉口（兩地人 16）。作者更埋怨
道：「聯邦政府禁止廿九家出版社的書籍，……但是『文化
協會』所『配』給的書籍，原也是一種有關『政治的書籍』，
而不見政府或是教育部明文禁止，殊令人百思莫得其解。難
道政府真的默許『政治性宣傳的書籍』堆滿馬來西亞每間華
校的圖書館？讓每個純潔的學生們都接受這種思想嗎？但其
他廿九家的出版無關政治性的書籍，卻毅然斷然在憲報公佈
禁絕啊！『明察秋毫，而不見輿薪』，處在『郊野』的小民
們，真不知高坐『廟堂』之上的諸公們葫蘆裏到底賣的是甚
麼藥？」（兩地人 16）。

　　表面上看，頒布禁書令的目的是為了阻止共產主義思想
在新馬地區的滲透，然而，事實又不盡然。聯合邦政府頒布
禁售中國廿九家出版社的出版物時，市面上的英文書店卻可
以繼續售賣赤色書籍，如《列寧主義問題》，還有馬克思、
恩格斯、列寧、史達林的著作，都是由莫斯科出版的英文書。
顯然，五〇年代華文教育被壓迫、被歧視，華文書籍一併遭

殃。香港作家與出版界知名人士羅隼認為東南亞各地禁書尺度不同,「視乎各地檢查官的認識和尺度」(羅隼 104)。而認識和尺度是包括書中提及的字眼,如「我們偉大的祖國」、「地主」、「鬥爭」、「階級」、「毛澤東思想」、「馬列主義」、「蘇聯老大哥」、「社會主義大家庭」等等(羅隼 104)。

冷戰下的意識型態鬥爭還帶有白人中心主義的排他意味。在建國獨立後,除了意識型態對立,右翼馬來執政菁英更把文化排他主義推至極致。一九六○年九月十二日,英文作家漢素音受馬來西亞社會學研究會邀請的專題演講提到:「馬華文藝一路來都受到歧視,受到限制。她認為,這種敵對和歧視的現象不應該繼續下去。目前是恢復馬華文藝的合法地位的時候。……我們正在創立一個馬來亞社會,要達到這種地位,切不可歧視某一部分的人民的文化。相反地,各族的文化應該互相交流」(《南洋商報》1960c:5)。漢素音在演講中多次提到文化歧視,顯然是指馬新殖民政府,以及自治與獨立後親英的兩地執政者。六○年代初,馬來民族主義意識高漲,反共與反華人(與其語文文化)在醞釀中。一九六二年三月中旬,印尼廖內傳來『消滅中國字書刊,如係中文一概禁止』的新聞(《南洋商報》1962:6)。中文如洪水猛獸,四年後,印尼爆發大規模排華事件,馬來亞也於一九六九年爆發五一三種族騷亂事件,從此改變了馬來西亞歷史。

冷戰前期的禁書令對華人文化生存構成很大的打擊,左派文化人被逮捕與驅逐出境,大陸與香港書刊被禁止入口,自戰前抗日時期占主流地位的馬華新文化頓時陷入低迷。在冷戰反共的大潮下,馬來亞聯邦執政黨領袖梁宇皋通過香港友人引入友聯機構諸子。友聯在新加坡創辦了《蕉風》與《學生周報》,並在馬來亞各地主辦各種活動,成功拉攏青年與學生。馬新友聯之所以迅速壯大,除了背後有政治人物撐腰,其刊物能獲得青年學生界的支持,是因為友聯以辦企業的方式經營文化事業,加上青年與學生羣中建立起來的銷售網絡,使兩刊能普及到馬來(西)亞全國各地。《蕉風》

主編黃崖說有時開著小麵包車載著滿車的書到偏遠的小鎮，可見友聯書籍受歡迎的程度，由此可見六〇年代馬華文壇與文化發展現象之一斑。比之香港友聯的情況，企業派和文化派常有辦刊理念上的衝突。何振亞於二〇〇四年十一月廿四日接受香港盧瑋鑾和熊志琴訪問時透露：「當時友聯有太多人愛談政治文化，真正的業務沒有太多人搞。這就是我們友聯真正的問題癥結所在。……但後來馬來西亞在這方面大有改進，很大程度的企業化。……即使要搞文化，也不能永遠不相信現實問題，永遠不面對現實」（盧瑋鑾、熊志琴 20, 36）。友聯出版社逐步擴及華文教科書的編纂出版；八〇年代以後，姚拓全心投入編纂教科書。從出版文藝書刊到教科書，經歷了馬來亞新興國誕生最寶貴的前五十年。換句話說，友聯見證馬來亞華文文教的發展，以及參與推動馬華文化從（左翼）新文化的轉折與蛻變。這個過程可視為馬華文化從（左翼）新文化在文化冷戰時期被解構，再至新興文化的重構。「新興文化」一詞是從張錦忠的「馬華新興文學」得到的啟發，它有異於方修「新興文學」的左翼文藝內容，是在冷戰氛圍中逐漸茁壯的文化形態。馬華新興文化與兩地建國一起成長，是馬來亞華人自有國籍以後的身份認同特徵。

徵引文獻

陳加昌 (2015)《我所知道的李光耀》（新加坡：玲子傳媒）。

胡騰蛟 (2016)〈文化冷戰背景下美國圖書的海外傳播與國家形象塑造〉。《中南大學學報：社會科學版》22.2 (Apr.): 186-192。

兩地人 (1957)〈從「禁書說到配書」〉。《南洋商報·商餘》，24 Apr.: 16。

劉前度 (1964)〈談查泰萊夫人的情人〉。《南洋商報》，23 Jan.: 17。

劉雄 (1960)〈東南亞華僑如何被捲入冷戰漩渦〉。《濟南大學學報》16.3: 57-59。

盧瑋鑾、熊志琴（編）(2014)《香港文化眾聲道1》（香港：三聯書局）。

羅隼 (1994)〈海外的禁書〉。《香港文化腳印》（香港：天地圖書公司），104-107。

《南洋商報》(1949)〈一英議員談馬來亞局勢對華人表示不滿參加輔警者全為馬來人，而暴徒則幾乎全為中國人！〉。26 Feb.: 5。

《南洋商報》(1951)〈臺灣將運書籍，贈送海外華僑〉。26 Mar.: 1。

《南洋商報》(1954)〈中央民眾圖書館兩月後在隆成立〉。16 Apr.: 11。

《南洋商報》(1955)〈溫典光指出，聯邦二十個圖書館成立〉。4 Apr.: 9。

《南洋商報》(1956)〈各州民眾圖書館主持人，昨日集隆舉行大會〉。14 Oct.: 9。

《南洋商報》(1957)〈中國廿九家出版刊物被禁售馬來亞民眾圖書館經已去函請求輔政司收回成命〉。8 Jan.: 9。

《南洋商報》(1957a)〈廿九家出版社出版物被禁止當局可能收回成命〉。23 Jan.: 9。

《南洋商報》(1957b)〈聯合邦禁止廿九家書籍不獨打擊書業界營業且將阻塞正當文化交流中華商會函請馬華商聯會出面交涉〉。19 Feb.: 5。

《南洋商報》(1958)〈馬來亞民眾圖書館協會將發配第三批書籍廿九家書店書籍可公開〉。5 Jan.: 11。

《南洋商報》(1958a)〈雪中央民眾圖書館，舉行代表大會，秘書溫典光報告會務〉。6 Mar.: 11。

《南洋商報》(1958b)〈馬民眾圖書館協會後晚在隆舉行聯歡大會〉。17 Apr.: 9。

《南洋商報》(1958c)〈聯邦政府答覆本報有關禁書詢問保證無意抑制中華文化為安全與利益須禁止共產主義書籍禁令施後未影響書業營業〉。22 June: 9。

《南洋商報》(1958d)〈防弭顛覆宣傳，撲滅色情文化，政府援引不良書刊法令禁止共產中國及香港五十三家出版物輸星撤銷六家小報一家雜誌出版準字〉。23 Oct.: 5。

《南洋商報》(1958e)〈書業公會理事舉行緊急會議，決向政府進行交涉，希望能取消禁令實施逐本檢查，估計禁書

將使各書店損失約一百萬元〉。24 Oct.: 5。

《南洋商報》(1958f)〈星洲五家華文刊物申請在聯合邦出版，政府當局拒絕發給準字〉。31 Oct.: 9。

《南洋商報》(1959)〈港臺書報總匯友聯書報發行公司展出書刊數千種洋洋大觀〉。31 Jan.: 28。

《南洋商報》(1959a)〈汝來民眾圖書館獲批准註冊〉。10 Apr.: 13。

《南洋商報》(1959b)〈馬口啟文校友會，解散民眾圖書館〉。17 Apr.: 12。

《南洋商報》(1959c)〈泛星各業職工聯合會，積極籌備舉行反黃週，作文比賽歌唱晚會座談會等，籲各工團為建設新文化努力〉。6 Sept.: 5。

《南洋商報》(1959d)〈泛星各業職工聯合會發表，反黃運動週工作內容，以努力建設新文化為原則，聯歡節目均盡量馬來亞化〉。24 Sept.: 17。

《南洋商報》(1959e)〈泛星各業職聯會舉行，反黃週聯歡晚會，呼籲消滅黃色文化推動健康文娛，表演健康文娛節目精彩〉。5 Oct.: 12。

《南洋商報》(1960)〈泛星各業職工會代表莫熊熊說，我們掀起一陣反黃狂狼，希望沖洗掉祖國土地上的穢物，播種新文化的康樂花苗〉。1 Feb.: 5。

《南洋商報》(1960a)〈香港連環圖被禁止銷流後，已有四十人申請公眾救濟金，社會福利廳正派員調查〉。30 June: 6。

《南洋商報》(1960b)〈政府昨日又在憲報公佈，禁止香港十家連環圖輸入〉。2 July: 5。

《南洋商報》(1960c)〈女作家漢素音在文化館演講，馬華文藝受到歧視，這種現象不應繼續下去〉。14 Sept.: 5。

《南洋商報》(1961)〈政府下月一日起接管全國成教班，兩義務團體主辦成教班將分別移交予有關當局〉。12 Mar.: 9。

《南洋商報》(1961a)〈本邦政府禁止香港版中文書總共有十萬本〉。6 Sept.: 7。

《南洋商報》(1961b)〈社陣議員追問書籍入口，內政部長解釋市面缺書原因，中國缺乏物質供應不繼，讀者有限老板不願輸入〉。14 Dec.: 8。

《南洋商報》(1962)〈中文豈洪水猛獸乎，廖內消滅中國字書刊，如係中文一概禁止〉。16 Mar.: 6。

《南洋商報》(1964)〈哥倫坡計劃實行十三年，南亞與東南亞國家，獲一百卅八億外援，澳英加日紐美貢獻最多〉。15 Jan.: 5。

《南洋商報》(1965)〈內長答陳志勤詢問披露，八百二十九種刊物被禁，在大馬銷售三十種出版社書籍亦遭禁〉。15 Nov.: 9。

《南洋商報》(1966)〈怡保公眾圖書館，在國內首屈一指〉。22 May: 5。

《南洋商報》(1967)〈亞洲基金贈書籍五千冊，予國家圖書館，約值銀五千元〉。22 Aug.: 3。

《南洋商報》(1970)〈賣書、借書、看禁書〉。10 Nov.: 21。

《南洋商報》(1974)〈亞洲基金贈專書，給原產部石油組〉。7 Jan.: 16。

潘興才（譯）(1970)〈東南亞華人與書報〉。《南洋商報‧綜合》，28 July: 8。

White House (1953) "Report to President Eisenhower on International Information Activities." DDRS, CK3100103930, 30 June.

《星洲日報》(1953)〈何謂淫褻書刊？隆書業界人士，將請當局明示〉。19 June: 7。

《星洲日報》(1960)〈禁止公仔書命令下，生活受影響者，可請政府救濟〉。28 June: 5。

《星洲日報》(1960a)〈被禁公仔書，收藏者有罪〉。6 July: 5。

徐乃鏘 (1959)〈我是個倒霉的書店老板〉。《南洋商報‧新語》，15 Jan.: 15。

亞里 (1957)〈禁書與民主〉。《南洋商報‧商餘》，22 Jan.: 8。

延輝 (1959)〈捉鬼傳與反黃〉。《南洋商報》，28 June: 13。

章 (1963)〈查泰萊夫人的情人是怎樣的一本小說？〉。《南洋商報‧服務》，14 Sept.: 22。

鄭秀民 (1958)〈收藏禁書是不是犯法？〉。《南洋商報》，11 Mar.: 6。

附錄一：冷戰前期美國贈書情況（資料取自《南洋商報》）

新聞日期：頁碼	代表贈書機構	受贈機構	書籍種類
1950.6.20:10	美國情報處	吉隆坡醫藥研究所	醫藥書籍（32 冊）
1950.7.06:6	美國新聞處	新加坡馬來亞大學	圖書管理（40 部）、美國文學袖珍作品（21 部）、美國對華白皮書（1 部）
1958.8.02:7	美國政府	新加坡最高法庭	法律書籍（11 本）
1961.3.23:6	新加坡美國新聞處	南洋大學	化學、物理、經濟（163 冊）
1961.7.28:12	吉隆坡美國新聞處	吉隆坡馬來亞大學第一和第二宿舍	名人傳記、歷史、小說、英譯馬來書等（200 餘本）
1961.9.18:11	吉隆坡美國新聞處	吉隆坡葛尼圖書館	歷史、地理、文學、自然科學等英文、巫文書籍（100 本）
1961.10.20:8	亞洲基金會	新加坡監理與管理訓練會	新工業管理與監理術（300 餘本）
1962.5.25:10	亞洲基金會	聯合邦首相署經濟計畫組	經濟發展計畫（150 本）、大英百科全書（24 冊）、社會科學全書（8 冊）
1962.7.19:13	美國駐馬大使館	馬來亞大學	原子能（50 本書、39,000 餘項報告）
1962.8.11:6	美國駐新領事館	新加坡大學	教育資料與書籍
1962.10.18:6	亞洲基金會	馬來亞大學物理系	電子設備（價值三萬六千元）
1963.2.12:8	亞洲基金會	南洋大學	不詳（1000 餘冊）
1963.3.5:11	美國政府	吉隆坡戴維新律美以美男子英校	大英百科全書（一套）

1963.6.29:9	吉隆坡美國新聞處	公眾	紀念美國獨立（每人獲贈一本）
1963.10.1:6	美國新聞處	新加坡大學、南洋大學、師資訓練學院、藝安學院、新加坡工藝學院	一套 30 卷 New Funk & Wagnalles 百科全書、一套 2 卷世界語字典（新加坡大學、南洋大學、師資訓練學院、藝安學院）一套 36 卷 New Funk & Wagnalles 百科全書、1 卷世界語字典（新加坡工藝學院）
1964.1.6:6	哈佛大學、羅哲士大學、美國現代美術館、對外關係委員會、普林頓基金會、亞洲協會、中東協會	新加坡國家圖書館	東方藝術、現代美國藝術、宗教哲學、社會學、亞洲與西方政治（780 本）
1964.5.22:4	亞洲基金會	新加坡國家圖書館	哲學、新聞學、政治科學、藝術（736 本書籍、66 本期刊）
1964.5.28:10	亞洲基金會	國會	書籍（100 多本）、留聲唱片
1965.4.25:5	美國新聞處	南洋大學	美國研究之華文譯著（19 本）、美國文庫第一集（兩套共 60 本）
1966.3.17:11	吉隆坡美國新聞處	所有參加一九六五年高級劍橋文憑、馬來西亞教育文憑及劍橋九號文憑考試及格的學生／贈書種類不詳	
1966.6.10:15	亞洲基金會	南洋大學	中、港、臺、海外學人專書、申報、國民日報影印（199 冊）
1966.7.19:15	亞洲基金會	新加坡外交部	政治、外交、國際事務等（900 本）
1966.7.30:4	亞洲基金會	新加坡國家圖書館	各國風土人情、現代英國小說名著（200 本）

1966.10.5:6	吉隆坡 美國新聞處	馬來西亞 教育部 （分配予八 打靈衛星市 回教學院、 全國伊斯蘭 教學校）	百科全書、參考書共 136種（2600本）
1967.1.23:4	亞洲基金會	新加坡 體育理事會	體育書籍（302本）
1967.1.25:9	亞洲基金會	新加坡 體育會	文娛體育書籍（329 本）
1967.8.22	亞洲基金會	新加坡 國家圖書館	羅馬化國語書籍（5,000 冊）
1967.8.25:3	美國新聞處	南洋大學	自然、社會科學（約 100本）
1968.5.14:15	美國 駐新大使館	新加坡各中 學圖書館	自然科學圖書、科學叢 書、德保狄圖畫畫冊、 哥倫比亞百科全書、今 日衛生指南（4,000餘 冊）
1968.6.13:22	美國 駐新大使館	新加坡三巴 旺區居民	教育參考書籍（3,000 多本）
1969.2.23:20	美國 駐新大使館	南洋大學 學生聯誼會	科學、生物、地理知 識、政治思想、經濟、 商業、行政管理、文 學、藝術、小說等（221 冊）
1969.4.02:19	亞洲基金會	新加坡東南 亞研究院	不詳
1969.4.12:21	美國 駐新大使館	新加坡區域 英文中心圖 書館	英文作為第二語文相關 書籍（250本）
1969.4.16:8	美國 駐新大使館	南洋大學	華文書籍（350本）
1970.1.15:5	美國政府	馬來西亞 衛生部	醫藥科學（1,800本）

1970.4.2:4	新加坡 美國新聞處	新加坡 國家圖書館	世界文學、藝術、哲學、歷史、科學等（2000本）
1970.6.2:5	亞洲基金會	吉隆坡高等法庭圖書館／贈書種類不詳	
1970.7.14:3	亞洲基金會	新加坡警察 訓練學院	警察訓練、人事管理、刑事學、犯罪調查等（63本）
1970.9.25:24	美國 駐新大使館	新加坡師資 訓練學院	教育行政、東南亞研究、科學、技術（800本）
1972.3.13:5	亞洲基金會	聯合邦政府／贈書種類不詳（60,000本）	
1971.8.8:16	亞洲基金會	新加坡 科學中心	兒童與成年人科學書籍（760本）
1973.6.16:10	亞洲基金會	新加坡 科學協會	科學與工藝書籍（價值十萬元）
1974.1.7:16	亞洲基金會	聯合邦原產 部石油組	石油生產、石油工業（60冊）

附錄二：冷戰前期禁書清單（資料取自《南洋商報》）

說明一：灰階列內容依序為日期／新聞出處／國家／援引法令

說明二：非灰階列內容為禁書清單

1949.02.26／〈教科書一種被禁止〉／新加坡／學校註冊法令

《少年國語用書》（上海永年書局）。

1950.07.08／〈禁止刊物一批〉／新加坡／一九三八年不良刊物法令第三條

《現代婦女》（現代婦女社）、《中國的好友》（漢口中蘇友誼協會）、《中國兒童》（北京中國兒童社）、《新華月刊》（北京新華月刊）、《人民文學》（中藝出版社）、《展望》（展望週刊）、《進步青年》（上海開明書局）、《新文學》（廣州新文學社）。

1950.07.15／〈禁書又一大批〉／新加坡／警察總監援引緊急法令授予之權力禁止有關書籍在新加坡印刷、售賣、發行及流通

《論人民民主》（陳仁炳，時代書局）、《誰在挑動第三次世界大戰》（J‧柏克菲爾 [著]、劉季伯 [譯]，正光編譯社）、《新中國的外交》（梁純夫）、《學習方法與自我批評》（華銘，真理出版社）、《批評與自我批評》（初步書店）、《腳印》（勞榮，文化工作社）、《思想改造之路（修訂本）》（桐廬，初步書店）、《論無產階級與知識分子》（張遐，知識書店）、《新人生觀》（俞銘璜，新民出版社）、《技術與政治》（青年報社，知識書店）、《怎樣改造思想》（龐敦志，人民書店）、《社會的故事》（沈丹，三聯書店）、《新少年作文進修範本》（李仲強，聯營出版社）、《美帝怎樣侵略中國》（汪敏之，通俗文化出版社）、《社會科學簡吹鼓程》（韶華，新華書店）、《短歌》（田間，臺益出版社）、《進步思想論》（楊募之，中外出版社）、《人民民主國家概論》（知識書店）、《百鳥朝鳳》（王亞平，新華書店）、《孩子進行曲》（宋軍、高浪，自由音樂出版社）。

1950.09.21／〈政府憲報昨日公佈，勒令南僑報停刊，警探四十名今晨搜查該報，三名職員被警局扣留輪訊〉／新加坡／不詳

《南僑日報》（南僑日報社）。

1950.09.21／〈聯邦政府發表三十九種禁書〉／馬來亞／聯合邦輔政司認為刊物具有煽動性，宣佈禁止刊物之印刷、收買、刊行、發佈或擁有

《江山村十日》（馬加，臺益出版社）、《夜歌》（何其芳，文化生活出版社）、《論馬思列斯》（解放社，新華書店）、《被打穿了的佈告》（勞榮，大眾書店）、《春雲離婚》（王亞平，臺益出版社）、《社會發展史略》（何錫麟，新中國書局）、《社會科學簡明教程》（胡明，光華出版社）、《論知識分子》（新華日報，新華書店）、《論思想改造》（丁玲，讀者書店）、《國民黨統治區民主婦女運動》（全國民主婦女聯合會籌備委員會，新華書店）、《辯證唯物論簡明教程》（陶軍，上海雜誌公司）、《蘇聯農村改造的理論與實踐》（吳藻溪，棠棣出版社）、《為和平而鬥爭》（時代出版社）、《怎樣研讀列寧的帝國主義論》（申谷，上海書report雜誌聯合發行所）、《崑崙島上的囚徒》（任嘯，三聯書局）、《廣東教育與文化》（廣州華南新華書店）、《人民美術》（新華書店）、《人民文學》（新華書店）、《論人民民主》（陳仁炳，時代書局）、《誰在挑動第三次世界大戰》（J‧柏克菲爾 [著]、劉季伯 [譯]，正光編譯社）、《新中國的外交》（梁繞夫，Cheng Ta Book Co. Canton）、《學習方法與自我批評》（華銘，真理出版社）、《批評與自我批評》（勞榮，初步書店）、《腳印》（文化工作社）、《思想改造之路（修訂本）》（桐廬，初步書店）、《論無產階級與知識分子》（張遐，知識書店）、《新人生觀》（俞銘璜，新民出版社）、《技術與政治》（青年報社，知識書店）、《怎樣改造思想》（龐敦志，人民書店）、《社會的故事》（沈丹，三聯書店）、《新少年作文進修範本》（李仲強，聯營出版社）、《美帝怎樣侵略中國》（汪敏之，通俗文化出版社）、《社會科學簡明教程》（韶華，新華書店）、《短歌》（田間，臺益出版社）、《進步思想論》（楊募之，中外出版社）、《人民民主國家概論》（知識書店）、《百鳥朝鳳》（王亞平，新華書店）、《孩子進行曲》（宋軍、高浪，自由音樂出版社）。

1950.09.30／〈禁書又一大批〉／新加坡／警察總監霍惹氏於憲報號外公佈禁止本坡印刷、出售、發行及推銷

《兩個世界》（蔣學模，上海開明書店）、《王大娘趕集》（桑夫，北京大眾書店）、《青春的中國》（王亞平，文化工作社）、《價值與剩餘價值》（趙東垠，上海聯合發行所）、《怎樣改造思想》（龐敦志，人民書店）、《少年先鋒》（徐調孚，上海開明書店）、《女司令劉虎成》（草田，工人出版社）、《毒蛆》（丁淺，上海中國圖書雜誌公司）、《人民的軍隊》（新中國圖書社）、《車站》（師陶康農，北京大眾書店）、《第一次飛》（韓萌班俊，赤道出版社）、《中國怎樣降到半殖民地》（錢亦石，三聯書店）、《列寧》（夏士元，上海開明書店）、《借米還米》（康濯，三聯書店）、《美國之音》（拉乎烈烈烏夫，潮鋒出版社）、《白毛女》（黃一德，燈塔出版社）、《斯大林》（歐陽文彬，開明書店）、《青年修養》（程今吾，華東新華書店）、《人和螞蟻》（覃必陶，上海開明書店）、《世界歷史》（曹伯韓，三聯書店）、《論從社會主義到共產主義的過渡》（A 拉萍，三聯書店）、《光榮讚》（胡風，海燕書店）、《社會主義的蘇聯》（蘇華，三聯書店）、《整風文獻》（解放社，新華書店）、《蘇聯的職工會》（列吉柯夫，三聯書店）、《蘇維埃經濟的三十年》（伊‧庫茲米諾夫，上海作家書店）、《新民主主義文藝的實踐問題》（司馬藍火，上海永祥印書館）、《近代中國名人故事》（俞凌，上海國光書店）、《胡志明傳》（杜爾瀾天，上海八月出版社）、《新中國是怎樣誕生的》（廖蓋隆，上海海燕書店）、《蘇聯社會發展底最重要源泉》（波尤今，上海作家書店）、《周春貴南下》（胡蘇，上海新華書店）、《歷史唯物論：社會發展史講授提綱》（艾思奇，新華書店）、《論知識分子及其改造》（天津讀者書店）。

1955.08.18／〈聯邦公佈禁書名單稱凡擁有或收藏者以違法論〉（未完）／馬來亞／聯合邦政府在憲報公佈禁止書刊之流通及收藏

《東南歐巡禮》（湯達）、《大眾讀本》（謝青，新民主出版社）、《思想論》（東載，新中國書局）、《新民主經濟論》（俞鯉庭，新民主出版社）、《新政治講話》（杜挨，新民主出版社）、《研究政治入門》（舒翰，新民主出版社）、《中國近代史（上編）》（新民主出版社）、《蝸樓隨筆》（夏衍，人間書局）、《元旦》（紺弩，求實出版社）、《大家唱》（曾照正 [編校]，上海教育書店）、《政治經濟學大綱》（胡明，上海新誌公司）、《革命人生觀》（唐宏，真理出版社）、《銷魂寡婦》（天涯孤客，通行書社）、《荳腐西施》（聖書生筆記，世行書社）、《銷魂太太》（天涯孤客，世行書社）、《銷骨鴛鴦》（神休，世行書社）、《中國近代史》（范文瀾，新中國書局）、《中國的十月》（青勃方健，大眾書局）、《羣眾歌曲選》（呂驥，光華書局）、《林則徐》（兒童良友社，五洲書報社）、《十月革命與中國》（讀者書店）、《新歌》（明敏，中華樂學社發行）、《社會發展史學習提綱》（蕭棠，真理書店）、《怎樣搞學習小組》（迅尼藍，新少年出版社）、《報告文學選》（智源書局）、《陽光底下的房子》（馬兼柯 [著]、適費 [譯]，晨光出版公司）、《蘇聯介紹》（中蘇友好協會）、《進步青年》（間明書店）、《婦嬰衛生》（上海大德出版社）、《十月》（十月雜誌社）、《華中交匯》（新華書局）、《蘇聯婦女》（蘇聯婦女反法西斯委員會）、《觀察》（觀察社）、《中國兒童》（中國兒童社）、《中國少年兒童》（青少年出版社）、《翻譯》（世界智識社）、《世界智識》（世界智識社）、《說說唱唱》（新華書店）、《大眾歌選》（大眾書店）、《青年歌聲》（周翔，新華書店）、《新中國婦女》（新華書店）、《新中華》（中華書局）、《怎樣認識這個世界》（林煥平，

新少年出版社)、《怎樣過民主生活》(甦旅,新華書店)、《變化中的東方》(陳原,新中國書店)、《唯物歷史論淺說》(美迺臺,生活讀書新知)、《向羣眾學習》(高爾基,春夏書局)、《世界現狀》(王城,新華書局)、《思想方法與學習方法》(薛暮橋,新華書局)、《印度》(麥浪,工聯書店)、《小先生》(小先生月刊社)、《世界人民領袖》(通俗文化出版社)、《必須明白革命的實際》(敦小川、陳笑兩,上海新誌公司)、《大眾革命知識》(黃意誠,華夏書店)、《怎樣認識自己和社會》(洛浦,人民書店)、《青年學習問題》(楊奎章,華夏書店)、《青年與勞動》(新懷,南國書店)、《解放歌聲》(曹伯韓,新華書店)、《中國近代百年史十講》(沈志遠,樂羣書店)、《連環圖畫書(十四本)》、《楊桂香》(樂羣書店)、《三上橋》(華夏書店)、《新解放區》(新聲出版社)、《英雄的爸爸》(新聲出版社)、《楊小林結婚》(新聲出版社)、《最後一滴血》(新聲出版社)、《瞎目工申冤記》(新聲出版社)、《血淚仇》(新聲出版社)、《論蘇聯的民主》(陳威闈,新中國書店)、《中蘇聯盟學習小冊子》(葉明華,實用出版社)、《中蘇聯盟新約學習基礎》(李若碩,華美圖書公司)、《中華人民共和國》(何公超,棠棣出版社)、《歌唱中華人民共和國》(華風書店)、《大眾詩歌》(大眾書店)、《解放歌聲》(解放歌聲社)、《爭取持久和平爭取人民民主》(解放社)、《女藝》(女藝月刊社)、《東北畫報》(東北畫報社)、《察哈爾教育》(察哈爾教育社)、《新農村》(新農村雜誌社,新華書店)、《蘇聯知識月刊》(中蘇友好協會)、《文藝生活》(司馬文森,文藝生活社)、《新少年》(新少年出版社)、《走向新生》(青年學叢書出版社)。

1955.08.19/〈聯邦公佈禁書名單稱凡擁有或收藏者以違法論〉(續完)/馬來亞/聯合邦政府在憲報公佈禁止書刊之流通及收藏

《永恆的友誼》(青年學叢編輯委員會,青年學習出版社)、《斯太林》(吳蘭,女工出版社)、《中國歷史教程緒論》(吳玉章,新華書店)、《中國職工運動簡史》(鄧中夏,知識書店)、《論社會主義國家中的勞動》(阿里雅萍,三聯書店)、《新民主主義經濟概論》(沈志遠,三聯書店)、《學習,再學習》(大眾書店)、《怎樣進行批評與自我批評》(大眾書店)、《車站》(師陶、康農,大眾書店)、《中國工人運動的經驗教訓與任務》(工人出版社)、《十月革命》(吳蘭,文工出版社)、《學習》(三聯書店)、《大眾》(新華南出版社)、《世界知識》(世界知識出版社)、《益友》(中蘇友好協會)、《展望》(展望週刊社)、《東北教育》(東北書店)、《時代》(姜椿芳)、《中國青年》(青年出版社)、《蘇北週刊》(大眾書店)、《新中國與工人階級》(江萍,南方書局)、《戰爭與牛產》(錢小晦,新中國書局)、《中蘇問題講話》(胡華等,聯合圖書出版社)、《怎樣學習文件》(唐源,南方書店)、《中國政治常識》(屈舒,南方書店)、《學習經濟》(韋樂善,明智書店四海出版社)、《新文藝》(新文藝社)、《羣眾文藝》(羣益文藝社)、《新華月報》(新華書店)、《小朋友》(中華書局)、《中國少年》(唐金湖,中華書局)、《解放歌選》(華風書局)、《新中國歌選》(艾寒松,合羣出版社)、《社會科學基礎讀本》(三聯書店)、《蘇聯大眾政治科學叢書》(作家書屋)、《大眾知識譯叢》(大眾書店)、《時代百科小叢書》(新民主出版社)、《現代婦女》(現代婦女社)、《華東書報》(華東書報社)、《新兒童》(新兒童社,知識書店)、《開明少年》(開明少年社,開明書局)、《學習叢書》(天津民主青年聯合會,讀書書店)、《風下》、《胡志明傳》(八月出版社)、《血仇》、《中國青年》、《史太林言論集》、《同志你走錯了路》(姚仲明,新中國書局)、《簡明哲學辭典》(孫冶方,新中國書局)、《芭場》、《唯物辯證法》(羅

遜塔爾，三聯書局）、《思想方法論》（胡繩，新中國書局）、《蘇聯初級讀本》（賀青，新中國書局）、《釋新民主主義的文學》（艾青，海洋書局）、《表現新的羣眾的時代》（周揚，香港海洋書局）、《再見馬來亞》、《大渡河上的英雄》、《歷史唯物論：社會發展史》（艾思奇）、《馬克思是怎樣學習的》（新華書局）、《怎樣作工作總結》（洪彥林）、《怎樣搞通思想》（胡繩，新中國書局）、《各國共產領袖介紹》（三聯書局）、《在古屋裏》、《開明青年》、歐陽山《高乾大》（上海新華書局）、《給初學寫作者的一封信》（蘇聯文學顧問會 [編]，三聯書局）、《毛澤東選集》、《中華人民共和國地圖》、《新生活的態度》（曹日昌等，新少年出版社）、《新加坡南僑報》（新中國與南僑）、《新中國的十月》（司馬文森，前進書局）、《新人生觀》（俞命璜）、《大眾文藝新編》（林洛，新民主出版）、《論婦女解放》（馬克斯、斯太林、列寧，新民主出版社）、《黨內斗爭問題》（劉少奇）、《海外》（韓明）、《大眾哲學》（艾思奇）、《統一戰線諸問題》（自由世界出版社）、《進步青年》、《反對自由主義》（毛澤東）、《寧死不屈》、《萍蹤憶語》、《調查研究》（新華書局）、《蘇聯讀本》（顏中）、《從一個村看解放的文化建設》（白桃等，新民主出版社）、《萍蹤寄語選集》、《蘇聯人的自豪》（新中國書局）、《南洋散文集》（韓明）、《社會教育的組織領導和方法》（項柏人，新民主出版社）、《社會主義和共產主義》（尤琴，三聯書店）、《解放區歌選》、《無言抄》（巴人等，新時代文藝社）、《南島之春》（馬共中央宣傳部）、《洋鐵桶的故事》、《種穀記》、《學習日記》、王思華《資本論研究》（三聯書店）、《大埔縣政》（大埔人民政府秘書室）、《婦女問題講話》（杜君慧，新中國書局）、《見面》（西北軍區政治部文工團集體）、《加緊鍛煉》（紅棉出版社）、《學習中蘇友好》、《新民主主義問題三百條》（湯建勛，民華出版社）、《解放歌聲》、《王振南征記》（共產黨人社）、《勞動人民樂園》、《毛澤東的青年時代》、《山村》（葉君健，潮峯出版社九仁縣）、《人間》（人間月刊出版社）、《耕耘》（耕耘出版社）、《夜燈》（夜燈報社）、《新報》（新報有限公司）、《學生新匯辭》、《正風報》、《趙一曼》（新聲出版社）、《白毛女》（教育出版社）、《翻身樂》（教育出版社）、《人民英雄劉志丹》（大眾美術出版社）、《翻身小唱》（大眾美術出版社）、《獨膽英雄》（東北畫報社）。

1956.12.28 ／〈聯邦禁止新報輸入〉／馬來亞／聯合邦欽差大臣援引一九四九年不良出版物法令，下令禁止輸入

《馬來亞獨立之聲羅馬字巫文刊物》（依勃拉欣 [編]，椰加達出版）、《新報》（新加坡新報社）。

1956.12.31 ／〈聯合邦政府明令禁止卅種出版物售賣流通〉／馬來亞／聯合邦一九五六年出版物（售賣流動禁止）法令

《社會發展簡史》（未名，人民出版社）、《從延安到北京》（柯仲平，三聯書局）、《共產黨員課本》（中國共產黨中央中南局宣傳部，新華書局）、《提高蘇維埃文學底思想性》（葉戈林，新中國書局）、《怎樣做一個好學生》（華嘉，學文書店）、《細胞起源與生命》（勒伯辛斯卡婭，開明書店）、《小學教師學習業務講座》（張騰霄，大眾書局）、《臺灣諜戰實錄》（仇車，大東出版社）、《初中各科總複習》（錢洪祥等，北新書局）、《論新階級》（毛澤東，新民主出版社）、《走向共產主義》（楊循心等，青年出版社）、《中國近百年革命史》（蕭白帆求實出版社）、《草村的秋天》（劉溪，新藝文出版社）、《流亡者》（巴勃羅聶魯達，文化工作社）、《祖國早晨》

（邱生田，朝花美術出版社）、《女司機》（中央電影局上海制片廠[編]，新美術出版社）、《這就是生活》（李健之，自學出版社）、《二馬》（老舍，晨光出版公司）、《蘇聯怎樣消滅剝削階級和階級差別》（葛列席爾曼，時代出版社）、《女神》（郭沫若，人民文學出版社）、《人民的新時代》（石可，人民美術出版社）、《周支隊大鬧平川》（馬烽，工人出版社）、《戰後世界新形勢》（黃操良，海燕書局）、《千里躍進》（曾克，上海出版公司）、《階級階級鬥爭概論》（鄧初民，文化供應社）、《給初學寫作者》（高爾基，平明出版社）、《橋的故事》（方軼琴，少年兒童出版社）、《桌椅委員》（江山野，中國青年出版社）。

1958.10.23／〈防弭顛覆宣傳，撲滅色情文化，政府援引不良書刊法令禁止共產中國及香港五十三家出版物輸星，撤銷六家小報一家雜誌出版準字〉／新加坡／援引不良刊物法令、援引印刷刊物法令

五十三家共產中國和香港出版社名單：

一、北京：高等教育出版社、人民衛生出版社、科學出版社、科學普及出版社、人民文學出版社、作家出版社、人民郵電出版社、中國青年出版社、朝花美術出版社、生活、讀書、新知，三聯書店（各省及香港）、古籍出版社、財政經濟出版社、人民體育出版社、人民出版社（各省）、建築工程出版社、中華全國科學技術普及協會、電力工業出版社、人民教育出版社、中國科學院、通俗讀物出版社、輕工業出版社、機械工業出版社、音樂出版社、民族出版社、中國戲劇出版社、新華書店（各省）、工人出版社。

二、上海：科學技術出版社、新知識出版社、古典文學出版社、上海衛生出版社、少年兒童出版社、上海文化出版社、中國唱片廠、新文藝出版社、上海雜誌公司、學習生活出版社、兒童讀物出版社、教育圖片出版社、人民美術出版社（各省）、北新書局、平明出版社。

三、廣州：人間書屋。

四、香港：藝光出版社、求實出版社、香港學生書店、文學出版社、香港文宗出版社、香港自學出版社、華僑學生出版社、香港學文出版社、香港中流出版社、香港性教育叢書社。

撤銷六家小報和一家雜誌：新華報、建設報、風涼報、馬來亞烽報、七彩、夜燈報、萌芽雜誌。

1958.10.30／〈中國香港卅家出版書籍政府禁止售賣全部名單〉／聯合邦一九五〇年出版物售賣及管制條例（禁止三十家中國及香港出版社書刊）

《一個女人翻身的故事》（上海東華書局）、《十月》（十月雜誌社）、《人間》（人間月刊出版社）、《二馬》（老舍，晨光出版社）、《人民歌》（新象書店）、《人道報》（吡叻人道報社）、《人民報》（柔佛民眾報社）、《人民報》（北吡叻人民報社）、《七朵花》（教育畫報出版公司）、《九件衣》（上海戲劇電影日報）、《十月革命》（吳蘭，文工出版社）、《人民美術》（新華書店）、《人民文學》（新華書店）、《人民呼聲》（南馬人民呼聲辦事處）、《人民中國》（北京外國語系報）、《人民歌曲》（哈爾濱大學音樂系）、《人民戰爭》（柔佛南馬人民戰爭報）、《七洋洲上》（韓萌，求實出版社）、《人民解放歌》（天地出版社）、《人民大合唱》（建華出版社）、《人民唱？選》（建華出版社）、《人民翻身報》（柔佛人民翻身報社）、《人民的新時代》（石可，人民美術出版社）、《十月革命與中國》（讀者書店）、《人民英雄劉志丹》（大眾美術出版社）、《人怎樣變成巨人》（三聯書店）、

《人民作家印象記》（司馬文森，智源書店）、《人民歌手冼星海》（丘遠，三聯書店）、《二萬五千里長征》（上海東華書店）、《十月革命卅二週年》（天津共黨市議會研究委員會）、《人民民主國家概論》（智識書店）、《人民政協學習文件》（天津共黨市議會研究委員會）、《大眾》（新華南出版社）、《小說》（上海小說雜誌社）、《小說》（小說月刊社）、《山村》（葉君健，潮峯出版社）、《女神》（郭沫若，人民文學出版社）、《大家唱》（曾昭正[編校]，上海教育出版社）、《大眾唱》（大眾歌選出版社）、《大眾報》（森美蘭洲大眾報社）、《小先生》（小先生月刊社）、《小朋友》（中華書局）、《小歌女》（揭祥麟，光芒書局）、《三上轎》（華夏書店）、《女司機》（中央電影局上海制造片廠[編]，新美術出版社）、《工農報》（柔佛工農報社）、《工人報》（新加坡馬共工人報社）、《大眾歌本》（謝青，新民主出版社）、《大眾歌選》（大眾書局）、《大眾詩歌》（大眾書局）、《大眾之歌》（吼聲書局）、《大眾哲學》（艾思奇，南方書店）、《大埔縣政》（大埔人民政府秘書室）、《小說月刊》（香港小說月刊出版社）、《小夏伯陽》（上海兄弟書局）、《工人課本》、《千里躍進》（曾克，上海出版公司）、《大眾革命智識》（黃意誠，華夏書店）、《大眾智識譯叢》（大眾書店）、《大眾文藝新論》（林洛，新民主出版社）、《大合唱解放新歌》（天地出版社）、《大渡河的英雄》、《三個勳章的工廠》（上海時代出版社）、《工人政治常識問題》（東立書店）、《小學教師業務學習講座》（張？香，大眾書局）、《元旦》（求實出版社）、《文藝》（紺弩，文藝月刊社）、《文藝報》（新華書局）、《中國兒童》（中國兒童社）、《中國少年》（廖湖金，中國書局）、《中華少年》（張夢麟，中華書局）、《中國青年》（青年出版社）、《文藝生活》（司馬文森，文藝生活社）、《少年之歌》（孫慎，開明書店）、《少年先鋒》（上海新光書局）、《日日夜夜》（斯？尼夫，上海外國語系書局）、《內幕新聞》、《中國青年》、《中國新聞》（中國新聞社）、《中國的十月》（青勃方建，大眾書局）、《王震南征記》（共產黨人社）、《牛四的故事》（白郎，新中國書局）、《中國近代史（上編）》（新民主出版社）、《中國近代史》（范文瀾，新中國書局）、《毛澤東選擇》（毛澤東，人民社出版）、《中國少年兒童》（青年出版社）、《中國問題講話》（胡華等，聯合圖書出版社）、《中國政治常識》（屈舒，南方書店）、《中國通史簡編》（范文瀾，北京新中國書局）、《中國工人書刊》（北京解放社）、《中國思想通史》（三聯書店）、《中國通史簡編》（杜守？、侯外盧三聯書店）、《文教參考資料》（北京人民政府文化教育委員會）、《文學作品選讀》（荃麟、葛琴，三聯書店）、《文藝思潮小史》（徐茂庸，三聯書店）、《少年國語用書》（陸？山，永年書局）、《王貴與李香香》（李季，三聯書店）、《王貴與李香香》（東榮文化書局）、《王丕勤走南路》（韓起祥，三聯書店）、《反對自由主義》（毛澤東）、《中國人民共和國》（何公超，棠棣出版社）、《文學底基礎知識》（以？，三聯書店）、《天狗吃不了太陽》（上海東榮書局）、《中國人民共和國》（方白，上海光芒書局）、《中蘇同盟學習手冊》（葉明華，實用出版社）、《中國歷史教程緒論》（吳玉章，新華書局）、《中國職工運動簡史》（鄧中夏，知識書店）、《中國人民文藝叢書》（新民主出版社）、《中國革命基本問題》（王向升，天津知識書店）、《中國人民聯合起來》（郭杰，海洋書店）、《太陽照在桑干河上》（丁玲，新中國書局）、《毛澤東的青年時代》（Siu Sum，新民主出版社）、《中國近百年史教程》（張錦南，文化供應社）、《反「白皮書」學習文件》、《中國工商業的出路》（徐仲堯，南方論壇社）、《中國近百年革命史》（蕭白帆，求實出版社）、《中國近代百年史十講》（沈志遠，樂羣書店）、《中國抗日鬥爭面面觀》（毛澤東，孟買人民出版社有限公司）、《中國傳統思想總批判》（蔡尚思，棠棣出版社）、《中國古代學說思想史》（侯外盧，國際文化社）、《中華人民共和國地圖》（亞光興

地學社）、《中蘇友好關係手冊》（展望週刊）、《中蘇同盟新約學習基礎》（李若碩，華美圖書公司）、《中國農民革命運動史話》（宋陽，天津讀者出版社）、《中國怎樣降到半殖民地》（？赤石，三聯書店）、《中國人民共和國開國文獻》（新民主出版社）、《中國工人運動的經驗教訓和任務》（工人出版社）、《北線》（楊翔，新華書店）、《印度》（麥浪，三聯書店）、《匈牙利》（上海時代出版社）、《正風報》（正風報社）、《白毛女》（教育出版社）、《史太林》、《世界知識》（世界知識社）、《民族去歌聲》（天下書報社）、《加緊鍛煉》（紅棉出版社）、《史太林傳》（三聯書店）、《北京教師》（北京教師社）、《世界現狀》（王城，新華書店）、《世界知識》（世界知識出版社）、《世界地圖》（北京解放社）、《永恆的友誼》（青年學叢編輯委員會，青年學習出版社）、《平凡的真理》（馮定，新中國書局）、《幼年安迪生》（上海教育畫報書局）、《古本玉蒲團》、《生活與理想》（麥寧，青年知識社）、《史太林畫傳》（上海新光書局）、《世界人民領袖》（通俗文化出版社）、《世界經濟史綱》（彭迪先，三聯書店）、《臺灣碟戰實錄》（仇寧，大東出版社）、《打起鑼鼓通街唱》（上海書局）、《世界政治地理講話》（陳原，生活書店）、《生產競賽勞動記錄》（上海時代出版社）、《世界偉大蘇作家史略》（上海時代書局）、《史太林最近言論集》（史太林）、《世界資本主義的末日》（第五十紀元書局）、《正在到來的美國恐慌》（喬木，三聯書店）、《必須明白革命的實際》（郭小川、陳笑雨，上海雜誌公司）、《史太林論中國革命問題》（史太林，上海時代出版社）、《血仇》、《列寧》（艾明之，三聯書店）、《西北》（蔡君啟，新中國書局）、《血淚仇》（新聲出版社）、《名歌選》（中國歌詠研究社）、《列寧報》（吡叻列寧報社）、《自由報》（新加坡自由報社）、《吃大戶》（揭祥麟，光芒書局）、《老爺報》、《全民報》（大眾文化股份有限公司）、《百鳥朝鳳》（王亞平，新華書店）、《列寧文選》（列寧，外國語系書局）、《在古屋里》（韓萌，求實出版社）、《地主之家》（北京新中國書局）、《朱元璋傳》（吳晗，新中國書局）、《向臺眾學習》（高爾基，春夏書局）、《江山村十日》（馬如，蔘益出版社）、《江南進行曲》（中華音樂出版公司）、《列寧家書集》（三聯書店）、《自由的旗幟》（禁歌）、《再見馬來亞》(Hon Ming)、《共產黨員課本》（中國共產黨中央中南局宣傳部，新華書店）、《光明解放新歌》（天地出版社）、《血染紅了華山》（中原印刷廠）、《西洋哲學史簡稿》（北京新中國書局）、《在前進的道路上》（北京青年出版社？）、《同志你走錯了路》（姚仲明等，新中國書局）、《先有階級？先有剝削？》（天津讀者書局）、《向列寧學習工作方法》（三聯書店）、《列斯朱論殖民地問題》（孟買人民出版社有限公司）、《在毛澤東旗幟下前進》（青年書局）、《地理環境與社會發展》（吳澤，棠棣出版社）、《各國共產黨領袖介紹》（三聯書局）、《在反封鎖鬥爭中建立與壯大青年團》（北京青年出版社）、《見面》（西北軍區政治部文工團集體，廣州新華書店）、《車站》（師陶、康農，大眾書店）、《扭秧歌》、《快活報》、《走向新生》（青年學叢出版社）、《技術與政治》（青年報社，知識書店）、《走向共產主義》（楊循心等，青年出版社）、《男女性的研究》（興華書局發行）、《李勇大擺地雷陣》（邵子南，三聯書店）、《初中各科總復習》（錢洪祥等，新北書店）、《批評與自我批評》（初步書店）、《辛亥革命與袁世凱》（黎乃函，三聯書店）、《夜歌》（何其芳，文化生活出版社）、《法國》（舒翰，北京新中國書局）、《芭場》(Hon Meng)、《性經》、《東方紅》（上海雜誌公司）、兒童良友社《林則徐》（五洲書報社）、《東北教育》（東北書店）、《東北畫報》（東北畫報社）、《青年歌聲》（周翔[編]，新華書店）、《青年修養》（曹伯韓，上海開明書店）、《夜夜紅？》、《河北文藝》（河北省文聯河北文藝社）、《居禮夫人》（教育畫報書局）、《虎穴藏春》（澳門）、《性的姿勢》、《房中的情趣》（銀衣）、《東南歐巡禮》（？達，

新中國書店)、《青年與勞動》（新？[編]，南國書店）、《社會的故事》
（沈舟，三聯書店）、《迎接新時代》（新少年出版社）、《近代世界史》（葉
菲莫夫，開明書店）、《迎接五一節》（禁歌）、《武則天秘史》、《性欲
與女人》（銀衣）、《青年學習問題》（楊奎章，華夏書店）、《青年修養
漫談》（周原冰，三聯書店）、《社會發展史略》（何錫麟，新中國書局）、
恩格斯《社會發展史略》（北京新中國書局）、《社會發展史簡表》（？棠，
天津讀者出版社）、《社會發展簡史》（人民出版社）、《社會發展簡史》
（解放社）、《社會科學教程》（王伯倫，神州國光社）、《孟祥英的翻身》
（上海教育畫報書局）、《近代辯證法史》（沈志遠，耕耘書局）、《東南
亞各國內幕》（潘公昭，世界知識社）、《社會形態發展史》（沈志遠，三
聯書店）、《近代國際關係史》（張鐵生，三聯書店）、《社會主義的蘇聯》
（蘇華，三聯書店）。

**1958.10.31 ／〈中國香港卅家出版書籍政府禁止售賣全部名單〉（續）／聯
合邦一九五〇年出版物售賣及管制條例（禁止三十家中國及香港出版社書刊）**

《問支隊大鬧平川》（馬烽，工人出版社）、《社會科學基礎讀本》（三聯
書局）、《社會科學簡明教程》（胡明，光華出版社）、《社會科學簡明教
程》（邵華，新華書店）、《社會科學基礎講座》（沈志遠，智源書局）、《社
會主義社會史論》（蕭棠，天津智識書店）、《社會科學常識講話》（鄧初民，
文化出版社）、《社會科學基礎讀本》（三聯書店）、《表現新羣眾的時代》
（周揚，新華書店）、《近代經濟學說史綱》（沈志遠，三聯書店）、《青
年修養與意識鍛煉》（艾寒松，上海雜誌公司）、《社會發展史學習提綱》
（蕭棠，真理書店）、《社會科學的哲學基礎》（沈志遠，三聯書店）、《社
會主義與共產主義》（尤琴，三聯書店）、《事業管理與職業修養》（韜奮，
三聯書局）、《社會科學與實際社會》（三聯書店）、《表現新的羣眾的時代》
（周揚，海洋書局）、《近三十年國際關係小史》（徐弦，生活書店）、《爭
取持久和平爭取人民民主》（解放社）、《社會教育的組織領導和方法》（項
伯仁，新民主出版社）、《社會主義是怎樣從空想成為科學的》（天津讀者
書局）、《社會主義時代中國人》（三聯書店）、《利益與公共利益的結合》、
《美國》（劉尊祺，三聯書店）、《真理報》（星火，北京解放社）、《風下》、
《突擊報》（突擊出版社）、《茅山下》（東平，三聯書店）、《紅光報》、
《紅星報》（柔佛馬共宣傳委員會）、《前鋒報》（雪蘭莪州前鋒報社）、
《洪秀全》（秦牧，新中國書局）、《星火集》（何其芳，羣益出版社）、
《革命呼聲》（柔北馬來亞人民解放軍第五隊西組）、《春雲離婚》（王亞
平，羣益出版社）、《南方日報》(42, Fook Heng Road, Shamsen Kanton)、《南
下列車》（瞿白音，上海書局）、《南島之春》（馬共中宣部）、《風水新
談》（羅邨，三聯書店）、《保加利亞》（上海時代社）、《俄語教程》（北
京解放社）、《封建主義》（三聯書店）、《前線通訊》（三聯書店）、《科
學大眾》（三聯書店）、《香道人妖》（三聯書局）、《香閨妙術》（銀衣，
三聯書店）、《胡志明傳》（八月出版社）、《思想問題》（三聯書店）、《思
想漫談》（林山、李光燦，知識書店）、《思想方法論》（黎述 [編譯]，讀
書出版社）、《思想方法論》（胡繩，新中國書局、三聯書店）、《政治經
濟學》（北京解放社）、《革命人生觀》（唐宏，真理出版社）、《孩子進
行曲》（宋軍、高浪，自由音樂社）、《英雄的爸爸》（新聲出版社）、《春
秋半月刊》（上海春秋社）、《美國側面像》（劉尊祺，新中國書局）、《南
洋散文集》（韓萌）、《紅場大檢閱》（上海新光書局）、《怎樣學習文件》（廖
源，南方書店）、《怎樣改造家》（龐敦志，人民書局）、《怎樣欣賞影片》
（羅毅夫，光華書局）、《怎樣搞通思想》（胡繩，新中國書店）、《思想

改造之路（修訂本）》（桐盧，初步書店）、《美國我見我聞》（新光書局）、《保護世界和平》（天津共產黨市議會研究委員會）、《俄文初級讀本》（賀青，三聯書店）、《是誰就了我們》（三聯書店）、《洋鐵桶的故事》（Oh Nan，新華書店）、《怎樣搞學習小組？》（迅民等，新少年出版社）、《怎樣過民主生活》（甦旗，新華書店）、《怎樣做個新少年》（陳閑，智源書局）、《怎樣研究資本論》（三聯書店）、《怎樣做工作總結》（洪彥林，新民主出版社）、《政治經濟學大綱》（胡明，上海雜誌公司）、《美國外交家真相》（三聯書店）、《紅花還得綠葉扶》（北京解放社）、《約翰克里斯朵夫》（駱駝書局）、《建設新社會之路》（吳桐，羣星出版社）、《怎樣認識這個世界》（林煥平，新少年出版社）、《怎樣做一個好學生》（華嘉，學文書店）、《英勇的人民解放軍》（上海新光書局）、《美帝怎樣侵略中國》（汪敏之，通俗文化社）、《怎樣認識自己和社會》（絡甫等，人民書店）、《怎樣做調查研究工作》（白韜，三聯書店）、《思想方法與學習方法》（？暮橋，新華書店）、《帝國主義與中國政治》（胡繩，三聯書店）、《帝國主義論研習提綱》（讀書出版社）、《建設斯大林格勒的人們》（三聯書店）、《怎樣進行批評與自我批評》（大眾書局）、《怎樣研讀列寧的帝國主義論》（申谷，上海書報雜誌聯合發行所）、《帝國主義是資本主義底最高階段》（列寧）、《益友》（中蘇友好協會）、《時代》（姜椿芳）、《時代》（時代書報社）、《真報》（檳城真報社）、《海外》（韓萌）、《素特》（三聯書店）、《展望》（展望週刊社）、《耕耘》（耕耘出版社）、《馬克思》（艾明之，三聯書店）、《馬來亞》（？勞，三聯書店）、《馬騮精》（江萍，南方書店）、《高爾基》（新中國書店）、《高乾大》（歐陽山，上海新華書局）、《借紅燈》（教育畫報書局）、《逃亡者》（巴勒羅聶魯達，文化工作室）、《恩格斯傳》（三聯書店）、《桌椅委員》（江山野，中國青年社）、《哲學選輯》（艾思奇，三聯書店）、《高原短曲》（周以復，三聯書店）、《時間呀，前進》（新中國書店）、《馬六甲通訊》（馬六甲訊社）、《秘本野婆子》、《神秘的天堂》（錢耕梓，滿光書店）、《祖國的早晨》（邱生田，朝花美術社）、《草春的秋天》（劉溪，新文藝出版社）、《馬克斯的生平》（新中國書局）。

1958.10.31／〈星洲五家華文刊物申請在聯合邦出版政府當局拒絕發給準字〉／馬來亞／聯合邦政府憲報公佈拒絕發給出版物在聯合邦內出版、售賣及發行

《萌芽》（新加坡印刷）、《蜜蜂報》（新加坡印刷）、《新華報》（新加坡印刷）、《工人報》（新加坡印刷）、《建設報》（新加坡出版）。

1958.11.01／〈中國香港卅家出版書籍政府禁止售賣全部名單〉（續）／馬來亞

《時代百科小叢書》（上海時代書局）、《海豹冒險旅行記》（上海光芒書局）、《恩格斯論資本論》（章漢夫，許滌新[譯]，三聯書店）、《馬克思主義與詩歌》（三聯書店）、《哲學的學習與運用》（三聯書店）、《馬克思主義的美學觀》（上海滿光書店）、《馬克思主義根本問題》（普列哈諾夫，三聯書店）、《馬恩列斯思想方法論》（解放社）、《馬克斯是怎樣學習的》（新華書店）、《馬恩列毛論學習問題》（濤聲，讀者書店）、《家族私有財產及國家的起源》（三聯書店）、《個人與人民羣眾在歷史上的作用》（新中國書局）、《腳印》（勞榮，文化工作社）、《情趣》（文化工作社）、《烽火報》（柔佛烽火報社）、《祥林嫂》（上海教育畫報書局）、《陶行之》（麥青，三聯書店）、《野鴛鴦》（三聯書店）、《處女學》（銀衣，

三聯書店）、《婦嬰衛生》（上海大德社）、《現代婦女》（現代婦女社）、《荳腐西施》（聖書生筆記，世行書社）、《第一次飛》（韓明、班俊，赤道出版社）、《第四十一》（新中國書店）、《張鎖買牛》（王亞平，三聯書店）、《處女初夜》（銀衣，三聯書店）、《現代日報》（三聯書店）、《唯物戀愛觀》（三聯書店）、《唯物辯證法》（羅遜塔爾，三聯書店）、《陶行知畫傳》（上海兄弟書局）、《貨幣學概論》（李達，三聯書店）、《唱少年翻身》（大眾文藝社）、《這就是生活》（李建之，自學出版社）、《偉大安迪生》（教育畫報社）、《研究政治入門》（舒翰，新民主出版社）、《婦女問題講話》（杜君慧，新中國書局）、《國際問題講話》（沙溪，南海出版社）、《產業革命講話》（錢亦石，三聯書店）、《從延安到北京》（柯仲平，三聯書店）、《教育工作者手冊》（馮式，香港大公書局）、《現代國語教科書（初級第一冊至第八冊）》（上海書局）、《現代國語教授法（初級第一冊至第八冊）》（上海書局）、《現代常識教科書（初級第一冊至第八冊）》（上海書局）、《現代常識教授法（初級第一冊至第八冊）》（上海書局）、《國際新形勢解說》（張鐵生，團結中國書局）、《唯物辯證法讀本》（國際知識社）、《第二次世界大戰》（徐弦，三聯書店）、《被打穿了的佈告》（勞榮，大眾書局）、《被開墾的處女地》（三聯書店）、《問問大家公不公》（禁歌）、《崑崙島上的囚徒》（任嘯，三聯書店）、《細胞的起源與生命》（勒栢辛斯卡婭，開明書店）、《偉大的五一勞動節》（禁歌）、《陶行知教育論文叢集》（方與嚴，三聯書店）、《第二次世界大戰小史》（徐弦，新中國書局）、《現在世界民主運動史綱》（三聯書店）、《國民黨統治區民主婦女運動》（全國民主婦女聯合會籌備委員會，新華書店）、《從一個村看解放區的文化建設》（白桃等，新民主出版社）、《報仇》（上海光芒書局）、《短歌》（田間，羣益出版社）、《黃水》（蔡君啟，新中國書局）、《捷報》（新竹區捷報社）、《開明報》（開明出版社）、《斯太林》（吳蘭，文工出版社）、《菲律賓》（梁上苑，三聯書局）、《無言抄》（巴人等，新時代文藝社）、《週末報》（香港週末報社）、《勞動歌》（禁歌）、《開明少年》（開明少年社，開明書店）、《開國大典》（上海新光書局）、《開明青年》（上海）、《最高勳章》（上海平民書局）、《華中交匯》（新華書店）、《華東畫報》（華東畫報社）、《創作經驗》（司馬文森，智源書店）、《進步青年》（開明書局）、《湖北文藝》（湖北文聯籌委會）、《萍蹤憶語》（韜奮，三聯書店）、《報告文學選》（智源書局）、《最後一滴血》（新聲出版社）、《勝利新歌選》（建華出版社）、《進步思想論》（楊募之，中外出版社）、《創作的準備》（茅盾，三聯書局）、《為和平而奮鬥》（時代出版社）、《捷克斯洛伐克》（上海時代出版社）、《萍蹤寄語選集》（韜奮，三聯書局）、《給初學寫作者》（高爾基，平明出版社）、《陽光底下的房子》（馬兼阿 [著]、適費 [譯]，晨光出版公司）、《剩餘價值學說史》（馬克思，三聯書店）、《統一戰線諸問題》（自由世界出版社）、《勞動人民游樂園》（香港）、《進入新社會之前》（黃雨，南國書店）、《斯太林與中國革命》（天津市共黨議會研究委員會）、《階級、階級鬥爭概論》（鄧民初，文化供應社）、《陶煬帝艷史之二「禁臠」》（香港）、《給初學寫作者的一封信》（蘇聯文學顧問會，三聯書局）、《提高蘇維埃文學底思想性》（葉戈林，新中國書局）、《無產階級革命的叛徒考茨基列寧為實現人民民主共和國綱領告同胞書》（馬共中委會，自由出版社）、《斯太林在莫斯科城斯太林選區兩次選民大會上的演說》、《新歌》（明敏 [編]，中華樂學社發行）、《新報》（新報有限公司）、《鼓聲》、《新文藝》（新文藝社）、《新兒童》（新兒童社，知識書店）、《新建設》（新建設雜誌社）、《新農村》（新農村雜誌社，新華書店）、《新少年》（新少年出版社）、《楊桂香》（教育出版社）、《解放報》（雪蘭莪解放委員會）、《羣聲報》（羣聲報社）、《新時代》（莫斯科「趨勢」出版）、《新解放

區》（新聲出版社）、《新華月報》（新華書店）、《新華月報》（新華月報社）、《新人生觀》（俞銘璜，新民出版社）、《解放歌聲》（曹伯韓，新華書店）、《解放歌聲》（解放歌聲社）、《解放歌聲一九四九》（華風書店）、《解放叢刊》（解放叢刊出版新加坡自由報翻印）、《解放戰士》（解放軍報社）、《解放新歌》（草右，民主文化公司）、《解放歌聲》（Sin Huai，新華書店）、《萬里歌聲》（新時代出版社）、《羣眾文藝》（羣益出版社）、《資本主義》（劉芝明，三聯書店）、《資本主義》（三聯書店）、《新人生觀》（俞銘璜，天津智識書店）、《新華月報》（北京解放社）、《新人生觀》（俞命璜，Fut Sin Press）、《新婚之夜》（白衣）、《新政治講話》（杜埃，新民主出版社）、《新中國婦女》（新華書店）、《新中國歌選》（艾寒松，會羣出版社）、《新中國歌選》（合羣出版社）、《新中華歌選》（合羣出版社）、《新中國婦女第八號》（新中國婦女同盟）、《新剪紙藝術》（汪潛、李凡，文化印刷社）、《楊小林結婚》（新聲出版社）、《解放大上海》（上海華東書店）、《解放區歌選》、《羣眾歌曲選》（呂驥，光華書店）、《資本論研究》（王思華，三聯書店）、《經濟學講話》（狄超白，三聯書店）、《奧勃洛摩夫》（三聯書店）、《淫婦潘金蓮》、《新哲學大綱》、《新民主經濟論》（俞鯉？，新民主出版社）、《新中國的外交》（梁純夫，Cheng Ja Book Co. Canton）、《新教育的道路》（莫新，大眾書店）、《羣島之國：印尼》（巴人，三聯書店）、《新民主主義論》。

1958.11.02 ／〈中國香港卅家出版書籍政府禁止售賣全部名單〉（續完）／馬來亞

《新民主進行曲》、《新的生活態度》（曹日昌等，新少年出版社）、《新中國與南僑》（新加坡南僑報一九五〇年五月）、《新中國的十月》（司馬文森，前進書局）、《新時代解放歌選》（新時代出版社）、《新天地解放新歌》（天地出版社）、《新的人民的文藝》（周揚，新華書店）、《經濟學研習提綱》（沈志遠，三聯書店）、《新少年和新中國》（李文健等，學生文叢社）、《新中國與工人階級》（江萍，南方書店）、《新中國工商業指南》（羣聲印書館）、《猿是怎樣變成人的》（天津讀者出版社）、《鐵木兒和他的伙伴》（上海教育畫報書局）、《新音樂運動論文集》（呂驥，光華書店）、《新民主主義概論》（沈志遠，三聯書店）、《新少年作文進修範本》（李仲強，聯營出版社）、《新中國工商業的道路》、《資本主義經濟的剖視》（沈志遠，三聯書店）、《新民主主義問題三百條》（湯建勛，民華出版社）、《新中國站在國際和平陣營的一邊》（上海新光書局）、《福貴》（上海白鴿書局）、《團結》（北彭哼團結報社）、《趙一曼》（新聲出版社）、《聞一多》（勉之，三聯書店）、《種？記》（Lim Ching，香港）、《說說唱唱》（新華書店）、《領路的人》（劉嵐山，文化工作社）、《領導作風》（上海雜誌公司）、《圓的兒子》（教育畫報公司）、《團結週刊》、《嫦娥奔月》（北京教育畫報書局）、《歌頌中國》（新華書店）、《寧死不屈》、《察哈爾教育》（察哈爾教育社）、《漫走解放區》（陳學昭，上海書局）、《嘉東某媽姐》、《實用商業簿記》（朱熱誠，新中國書局）、《歌唱中華人民共和國》（華風書局）、《緬甸》（以沛，三聯書局）、《鋒報》（鋒報社）、《論思想》（車載，新中國書局）、《魯迅傳》（王士菁，三聯書店）、《衝鋒號》（森美蘭出版）、《論糧食說》（列寧，北京外國語系書店）、《論新階級》（毛澤東，新民主出版社）、《蝸樓隨筆》（夏衍，人間書局）、《銷魂寡婦》（天涯孤客，通行書社）、《銷骨鴛鴦》（神休，世行書社）、《銷魂太太》（天涯孤客，世行書社）、《劉巧團員》（三聯書局）、《模範日記》（黃澄甫，上海印書館）、《調查研究》（Yee Kwong Yuen，新華

書店)、《誰養活誰》（禁歌）、《論馬思列斯》（解放社，新華書店）、《論知識分子》（新華日報，新華書店）、《論思想改造》（丁玲，讀者書店）、《論城鄉合作》（三聯書局）、《論城鄉關係》、《論婦女解放》（馬克思、史太林、列寧，新民主出版社）、《摩登西廂記（一至二）》、《論人民民主》（陳仁炳，時代書店）、《瞎目工伸冤記》（新聲出版社）、《鞏固中蘇友誼》（天津市共黨市議會研究委員會）、《論蘇維埃的民主》（陳威，新中國書局）、《論共產主義教育》（外國語系書局）、《論馬克思《資本論》》（三聯書店）、《論社會主義財產》（三聯書店）、《論人民民主專政》、《廣東教育與文化》（廣州華南新華書店）、《價值價格與利潤》（三聯書店）、《誰是我們的朋友》、《論優生學與種族歧視》（周建人，三聯書店）、《論人民民主獨裁主義》（解放社）、《論無產階級與知識分子》（張遐，知識書店）、《論唯物論與經濟批評論》（三聯書店）、《論社會主義國家中的勞動》（阿里雅萍，三聯書店）、《論社會主義的政治經濟學》（棠棣出版社）、《誰在挑動第三次世界大戰》（丁柏克菲爾 [著]、劉季伯 [譯]，正光編譯社）、《論節約制度與減低工業成本》（三聯書店）、《論從社會主義到共產主義的過程》（三聯書店）、《勳章》、《學習》（三聯書店）、《學報》（新加坡學報社）、《墾荒》（馬六甲墾荒出版社）、《曹綿之》（暹羅）、《戰鬥報》（西彭亨，南彭亨戰鬥報社）、《蕩婦偷情》、《獨膽英雄》（新華書店東北畫報社）、《學習經驗》（章樂善，明智書局四海出版社）、《學習叢書》（天津民主青年聯合會籌備會，讀者書店）、《學習週刊》（馬六甲第十二中隊第二分隊主編）、《戰火紛飛》（劉白羽，新華書店）、《戰地通訊》（彭亨戰地通訊出版社）、《整頓三風》、《學習日記》、《橋的故事》（方秋葦，少年兒童出版社）、《歷史唯物論》（三聯書店）、《戰爭與生產》（錢小晦，新中國書局）、《學生新辭匯》（東方書店（上海））、《學習中蘇條約》（新少年綜合叢書）、《學習，學習，學習》（大眾書店）、《戰後日本問題》（劉恩慕，三聯書店）、《樹立模範旗幟》（天津讀者出版社）、《歷史唯物論淺說》（莫酒臺，三聯書店）、《歷史唯物論淺說》（莫英，新中國書局）、《戰後的資本主義》（陶大鏞，三聯書店）、《戰後世界新形勢》（黃操良，海燕書局）、《戰前與戰後的日本》（劉恩慕，三聯書店）、《戰後美國經濟剖視》（陳原，三聯書店）、《學習中蘇友好條約》、《學習方法與自我批評》（華銘，真理出版社）、《歷史唯物論：社會發展史》（艾思奇，三聯書店）、《翻譯》（世界知識社）、《翻身樂》（教育出版社）、《翻身報》（檳城吉打翻身報社）、《雜談蘇聯》（茅盾，三聯書店）、《翻身年小唱》（大眾美術出版社）、《翻身的年月》（周而復，三聯書店）、《簡易速記法》（三聯書店）、《簡明中國通史》（呂振羽，光華書店）、《簡明哲學辭典》（孫治芳，新中國書店）、《簿記學》（北京新中國書局）、《蘇聯介紹》（中蘇友好協會）、《蘇聯婦女》（蘇聯婦女反法西斯委員會）、《蘇北週刊》（新華書店）、《蘇聯歌集》（翔平，凌燕，大眾書店）、《蘇聯讀本》（？用中，新民主出版社）、《蘇聯女英雄》（蘇聯運輸業，三聯書店）、《蘇聯智識月刊》（中蘇友好協會）、《蘇聯文學講話》（三聯書店）、《蘇聯農民生活》（新光書局）、《蘇維埃新商店》（上海新光書局）、《蘇聯經濟新論》（三聯書店）、《蘇聯勞動英雄》（上海新光書局）、《蘇聯智識畫冊》（上海中蘇友好社）、《蘇聯婦女體育》（上海新光書局）、《蘇聯文學講話》（新中國書局）、《蘇聯的職工會》（三聯書局）、《蘇聯初級讀本》（賀青，新中國書局）、《蘇聯人的自豪》（新中國書局）、劉少奇《黨內鬥爭問題》、《蘇聯婦人的生活》（天津讀者出版社）、《蘇聯工人的生活》（天津讀者出版社）、《蘇聯的國民教育》（三聯書店）、《蘇聯的財政與信貸》（三聯書店）、《蘇維埃愛國主義》（北京解放社）、《蘇聯的科學工作者》（北平葵英書局）、《蘇聯集體農莊制度》（三聯書店）、《蘇聯的新道德教育》（三聯書店）、《蘇

聯的社會主義勞動》（三聯書店）、《蘇聯工業發展的速度》（三聯書店）、《釋新民主主義的文學》（艾青，海洋書局）、《蘇聯大眾政治科學叢書》（作家書屋）、《蘇聯兒童的教育與生活》（讀者出版社）、《蘇維埃政權底當前任務》（列寧，外國語系書局）、《蘇聯經濟制度的基本特點》（三聯書店）、《蘇聯列寧共產主義青年團》（三聯書店）、《蘇聯農村改造的理論與實踐》（吳藻溪，棠棣出版社）、《蘇聯的外交政策與外交原則》（呂琪，天津知識書店）、《蘇聯在怎樣消滅剝削階級和階級差別》（葛列席爾曼，時代出版社）、《辯證法唯物論》（三聯書店）、《辯證法的邏輯》（三聯書店）、《辯證唯物論簡明教程》（陶章，上海雜誌公司）、《辯證唯物論與歷史唯物論》、《辯證唯物主義與歷史唯物主義》（三聯書店）、《辯證唯物論與歷史唯物論提綱》（米丁，解放社）、《歡樂（小報）》（歡樂報社）、《讀書偶譯》（韜奮，新中國書局）、《變革中的東方》（陳原，新中國書局）、《讓那伐木者醒來》（新光書局）、《觀察》（觀察社）。

1958.11.08／〈中國香港出版社出版物星馬分別予以禁止六十八家中只新中國一家出版物星馬俱準輸入星禁止五十三家馬禁止三十家其中受雙方禁止者共達十六家〉／新加坡、馬來亞

一、新加坡、馬來亞：
(1) 北京：人民出版社、三聯書店、新華書店、人民文學出版社、工人出版社、中國青年出版社、朝花美術出版社。
(2) 上海：人民美術出版社、平明出版社、少年兒童出版社、新智識出版社、北新書局、新文藝出版社。
(3) 香港：學文書店、自學出版社、求實出版社。
二、新加坡禁止：
(1) 北京：高等教育出版社、人民衛生出版社、科學出版社、科學普及出版社、人民郵電出版社、財政經濟出版社、人民體育出版社、建築工程出版社、中華全國科學技術普及協會、電力工業出版社、中國科學院、輕工業出版社、機械工業出版社、音樂出版社、人民教育出版社、通俗讀物出版社、民族出版社、中國戲劇出版社、古籍出版社、兒童讀物出版社、作家出版社。
(2) 上海：上海衛生出版社、中國唱片廠、上海雜誌公司、教育圖片出版社、科學技術出版社、上海古典文學出版社、上海文化出版社、學習生活出版社
(3) 香港：藝光出版社、文宗出版社、華僑學生出版社、性教育叢書社、學生書店。
(4) 廣州：人間書屋。
三、聯合邦禁止：解放社、新中國書局、開明書局、大眾書局、大東出版社、新民主出版社、文化工作社、新美術出版社、晨光出版社、時代出版社、海燕書局、上海出版公司、文化供應社（非吉隆坡文化供應社）、青年出版社、知識書店。
四、星馬皆無禁止：中流出版社（香港）。

1959.06.27／〈政府援用不良刊物法令，禁售卅一種刊物，中文佔十三皆係香港出版〉／馬來亞／援用不良書刊法令第三則

皆於香港出版，出版社不詳：《東西》、《黑白》、《藍皮書》、《紅黃藍半月刊》、《西點》、《銀星》、《環球小說叢》、《好小說小說叢》、《神秘》、《A，B，C小說叢》、《海濱小說叢》、《金鑰匙半月刊》、《紅皮書》。

1961.08.26／〈內長昨日公佈一批違禁書刊〉／馬來亞／聯合邦內政部長在憲報公佈禁止在聯合邦刊印、發行、發售和擁有

《半島上同學們在成長中》、《學生一條心》、《實現》、《出發》、《全世界總路線》。

1961.12.31／〈聯合邦憲報公佈《火的回憶》被列為禁書〉／馬來亞／聯合邦內政部長憲報公佈列為禁書，不得輸入聯合邦

《火的回憶》（夏彬，新加坡文藝出版社）。

1962.05.25／〈憲報昨公佈三種書籍禁止輸入〉／馬來亞

《生活的目的》（北京中國青年出版社）、《給青年們》（盧明，香港世界出版社）、《工作和學習》（方江，香港世界出版社）。

1962.09.21／〈《馬來亞民族運動簡史》聯邦憲報公佈禁止入口〉／馬來亞

《馬來亞民族運動簡史》。

1963.01.18／〈馬政府憲報公佈禁數種刊物包括《文藝與生活》一書以及《改革馬來亞》歌曲〉／馬來亞／聯合邦一九六三年內不安全（禁止文件）條例

《改革馬來亞（華文曲調、歌詞）、《文藝與生活》（宋丹，新加坡赤道文藝出版社）、《北婆國民革命之黨報》（馬來文刊物，新加坡人民黨新聞組出版）。

1963.02.05／〈內政部禁止十種出版物〉／新加坡／內政部長原因不良刊物法令禁止出版物輸入、發售和流通

《FAJAR（法惹）》（新加坡大學社會主義俱樂部）、《大學論壇》中、英文版（南洋大學學生會）、《政治學報》華文版（南洋大學政治學會）、《大學青年》華文版（南洋大學中文學會）、《汎星報》華、巫、英、淡米爾文版（汎星各業職工聯合會）、《先鋒報》中、巫文版（新加坡人民黨）、《BEBAS（自由）》英文版（商行雇員聯合會）、《新聞春秋》中、英、巫文版（新加坡新聞工作者協會）、《戲劇研究》華文版（南洋大學戲劇研究會）、《社會知識》華文版（南洋大學社會科學研究會）。

1963.07.26／〈內政部長頒佈《青春之歌》列為禁書〉／馬來亞／聯合邦一九六〇年內部安全法令第廿二條

《青春之歌》（宏鴻，巴生坡彭亨井五十八號永華印務局印刷）。

1963.08.25／〈因損害國家利益及本邦安全內部安全部頒禁《回憶片片錄》一書〉／馬來亞／聯合邦一九六三年內部安全（禁止出版）（第二號）法令

《回憶片片錄》（林連玉，馬來亞聯合邦華校教師總會出版委員會）。

1964.11.13／〈清帝溥儀著作《我的前半生》被列為禁書〉／馬來亞

《我的前半生》（溥儀，香港文通書店）。

1965.04.30／〈北京音樂出版社出版革命歌曲大家唱禁止在大馬印行內長拿
督義斯邁昨宣佈〉／馬來亞／聯合邦一九六五年內部安全（禁止出版）（第
二號）條例

《大家唱》（北京音樂出版社）。

1965.06.19／〈文化部長下令禁止，一批黃色書籍停銷〉／新加坡／文化部
長援引不良刊物法令第三條（一）節賦權，下令禁止運入、出售與發行

《奇異的性風俗》第一、二冊（白衣，宇宙出版社）、《歷代風流皇帝性生
活（一）》（唯性史官齋主，宇宙出版社）、《倫敦搜密》（白虹，風行出
版社）、《解男女性藝術》（英國神學博士，平平書社）、《男與女》（查
普曼，黎明出版社）、《世界性生活（一、二）》（白衣，宇宙出版社）。

1965.07.25／〈憲報昨宣佈禁止四種中文書籍出售〉／新加坡／文化部長憲
報公佈

《二世祖手記》第一至九集（楊天成，環球圖書雜誌出版社）、《西趣故事》
（上官寶倫，歐亞文化世界公司）、《古代采補術搜奇》（唯性史觀齋主，
宇宙出版社）、《女人故事》（葛蘿麗亞，歐亞出版社）。

1966.03.24／〈內政部長昨頒令禁止十三種書籍輸入馬來亞各州〉／馬來亞
／內政部長援引一九六六年出版入口物（禁止）（修正）法令（由一九六
六年二月十一日起生效）

《少女的事》、《世界夜生活》（火麒麟，歐亞文化事業公司）、《印度愛
經精華》（香港大地出版社）、《膠林艷史》、《江平秘史》上、下集、《無
心插柳》（楊天成，香港環球圖書雜誌出版社）、《原版真本素女經》（日
本性醫學研究會刊行）、《桃李爭春》（臺北中正出版社）、《桃李爭春》
第二版（臺北文風出版社）、《張競生博士》（玻璃牆內的秘密）、《我的
叔叔的性愛》、《四面楚歌》（臺北中正出版社）。

1966.03.24／援引一九六五年出版物（禁止）（修正）法令（由一九六五年
六月十五日起生效）

《北回歸線》[*Tropic of Cancer*] (Henry Miller, Grove Press Inc., New York and
Panther Books Ltd., London)。

1966.05.07／〈內政部長在憲報公佈五部華文禁書名單〉／馬來亞／聯合邦 內政部長援引一九五八年統制入口出版物法令第四條
《寶島春光》（筆肖生，香港桃園文化出版社）、《夢中天使》（何行，香港環球圖書雜誌出版社）、《香港春情》（何行，香港環球圖書雜誌出版社）、《男歡女愛》（丁平，香港文化書業公司）、《倫敦搜秘》（白虹，香港風行出版社）。
1967.10.13／〈馬內政部長在憲報公佈禁止十本黃色書籍入口〉／馬來亞／聯合邦內政部長援引一九五八年印刷品入口統制法令
《唐宮素女傳》（白虹，良友出版社）、《妖女痴男》（白虹，良友出版社）、《情火》（新知出版社）、《太子奇遇記》（滄海客，香港勝球出版社）、《風流文士走天涯》（大地出版社）、《坭水妹》（海山出版社）、《割膠的姑娘》（張博士，香港港聯出版社）、《曼谷姑娘》（張性博士，香港諾西道二三〇號）、《我的豔史》（臺北萬里出版社）。
1971.07.18／〈三十九本黃色書籍被禁入西馬來西亞，星社陣出版《偉大的革命文獻》則禁在馬印行出版擁有及銷售〉／馬來亞／聯合邦一九七一年內不安全（出版物禁止）（第六號）條例
《偉大的革命文獻（學者叢書一）》（新加坡社陣中央宣傳與教育出版委員會）。
1971.07.18／一九七一年出版物入口（禁止）（修正）條例
廿九本書籍被禁止，包括《性》[Sexes]（亨利米勒 [Henry Miller]）、《蘇絲的誘惑》（馬各斯海勒）、《今日的男人同性戀》（羅蘇特蘭納）、《我的秘密生活》（李曼），以及紐約大中央書局出版的十本英文書。

馬華地方文學的建構與跨界

以大山腳的文學結社為例

——魏月萍——

* 本論文初稿宣讀於臺灣屏東大學主辦的「第七屆屏東文學國際研討會：在地全球化的新視域」(30 Oct. 2020)，當時蒙高嘉謙教授的講評，提供精闢的意見，使本文得以進一步修改與充實，在此致以謝意。也感謝會議主辦單位的屏東大學中文系，允諾本文收錄於此論文集。

前　言

一、「地方」的多樣化詮釋

在當今的思考脈絡中，對於「地方」的解讀，其中一個面向往往與全球化浪潮脫離不了關係。全球化的同質與單一化，引發地方的轉向以及激發更多地方意義想像的可能。眾人試圖通過挖掘地方的特色與資源，以抗衡全球化所挾帶的資本霸權與中心意識，如蒂姆・克雷斯韋爾 (Tim Cresswell)指出：「對那些想要對抗全球資本主義的永在勢力的人來說，地方也成為一種政治象徵」(Cresswell 99-100)。從文化地理學而言，「地方」具有時間與空間的脈絡，人們依據此脈絡建立所謂的「地景」或「地方」，由此生產文化的原生力量以及生活世界。魏光莒在〈由地方的構成反思現代空間：一種現象地理學的解讀〉反思地方的構成時，比較英國社會學家安東尼・紀登 (Anthony Giddens) 和文化研究者阿爾君・阿帕杜萊 (Arjun Appadurai) 對於地方構成的不同見解。紀登著重的是「社會空間」，他認為「任何一個社會之構成，必須經過一個過程，即是要將『時間／空間』轉換為『例行化、脈絡化』(the time-space routinization) 的生活方式。這就是『時

空觀念』對人們『日常生活』(day-to-day life) 之建構。亦即，在一個固定的循環方式之下，人們每天與他人相遇或分別，固定的時間與固定的場所，人們每周、每年相聚、參加重要的活動等等。這就是社會生活的建構，也是人類社會成型的根本基礎」（魏光莒 119）。從另一個角度而言，阿帕杜萊所理解的「地方」(locality)，卻是著重於「由幾種聯結 (links) 所構成的『現象學之特質』(phenomenological quality)；包括，社羣的密切程度、人們互動方式之構成、互相關聯的涵構等這三種的聯結。而從文化人類學的研究裡面，阿帕杜萊發現文化的基本功能，基本都是運用在『確立』生活空間意義或其邊界 (boundaries) 的範圍之上」（魏光莒 119-120）。

二、馬華文學的「地方」意義變動

　　魏光莒的文章提供一個理解基礎，關於「地方」義涵的認識，可以有多樣化的詮釋，正契合哈維・大衛 (Harvey David) 所說：「地方是競逐定義的爭論場域」（轉引自 Cresswell 102）。論及馬華文學的「地方」觀念，也有其特定的時空脈絡與意義變遷。自一九二〇年代起，南來文人於南洋拓展文學書寫空間，並與中國文壇維持密切關係。在中國與南洋的文學場域之間，一些作家深刻感受存在一個中心與邊緣的差異。在一九三四年，丘士珍（廢名）在《南洋商報》副刊〔獅聲〕發表〈地方作家談〉，批評不應以上海文壇或中國文藝為中心作為評判馬來亞文藝的標準，在南洋寫作的地方作家應當有其地位。[1] 郁達夫在〈幾個問題〉一文中亦強調說：「南洋文藝，應該是南洋文藝，不應該是上海或香港文藝。南洋這地方的固有性，就是地方性，應該怎樣的使它發揚光大，在文藝作品中表現出來？」（郁達夫 14-

---

1　見苗秀 (2005)，頁 236。苗秀認為地方作家論戰雖牽涉不少意氣之爭，後來的焦點更落於「不科學地介紹地方作家方式」以及「誰配作地方作家」這兩點，偏離了丘士珍的問題初衷與關懷。他本身認為整個論戰還是有其正面意義，例如提高了馬華作家的地位，確定了凡是努力於當地文藝工作、創造出有一定價值的文藝作品，為當地大眾服務的，都是「地方作家」（苗秀 250）。

15）。郁達夫的「地方性」指的是「南洋性」，「地方作家」則指向南洋作家、馬來亞作家。換言之，「地方」不僅只是一個地理空間，而是包含一個文學社羣在其生活的地方所投注的情感意識、文化想像與身體感覺。在未有國籍的馬華文學之時，「地方」在南來文人的視野裏是一個相對於「中國」的指涉意涵。

隨著時日變遷，馬華文學中的「地方」意義也有所變動。尤其是文學或文化記憶中的地方想像，不一定強調其「固著性」與「根著性」，反而是折疊著認同的思考。筆者曾討論美國亞裔作家林玉玲 (Shirley Geok-lin Lim) 的「地方依戀」如何展現自我和地方關係以及地方與世界層層關係的思考。林玉玲是馬來西亞馬六甲人，在五一三種族衝突事件後赴美留學，隨後便在美國大學教書、寫作。林玉玲對馬六甲深厚的地方依戀，不僅依賴早期生活實踐所建立的文化記憶，更是以書寫方式重構及回溯一種「原初情感」。[2] 以此為基礎，以地方和他方所建立的關係裏找到自己的認同依據，或所謂的「原鄉」。「地方意識」與「地方感」的建構，亦可喻為離散作家的情感憑藉。不過「地方」也可能彰顯出封閉意義，尤其是把「地方」和「根」聯結，視地方僅是生活經驗的真實世界，拒絕抽象化的地方想像，那樣地方將無法成為一個具有複調、多元與混雜的空間、文化抑或認同想像。有意思的是，此亦可聯結至離散與反離散的爭議，如同反離散其中一項重要的主張，即訴求於以地方為本位的實踐以及對居住地的承擔（史書美 16）。但這會否會不小心把地方本質化，忽略它的多重符碼與指涉，則有賴於詮釋者的自覺。

究竟「地方文學」如何在以上所述各不同地方的符碼與

2　林玉玲不斷書寫馬六甲，不單單只是回溯自己的成長經驗，這個過去包含生活經驗與歷史記憶的「地方」成為她反思自身認同的起點。其中包括華人性與中國性二者。在〈中國尾聲：霸權、帝國與後殖民想像的間隙〉一文，林玉玲不但透露其崩解的認同意識，她開始從中國性／華人性想像欲望中抽身而出，轉而批判意識型態和霸權的中華帝國。有興趣者可參林玉玲著、王智明譯，〈中國尾聲：霸權、帝國與後殖民想像的間隙〉以及魏月萍，〈崩解的認同：林玉玲的「馬華」與帝國論述〉，兩篇文章皆刊登於《文化研究》no. 21 (Dec. 2015)，頁 206-225 及頁 226-232。

想像中建構其自身的文學型態？尤其是以文學結社為視角，如何窺探一個地方文學所建構的文學關係生態，通過不同文學社團的「關係性」，建立一個既立足於地方，又可超越地方的文學圈？這其中不僅可瞭解文學結社與地方文學的紐帶關係，同時折射出在特定時空脈絡底下的地方感知以及地方觀念。本文以馬來西亞位於北部大山腳的文學結社為問題紐帶，藉此探索地方文學圈的建構以及與其他地方文學的跨界互動等，以能梳理出馬華地方文學所呈現的文學文化系統的型態，以及文學結社、地域空間與時代氛圍之間的關聯。

壹、大山腳文學地理與文學結社

▶ 圖一：檳城地理範圍示意圖（取自 Google Map）

一、「大山腳文學」之爭議

大山腳 (Bukit Mertajam) 位於北馬檳城，[3] 屬於威省中部的市鎮。當地居民主要是華裔，以潮州人居多。它是南北鐵

3　大山腳 (Bukit Mertajam) 並非如華文是指向「位於山腳下」，而是早期大山腳山上長滿了「默達占」樹 (mertajam) 而得名。參洪木玖 (1986)，頁 14，〈開埠篇〉。那為甚麼 Bukit Mertajam 會變成大山腳？按大山腳作家陳政欣記述老鎮民的回憶——主要是這裏有火車站。火車站並排著兩條南北向永不接軌的鐵軌，而這個火車站就是在那座大山的腳下。參陳政欣 (2014)，頁 20。

道的樞紐，南下吉隆坡，北上泰國的必經之地。大山腳常
被形容為是一個半古老、半現代，深具潛能的城鎮。在二〇
一八年，一場以大山腳文學為主軸的研討會在大山腳日新獨
中舉辦，目的是「關懷地方，挖掘大山腳文學記憶過程中，
必也掘出族羣歷史與故事」（陳紹安 2018）。自一九五〇年
代起至今，大山腳作家累積了超過一百六十部的文學作品，
涵括小說、詩歌與散文，培養了不少青年寫作者。大山腳研
討會一個重要目的儼然是要彰顯「大山腳文學」。可是何謂
大山腳文學？向來以「盆栽論」概述馬華文學生存境況的黃
錦樹認為：「相較於『馬華文學』，『大山腳文學』規模更小，
當然更見窘迫。很令人懷疑規畫者是受到近二十年來臺灣地
方文學思潮的強烈的影響。有一股偏狹的氣味」。 換言之，
黃錦樹看待大山腳文學為地方文學，以為這當中「有一股偏
狹的氣味」（黃錦樹 2019）。這當中一個文學判準需要確認，
究竟要如何認定所謂的「大山腳文學」？黃錦樹從《母音階：
大山腳作家文學作品選 (1957-2016)》的選文標準指出一個直
接的悖論，對於大山腳文學的三種看法：（一）大山腳的作
家寫下的所有文學作品；（二）大山腳作家寫下的，以大山
腳為主題（或背景）的作品，又或是（三）不限於出生於大
山腳的作家寫的，大山腳主題的作品。而《母音階》主編辛
金順則如此說：

> 雖然，文學中的大山腳可以被視為一個符號，但
> 這個符號並不自我封閉於地方的固定性，它是流
> 動的，隨著一些寫作者的移出或遷入，暫居或久
> 住，土生或外來，都可豐富這文學符號的內涵。
> 因此當陳奇傑（小黑）校長、政欣和我在日新獨
> 中聊及，應該有一本「大山腳作家文學選集」來
> 展示「此時此地」作者羣的文學風格與特色，通
> 過老、中、青的創作作品，呈現出代際之間的書
> 寫差異與趨向時，我們都有一個共同理念，即所
> 選的作者，除了土生土長於大山腳的作者之外，
> 都可在考慮的範圍內。（辛金順 8）

辛金順對「大山腳文學」的判準，是以「此時此地」為選取基準，卻不強調地方的固著性。以居住在大山腳的作家作品為主，但不苛究他們是否是「土生土長」。此看法亦引來批評說「大山腳文學作品選集不一定收錄書寫大山腳場域的作品，而是以作家為選集界定，或土生、暫居、遷入，均可收入其作品。由是《母音階》充斥多樣與大山腳毫不相關的作品」（黃欣怡 122）。如果說「這些大山腳小說家並非一定在大山腳說故事，而且所說的也未必都是大山腳的故事」（林春美 2018:41），那「大山腳」作為一個地方座標或文化軸心，究竟意味著甚麼？從以上文學屬性、「文學身份」定位到「作品特色」產生的歧義，都直指一個核心問題：究竟作家與作品的文學身份與地方的關係是甚麼？再進一步叩問：地理位置與空間場域對於作家或作品的主體建構賦予怎樣的意義？關鍵問題或在於，我們僅把地方視為一個空間，或以出生地為作家文學身份，卻忽略這當中人的活動而進行的關係聯繫，如何可能拓展對地方文學的想像，促成不同地方文學圈之間的連帶關係，以下將以大山腳的文學結社試論述之。

二、馬華文學的文學結社

文學結社總予人一些豪情與浪漫的想像，一羣對文學與寫作志同道好的文友，共同組織一個創作與實踐文學理念的文學社團。可是文學結社的特性，往往受到特定的地方文化與時代氛圍的影響，必須加以脈絡化以瞭解它的形成過程以及現實客觀條件的促成與支持。例如在《結社的藝術：十六至十八世紀東亞世界的文人社集》（由張藝曦、王昌偉、何淑宜和許齊雄合編）一書，可洞悉古時候文藝結社的社羣性，往往與地域社會、地方文化型態、交遊網絡以及城市空間特色相互關聯。考察文社的「地方性」，有助於把握地方脈絡的特殊性。雖然現代社會的文學結社形式與特質大不相同，但參照該書「察勢觀風」的角度，仍可提煉出一套審

視文學結社如何受到風潮的影響，形成多層次多方面的交互激盪，來回往復（張藝曦 5）。而據賀麥曉 (Michel Hockx) 的研究，他把現代文學社團的類型分為慣例社團 (habitual societies) 和有組織的社團 (organized societies)。「慣例社團」是指作為與出版業有關的慣例的文學社團，沒有舉辦文學活動；通常，或甚至沒有會員。社團的名稱，會以編輯者或發行者，出現在文學雜誌的版權頁，但雜誌的其他地方不會提及。「有組織的社團」，通常由一羣朋友、伙伴或志趣相投的人士，也就是一般被稱為「同仁」的人士組成。無論是自籌資金或出版社提供資助，一般都會在當地報紙上，以官方公佈方式聲明自己的存在（賀麥曉 86-90）。雖然賀麥曉是以現代中國的文學社團和文學雜誌為考察線索，他對文學社團分類的解說，仍有助於理清不同性質的文學結社。

有關馬華文學的文學結社，或可追溯至戰前十九世紀末南來文人的文社，如「麗澤」與「會吟」二文社，皆由邱菽園所成立。邱菽園，為南來名士派文人，有「星洲寓公」之稱，創辦《天南新報》，扮演連動南洋和中國重要角色，為馬華文學留下一千首詩。當時文社不僅旨在推廣文教，同時也積極鼓吹文藝創作。在一九二四年成立的詩社——檀社，更是集聚了四十多位同好，以「酬唱風雅延續斯文」（高嘉謙 2016:398）。高嘉謙指出：遺民詩教的斯文延續，亦開創了南洋詩的地方意識與風土色彩，值得進一步追問的是：所謂的「地方意識」究竟具體指向甚麼？書中提及的「地方風土」是重要的線索。邱菽園的治游詩、艷情詩等已以星洲為主體，形成「詩歌在地深化的脈絡」（高嘉謙 2016:401）。這些詩的地方脈絡與生活紋路，聯繫著廣闊的政治與社會關懷，成為不同地方意識與情感聯結與共振的枝椏。

戰後的文學結社，則可追溯至一九五五年的友聯出版社，許文榮曾指出：「友聯出版社雖然是以出版社的名義所成立，但實質則是一個文人的社團組織，該社先後在新馬一帶出版了文學期刊《蕉風》及《學生周報》兩本核心刊物，帶動馬華文學的蓬勃發展」（許文榮 2015）。一九六〇年代的三個青年文社——位於北馬的海天社、中馬的荒原社以及

南馬的新潮社都和這兩份文學雜誌關係密切。此外，一九七〇年代在臺北創立的神州詩社以及天狼星詩社的前身——美羅綠州詩社，早已集聚了一批熱愛寫作的中學生。[4] 一九六〇年代文學社團創社背後的動因，縱然離不開寫作的熱情，背後最大的推力卻是與《蕉風》和《學生周報》有關。據馬漢回憶，一九六二年舉辦的第二屆「青年作者文藝營」是重要的因緣，當時參加的年輕人來自北馬、中馬與南馬三地：

> 於是在金馬崙高原的為期一週的聚會上，大家便
> 決定在「下山後」返回本身的居留地，各自創辦
> 一份文藝月刊。當時南馬以年紅、馬漢、夢平、
> 梁誌慶、古寅、鄭易、華山、于青等人為主幹，
> 決定創辦「新潮社」，並出版《新潮月刊》以小
> 說為主要的內容；中馬區以魯莽、張力、沙燕、
> 丘楓、金沙……等人為主幹，組成「荒原社」，
> 出版《荒原月刊》，內容側重於散文；北馬以慧
> 適、梁園、陳慧樺、冰谷、艾文、游牧、艾草、
> 憂草等人為主幹，創辦「海天詩社」，並出版以
> 詩歌為主要內容的《海天月刊》。[5]（馬漢 166）

　　《蕉風》是創辦於一九五五年的一份純文學雜誌，[6] 由新加坡友聯出版社出版，創辦人為余德寬，原在香港任《中國學生周報》社長。[7] 馬來半島獨立之後，編輯部便遷移至

4　身為中學生的他們已接觸許多臺灣文學作品，編手抄本的《綠洲》詩刊，也編過「余光中專號」、「葉珊（楊牧）專號」和「葉維廉專號」等。

5　南馬《新潮月刊》創刊於一九六二年五月五日，一九六四年八月停刊。中馬《荒原月刊》創刊於一九六二年五月十五日，一九六六年停刊。北馬《海天月刊》一九六二年五月二十五日創刊，一九六七年六月停刊。

6　《蕉風》最初以半月刊出版，一九五八年改為月刊，一九九〇年改為雙月刊，至一九九九年初休刊，出版時間長達四十三年，總共四八八期。《蕉風》在二〇〇二年復刊，由南方學院馬華文學館出版至今。

7　按陳建忠的研究：「《中國學生周報》創刊時的主要對象是『海內外全體中國學生』，而實際上集中服務於東南亞的華校生。」參陳建忠（2018），頁44，〈「美新處」（USIS）與臺灣文學史重寫：以美援文藝體制下的臺、港雜誌出版為考中心〉。

吉隆坡。初創刊時，主編是方天以及南來文化人馬摩西、李
汝琳等人，推行「馬來亞化文藝」；[8]後移至吉隆坡出版，
姚拓、黃思騁和黃崖都當過《蕉風》主編。友聯出版社是在
一九五一年四月，在亞洲基金會資助下成立。「亞洲基金會」
(The Asia Foundation) 由美國國務院與中央情報局成立，主要
便於美國在亞洲的文化宣傳工作（陳建忠 42），被視為第
三勢力的新興力量（余英時 136）。鑒於這層關係，友聯出
版社以及《蕉風》亦被視為「美援體制」下的文學雜誌，背
後具有反共文化的脈絡。《學生周報》創刊於一九五六年，
同屬香港友聯出版社旗下的文學刊物。兩份雜誌的編輯關係
密切，如姚拓所說：「像在《學報》服務過的川谷、周喚、
周清嘯、許友彬、張愛倫、華世英、王祖安、伍梅彩等等，
以後大多都在《蕉風》正式工作」（姚拓 572）。姚拓在回
憶錄中提到《學生周報》學友會組織的重要性，雖然只是學
生組織，卻串聯了全馬各地的學生。特別是在生活營當中，
通過潛移默化，對學生啟發良多（姚拓 566-567）。學友會
舉辦的野餐會、文藝營或生活營等，凝聚了各地喜歡文藝的
年輕人，如白垚所說：「傳播早春的種子」（白垚 28）。
學友會的活動多元，設有各種的日常活動，其中包括課輔活
動、學術組，也有屬於休閒的組別如歌唱組和舞蹈組等。王
梅香從文化冷戰角度，指說無論是生活營或學友會，在各課
程與演講中，都有意傳遞自由、民主的價值──「除了形塑
學友的社羣認同，而透過學習自由、民主的思考方式，也是
『間接反共』，將學友和更大的自由世界聯繫在一起」（王
梅香 2020a:35）。在冷戰背景底下，美英聯手的文化冷戰政
策，通過基金會、出版社，甚至是以文藝青年為主要訴求對
象的活動，在馬來亞貫徹西方的民主自由、現代意識以及反
共思想。當時的文藝青年是以怎樣的方式接受，是否認同並

8　針對《蕉風》的馬來亞化立場與實踐，林春美曾指出它與左翼作者提出的「愛
國主義」有異曲同工之妙，但關鍵不在「愛國」或「馬來化」，而是接受各
友族的多元文化──「融各民族的文化於一爐」。以此平等對待各族羣文化
的標準，有意識地形成文學左右格局中的「共識」。有關這方面的討論，參
林春美 (2021)。

轉化這些價值到實際的創作中，形成自由主義與左翼文學觀的抗頡？這些複雜的情況都需要進一步的釐清。[9]

早期《蕉風》主編黃崖亦扮演了重要的角色，在南、北馬與青年作者見面，鼓勵青年作者集資成立出版機構，出版個人著作。一九六二年，黃崖協助成立新綠出版社，出版馬漢《美好的時刻》、陳孟《小羊》、梁園《喜事》、慧適《橡樹花》、集文《流星》與魯莽《希望的花朵》等年輕作家作品，列為「新綠文藝叢書」（蔡佩璇 2018）。同時，黃崖也鼓勵組織文學社團，出版文學雜誌，催促了前述的海天社、荒原社與新潮社的誕生。另外也推動青年組織文藝團體，如霹靂文藝研究會（一九六九年一月十八日）與南馬文藝研究會（一九六九年九月三十日）。黃崖甚至也到東馬砂拉越和沙巴，拜訪古晉、美里、亞庇、山打根等地的文藝組織，報導西馬文藝界的情形。黃崖在全馬走動，拉攏和鼓勵青年成立文社、出版著作等，在文風低靡的一九六〇年代發揮了積極的作用，亦體現了南下作者企圖在海外重建中華文化傳統的理想（莊華興 2016:21）。至一九七〇年代，文學結社風氣未減，溫任平認為五一三種族衝突事件的震撼，喚起了華社的集體危機感，文化界即刻作出反應：

> 一九六九年九月秒南馬文藝研究會成立，七〇年七月檳城犀牛出版社誕生，七〇年九月綠洲社已具規模，兩年後擴大為西馬擁有十個分社的天狼星詩社。七一年東馬的砂勝越星座詩社成立，同年北馬的棕櫚出版社誕生。（溫任平 2015:132）

9　「英美協商」所推展的文化冷戰文化宣傳方式，也包括在各地新村設立公眾圖書館，引入臺灣出版的書，又或通過譯書的傳播，傳播西方的自由民主思想。詳細的討論可參王梅香（2020a）。又如作家白垚回憶起一九五七年在金馬崙舉行的生活營，聽陳思明演講〈人權史話〉，他疑惑十六、十七歲的通訊員如何瞭解這課題。縱然如此，他卻認為「種子已芽」，可知生活營亦流動著啟蒙的意義。參白垚（2007），頁 36，〈微覺歌塵搖大氣〉。後來白垚對左翼思潮與寫實主義有許多嚴厲的批評，是否如張松建所說「右傾幼稚病的簡單化思考」（324），需要更多的討論。參張松建（2020），頁 252-234，〈抒情的流亡：冷戰時代的跨國離散作家〉。

除了以上所提，一九七〇年代仍有人間詩社、鼓手出版社、天狼星詩社以及位於東馬古晉的星座詩社等。但文社、研究會以及出版社的成立，是否是對五一三事件的「回應」，以文學作為一種抵抗，是一九七〇年代文學行動主義最鮮明的展現（溫任平 2004:220-223），仍有不少思考空間。但如以上所論，六〇年代兩份文學雜誌對當時文藝起了推動作用，已根植文學結社的種子，無論是以文社、出版社或研究會的名義來凝聚文學同好。一九六二年的金馬崙高原的「青年作者文藝營」宛如激發了當時文藝青年寫作與出版的「分工意識」，以「一社一刊」方式在北中南三地進行文學連帶工作，這已嶄現一種立足於地方，實又跨越地方的文學合作與互助之雛型模式。

貳、文學結社的「跨界」

一九六〇年代北馬的文學風氣頗盛，在大山腳作家蕭艾的召喚下，成立了海天社。海天社原為「檳榔詩社」，蕭艾把詩社易名為海天社，由居林慧適擔任社長，大山腳作家憂草主編《海天月刊》，後來則由梁園接手編務。「憂草雄心勃勃想號召北馬五十位作者出版月刊」，把「居林的梁園、慧樺、太平的陳孟、吉北的淡瑩等，都拉攏進來」（易凌 2015）。一九六二年，海天社社員便已結集作品，在香港海鷗出版社出版創作文集《四月·我們》。[10] 海天社社員並非

10　作品集共九十七頁，分為三輯：第一輯是散文，選收憂草的〈一段年青的日子〉、〈海〉、〈一顆太早殞落的星〉、〈咖啡攤〉；慧適的〈漁村碼頭〉、〈果花及其他〉、〈瑩·含羞草〉；淡瑩的〈紅豆的懷念〉、〈星星〉；冰谷的〈江灘山上〉、〈帶你訪江沙王宮〉、〈烏鴉〉。第二輯是詩歌，選收蕭艾的〈自然·青年·速寫〉、禺零的〈熟了，自然會落下〉、〈一個啟示〉、〈別讓心河泛濫〉、〈在荒地拖犁〉；慧樺的〈夢詩〉、〈太陽照著美麗的田園〉、〈尋〉、〈拓荒者的微笑〉、〈海灣，默想〉、〈請別為我唱挽歌〉、〈在甘榜的夜晚〉；丘梅的〈邂逅〉、〈農人〉、〈讓我愛〉、〈在升旗山上〉、〈無名的小星〉、〈最後的戀歌〉、古天的〈喜氣洋洋的太陽〉、〈細雨黃昏〉、〈農材之晨〉、〈希望和翅膀〉。第三輯為短篇小說，選收陳孟的〈手錶〉、〈那一天晚上〉；游牧的〈活神仙〉、〈生與死〉；俊發的〈高攀〉、〈崩潰〉；林華的〈戴黑眼鏡的女人〉；秋朗的〈賭債〉；林峯的〈不幸者〉、〈送禮〉。

全來自大山腳，也有來自鄰近的吉打、霹靂等地，是以北馬作為文學想像共同體的青年文社。尤其是《海天月刊》為全馬文藝青年提供了文學創作空間，社員陳慧樺記述說：「《海天》原為北馬地區的在地刊物，可是像李錦宗、傑倫、夢平、端木虹、梁誌慶和林瓊等，他們可都是大馬中南部以至新加坡作者。另一方面，當時的著名散文作者王葛，小說家如王士源也在《海天月刊》發表作品」（陳慧樺 2018）。

　　值得一提的是，不少海天社社員與香港文學界關係密切。除了個人作品在香港出版以外，也積極投稿於香港文學雜誌如《當代文藝》。以梁園為例，據危令敦統計，梁園在《當代文藝》發表的作品，以雜文居多，共二十七篇，主要刊於「筆匯」專欄；也寫了兩篇評介馬華文學文壇現狀的長文，體裁介於雜文與議論文之間（危令敦 286）。[11]一九六七年十月《當代文藝》刊出了他的文章〈香港、大陸、臺灣與馬華文壇的影響〉，梁園比較中、港、臺對馬華文學的衝擊，評判三地的文學狀態，尤其是臺灣的現代主義文學與思潮，經由赴臺的留學生以及馬新刊物摘錄或轉載而轉入，對馬華文壇造成最大衝擊，由此思考馬華作家如何建立本土的文學主體性（梁園 19-20）。一九七二年梁園又發表了〈文學歸屬〉一文，這篇評論的重要性在於他認為中國以外的華文文學創作不宜再隸屬於中國文學，應脫離母體的影響與束縛。研究《當代文藝》與新馬文壇、作家的香港學者危令敦更有此論斷：

> 從今天的角度來看，梁園當年將英語語系文學、法語語系文學與中國大陸以外各地華文文學等量齊觀，實際上已開始思考華語語系文學的可能性。此文雖沒有明確提出「華語語系文學」之名，但確已邁出關鍵的第一步，堪稱此一論述的先聲，比陳鵬翔、張錯早了許多。（危令敦 318）

11　馬崙在梁園逝世後，撰寫回憶文章中也提及梁園「是十分多產的作家。他寫文章，從來不草稿，下筆即成章。」參馬崙(2005)，頁 235，〈霹靂河怒吼了：悼念梁園兄〉。

　　不只是梁園，海天社的冰谷和游牧也有不少作品刊登於《當代文藝》，只是梁園與《當代文藝》交情最深（危令敦 270）。這樣的文學跨界與互動的文學場域，已說明早期馬華文學圈已在尋求文學參照系，以能在一種文學相對化的情境底下，找出本土文學的特質與聲音。馬華作家與《當代文藝》的親近關係，也可以從《當代文藝》的社論中反映出來。執筆的主筆透露關心馬新作家，在於篤信文藝具有「超越性」的特質。一是不受政治、宗教和地域限制的獨立性格，「可以客觀反映現實，忠實的描寫人生，深切的發揚人性」（危令敦 86）；二是指文學與作家的跨越國界的流動性，甚至將香港與馬新一帶的「海外華文地區」視為一個性質相近的聯結體（危令敦 86）。雖說《當代文藝》本就主攻東南亞華人文化市場，但正因為這樣的視野，提供不同地域的文學互相吸收，相互影響，作為馬華作家重要的「文學接觸地帶」。

　　海天社之後，一九七〇年代末「棕櫚社」接捧，成為年輕作家逐夢場所。較為特殊是，棕櫚社是以出版社形式來結社，屬於賀曉麥說的慣例社團。棕櫚社七位創社社員除了檳島的溫祥英、在雙溪大年園坵任職的冰谷，以及遠在吉蘭丹做生意的蕭冰以外，其餘便是以大山腳為活動基地的寫作人，如宋子衡、艾文、菊凡和游牧。七個社員本有各屬的文藝團體，如冰谷是海天社成員、溫祥英加入中馬荒原社。當這些社團已結束，只好籌組新的社團（杜忠全 20），小說家溫祥英，談起加入棕櫚社的經過：

　　　　最初認識宋子衡，可能是在太平山上的蕉風野餐會；過後卻沒有聯絡，直至檳光學院的野餐會認識了菊凡之後。開始是籌組棕櫚出版社（七朵棕櫚花，現已剩下四朵了）。宋子衡是叢書的主編，從設計封面、版面，到與康華接洽印刷，都由他一手承辦。（溫祥英 2012）

棕櫚社是由寫作人組織的出版社，按月向社友收取月捐來籌募出版基金，供文藝出版。除了出版系列叢書以外，不曾動用基金來做其他用途（杜忠全 25）。棕櫚社社員自認棕櫚社只是「單純的出版公司，而不是甚麼團體組織」（杜忠全 25），據社員回憶當時出書的情況是：

> 七個社友每人每月捐三十元作基金，半年過後，便能籌集得逾一千元的出版基金——按當時（七〇年代）大約每千元即可出版一本書（以印數一千本計）的物價水平而言，大約半年的時間，他們便能籌足第一本書的出版經費了。
>
> （杜忠全 25）

以文學同道互助模式，創社七位社員都出版了第一本書——《宋子衡短篇》(1972)、《冰谷散文》(1973)、《艾文詩》(1973)、《溫祥英短篇》(1973)、《游牧散文》(1975)、《蕭冰短篇》(1975) 和菊凡《暮色中》(1978)，為「棕櫚叢書」第一輯。一九八〇年代之後，第二批社員加入，如陳政欣、蘇清強、落葉、林月絲等（李錦宗 19），繼續文學出版工作。棕櫚社註冊地址也從冰谷工作的園坵轉向大山腳（冰谷 2018）。棕櫚社與海天社關係密切，社員高度重疊，也和地理位置有關，如蘇清強所述：

> 居林與大山腳，雖然屬於不同州屬，卻相當靠近。很自然的，兩地文友互相接觸，常常聯絡。有活動時拉在一起，根本就沒有彼此之分。除了游牧以外，當年在《海天詩刊》發表許多詩作的蕭艾、艾文、禺零等，都住在大山腳。給海天寫散文和小說的宋子衡，也是大山腳人。因此成立棕櫚社，海天社也有成員加入，並不為奇。
>
> （蘇清強 2018）

一九七七年，大山腳文風社成立，棕櫚社的菊凡扮演關

鍵角色。當時菊凡在大山腳日新國中教書，校園文藝活動不少，有一些學生熱衷於文藝閱讀與寫作，常常有文藝聚會，他也參與討論。文風社的結社，與海天社、棕櫚社不同，基本上是以校園作為社團的基地，這和怡保美羅綠洲詩社性質相似。文風社創社社員陳強華（馬華已故詩人）曾透露受到天狼星詩社的影響，希望能以文藝結社的形式來繼續這樣的一種活動模式，最後出現以地下形式結社的文風社。「日新校友會文風學社簡史」記：「一九七七年三月七日，五位對文學興趣濃厚的大山腳日新中學學生──符和安、黃英俊、陳強華、陳錦樹和賴廣進，共同成立文風學社，由黃英俊提議命名陳強華任社長」（文風社 126）。

　　文風社是校園結社，舉辦的活動不只討論現代詩，也包括不同文類的文學，甚至邀請棕櫚社的社員擔任顧問。在一九七九年，文風社中堅分子陳強華與黃俊華到臺灣留學，此後就主要由菊凡來推動社內的文學活動。菊凡認為：「文風社是年輕人對文藝的熱誠而促成的，如果我們能對這些年輕人加以引導和鼓勵，讓他們往後持續在文藝創作的道路上耕耘，那麼，我們棕櫚社，也就不怕沒有文藝新血了」（杜忠全 37）。由此可瞭解文風社與棕櫚社的互動關係，意在培養年輕寫作種子。一九八二年以後，文風社開始有能力舉辦文藝營，邀請北馬作家主講，開放名額讓全國各地中學生參加，吸納不同地方的年輕社員，成為立足於大山腳，又容納各地成員的「跨地方」特色。後來文風社的活動逐漸消停，除了隨著學生畢業、出國留學等因素以外，無法獲得日新校友會的撥款資助也是重要原因，最受影響的是已舉行八屆的文藝營。到了一九八九年，文風社已然是「冬眠」狀態。

　　雖然菊凡在主持文風社時，不拘泥於特定文學流派，如他所說：「文學不是政治，絕對不能受固定一種主義的陶冶，而把年輕一代對文學的認識，侷限於一個小天地中」。但文風社本與現代主義文學關係深刻，在陳強華和黃英俊帶領下，曾討論丁穎的詩〈走在雨中〉、余光中的詩〈蟋蟀及機關槍〉、鍾玲玲的詩〈假若我死〉、紫一思的詩〈成熟的果園〉，鄭愁予的詩〈錯誤〉和陳慧樺的詩〈樹與天線〉

等。此外，也以現代主義的理論與現代詩的技巧作為討論的主題，如黃英俊就曾主講〈詩的節奏與音樂性〉，艾文和方昂分別主講過現代詩的創作技巧（蔡佩璇 39）。

關於文風社年輕社員的現代詩啟蒙，天狼星詩社有重要的文學影響。文風社創辦人原本是天狼星詩社在北馬的分社綠洲的社員。天狼星詩社的成立於一九七三年，前身為綠洲分社，草創於一九六七年。天狼星詩社創辦人溫任平以及其弟溫瑞安，擁有強烈的文學抱負，冀在文學實踐中建立「內在中國」，一個符號化的「古典中國」。溫任平在創社初期便與社員到吉隆坡拜會姚拓、白垚、悄凌、周喚等人，與《蕉風》、《學生周報》建立密切關係。一九七三年溫任平與溫瑞安到北馬拜訪艾文、宋子衡、游牧、菊凡、溫祥英、麥秀、蒼松等人，加強與北馬文友的聯繫（溫任平 1999）。未赴臺灣留學前的溫瑞安，已擅長活動與凝聚文學同好，「南上北下，一方面與《蕉風》、棕櫚、犀牛等文友聯繫，一方面藉旅行之便物色人才加盟天狼星」（溫任平 2004:221）。後來溫瑞安退出天狼星詩社，在臺北創辦神州詩社，開啟「文武合一」的文學結社模式。[12] 在溫任平領導下，天狼星詩社以文學現代主義創作理念，抗衡他所認為的馬華現實主義的話語霸權，如他所說：「文學需要推廣。現代主義必須要有團隊，而且還是可以發揮團隊精神的組織，才足以與老舊陳腐而偏又『店大欺客』的現實主義抗衡」（溫任平 2004:221）。

天狼星詩社在全國城鎮成立分社，每年六月詩人節主辦文學聚會。聚會一般是三天兩夜，以文學常識、文學辯論、限時創作等比賽培訓新人，優勝者可得余光中、楊牧、張曉風、白先勇或王文興等現代派作家的作品。也設有文學研討

12　神州詩社於一九七六年一月一日在臺灣創辦，在臺灣留學的馬來西亞華裔學生如溫瑞安、黃昏星（李宗舜）、廖雁平、周清嘯和方娥真是詩社的中堅分子。他們都是來自霹靂州美羅小鎮華文中學的華校生。在中學時期已創辦〈綠洲〉文社，活躍於天狼星詩社，對臺灣投以熱切的文學與文化想像。未到臺灣時，他們已把臺灣想像為「自由中國」，是文化復興、反共事業的「祖國」，後來神州詩社確也一以貫之貫徹這樣的文化信念。可是，這種種的舉措在後來人的眼中卻是「錯置」、「錯位」或「錯亂」的行為。具體討論請參拙作〈迂迴的關係：神州詩社與臺灣鄉土文學論戰〉，《文化研究》no.32 (Spring 2021)，頁 73-102。

會，由詩社資深詩員發表論文，供提問討論。天狼星詩社的結社與詩社的經營方式，和一九六〇年代的海天社、荒原社、新潮社或一九七〇年代的棕櫚社、文風社都大不相同。它擁有較強的「中國性」(chinessness)特質，自覺於「再漢化」(resinolization)的文化心理，強調對民族文化文學傳統認識的深化（溫任平 2015:157），表現出文藝青年的身份認同焦慮與危機。天狼星詩社與《蕉風》、《學生周報》皆為現代主義文學陣地，在一九七〇年代建構了現代主義的文學網絡。

一九九〇年代，文風社創辦人陳強華從臺灣留學回到大山腳任教，創立了「魔鬼俱樂部」詩社與詩刊，同樣亦以一社一刊方式，延續文學結社的風氣。

結　語

縱觀以上所述，海天社、棕櫚社和文風社的結社，都以大山腳作為書寫與文藝活動的核心場域，並建構了青年文學與出版的文學圈。不同社團社員間的承傳或接力，反映了結社作為一種文學關係的拓展。這樣的文學關係，在創作與出版上展現分工、互助與相互借力的型態。在文學空間上，除了北馬文學圈的密切互動，也有賴於《蕉風》與《學生周報》所建立的全國性活動網絡。再加上六〇、七〇年代香港文學界與文藝刊物如《當代文藝》有意識地建構華文文藝據點，對馬新文藝影響甚大，也提供馬新作家與港臺作家互動的機會。此時大山腳作為一個文學軸心，無論是於境內與不同文學圈的互動或與域外文學界的交流，經由文學的發聲與抒情，賦予大山腳更多層次的人文與文化意義。

值得關注的是，以上文學社團雖較傾向現代主義，但創作的內容卻大多扣緊馬來亞，抒發蕉風椰雨下對家園與生活的想像，與天狼星詩社作品比較，更具鄉土抒情的情懷。[13]在海天社社員如憂草、梁園的作品當中，都可感受「馬來亞」的本土感覺結構，符合莊華興所言：「有意識實踐『馬來亞

13　有關大山腳作家的鄉土抒情以及青年羣體網絡的形成，可參高嘉謙 (2019)。

化』的書寫」（莊華興 2019）。審視棕櫚社與文風社的文學作品當中，可知所謂的「馬來亞化」已內在於大山腳的人文地理、歷史記憶以及生活意識。這並不意味當「地方」具有「此時此地」特色，只能指向一種地景式的地誌文學。反之，「地方」的時間是不斷往返於過去和現在，亦包含未來的想像。「此時此地」亦承載著時間的迴旋記憶。而從空間想像與實際的互動，縱然以大山腳作為地方文學的主體，它卻維持著浮動、游移與互動的邊界，以及人在這其中不斷的跨界行為。如此而言，它便有前文紀登所說的日常生活建構，也有阿帕杜萊所指經由人的互動的聯結，是一個社會空間與日常空間不斷交融的地方，即在地即跨界，地方與他方文學連動，呈現一種以文學結社與文學圈互動的地方文學建構型態。

徵引文獻

白垚 (2007)《縷雲於綠草》（八打靈再也：有人出版社）。

冰谷 (2018)〈那人卻在燈火闌珊處：宋子衡與棕櫚社的文學因緣〉。《星洲日報・龍門陣》，3 Feb.。

蔡佩璇 (2018)《大山腳文學與馬華文學主流之互動：文風社之創設及其文學活動》。畢業論文，馬來西亞蘇丹依德理斯教育大學中文學程，霹靂丹絨馬林。

陳慧樺 (2018)〈海天社（月刊／副刊）對馬新文壇的貢獻〉。「大山腳文學」國際學術會議，10-11 Mar.，檳城大山腳。

陳建忠 (2018)《島嶼風聲：冷戰氛圍下的臺灣文學及其外》（新北市：南十字星文化工作室有限公司）。

陳紹安 (2018)〈以文學喚起大山腳人的情懷〉《重現山腳下傳奇》。《星洲日報》，28 Jan.。

陳政欣 (2014)《文學的武吉》（八打靈再也：有人出版社）。

Cresswell, Tim [蒂姆・克雷斯韋爾] (2006)《地方：記憶、想像

與認同》(*Place: A Short Introduction*) [2004]。王志弘、徐若玲（譯）（臺北：羣學出版公司）。

杜忠全 (2016)《文字心結：馬華作家訪談錄》（怡保：法雨出版）。

Hockx, Michel [賀麥曉] (2016)《文體問題：現代中國的文學社團與文學雜誌》。陳太勝（譯）（北京：北京大學出版社）。

洪木玖 (1986)《大山腳史略》（大山腳：獨立出版）。

黃錦樹 (2019)〈大山腳盆栽〉。*Facebook*，29 Sept. (www.facebook.com/882924861860003/posts/d41d8cd9/1394001567418994/)。

黃欣怡 (2019)〈山腳下的文學等待被看見：大山腳作家選集與文學國際學術研討會的一點觀察〉。《季風帶》no.11 (Apr.): 115-130。

高嘉謙 (2016)《疆土與現代性：漢詩的南方離散與抒情 (1895-1945)》（臺北：聯經出版公司）。

高嘉謙 (2019)〈畫夢的鄉土：論憂草散文的鄉土感性與抒情〉[2018]。鍾怡雯、陳大為（編）：《馬華文學批評大系・高嘉謙》（桃園：元智大學中語系），41-66。

李錦宗 (1996)《八〇年代的馬華文壇》（新山：彩虹出版社）。

梁園 (1967)〈香港、大陸、臺灣與馬華文壇的影響〉。《當代文藝》no.23 (Oct.): 19-20。

林春美 (2018)〈《蕉風》吹到大山腳：一九七〇年代小說敘事〉。日新百年校慶委員會、大山腳文學國際學術研討會工委會（編）：《大山腳文學國際學術研討會論文集》（馬來西亞：日新百年校慶委員會、大山腳文學國際學術研討會工委會）。

林春美 (2021)《〈蕉風〉與非左翼的馬華文學》（臺北：時報文化公司）。

Lim, Shirley Geok-Lin [林玉玲] (2015)〈中國尾聲：霸權、帝國與後殖民想像的間隙〉。王智明（譯）。《文化研究》no.21 (Dec.): 206-225。

馬漢 (1995)〈新潮社與《新潮月刊》〉。《文學因緣》（雪蘭莪：烏魯冷岳興安會館），163-170。

馬崙 (2005)〈霹靂河怒吼了：悼念梁園兄〉。《馬華文藝脈搏》（吉隆坡：嘉陽出版）。

苗秀 (2005)〈「地方作家」論戰（一）〉。《馬華文學史話》（新加坡：青年書局）。

史書美 (2017)《反離散：華語語系研究論》（臺北：聯經出版公司）。

蘇清強 (2018)〈大山腳下文風盛〉。《星洲日報・龍門陣》，2 Feb.。

王梅香 (2020)〈攫取意識和靈魂的無聲戰爭：馬來亞的文化冷戰〉。趙恩潔（編）：《南方的社會，學：行動作為倫理》（新北市：左岸文化出版），23-50。

王梅香 (2020a)〈當圖書成為冷戰武器：美新處譯書計畫與馬來亞文化宣傳 (1951-1961)〉。《臺灣社會研究季刊》no.117 (Dec.): 1-46。

魏光莒 (2011)〈地方的構成反思現代空間：一種現象學地理學的解讀〉。《環境與藝術學刊》no.11 (June): 107-129。

魏月萍 (2015)〈崩解的認同：林玉玲的「馬華」與帝國論述〉。《文化研究》no.21 (Dec.): 226-232。

魏月萍 (2019)〈文學（政治）的行動：神州詩社與臺灣鄉土文學論戰的迂迴關係〉。「文學冷戰與記憶政治」國際學術研討會，7-8 Sept.，國立交通大學，新竹。

危令敦 (2019)《〈當代文藝〉研究：以香港、馬新、南越的文學創作為中心的考察》（香港：天地圖書）。

文風社 (1988)《上燈的時候》（大山腳：藝術圖書公司）。

溫任平 (1999)〈天狼星詩社與馬華現代文學運動〉。江洺輝（編）：《馬華文學的新解讀》（吉隆坡：馬來西亞留臺聯總），153-176。

溫任平 (2004)《靜中聽雷》（吉隆坡：大將出版社）。

溫任平 (2015)《馬華文學板塊觀察》（臺北：釀出版）。

溫祥英 (2012)〈穩重的存在〉。《南洋文藝・宋子衡紀念專輯》，28 Feb.。

辛金順 (2018)〈從在地出發：看見大山腳〉。辛金順（編）：《母音階：大山腳作家文學作品選集 (1957-2016)》（八打靈再也：有人出版社），6-12。

許文榮 (2015)〈馬華文學之路〉。《東方日報》，20 Sept. (www.orientaldaily.com.my/news/maidong/2015/09/20/103792）。

郁達夫 (2019)〈環繞著抗戰問題的文藝論爭（一）・幾個問題〉。王潤華、潘國駒（編）：《魯迅在東南亞：對文學、政治、社會與文化影響》（新加坡：八方創意），13-16。

姚拓 (2005)《雪泥鴻爪：姚拓說自己》（吉隆坡：紅蜻蜓出

版公司）。

易凌 (2015)〈「回首五十年」之一：海天社一哥──蕭艾 (1962-1972)〉。《光華日報》，8 Dec.。

余英時 (2018)《余英時回憶錄》（臺北：聯經出版公司）。

張松建 (2020)《華語文學十五家：審美、政治與文化》（臺北：秀威資訊）。

張藝曦（編）(2020)《結社的藝術：十六至十八世紀東亞世界的文人社集》（臺北：聯經出版公司）。

莊華興 (2016)〈戰後馬華文學（民國）遺址：文學史再勘察〉。《臺灣東南亞學刊》no.11 (Apr.): 7-30。

莊華興 (2019)〈建國時期馬華作家梁園〉。《當代評論》，26 May (contemporary-review.com.my/2019/05/26/1-175/)。

在臺馬華文學的認可模式及其變遷

——以鍾怡雯與賀淑芳作品為例

詹閔旭

前　言

　　這一篇論文打算討論在臺馬華文學的接受與認可。在臺馬華文學座落於臺灣文學和馬華文學之間共構交織出的跨國空間，不少馬華文學史的代表性作家都曾留學臺灣，或入籍臺灣。在臺馬華作家的亮眼表現也讓這一支隊伍深受研究者青睞，目前已有兩本專書——分別是陳大為《最年輕的麒麟：馬華文學在臺灣 (1963-2012)》(2012) 和溫明明《離境與跨界：在臺馬華文學研究 (1963-2013)》(2016) ——系統性梳理在臺馬華文學史的發展，足見此類別已自成系譜。

　　然而，我發現研究者往往把在臺馬華文學理解為一種「離境的馬華文學」。上述提到的兩本學術專書是很好的例證。陳大為曾提出馬華文學三大板塊說——西馬文學、東馬文學、旅臺文學，這三大板塊的發展場域和作品樣態不盡相同，「但原本各自發展的三塊板塊在『馬華文學』的名義下湊在一起，組成完整的馬華文學」（陳大為 15）。他在《最年輕的麒麟：馬華文學在臺灣 (1963-2012)》延續同樣的論述架構。這一本書屬於國立臺灣文學館主持的臺灣文學史長篇計畫，不過陳大為把在臺馬華文學定位為馬華文學聯邦

之一，是「不在馬來西亞」的馬華文學，顯然把在臺馬華文學放在馬華文學框架，而不是置放於臺灣文學場域，檢視在臺馬華文學作為一種境外移入文學與臺灣文學場域之間千絲萬縷的互動。同樣的，溫明明對馬華文學的認知和劃分也隱然呼應陳大為的觀點。溫明明《離境與跨界：在臺馬華文學研究 (1963-2013)》開宗明義引述陳大為的三大版塊說法，溫明明強調，在臺馬華文學自一九六三年星洲詩社創立自二〇一三年，經歷五十年的發展，已然在臺灣場域內部建立起一個馬來西亞以外的「離境的馬華文學傳統」（溫明明62）。溫明明此處的「離境」，指的是從中國，至馬來西亞，復又抵達臺灣的不斷流動過程，藉此描繪出在臺馬華文學的獨特動線。無論是陳大為或溫明明，兩人皆把在臺馬華文學理解為一種「離境的馬華文學」，這同時也是大多數學者理解在臺馬華文學的論述取徑。

　　事實上，「馬華文學」和「在臺馬華文學」所蘊含的課題不盡然相同，在臺馬華文學涉及到一些馬華文學無需面對的挑戰，因此需要開發不同的方法學。這兩者最核心的差異在於，「馬華文學」回應馬來西亞國家主義、離散與華裔身份的思索；相較之下，「在臺馬華文學」較為複雜，它某一部分根植於前者的基礎，卻也更進一步牽涉到馬華文學在臺灣被接受、傳播、認可的複雜境遇。倘若我們沿用「離境的馬華文學」框架，糾結於在臺馬華文學與馬華文學傳統的連帶關係，將難以更全面地檢視在臺馬華文學隱含的獨特課題。馬華文學研究者張錦忠一針見血地提到：「討論馬華文學在臺灣複系統中的位置，或臺灣文學的馬華文學現象，宜從文學接受學著手，檢視這些作者是否受到臺灣文壇同道認可，或其作品在臺灣被接受或流通的情形」（張錦忠2003:138）。張錦忠在此突顯文學接受學的重要，他試圖強調，即便對臺灣懷抱強烈文化中國認同感的東南亞創作者，仍渴望獲得「臺灣文壇同道的認可」。「認可」不等於「認同」。認可政治 (politics of recognition) 回應馬華文學在臺灣的接受境遇，認同政治 (politics of identity) 則更關注東南亞華人對於自身華人屬性的思索，難以混為一談。

　　為此，這一篇文章希冀從跨國文學傳播與認可的角度探索在臺馬華文學，將有助於學界研發一套討論在臺馬華文學的迥異論述框架。論文分為三個部分。第一部分討論在臺馬華文學的定義與內容，我尤其側重何種歷史情境讓「認可作為方法學」成為研究在臺馬華文學的論述取徑。論文第二部分梳理一九八〇至一九九〇年代臺灣文學場域的運作如何介入在臺馬華作家的創作過程與內容，臺灣文學場域成為在臺馬華文學「文學化」(littérisation) 的關鍵機制。我在這一部分將帶入世界文學研究者卡薩諾瓦 (Pascale Casanova) 關於跨國認可機制的相關看法。第三部分則探討在臺馬華文學論述的累積，逐漸讓在臺馬華文學作家和學者在二〇〇〇年之後躍升為新的認可機制核心，具有賦予文學性，乃至於挑戰臺灣文學認可機制的能動性。

壹、在臺馬華文學的定義與內容

　　學界曾經使用「馬華留臺文學」、「馬華旅臺文學」稱呼這一羣在臺灣創作的馬華作家。「旅臺」和「留臺」兩個名詞皆指有臺灣生活經驗的馬華作家，「旅臺」指仍住在臺灣的作家，「留臺」則指已經離開臺灣的作家（陳大為27）。這兩種稱謂適用範圍較為縮限，目前較常使用「在臺馬華文學」這個比較有彈性的用法。何謂「在臺馬華文學」？根據張錦忠的定義，「『在臺馬華文學』不一定限於馬華作者在臺，也指『馬華文學』在臺，即作品在臺灣出版流通」（張錦忠 2011:95）。同樣地，陳大為也從文學作品出版與榮獲文學獎的角度貼近「在臺」的內涵，突顯「在臺」所提供的理論介入點：

> 「在臺」則是現階段馬華文學在臺灣發展的一
> 個現象，它的存在依據有一部分來自「在臺得
> 獎」，更大的一部分來自「在臺出版」。自
> 一九九〇年代旅臺作家羣在臺灣各大文學獎迅
> 速崛起，進而雄踞西馬華文期刊的版面之後，

> 具有高度公信力和競爭力的臺灣文學獎，便成
> 為馬華在地作家眼中的成名捷徑，或朝聖之
> 路，任何一項臺灣大獎的含金量都遠高於馬華
> 的獎項（陳大為 29）

　　綜合張錦忠和陳大為兩人的說法，「在臺馬華文學」至
少具有兩層內涵：（一）從作家身份來定義，指的是曾在臺
灣留學、工作、或正定居臺灣的馬華文學創作者。當我們從
「身份論」的角度來討論在臺馬華文學，通常很容易陷入前
述「離境的馬華文學」框架；（二）從作品認可角度來定義，
無論創作者是否具備留學臺灣經驗，一旦馬華作家的文學作
品在臺灣出版、流通，便歸類在臺馬華文學的一環。簡言之，
「在臺馬華文學」指的既是「作家的在臺」，亦是「作品的
在臺」。

　　這一篇文章正立基於「認可論」的角度，討論在臺馬華
文學，希冀有助於挑戰「離境的馬華文學」觀點，因為認可
觀「對於文學位置的判斷，依賴的不只是作品在哪裏被書
寫，同時也是這些文學作品如何在某地被分類且賦予社會意
義」(Walkowitz 527-545)。

　　何以馬華文學會在臺灣被書寫？被分類？被賦予社會意
義？在臺馬華文學的發展可追溯到一九五〇年代，臺灣僑務
政策與馬來西亞種族政治是促成在臺馬華文學現象的雙重背
景。首先談臺灣僑務政策方面，中國國民黨政府在一九四九
年撤退到臺灣，在美國經濟勢力扶植下，積極從政治、經
濟、教育等面向推動僑務政策，如在一九五〇年宣布僑生投
考優待辦法；一九五一年制訂保送來臺升學辦法；一九五三
至一九六五年納入美援計畫，提供生活費、旅費、硬體建
設等；一九五四至一九六五年挹注高達三億臺幣經費——種
種優惠政策期望吸引僑生赴臺升學，鞏固中華民國為全球華
人中心的正統性，也利於美國在冷戰期間的戰略佈局（李盈
慧 1997；范雅梅 2011；陳慧嬌 2006）。僑務政策吸引戰後
臺灣第一波自馬來西亞、新加坡、緬甸等東南亞國家赴臺留
學。這一臺依循留學補助政策抵臺的東南亞學生在大學學業

屆滿以後，部分學生回歸東南亞母國，但也有一些學生選擇定居臺灣，造就戰後臺灣第一波東南亞移民浪潮。

另外一方面，馬來西亞種族政治也促成馬華文學的跨國聯結。一九六三年，馬來亞聯合邦、沙巴、砂拉越及新加坡組成馬來西亞。這個新興國家由馬來人掌權，華人、印度人與其他種族在當地淪為弱勢族羣，不只分配資源較稀薄，更受到種種政策上的箝制。而文學的箝制尤為明顯。馬來西亞國家文學只認可馬來文創作，馬來西亞華人的華文作品並沒有辦法納入馬來西亞國家文學系譜。馬來西亞的種族政治與馬來國族主義大大擠壓了馬來西亞境內弱勢族裔的權益。尤其是一九六九年五一三事件以後，不少華人選擇遠走他鄉，另尋天地。有些作家遠赴英美等地成為英語語系作家，如林玉玲 (Shirley Geok-lin Lim)、歐大旭 (Tash Aw)；而有的則循著國民黨政府一九五〇年代起僑務政策的補助，赴臺灣求學唸書，形成備受全球華文文學社羣矚目的「在臺馬華文學」。

從這個角度來看，在臺馬華文學不免是一種「清貧文學」(poor literature)。此處的「清貧」，指的並非作家經濟狀況困窘，亦非作品的美學表現不足，而是在臺馬華文學所擁有的「來自外界的文學資源」相對貧困（無論是相對於馬來西亞文學、臺灣文學）。在臺馬華文學之所以是清貧的文學，有兩個原因，這兩個原因都與有限的文學資本相關：

第一，在臺馬華文學無法獲得馬來西亞官方資源的挹注。文學作品的永續發展仰賴健全的文學生態，包含創作、出版、推廣、典藏、教育和研究等各種面向。法國世界文學學者卡薩諾瓦建議把文學周邊活動視為一種文化指數，包含出版量、銷售狀況、文學獎、文學系所、文學館舍、翻譯數量乃至於以作家為名的街道，這些都是用來評估文學體系發展是否健全的標準 (Casanova 9-12)。舉例來說，莎士比亞不只是重要英國文學資產，更能整合為文學教育、文學觀光、文學跨媒介譯介的基石，一方面從中尋求文學作品的永續生機，另一方面窺見文學在該國文化扮演的舉重輕重角色。然而，如上所述，馬來西亞官方只認可馬來文創作，馬華文學的發展只能往民間尋求援助，在缺乏國家資源挹注下，即便

馬華文學創作者再如何積極創作、交出再亮眼的作品，馬華文學創作終究難以成為更進一步發展成更為健全的文學生態。在馬來西亞的馬華文學無法獲取官方挹注，更遑論不在馬來西亞的在臺馬華文學。

第二個原因，是移民文學的侷限。在臺馬華文學不但難以獲得馬來西亞官方資源，它在臺灣的發展也屢受挑戰。這並不難想像，畢竟在臺馬華文學被歸類為海外華人文學、華僑文學、或者是移民文學，較少有機會掌握臺灣文壇的主導性地位，也不見得能獲得讀者、評論者等的重視。翻開臺灣文學史，不同時代的臺灣文學史對於馬華文學處理篇幅比重不一，很清楚說明在臺馬華文學受到重視程度的變化。一九八〇年代末期，葉石濤《臺灣文學史綱》(1987)、彭瑞金《臺灣新文學運動四十年》(1991) 等文學史著作彰顯臺灣文學的本土性，因此即便李永平《吉陵春秋》廣受文壇好評，卻因史觀不同、移民社羣與本土文壇的距離，致使馬華文學難以納入葉、彭二人的臺灣文學史。隨著跨國主義、跨文化流動在二〇〇〇年以後逐漸受到重視，此時期文學史如邱貴芬等著《臺灣小說史論》(2007)、陳芳明《臺灣新文學史》(2011) 大幅度增加在臺馬華文學的篇幅，或者國立臺灣文學館「臺灣文學史長編」計畫特邀陳大為撰寫在臺馬華文學專書。從這個角度來看，在臺馬華文學沒有獲得臺灣所提供的文學資源？顯然不是。只不過，在臺馬華文學作為一種移民文學，它所獲得的關注與資源並不穩定，往往受到臺灣主流公共論述的影響，而有所變動。

在臺馬華文學作為一種清貧文學，除了有助於理解它所擁有的外部文學資源較為欠缺，更能理解在臺馬華作家的多元文學養分與源源不絕的創造力。「清貧文學」轉引自肯亞作家恩古吉 (Ngũgĩ wa Thiong'o) 的「清貧理論」(poor theory)。依據恩古吉的看法，當人們處於困苦，由於手邊所擁有的資源有限，反倒意外激發超凡創意與實驗精神。這種奔放的創造力來自於務實的考量、真實的需求 (Ngũgĩ 4)。舉例來說，對一個有經濟能力購物消費的人，他往往會選擇到服飾店購買現成衣服；但對無力負擔衣服開銷的人來說，他

只好善用手邊既有資源，選擇把不同顏色、材質、形狀的舊衣布料裁剪成各式各樣的拼貼衣。儘管拼貼衣價廉，卻可揮灑出獨一無二的創作者性格，反倒別具特色 (Ngũgĩ 3)。恩古吉的「清貧」不是一種馬克思主義式的階級控訴，亦非阿 Q 式的安貧樂道，而是強調一種置之死地而後生、積極向外取資的能動性，並透過最少的資源完成最多的事情，從「有限」裏挖掘出「無限」的潛力 ("maximizing the possibilities inherent in the minimum") (Ngũgĩ 3)。

身處在國家整體未能提供充分後盾的馬來西亞，馬華文學的發展不免處處受限，為此，馬華作家只好遠赴外地汲取資源。黃錦樹在〈南方華文文學共和國〉這一篇論文主張，相較於馬來西亞華文文學社群的清貧化，臺灣與香港的文學建置顯得更為富饒完整，致使馬華文學在一九五〇年代之後不斷輸入、吸收港臺文學養分，這背後正是緣於「清貧」的動力。不過，黃錦樹警告，馬華文學向臺港文學取經，可能落入「依賴理論所描述的邊陲對中心和半邊陲的依賴狀態」（黃錦樹 2018:13）。這裏的「邊陲」不是指政治或經濟資本弱勢的國家，而是呼應我上面提到的，文學資本的清貧。從赴臺留學的馬華作家訪談或文章裏，一再讀到他們描述初抵臺之際，首次接觸到臺灣富饒文學體系與資本的震驚。

「清貧」與「富饒」的區分深具意義，點出文學世界裏隱含的權力位階關係，認可政治浮上檯面。對此，卡薩諾瓦的《文學世界共和國》(The World Republic of Letters) 是不可不提的指標著作。卡薩諾瓦把巴黎、倫敦、紐約等大城市視為具備跨國文學祝聖 (concentration) 能力的文學首都，這一些文學首都手握跨國認可的通行證，可決定哪一篇作品屬於優秀作品，哪一篇作品則不具有美感。因此，出身邊陲——諸如亞洲、紐澳、加拿大、中南美、非洲——的作家倘若有意爭取國際文學首都的認可，勢必需要嫻熟掌握大國美學品味，只為了「『找到進入的大門』以及得到一個（或者多個）中心的認可」(Casanova 44)。為何需要被認可？認可不只是被看見，更是文學化 (littérisation) 的過程，卡薩諾瓦強調：

> 以受自主評論認可的形式來接受祝聖，是文學
> 通關的一種途徑……對於那些來自文學貧瘠地
> 區的文本來說，重要的祝聖所帶來的神奇蛻變
> 是一種質的飛躍，是由不存在走向文學存在，
> 從不可見走向文學狀態；在這裏，這種變化被
> 稱為文學化。(Casanova 145)

　　從字面意義來看，文學化是讓作品變得更接近文學，那是一種「從一個普通的物質變成具有絕對價值的金子」(Casanova 145)。卡薩諾瓦此處的質疑是，甚麼是文學的標準？誰的標準？由誰判斷？卡薩諾瓦這一段話嘗試突顯認可機制——她所謂的「祝聖」(consecration)——的中介，藉此重新省思文學化的歷程。

　　很顯然地，卡薩諾瓦的文學世界共和國脫胎自布狄厄(Pierre Bourdieu)的場域論，並將國內文學場域的權力關係移植到跨國脈絡加以闡釋。《文學世界共和國》試圖突顯文學認可機制及文學場域的運作，勾勒佈滿不平等、鬥爭與競爭關係的當代世界文學地圖，它一方面分析主流文壇透過哪些管道途徑鞏固自身的文學自主性，另一方面也關切出身邊緣國家的作家如何獲得世界主流文壇的認可。

　　對在臺馬華作家而言，臺灣文壇的認可和美學判準舉足輕重。出身文學資源稀少的在臺馬華文學作家必須努力獲得臺灣文壇中心的認可，藉此取得作家稱號。如同黃錦樹所說，「六〇年代以後，藉由僑生管道而來臺留學的華裔子弟，方以親臨現場的方式（以創作和論述）介入臺灣文學領域，有限的重演《文學世界共和國》描述的『尋求承認』路徑」（黃錦樹 2018:13）。文學化、美學化、文學判準和社會公共論述的變遷相互影響、交疊纏繞，耐人尋味。臺灣文壇和馬華作家的關係恰好反映出祝聖機制與文學化的運作。

　　接下來，我將試圖梳理一九八〇年代以降在臺馬華作家的認可與接受，尤其留意不同時代認可機制的變遷，我將分別以鍾怡雯和賀淑芳的作品接受狀況為討論重點，參照比較二人受到認可的迥異模式。

貳、臺灣文學獎認可機制：鍾怡雯

這一節將討論一九八〇至一九九〇年代臺灣文學場域的運作如何介入在臺馬華作家的創作過程與內容，臺灣文學場域是在臺馬華文學「文學化」的關鍵機制。我想從鍾怡雯談起。鍾怡雯是馬來西亞金寶人，一九八八年至臺灣留學，自大學時期開始創作，逐步奠定在臺灣與馬來西亞文壇名聲。鍾怡雯創作主力為散文，作品包括《垂釣睡眠》(1998)、《我和我豢養的宇宙》(2002)、《野半島》(2007) 等。鍾怡雯在臺灣散文史佔有一席之地，除了作者深厚創作功底，臺灣文學獎認可機制也扮演舉足輕重的角色。以兩大報文學獎而言，鍾怡雯得獎作品包括〈給時間的戰帖〉（一九九七年第十九屆聯合報文學獎散文組第一名）、〈垂釣睡眠〉（一九九七年第二十屆中國時報文學獎散文組首獎）、〈芝麻開門〉（一九九九年第二十二屆中國報文學獎散文組評審獎）。

接下來，我打算從榮獲一九九七年時報文學獎散文首獎的〈垂釣睡眠〉談起。這篇散文不但深受評審喜愛，更被選入高中國文教科書，難能可貴，日後與其他作品一同集結成冊出版，同樣受到市場好評。〈垂釣睡眠〉無疑是觀察臺灣與馬華文學互動的指標性作品。值得注意的是，儘管〈垂釣睡眠〉堪稱是最廣為臺灣人熟悉的馬華文學作品，可能不是所有人都意識到作者的馬來西亞背景，這和這篇文章所選擇的主題和書寫策略有關。〈垂釣睡眠〉如同題目所述，描寫失眠這個現代文明病：

> 睡眠成了生活的主題，無時無刻都糾纏著我，因為失去它，日子像塌陷的蛋糕疲弱無力。此刻我是獵犬，而睡眠是兔子，牠不知去向，我則四處搜尋牠的氣味和蹤跡，於是不免草木皆兵，聲色俱凝。眾人皆睡我獨醒本就是痛苦，更何況睡意都已悉數凝聚在前額，它沈重得讓我的脖子無法負荷。當然那睡意極可能是假

象，儘管如此，我仍乖乖的躺回床上。模糊中感到鈍重的意識不斷壓在身上，甜美的春夜吻遍我每一寸肌膚，然而我不肯定那是不是「睡覺」，因為心裏明白身心處在昏迷狀態，但同時又聽到隱隱的穿巷風聲遊走，不知是心動還是風動，或是兩者皆非，只是被睡眠製造的假象矇騙了。（鍾怡雯 1997）

　　這篇散文以「失眠」為題，展開一連串圍繞睡眠的比喻，一下子是塌陷的蛋糕，一下子是獵人與兔子之間的競逐，一下是壓得敘事者喘不過氣的負荷，一下又是輕輕穿巷而過的風。失眠讓敘事者感官全開，「遠處細微的貓叫，在聽覺裏放大成高分貝的廝殺」（鍾怡雯 1997），倒讓這篇散文得傾盡心力渲染感官細膩處與作家敏銳的觀察力。〈垂釣睡眠〉篇幅簡短精鍊，以樸質的語言呈載豐富多變的意象，讓人讀來不禁感同身受。

　　〈垂釣睡眠〉在該屆評審會議備受讚譽，評審陳萬益提到：「〈垂釣睡眠〉的作品也是在面對失眠的共同經驗時，從不堪其擾的制式反應中，換隻眼去審視，而得來異樣新鮮的情趣」（陳萬益 1997）。陳萬益特別指出失眠的共同經驗，可說相當精準。這篇散文之所以能取得共鳴，關鍵在於它的主題深具普世性，這篇散文缺乏明確的地理空間指涉，它可能發生在任何地方的大都市或小市鎮，我們在匿名的文學獎審查平臺，光憑作品恐怕難以得知這篇作品的作者是一位馬來西亞華人，也無從得知它的跨國色彩。

　　榮獲一九九九年中國時報文學獎評審獎的〈芝麻開門〉同樣聚焦日常生活小事。〈芝麻開門〉描述敘述者「我」的鑰匙掉入六樓電梯門口間隙，墜入大樓深不見底的暗處。緊接著，敘述者話鋒一轉，「鑰匙不見了，所有能容身的空間都拒我於外。無法發動車子，無法進家門，辦公室也上了鎖，所有屬於我的空間都不再收容我」（鍾怡雯 1999）。看似日常小事，但鍾怡雯再次巧妙透過鑰匙的意象，連結成長的哀愁、都市生活的疏離、對童年的懷念。

　　鍾怡雯廣受臺灣文學獎肯定的作品如〈垂釣睡眠〉、〈給時間的戰帖〉皆不容易察覺馬來西亞地方色彩。吳麗絲 (Ng Lai-Sze) 和陳志銳 (Tan Chee-Lay) 的研究指出，鍾怡雯早期作品如〈可能的地圖〉、〈一同走過〉、〈島嶼紀事〉時常選擇馬來西亞歷史和地景為寫作場景，描寫華人、馬來人與印度人的跨族羣互動，南洋色彩鮮明而強烈。值得注意的是，這些作品只在馬來西亞贏得獎項，並不受臺灣文學獎青睞。鍾怡雯一直到〈垂釣睡眠〉、〈給時間的戰帖〉這些作品，方才擄獲臺灣文學獎評審目光，而這些作品抹去作品裏的南洋在地風情，反倒是以充滿高度美學實驗的修辭技術和意象使用取勝 (Ng & Tan 79-83)。

　　鍾怡雯寫作特色的轉變恐怕不單純是作家寫作關懷的轉變，而涉及臺灣文學獎地緣政治的運作。我之前和徐國明合寫的論文，嘗試比較臺灣文學獎場域裏的臺灣原住民作家瓦歷斯‧諾幹與馬華作家陳大為作品，我們當時注意到一個有趣的現象：臺灣原住民作家往往標榜族裔身份，期望透過寫作真實性的創作，積極為原住民的弱勢處境發聲；相較之下，馬華作家則以風格化作品鍛鍊寫作技藝，在作品裏刻意淡化其族裔身份、地方色彩，並期許能藉由突顯其美學表現成為受認可的華文作家（詹閔旭、徐國明 54-55）。陳大為之所以採取這樣的策略，與馬來西亞相對於臺灣的地緣政治位置有關。由於臺灣讀者／評審對馬華歷史背景的陌生，倘若作品裏突顯馬華符號，並不能讓讀者產生共鳴，反倒會造成理解上的阻礙。同樣的，鍾怡雯從早期的南洋色彩寫作，轉向強調修辭美學與意象的經營，從而憑此類作品獲得臺灣文學獎肯定，這樣的變化歷程也再次驗證外部地緣政治如何影響作家的寫作。

　　耐人尋味的是，鍾怡雯在臺灣獲獎作品雖淡化地方感，反而辯證性地帶出「地方」在她作品的重要性，彰顯跨國寫作所必須面對的課題。如上所述，目前討論華語語系文學作品時，地域特殊性、異質性、在地性通常是論者關注焦點。鍾怡雯在臺灣文學獎獲獎的作品卻挑戰這樣的觀點，降低她早期作品裏顯著南洋風味。儘管〈垂釣睡眠〉、〈給時間的

戰帖〉這類作品並不刻意突顯馬來西亞在地性，我仍想指出，這種淡化地方特殊性的表現形式仍與「地方」息息相關，因為這一方面標示作家跨地方移動的創作軌跡與創作心態的調整，另一方面也呼應臺灣和馬來西亞之間的地緣政治。這裏的「地方」不再是指單一的土地，而是兩塊土地之間跨國共振導致文學作品書寫與創作衍生出有別於以往的樣貌。

參、臺灣文學獎認可機制：賀淑芳

　　接著，我想以賀淑芳作品的接受為討論對象，作為鍾怡雯作品的參考。一九七〇年出生的賀淑芳只比鍾怡雯小一歲，儘管同一世代，但這兩人的生命軌跡和步入文壇的時間迥異，導致我們在討論這兩位作家的臺灣境遇時，呈現大異其趣的面貌。從賀淑芳身上可以一窺在臺馬華文學作家和學者在二〇〇〇年之後躍升為新的認可機制核心。賀淑芳生於馬來西亞吉打州，分別在馬來西亞、臺灣與新加坡取得高等教育學位，並曾擔任工程師、報章副刊記者和大學講師。賀淑芳至今出版的作品包括《迷宮毯子》(2012)、《湖面如鏡》(2014)，這兩本短篇小說集都在臺灣出版、流通。

　　賀淑芳的學生時期，曾經以「然然」為筆名，數度將作品投稿至《馬來亞通報》、《椰子屋》等馬來西亞當地文學報刊，也曾獲頒馬來西亞當地文藝獎。不過，賀淑芳作品當時並未引起廣泛討論。一直到二〇〇二年，她把短篇小說〈別再提起〉投稿到臺灣，榮獲二〇〇二年中國時報文學獎評審獎，「賀淑芳」這個名字才成為注目焦點。緊接著，她的〈夏天的旋風〉也順利摘下二〇〇八年聯合報文學獎短篇小說獎。從（在馬來西亞）沒沒無聞到（在臺灣）奠定作家之名，我們從賀淑芳的文學路再次見證跨國文學認可機制扮演的重要角色。

　　不過，仔細檢視賀淑芳〈別再提起〉獲獎該屆的決審會議紀錄，評審事實上並未給予這一篇作品高度好評。翻閱二〇〇二年時報文學獎短篇小說決審會議紀錄，由於該屆時報文學獎把短篇小說字數上限縮減成四千字，多數評審的討論

焦點放在抱怨字數限制影響了小說質量，對所有入圍作品均不滿意。因此，賀淑芳〈別再提起〉最後能從眾多投稿作品脫穎而出，原因不是這一篇小說寫得好，而是「〈別再提起〉是缺點最少的」（楊照 2002）。

賀淑芳〈別再提起〉採取第一人稱敘述觀點，透過敘事者回憶兒時親眼目睹的一場喪禮，揭開故事。死者是一名華人，死者生前因故改名敏阿都拉，改信伊斯蘭教。家屬原先按照華人喪禮儀式下葬，卻遭到政府公權力介入，因為根據政府規定，伊斯蘭教徒的葬禮只能由伊斯蘭教徒舉辦，且須葬於伊斯蘭墓園。政府官員派人強制扛走死者屍體。為了爭奪屍體所有權，小說敘事者生動地描述死者家屬和政府公權力的角力，就在兩造拉扯之際，屍體竟悄悄抖落糞便：

> 前面的人開始後退。每個人開始往後移，是因
> 為他們見到糞便開始從一截一截，變成像稀粥
> 一樣的半液體物，這種半液體物飛濺的範圍無
> 疑比一截一截的糞便更廣。糞便飛濺在哈芝的
> 手上，也飛濺在喃嘸佬的道袍上、警察的制服
> 上、林議員的皮鞋上、攝影機的鏡頭上、舅母
> 的衣襬上以及外婆的腳上，是糞便的降臨使他
> 們驚醒。（賀淑芳 2002）

從天而降的糞便灑在華人、馬來人身上，雨露均霑，讓原應莊重哀傷的葬禮多了一種無可奈何的現實荒謬感。如同前面提到，儘管馬來西亞境內允許不同種族信仰不同宗教、仍以伊斯蘭—馬來文化為主導文化，壓抑其他種族的政治、經濟、族羣文化發展等各項權益。〈別再提起〉裏的華人死者選擇異名改宗，甚至連死後也不得下葬於華人墓地。賀淑芳筆下的屍體搶奪戰，無疑暗示對馬來西亞華人主體性的壓抑、抹殺與換血，尖銳地觸及馬來西亞獨立建國以後獨尊伊斯蘭—馬來文化的種族政治。

〈別再提起〉的諷刺意味十足，大膽挑戰馬來西亞充滿禁忌色彩的宗教議題，但這一篇作品在評審會議過程卻未受

到廣泛好評。五位評審裏面僅有楊照和張大春支持〈別再提起〉，另外三位評審因為對於馬來西亞宗教議題複雜性不瞭解，再加上字數限制無法讓評審透過小說充分瞭解馬來西亞背景知識，導致評審紛紛表示：「沒把華人皈依回教的文化問題寫夠，只是透過技巧營造一種氣氛」（東年）、「內容裏面有很多靈異的東西，我不懂，不能夠瞭解」（李喬）、「看不出來這個記憶能夠呈現甚麼」（陳芳明）（江斐琪2002）。書寫馬來西亞題材，往往背負了文化包袱，不易取得臺灣評審共鳴，也會影響作品所意欲傳達給讀者的深度哲學意涵。因此，在跨國認可平臺，著眼於普世性題材較容易受到青睞。這呼應我先前提到，在臺馬華作家參與臺灣文學獎，恐怕得意識到跨國文學認可機制運作背後隱含了以臺灣為主導的在地文學審美觀、歷史知識與價值判斷，方容易受到矚目。

有別於鍾怡雯屢獲臺灣文學獎的去地域化寫作模式，賀淑芳〈別再提起〉瀰漫鮮明馬來西亞色彩，卻仍奪下二〇〇二年中國時報文學獎評審獎。賀淑芳的獲獎表面上牴觸我前述的說法，實際翻閱評審意見，我們仍可發現評審會議重點聚焦於異國題材是否具備可讀性、普世性、翻譯性。更要緊的是，〈別再提起〉之所以獲獎，不是它在評審眼裏屬於優秀作品，而是同屆參賽作品犯下更多致命性寫作失誤。賀淑芳〈別再提起〉的獲獎只是「被看見」，仍未獲得真正意義上的「被認可」。

真正意義上開始肯定賀淑芳〈別再提起〉這一篇小說，歸因於在臺馬華文學學者的努力。賀淑芳〈別再提起〉獲得二〇〇二年時報文學獎評審獎的同一年年底，埔里國立暨南國際大學舉辦「重寫馬華文學史」研討會。馬華文學論述在臺灣的發展始自一九九〇年代，以馬華研究者為主力，而歷經十年努力，「重寫馬華文學史」研討會作為臺灣學術史第一場以馬華文學為主題的會議，不妨視為馬華文學研究在臺灣深耕的階段性象徵。

值得注意的是，賀淑芳的作品也在這一場會議被提及。重量級馬華文學研究學者黃錦樹在當日會議發表〈東南亞華

人少數民族的華文文學：政治的馬來西亞個案——論大馬華人本地意識的限度〉，嚴厲批評馬來西亞華人高舉本地意識的主張。黃錦樹這一篇論文特別引用賀淑芳〈別再提起〉所描寫的改宗排遣鬧劇，凸顯他的論點。儘管黃錦樹實際討論到〈別再提起〉的篇幅較少，卻是第一篇脈絡化、歷史化、議題化關注到賀淑芳作品的學術論述。

緊接著不到兩年，張錦忠與黃錦樹合編《別再提起：當代馬華小說選 (1997-2003)》，收錄賀淑芳的〈別再提起〉。張錦忠與黃錦樹是馬華文學舉足輕重學者與創作者，在臺灣具有一定程度影響力，他們二人是推動賀淑芳作品能見度的最大助力。他們不但把賀淑芳〈別再提起〉收錄進這一本深具代表性的文學選集，壓於卷尾，與卷首的李永平〈望鄉〉前後呼應，同時也把這一篇短篇小說作為整本選集的書名。根據張錦忠說法，此舉是「以誌期待之意」（張錦忠 2004:20）。黃錦樹也高度讚賞這一篇小說，認為「將會是如李永平少作〈拉子婦〉一般的經典文本——技術甚至好得多」（黃錦樹 2004:295）。

兩位主編有意無意並置李永平和賀淑芳，耐人尋味。李永平是唯一一位獲得臺灣國家文藝獎的馬華作家，同時也榮獲全球華文文學星雲獎、中山盃華僑華人文學獎等，他在華文世界文壇的知名度和份量不言而喻。兩位主編讓李永平和賀淑芳相互比較，具有兩層意涵。首先，此舉不但讓賀淑芳作品納入文學典律，同時也賦予她在文學史的相應位置，卷末、未來式、期待、傳承與延續。其次，出版社推薦新人或販售國際版權時，也會讓知名作家與較不具知名度的作家並列，某某某是臺灣村上春樹，某書是臺灣版《哈利波特》等，這種做法有助於讓讀者腦中自然形成對於新進作家的理解參照。如同卡薩諾瓦論及參照的重要性，「當一位作家成為一個參照時……根據人們給予的信任，便能賦予另一個作家、一個機構、一個場所或者一個名字以及權力和價值」(Casanova 12)。「參照」同樣鑲嵌在權力、價值、意義化、文學化的認可機制迴圈裏。

綜合來說，我在這一節試圖回顧賀淑芳成名之路的認可

政治運作。儘管賀淑芳拿下時報文學獎，文學獎只提供讓賀淑芳〈別再提起〉被看見的平臺，並未完成賀淑芳作品的「文學化」，反倒是馬華文學論述在臺灣自一九九〇年代以降的發展與茁壯才是真正認可賀淑芳作品的關鍵。賀淑芳個案展現出與前一階段在臺馬華文學截然不同的認可模式運作。

結　語

　　從一九六〇年代以來，馬華文學在臺灣便陸陸續續有不少傑出的作品產出，但較具系統性與學術規模的在臺馬華文學論述遲至一九九〇年代才正式登場。李瑞騰於一九九一年在淡江大學籌劃東南亞文學會議，當時仍屬研究生的黃錦樹與林建國撰文討論馬華文學，不妨視為馬華文學論述在臺灣的重要起點。接著，陳大為、鍾怡雯和胡金倫合編的《赤道形聲》、《赤道回聲》。從一九九〇年代的創作、學術論文、出版、主編文學選集、主編學術期刊專號、數位典藏網站和舉辦研討會，一直到以販賣東南亞華文書籍為號召的季風帶書店在二〇一八年開幕，三十年過去了，馬華文學在臺灣的文學體系與生態漸趨豐富多元，文化指數──卡薩諾瓦所使用的字眼──節節攀升。

　　隨著馬華文學在臺灣的文學指數上漲，它不再只是被認可的對象，而開始具備影響力且足以認可新進作家的認可機制核心。馬華文學認可機制浮上檯面。鍾怡雯與賀淑芳作品在臺灣獲得認可的過程是極好的觀察切入點。

　　仔細比較鍾怡雯和賀淑芳出版作品的推薦序，可一窺端倪。鍾怡雯第一本散文集《河宴》不但瀰漫馬來西亞色彩，也找來同樣出身馬來西亞的陳慧樺（陳鵬翔）撰寫推薦序，作家出身背景清晰可辨。然而，接下來的作品《垂釣睡眠》、《聽說》、《我和我豢養的宇宙》則淡化馬來西亞地方指涉，並找來焦桐、余光中和李奭學等臺灣作家或學者推薦，一舉成名，朝華文文學世界挺進。我們從鍾怡雯作品可以理解臺灣主流文壇認可機制在馬華作家成名之途扮演的顯著角色。

　　相形之下，賀淑芳迄今出版的兩部作品《迷宮毯子》與

《湖面如鏡》，除了〈別再提起〉具備較為鮮明的現實指涉，其餘作品卻「刻意挖除了現實時間感」（劉淑貞 101）。賀淑芳的寫作關懷與策略，近似鍾怡雯的策略，淡化（但不抹去）現實的歷史地理指涉。即便如此，賀淑芳作品選擇找來黃錦樹、林春美、李有成等具有馬來西亞背景的學者撰寫推薦序，而不再依循鍾怡雯的路線。我認為這有三個層次的意義：一、在臺馬華社羣在臺灣已經發展出具備主導權、詮釋權的文學認可機制；二、在臺馬華文學認可機制（而非臺灣主流文壇）在賀淑芳作品的經典化扮演舉足輕重角色，展現認可模式的變遷；三、儘管賀淑芳作品淡化地域性，推薦序、書評、學術論文等文學外部資源仍強化了賀淑芳作品的族裔性。

從鍾怡雯到賀淑芳，我們看見在臺馬華文學「文學化」的關鍵機制與認可機制的變遷，同時也看見在臺馬華文學認可機的崛起與成熟。在臺馬華文學自一九六〇年代在臺灣萌芽茁壯，臺灣文壇認可機制向來扮演吃重角色。不過，文學祝聖機構所捍衛的文學價值是動態的，且不斷受到挑戰、顛覆、衝擊。在臺馬華文學作家和學者到了二〇〇〇年之後躍升為新的認可機制核心，不但具備賦予文學性的功能，也嘗試挑戰臺灣文學認可機制獨大的運作，黃錦樹挑戰時報文學獎評審對於賀淑芳的評價就是很好的例子。儘管兩種認可體系同臺較勁，它們的關係或守護的價值卻不可以簡化為二元對立，畢竟在臺馬華文學認可機制亦是臺灣文學認可機制的產物。

謝　誌

這一篇論文得以完成，需要感謝計畫主持人張錦忠教授邀稿，也感謝計畫團隊成員提供的修改意見。我尤其需要特別感謝李有成教授提供 "poor literature" 的中譯。

徵引文獻

Casanova, Pascale [帕斯卡爾‧卡薩諾瓦] (2015)《文學世界共和國》(*La Republique mondiale des lettres*) [1999]。羅國祥、陳新麗、趙妮（譯）（北京：北京大學出版社）。

陳大為 (2012)《最年輕的麒麟：馬華文學在臺灣 (1963-2012)》（臺南：國立臺灣文學館）。

陳慧嬌 (2006)《偶然生為僑生：戰後不同世代華裔馬來西亞人來臺求學的身份認同》。碩士論文，國立政治大學新聞研究所，臺北。

陳萬益 (1997)〈換隻眼看失眠：簡評《垂釣睡眠》〉。《中國時報》，7 Oct.: 27。

范雅梅 (2011)〈去祖國：二次戰後國民黨僑務政策中的地緣政治〉。《臺灣社會研究季刊》no.82 (Aug.): 137-177。

賀淑芳 (2002)〈別再提起〉。《中國時報》，16 Nov.: 39。

黃錦樹 (2004)〈屍首的族羣歸屬〉。張錦忠、黃錦樹（編）：《別再提起》（臺北：麥田出版公司），294-295。

黃錦樹 (2018)〈南方華文文學共和國：一個芻議〉。《中山人文學報》no.45 (July): 1-20。

江斐琪（紀錄）(2002)〈險峻的四千字高度：第二十五屆時報文學獎甄選短篇小說獎決審會議記錄〉。《中國時報》，30 Sept.: BS。

李盈慧 (1997)〈一九四九年以來中華民國的華僑教育政策〉。《暨大學報》1.1 (Mar.): 165-194。

劉淑貞 (2016)〈裂縫與毯子：賀淑芳的小說迷宮〉。《中山人文學報》no.40 (Jan.): 101-118。

Ng Lai-Sze & Tan Chee-Lay (2015) "A Study of the Prose of Choong Yee Voon (Zhong Yiwen): A Case of a Malaysian Chinese Writer in Taiwan." *Tamkang Review* 46.1 (Dec.): 79-83.

Ngũgĩ wa Thiong'o (2012) *Globaletics: Theory and the Politics of Knowing* (New York: Columbia University Press).

Walkowitz, Rebecca (2006) "The Location of Literature: The Transnational Book and the Migrant Writer." *Contemporary Literature* 47.4 (Winter): 527-545.

溫明明 (2016)《離境與跨界：在臺馬華文學研究 (1963-2013)》（北京：中國社會科學出版社）。

楊照 (2002)〈評審意見：絕望與死亡的詩學〉。《中國時報》，16 Nov.: 39。

詹閔旭、徐國明 (2015)〈當多種華語語系文學相遇：臺灣與華語語系世界的糾葛〉。《中外文學》44.1 (Mar.): 54-55。

張錦忠 (2003)《南洋論述：馬華文學與文化屬性》（臺北：麥田出版公司）。

張錦忠 (2004)〈序／小說選後〉。張錦忠、黃錦樹（編）：《別再提起》（臺北：麥田出版公司），7-26。

張錦忠 (2011)《馬來西亞華語語系文學》（雪蘭莪：有人出版社）。

鍾怡雯 (1997)〈垂釣睡眠〉。《中國時報》，7 Oct.: 27。

鍾怡雯 (1999)〈芝麻開門〉。《中國時報》，4 Nov.: 27。

從架構、理論到思想

「馬華新文學史」的煉成及其侷限

——謝征達——

前　言：文學史及其產生的意義

在以文學史作為學科研究的討論中，西方文學史論述較為豐碩，且歷史悠久。從西方文學史的脈絡觀察，文學評論多對文學史的形成與其爭議展開細部探究，關注並呈現了文學史在地方歷史與美學上的相關思考，進而推敲文學史背後的意義。蘇格蘭文學批評者阿拉斯泰爾・福勒 (Alastair Fowler) 認為文學史的獨特性並非單純的事實與知識，並強調文學史如同文學評論一樣，有自身的歷時性與分析的元素（轉引自 Perkins 120）。另外，美國哈佛大學榮譽教授大衛・帕金斯 (David Perkins) 的著作《文學史可能嗎？》(*Is Literary History Possible?*) 則對文學史概念展開更深層的討論，以十九世紀的西方經典為例，解釋文學史具備的可讀性與大眾性，也強調當時的文學史具備足夠的訊息量與知識。從二人的說詞中，不難看到文學史已是一個可開展研究的「文類」，縱使它與一般的文學分析仍舊不同。而在帕金斯的著作中，他進一步談到了幾個地區的文學評論與文學史的關係。首先是早在十七世紀時期，法國歷史批評家伊波利特・丹納 (Hippoltye Taine) 以《英國文學史》(*History of English*

Literature) 透析種族、時代與環境等要素影響文學史的內在精神；同樣地，義大利文學評論家弗朗西斯科・德・桑提斯 (Francesco de Sanctis) 也將《義大利文學史》(*History of Italian Literature*) 比喻為政治，提出君主專制首重與人民的互動能構築人們的思想與認知；此外，丹麥學者評論家喬爾・布蘭代斯 (Georg Brandes) 則以《十九世紀文學主潮》(*Nineteenth-Century Literature*) 呼籲文學應該干預社會，研究有個性的人而非宗教或是神的意旨（轉引自 Perkins 120）。這些經典的文學評論對文學史的美學剖析乃至社會影響，議論著文學史對當地文學的影響程度外，也透露出文藝、歷史與社會元素的互涉。

若將視角置於二十世紀新馬華文學史的各家論述。文學、歷史與社會的相互影響定律在文學史中有明顯的痕跡。自二十世紀五〇年代肇始，許多學者有系統的梳理、辯證及論爭馬華文學史。近代馬華文學史的理論推進與在臺灣任教與創作的馬華作家羣體有著直接關係，他們努力成就了二十世紀末馬華文學史的新聲音，讓馬華文學在二十一世紀後仍有討論意義。例如陳大為與鍾怡雯編選《赤道形聲：馬華文學讀本 I》(2000)、《赤道回聲：馬華文學讀本 II》(2004) 及《馬華新詩史讀本 (1957-2007)》(2010)；張錦忠、黃錦樹編《別再提起：馬華當代小說選 (1997-2003)》(2004)、《回到馬來亞：華馬小說七十年》(2008)（與莊華興合編），這些在臺灣編輯與出版的讀本與選集有助於保存馬華文學資料；另一方面，新加坡華文文學的近代發展多依靠在地評論者的研究，如楊松年《新馬華文現代文學史初編》(2000)、《戰前新馬文學本地意識的形成與發展》(2001)；黃孟文、徐迺翔合著的《新加坡華文文學史初稿》(2002)，以及黃氏所編著的《新加坡當代小說精選》(1994)、《新加坡當代詩歌精選》(1998) 等。此外也有柏楊主編的《新加坡共和國華文文學選集》(1982) 和新加坡文藝協會編著《新加坡當代華文文學大系》（小說、散文、詩歌集，1991）等。更早前，馬華文學史的書寫也有苗秀的《馬華文學史話》(1967)、趙戎的《趙戎文藝論文集》(1970) 等，整體視之也有亮麗的成績。

　　然而，對於方修 (1922-2010) 及其文學史研究，因為他在時間點（包括戰前）的先行及在累積數量上的龐大，讓其文學史論著佔據早期新馬華文文學史的先驅位置。由於戰前新馬華文文學資料遺失與難尋，後繼研究者的資料推陳出新多有限制，繼寫補寫已是困難，對前文學史家進行補正與修改更成了艱鉅任務。但是，對於方修的研究，雖然有許多研究者已把焦點置於他編選文學史時的疏漏與問題，也探討他的現實主義觀點，卻甚少申論他對新馬華文文學史中的思維框架──「馬華新文學史」。此框架的使用者唯方修一人，其中與思考文學史寫作者的方法有關，也與想建立何種文學系統有直接關係，其原因會在文章後部分解說。相較於客觀的史實，文學史家經過「梳理」與「概念化」的文學史，讓文學史在本質上相對主觀，有時甚至頗具爭議。本文主要從「馬華新文學」的概念去思考且重審方修對新馬華文文學史的影響，以及其史觀所產生偏見的緣由。

　　本文欲從「馬華新文學」的概念與實踐出發，再探文學史建構的意義與美學價值，並且重審方修對新馬華文文學史的影響，以及其史觀的呈現。整體文章從三個部分展開思考。一、文學史框架與作品選擇；二、建立新的理論體系；三、文學史家的個人觀點與文學選擇。首先，針對方修通過「馬華新文學」的框架開展搜羅、揀選作品時的主觀，如何導致他在文學史中的爭論。第二，探討在「馬華新文學」背後的現實主義文學理論，特別是他以現實主義精神做出的文學選項。第三部分則集中探討「馬華新文學」史觀的擴張，當中也涉及刊物與作品的策略性出版，重點思考了道德性如何影響方修文學史中的選擇標準。最後的部分則是從馬華文學的整體場域思考在「馬華新文學」的影響與限制。

壹、集成與突破：「馬華新文學史」的新局面

　　文學史在內容上可以混雜著傳記、參考書目、知識歷史、社會歷史，作品接受度的賞析、批評等，但這並不意味著文學史沒有被解析與討論的可能性。換言之，我們不應把

文學史的論述視為鐵板一塊，而是一個具相當自由度的體統進行論述。文學史可建立起按照文學事件或將文學概念化後的論述，也可以是單純的從時間軸線前後羅列作者與作品的出現及他們的影響。兩者不同處在於後者將不同文章進行整合、順序按照時間點逐步推展論述；而前者則試圖在文學史中找尋文學內部可做框架的模式。然而，文學史中若只強調知識的層面仍有不足處。對此，帕金斯提出質問：可靠的文學史（如有可能）會具備甚麼樣的作用？他繼續解釋道：「歷史知識讓我們更好地瞭解，欣賞與享受我們正在閱讀的東西。它揭露的背景讓作品更具意義，其美學也讓作品更加優美」(Perkins 40)。此段話說明敘述式的文學史並不能因為其本質是敘述性的而被劃歸為歷史的全貌。但是，另一方面，也不能完全看成是敘述式，因為當中也包含了批評與歷史。值得關注的是，帕金斯強調了文學史具有改變與影響思想的作用，並說明：「文學史以文字解釋典故，讓一個時間與地方的文類產生期待，顯示了一個作品如何突破了美學建構的危機，示範其如何傳遞與顛覆思想等」(Perkins 182)。此一論述與我們在討論馬華新文學史有著直接的關聯，特別是針對方修文學史中在傳達思想與背景時所引發的論爭有關。

　　文學史的歷史化在其他地區的文學史中並非陌生的存在。拉爾夫・科恩 (Ralph Cohen) 與蘇巴・達斯古塔 (Subha Chakraborty Dasgupta) 都對文學史與歷史的脈絡化都認為是合理的形成。前者認為文學史可被定位為一系列以時序排列，並納入歷史過程的作品。他將其稱為「歷史過程」(historical process)，並象徵了兩個過程。一、假設了文學作品是社會構造中的組成部分；二、透過文學尋回社會建構的痕跡。如此論調讓文學作品與社會建構產生一定性的關聯。後者則認為歷史在文學史的語境中，是整理、選擇、逐漸的，一個體制化的過程，需要嚴格的，謹慎的審查。並且解釋到大多數的文學作品意圖以時序的方式陳述不同的文學作品，或透過文學事件與社會文化做出對應（轉引自 Perkins 19）。

　　然而，方修在思考文學史時對於歷史的緊密程度卻成為他的文學史中最引人詬病之處。在其主導的「馬華新文學」

史的討論中，有兩部作品特別值得重視：即《馬華新文學大系》與《馬華新文學簡史》。這兩部作品基本上實踐了「馬華新文學」作為新馬華文文學與歷史事件銜接框架產生的雛形。首先，十冊《馬華新文學大系》在統整資料的數量上無法被忽視，特別是戰前資料的收集與解析，讓後來者能有跡可循地建立起新馬華文文學史的初步脈絡；其二則是《馬華新文學簡史》中生產出的具論述性的文學史讀物。在很大的程度上，這兩部作品的重要性在於它們的出版奠定了方修作為新馬華文文學史家的定調。前者完成了龐大的整理工作，而後者則將資料加以主題化、脈絡化。

因此，《馬華新文學大系》更近似一種百科全書式的文學史收集與整理的再現。內容主要是戰前的文藝資料，其篇幅之大，加上資料稀有，讓這部大系（哪怕有許多不足），成為了馬華新文學的重要積累。《大系》一共分成十冊，包括了理論批評二冊、小說二冊、戲劇集、詩集、散文集、劇運二冊與出版史料。此外，在《馬華新文學大系》撰寫之前，關於戰前馬華文學資料非常不齊全，因此在《馬華新文學大系》編纂之後，便成為了後來研究者進行研究的重要典律。屬於收集與累積資料的還有《戰後新馬文學大系》(1999) 以及文學作品選，特別是方修編選的「十位作家作品選」。這些作品的編選傾向與文學史有著直接的關係，將在後面段落展開論述。然而，許多評論者對於此百科全書式的文學史中的疏漏頗有微詞，例如早期的新馬華文文學的資料多在報章中，而方修對與自己不同傾向的理論與意識型態的作品便會忽視，導致許多作品都被排除在文學史之外，甚至讓一些具備美學價值的作品流失於文學史的討論中，特別是現代主義的作品。《馬華新文學史稿》（上、下）則是《馬華新文學簡史》的雛形，是方修將文學史脈絡化的產物，屬於論述型的文學史作品。《馬華新文學史稿》是方修對戰前馬華文學發展的評論，《簡史》則建立在《史稿》上，進一步完整了方修對新馬華文文學史的話語。具體而言，《馬華新文學史稿》提供了系統性的品評述，也同時初步奠定了方修文學史實踐的開始。《馬華新文學簡史》是在《史稿》的基礎上，

進一步成為論述式文學史作品。歐清池便認為該作「是方修一生中所撰寫的文學史書裏最為完美的一部」。[1] 從《馬華新文學簡史》的內容中可得知方修在思考文學史時將其論述化。有項證據可證明兩者基本論述基調相同:《馬華新文學簡史》一共有十二章,這與前述方修的《史稿》分段是相互呼應的。《馬華新文學簡史》的目錄內容具體如下:

一、馬華新文學的萌芽
二、理論批評的初步建立與新劇運動的蓬勃開展
三、馬華新文學運動的起來
四、新興文學的濫觴與南洋色彩的提倡
五、新興文學運動的崛起及其影響下的南洋色彩文藝
六、新興文學運動的尾聲
七、歉收的季節
八、馬來亞本位概念的形成與低潮期馬華戲劇運動
九、抗戰文藝運動的勃興
十、抗戰文藝的豐收(上)
十一、抗戰文藝的豐收(下)
十二、抗戰文藝的重要輔翼:救亡劇運

(方修 1974)

　　從萌芽開始,拓展至理論批評與新劇運動開展,再到新文學運動,後進入新興文學與南洋文藝的起落,才進入歉收季節,而至抗戰文藝。可以看見的是,方修的文學史鋪排與歷史有著非常緊密的聯繫,近乎順時地將馬華文學事件進行排列,並且形成了一條文學史論述。方修的文學史過度以歷史事件作為文學發展階段也是另一個引人詬病之處。方修對馬華文學史的分段加以檢視更能證明其文學史與歷史的對應程度。方修在《新馬華文新文學六十年》中將新馬華文文學分成以下幾個時期:一、萌芽及發展時期 (1919-1942);二、

1　歐清池在其著《方修及其作品研究》詳談《馬華新文學簡史》的部分,請參閱歐清池 (2001),《方修及其作品研究》,頁 371-389。

淪陷時期 (1942-1945)；三、戰後時期；四、緊急狀態時期
(1948-1953)；五、反黃運動時期 (1953-1957)；六、反黃運動
退潮期 (1957-1967)；七、世界性思潮衝擊期 (1967-1976)。雖
然這是方修在其書寫文學史生涯裏較為後期所定下的分期，
卻也透露出其中緊貼著政治事件與社會事件的發展與文學成
長論的思考。雖然與歷史的過度對應讓文學史脈絡僵化，但
方修對新馬華文文學史的貢獻哉收集與統整資料之外，也促
成了脈絡化與主題化，讓其文學史論述從知識性文學史成為
了敘述性的文學史。然而，「馬華新文學史」這一框架的背
後也有一套理論。「馬華新文學」重視的現實主義觀點，強
調文學中的現實主義精神，導致後來編選層面的疏漏。

貳、理論形成：「新現實主義」背後的精神意義

以「馬華新文學」的文學史框架為基礎，方修在其多數
的文學史論著中都冠上了「馬華新文學」一詞，逐步將文學
史作品形塑成文學史理論。例如前述的《馬華新文學史稿》、
《馬華新文學大系》，《馬華新文學簡史》，至後來的《馬
華新文學史補》、《馬華新文學及其歷史輪廓》、《馬華新
文學大系·戰後》，甚至在二〇〇六年出版的《新馬華文新
文學六十年》等都延續這「馬華新文學」這一詞彙的使用；
著作環繞在「馬華新文學」的使用鞏固了讀者對此框架的認
知，也強化了該理論的實踐性。針對馬華新文學的具體意
義，方修在文章〈馬華新文學淺談〉中指出，馬華新文學一
共有三個分期。第一是舊文學時期 (1815-1919)。他表示早期
的馬華文學處在一個「無條件無選擇」接受中國文學「扶植」
的狀態，因此，毫無疑問的，當時的馬華文學仍然屬於中國
文學的一部分；第二個時期則是新文學時期 (1919-1949)。該
時期是馬華文學作為有「獨特個性的文學單位」來接受中國
文學影響，已經不再全部以中國文學為參照；第三個時期
(1950-1970) 是在在北京政府成立後，「作為整個世界文學的
一環」。當時的馬華文學與世界文學同地位，不再是中國文
學的一部分（方修 1970:40）。此外，方修也為「馬華新文學」

一詞做出定義：即「接受中國五四文化運動影響，在馬來亞地區出現，以馬來亞地區為主體，具有新思想、新精神的華文白話文學」（許福吉 211）。

由此可見，新馬華文文學是隨著中國舊文學（一九一九年以前）、中國新文學（五四運動後）、到中華人民共和國建立，除了印證了上個部分提到的「馬華新文學史」與（中國的）歷史發展的緊密結合外，也顯示了「馬華新文學」在本質上，與「中國新文學」的對應。換言之，無論是從文學分期或是定義來看，「馬華新文學」都顯的定位基礎是建立在中國社會的狀態。其中「馬華新文學」主張對馬華舊文學的修正與「中國新文學」提出的創新與突破的精神一致。在作品實踐上，中國文學史家趙家璧在其編輯的《中國新文學大系》與方修的《馬華新文學大系》更近似一種創新精神的繼承。將「馬華新文學」與「中國新文學」的精神上有所聯結，而在方修所闡述的「馬華新文學」性質中更有具體呈現。

此外，針對「馬華新文學」的內涵與走向，方修具體地指出「馬華新文學」中所關注的兩個面向：「一、反映新馬以至南洋地區的現實，富有南洋色彩的。如五四時期的反封建作品，二〇年代後期至三〇年代初期描寫工農大眾反壓迫反剝削鬥爭的新興文學，三〇年代後期至四〇年代初期描寫各階層人民抗日衛馬活動的抗戰文藝；二、反映與新馬地區有密切關係的現實或問題。如戰前中國的北伐革命，抗日戰爭，戰後的韓戰越戰等等」（許福吉 211）。可以定論的是，無論是呼應五四時期的反封建，或是強調現實議題如抗日、韓戰等，在「馬華新文學」框架的言論中開展出的「在地」元素基本上緊扣中國社會和文學的發展。

「馬華新文學」除了在定義上已經明確與中國在地發展緊密扣合外，其背後信奉的是含有現實主義理論的觀點。在「馬華新文學」的文學史框架在定義和走向確立之後，「馬華新文學」背後的理論與精神則是現實主義的傳統。方修在《馬華文學的現實主義傳統》一書便直接說道：「馬華文學的主要傾向，一開始就是現實主義的，不是浪漫主義，更不是自然主義，形式主義等等」（方修 1976:20）。在方修主

編的戰後小說選集中，但就小說為論，我們看到選擇的作家都傾向現實主義作家，如殷枝陽、苗秀、賀巾、方北方等（方修 1991）。現實主義文學作為一種主導性的文學創作一直發揮著不小的影響力，直至七〇年代，乃至到八〇年代，就算到現代主義文學開始在文壇崛起時，新馬的現實主義作品也痕跡處處。張錦忠便提出在新加坡的狀態：「第一波現代主義浪潮的發生時，華語語系新加坡文學的主流學派仍是現實主義文學，這些文學深受中國左翼寫實主義文學影響」。[2] 可見，現實主義文學思潮與方修的「馬華新文學」史的建構在當時已然形成一道堅硬的石牆。

在前述中已解釋到「新」這個字在「馬華新文學」的思維中具有突破與創新的意涵。有意思的是，在現實主義作為馬華新文學的理論背景時，方修也強調了「新現實主義」，完成了「馬華新文學」的框架到「新現實主義」的文學精神。方修所認為的現實主義在一九七〇年出版的《馬華文藝思潮的演變》一書中多有闡釋。他主張現實主義文學的發展過程是漸進式的，其中更細部分成五種型態的現實主義作品：一、客觀的現實主義作品；二、批判的現實主義作品；三、徹底的批判現實主義作品；四、新舊現實主義過渡期的作品；五、新現實主義作品。

「新現實主義作品」是較優質的文學創作，但它與在地狀態卻是緊密聯繫的。方修還改進了原本重視世界觀的論點，提出了「新現實主義作品」應該「更強調作者熟悉工農大眾生活，長期體驗生活」（方修 1976:14）。在「新現實主義作品」的特質中，「生活」一詞成為了值得關注的要點，因為作者的生活「經驗」能夠左右其文學作品的高度，即經驗決定美學。此外，方修在《馬華文學的現實主義傳統》一書中強調的是，現實主義並非是一種新潮，或衍生，

2　就新加坡自身的現代主義發展而言，新加坡的現代主義發展一共有三波。第一波注重引進與討論，第二波則開始專注出版與生產，第三波才是新馬跨界同時出版與更大範圍的推廣，這三波現代主義主要從不同時間點的推廣力度與影響力為主要區隔。當中的主要參與者包括牧羚奴（陳瑞獻，1943-），完顏籍（梁明廣，1930-）、英培安（1947-）、南子（1945-）、林方（1942-）等。見張錦忠 (2003)，《南洋論述：馬華文學與文化屬性》，頁 181。

而是一種傳統，是馬華文學中在原本文學根基中就已經存在的傳統。方修強調的是一種精神，寫實只是現實主義作品中的「一個構成因素」而已，而具有「經歷」的新現實主義文學才是文學關注的重點。方修主張人們應該把重點放在文學文本背後的「現實主義的精神」（方修 1976:20）。回顧前面的討論可歸納出「馬華新文學」在方修的文學史中所形成的是一個文學史的框架，它除了是一種新與舊的交替之外，也代表著文學的突破與更新；而「方修的現實主義」則是一個從文學理念的內部關懷，提升到生活的、經驗相關的文學層次。因此，從文學史的角度來說，方修的文學史觀念，提出的是一種實踐的推崇，鼓勵創新的精神。此理念從文學史到文學作品都近乎一致。

參、美學與價值觀：「馬華新文學史」作為推展或是侷限？

> 我的論點是，欲望應該有其角色，一個中立，無
> 情感的文學史（假設那是可能的），並不代表了
> 我認為的理想狀態。如果我對欲望在甚麼異議，
> 那就是一種普及性的道德。(Perkins 31)

在帕金斯的論述中，他直言要有一部完全客觀中立的文學史雖然是最理想的出發點，但要在文學史中達成那狀態近乎是一件不可能的事。因為文學史寫作者都有著個別不同的「欲望」，在不同的偏好與期待中，文學史總會有主觀思維的影響；然而，帕金斯卻特別強調了道德進入文學史中的危險，因為個體的道德價值觀會導致非文學元素左右了文學史的內容。

方修在對「馬華新文學史」的開展與「新現實主義」理論實踐的強調後所建立的文學史更進一步地鞏固了「馬華新文學史」場域。主要作法來自於推廣文學史範疇與深化自己的文學史論述。方修在文學史資料的出版可分為二類，其一系列作品如《馬華文學史百題》、《馬華文學史補》、《馬

華文壇往事》、《馬華新文學及其輪廓》等都對於之前的收集與理論化做出拓展，基本上方修的文學史發展在二十世紀八〇年代已基本完成。另一方面是主導著文學對話的平臺。其中一個例子是文學刊物。在一九七九至八〇年，方修全職主持羣島文化社，並主編《鄉土》月刊。以《鄉土》第一期創刊號為例，內容縱使多元，涉及「文學叢談」、「史論」、「影劇」、「美術」、「小說」、「詩歌」、「雜文」等，但對方修作為主要主導者的位置明確。其中，創刊號的第一篇文章為方修的〈關於文藝史料的若干問題〉（方修 1979:3-11）。這篇文章的重點不在內容的陳述，而是「馬華新文學史」解說的模式。方修在一九八〇年始，便以文學史家的姿態，回應了關於「馬華新文學史」的疑問，所顯示為其所編纂的文學史背書之實。當然，如上節提到的現實主義作為羣體的文學思想陣營，此外，方修非唯一推動現實主義文學的人物。當時推崇現實主義的作家眾多，如韋暈、方北方、苗秀在小說的現實反映、吳岸在詩歌的投入，趙戎在文學論述上的努力等都與方修的「馬華新文學史」組成強大陣仗，甚至於能夠形成了一個新馬華文文學的文學主調。

　　就文學史家的史觀與文化背景評判作品的思想意義來探討。從具體的案例中，方修對於作家的評述與其道德品性有著強烈的聯結。以魯迅與周作人兄弟的對照為例，方修對魯迅的推崇是毫無保留的。特別是他在一九五五到五六年間所著的《避席集》，多篇文章都對魯迅的為人大表贊同，認為他是具有高尚品德的人，甚至稱魯迅為「新中國的聖人」（方修 1960:77-81）。然而，對於周作人的文學總是多有貶義，特別是針對他的為人，例如方修在散文集《沉淪集》中〈周作人晚年的活動〉一文中指出，無論是生活奢侈或是有著少爺架子，周作人愛搜索稀有海產，也好逸惡勞，不似魯迅走路到學校，周作人夫婦是坐轎子到學校（方修 1975:38-40）。周作人最讓方修感到厭惡的，其實是其「漢奸」的身份。方修不同意周作人是在無奈的情況下為日本當局做事，直指他是一名「漢奸」（方修 1960:77-81）。此處提及周作人的例子與方修界定的文學史觀點有著直接的關係。方修直

接提到周作人，認為他不應該被寫進文學史，以下是方修的言論：

> 「我覺得文學史應該不寫、或盡量少寫這種人，因為文學史不只是要講文學的歷史，它也應該具有教育的意義。一個已為千萬讀者所不齒的漢奸作家，你還在文學史裏面為他樹碑立傳，把他和一個在文化戰線上衝鋒陷陣的民族英雄拉在一起，這不但失去了歷史的教育意義，根本就是一大諷刺。」（許福吉 588）

　　方修所關注的是作家的道德價值觀、是作家的人格與他能否進入文學史有著直接的關係。鍾怡雯在〈馬華散文史繪圖：邊界、起源與美學〉中也直言：「方修隻字未提周作人的『美文』概念，或許因為周作人被視為漢奸的尷尬身份，或許周作人跟方修的文學理念相背」（鍾怡雯 182）。這裏也回應到方修的文學理念與影響身份的道德性並不能分而視之。此外值得再探的有方修在一九七九年至一九八〇年之間，在編輯〔馬華文學六十年集〕時編選了十本馬華作家作品選，他們包括鐵抗、張天白、金丁、胡愈之、流冰、老蕾、白荻、葉尼、流浪和李潤湖。值得留意的是，方修在這十本作品選中的序文中加入了自己對作者的評價。歐清池便指出那十本書的序文在「形式上類似序跋文體，內容上卻是對馬華傑出作家作品的評論文章」（歐清池 639）。其中，方修特別重視這十位作家的社會參與度與道德意識，例如鐵抗個性的正派與不屈不撓；或是以張天白與林參天做對照，認為張的修養更勝一籌。金丁和胡愈之則是直接參與二戰抗日活動。另外，流冰作品愛國，突顯道德社會與文學上有一定影響力，具備一定道德指標。這些案例都突顯方修重視的是作者的優良品性。

　　方修的現實主義觀點可被視為建立新的理論體系的一種方法。然而，有眾多學者對此方法的信仰有所質疑。如前述，黃錦樹批評其「題材等同於文學」的價值觀與狹隘寫實主義

的文學觀，他認為方修的現實主義觀點缺乏文學價值、不利文學的發展。細究方修的文學史，可發現其具體遺漏的作品與被忽略的作家及大多數為現代主義作品有。其中，馬華文學現代主義重要的刊物《蕉風》在方修的馬華新文學史中的「遺漏」，而且，根據《蕉風》當時的推廣度與閱讀量，完全被忽視的可能性極低，這對許多研究學者來說是匪夷所思的。[3] 此外，馬華現代主義作家溫梓川作品也不在方修的文學史行列中，溫任平便指出方修大系「遺漏」了溫梓川是因為溫梓川作品中的現代主義風格與他的「反動」立場。[4] 由此，繼而探討的是文學史中加入個人意識的可能。

整體而言，從方修的文學史編著策略來看，從時間軸線的發展也可觀察到其文學史的建構過程。以年份來看，在一九五〇至六〇年代，方修在《馬華新文學史稿》完成之後，陸續編著了《馬華文藝史料》、《馬華文壇往事》等。同時期，方修也編寫了《馬華新文學選集》四冊、《馬華新文學大系》十冊。這一時期，方修的馬華文學研究的名稱不一，有「馬華文藝」、「馬華文壇」，而「馬華新文學」（特別是戰前）的圖景與輪廓在這一時期已初步完成。在七〇年代之後，方修撰寫了《馬華新文學簡史》、〔馬華文學六十年集〕十冊、《王君實選集》、《戰後馬華文學史初稿》，編《馬華新文學大系：戰後》四冊（小說一冊、戲劇一冊、散文一冊、詩集）等。可觀察到的是，此時也開始談論戰後議題，將文學史的時間段向後延伸。這一時期對「馬華新文學」的架構使用仍有痕跡，然一些文集則開始不選擇使用「馬華新文學」的框架。到了八〇至九〇年代，方修又繼續編寫《新馬文學史論集》、《馬華文學作品選》（八冊）等作品，同時也出版了許多專著，如《遊談錄》、《夜讀雜抄》等。在此時，方修的「馬華新文學」框架也逐步消失，雖然對於一

3　針對《蕉風》的遺漏，方修曾在《南洋商報》的訪問中表示：「《蕉風》月刊我看得不多。那時《蕉風》在吉隆坡印刷，我有時買得到有時買不到。」詳見張永修 (1999)。
4　見溫任平 (2008)，〈談方修先生〉，溫任平網誌，7 July (woonst.blogspot.com/2008/07/blog-post_76.html)。

位文學史家而言，他的創作到了這個階段仍有加強與補足前面數十年文學史工作的努力。新馬華文文學場域在方修之後並沒對「馬華新文學史」框架的延續研究，後來的研究者以「新馬華文文學」，「馬華文學」，「華馬文學」，「華語語系馬來西亞文學」等視野進行研究。換言之，方修的「馬華新文學史」是建立在時間點的重視。如方修以「新」作為馬華舊文學（一九一九年前）及馬華新文學（一九一九年後）的文學做出區隔，除了是區隔古文與白話文的文學作品外，其背後的影響元素顯然是中國五四新文學精神延續與推動。

結　語

　　「馬華新文學史」架構起了方修的文學史版圖，從與中國新文學對映，到期待馬華文學與舊時代的區隔與再造，此思考固然並非周全，卻在當時成為一股新風氣。然而，將兩個地方的文學史發生進行連聯結，對馬華文學中獨特性的發展也有所侷限。從「馬華新文學史」到「新現實主義」的探究，表面上是對方修的文學理論思想進行勘查。然而，因為「新現實主義」的精神，在後來的文本選擇與整理都發揮了極大的影響力，在很大的程度上左右了「馬華新文學史」的真實呈現。以新現實主義觀點作為文學史的主要，乃至唯一的視角，注定了後來者對其文學史的補充。文學史家的價值觀如何影響其選擇也直接形塑了一部文學史的面貌。在方修的選擇中，從對「馬華新文學史」的淵源思考，到「新現實主義」的精神展現，價值觀便成為了方修選擇作品作者的一個步驟與標竿，當回看馬華文學史脈絡的發展時，方修在建立基礎資料整理與讓當地文學成為學科研究也功不可沒；然而，從對文學史的框架與理論思維而言，選擇的偏頗決定了「馬華新文學史」的建構勢必遺留著許多待補的工作。

徵引文獻

方修 (1960)《避席集》（新加坡：文藝出版社）。

方修 (1970)《馬華文藝思潮的演變》（新加坡：萬里文化企業公司）。

方修 (1974)《馬華新文學簡史》（新加坡：萬里文化企業公司）

方修 (1975)《沉淪集》（新加坡：洪爐文化企業公司）。

方修 (1976)《馬華文學的現實主義傳統》（新加坡：洪爐文化企業公司）。

方修 (1979)〈關於文藝史料的若干問題〉。《鄉土》no.1 (Oct.): 3-11。

方修（編）(1991)《馬華文學作品選六：小說（戰後一九四五至一九五六）》（吉隆坡：馬來西亞華校董事聯合會總會）。

歐清池 (2001)《方修及其作品研究》（新加坡：春藝圖書貿易公司）。

Perkins, David (1992) *Is Literary History Possible?* (Baltimore and London: Johns Hopkins University Press).

溫任平 (2008)〈談方修先生〉。溫任平網誌，7 July (woonst. blogspot.com/2008/07/blog-post_76.html)。

許福吉（編）(2009)《方修選集》（新加坡：八方文藝創作室）。

張錦忠 (2003)《南洋論述：馬華文學與文化屬性》（臺北：麥田出版公司）。

張永修 (1999)〈馬華文學史整理第一人〉。《南洋商報》，9 Oct.: 4。

鍾怡雯 (2016)《后土繪測：當代散文論 II》（臺北：聯經出版公司）。

卷參

旅行、風土、敘事學

地域性百科、
科普與旅行意識

（一九二〇至一九四〇）

馬來亞遊記與雜錄寫作

——張惠思——

前　言

　　在二、三〇年代，在馬來亞的中文寫作文類中，佔據相當大比重的為遊記體和雜錄體。這些涉及馬來亞的中文遊記與雜錄涵蓋了三類作者：中國南來文人、在地者以及西方旅人。從文體的角度來看，遊記與雜錄是兩種隸屬不同性質的文體，遊記重感情的抒發、風景的吸收，充滿感性；而雜錄則充滿著常識的辨識、編織、分條分目和地理的界定，措詞理性。兩者看起來風馬牛不相及。然而，在當時的筆觸行文間，兩者卻有著類同的效用。這兩種看似不一樣的文類，從書寫框架或行文筆觸中會有意無意間出現跨文體的書寫，有著互文效果。有些遊記中的漫遊路線與史地雜錄中的城市小鎮、行政結構、山川物產、人情風俗的紀錄無不一致，撰寫口吻逐漸往客觀敘述靠攏，遊人心態退場，彰顯的是紀錄者的面目。而史地雜錄中亦因為多是一人之作，對於一些人事物等夾帶了較為主觀的筆觸，也容易顯現出某種偏見與意識型態。這主要是因為當時的馬來亞缺乏各種書寫，成了有待發掘的陌生地，因此無論是中國南來文人、在地者抑或其他國度的旅人，在寫作中總會帶著某種「常識的發掘」以及各

種「知識的再界定」抒寫傾向。這樣的撰寫框架必須從晚清民國已降的「百科全書」熱著手去探討，才能理解其中的意涵。因此，本文嘗試從這些遊記與雜錄中大量出現的史地科普以及民間旅遊的悠閒書寫筆觸，勾勒這一批早期作品的寫作目的與價值。

壹、地域性百科的書寫框架

在二、三〇年代，首先可以留意的是這些關於馬來亞的中文遊記與雜錄的主要出版地極大部分都不在馬來亞，而是在上海。這是因為上海是當時中文出版的大本營。一八四三年麥都思在上海創辦了墨海書館；一八九七年夏瑞芳等創辦商務印書館；而一九一二年，陸費逵等創立中華書局以來，一直到三〇年代，上海大約有二百五十家出版社。全中國的出版物十之八九是在上海出版。上海集中了幾乎所有中國最重要的出版機構、最先進的印刷設備、最健全的發行網絡，匯聚著大批出版、印刷和發行的最優秀人才，幾乎佔據著中國現代出版業的半壁江山。如黃強的《馬來鴻雪錄》由上海商務書館出版；梁紹文的《南洋旅行漫記》、羅井花的《南洋旅行記》、黃栩園的《南洋》、鄭健盧的《南洋三月記》和江亢虎的《江亢虎南遊回想錄》皆由上海中華書局出版；陳枚安的《南洋生活》則是由上海世界書局出版；還有許傑的《南洋漫記：椰子與榴槤》由上海晨鐘書局出版；為夏思痛寫的《南洋》出版的泰東圖書局亦位於上海；替蕭隆等的譯作《海外風光》出版的是上海正言出版社；最後，李詞傭的《椰陰散憶》由上海作者書社出版。在上海出版的馬來亞遊記和雜錄比比皆是。

此外，很多撰寫馬來亞遊記與雜錄的書籍的作者多是或短期行旅、或寓居於新馬擔任中小學老師、編輯等職的中國南來文人，以及一部分長期居住的華人。而這些作者當中各有不同的身份與意識型態的背景，當中有革命志士背景的夏思痛、奉中華書局南遊視察的鄭健盧、中國少年學會的成員梁紹文、作家許傑、蔡元培的女婿方鏡宙、在南洋從事十年

教育的李詞傭、由北大校長胡仁源先生以及北京英使館參贊巴爾頓先生介紹到檳榔嶼華僑學校服務的傅紹曾等等。他們雖各有撰寫的目的與心態,然而卻都籠罩在「建立新事業」、「啟蒙新知」的時代氛圍之中。因此,我們可以從這些記載馬來亞的雜錄或筆記的書寫框架中,發現類似的特徵:這些雜錄寫作,大部分都是以數據、圖表,有序地從概論到細部介紹,從地理位置和歷史探討各地城市小鎮之近況,從具體的政治組織到物產經營等。

例如夏思痛的《南洋》(1915)一書,涵蓋了各種分類的知識條目,裏頭包含南洋概論、馬來半島面積、海峽殖民地各種人數表、氣候、交通、司法、貿易、教育、衛生等歷史沿革與地理知識。夏思痛雖然採用了充滿激情的筆名,每一個分目也都加上「痛史」二字,然而一到正文的書寫,撰寫的文法中卻一絲皆無情緒之情語,反而是竭力以一種客觀與科學的方式撰寫,全文顯露的是史地常識類型的方式進行撰寫。書內很多部分都花了大量的數據、表格、統計圖等來彰顯精準性和客觀性,也用很多篇幅來說明組織結構與各種貿易物產等細節。就如書內卷中關於馬來亞的各種重要資訊,包括了官廳、司法官、市政局之組織、總督之權限、財政、公債、雜稅、軍政、貿易、物產輸入輸出、金融機關、聯邦制度與財政、海灣經營、公司之權利、郵政、教育、宗教、風景等。而卷三中與馬來亞相關的部分則有「英領土人及居留人表」、「馬來人性質」、「中國女子之毅烈」、「南洋實業之偉觀」、「錫礦事業」、「樹膠事業」、「馬來半島種植樹膠收支計算表」、「新嘉坡工頭記」、「婆羅洲工頭記」、「婆羅洲生番記」等。知性與感性的題目夾雜在統計表當中,乍看起來,無論是排序與內容都比較傾向於百科雜錄,內容龐雜瑣碎,又應有盡有,萬物兼備。

黃栩園的《南洋》(1924)封面頁就清楚寫上其屬於常識叢書第二種。在其例言中,黃栩園聲明其撰稿主因在於南洋的範圍很廣,海外華僑以南洋為最多,雖然華僑已經習聞其名,但卻苦於無專書以供查考,即便一些久居南洋的中國人對於南洋各島的名稱、歷史、位置、交通等,也有很多不清

楚之處。因此特地詳加調查，寫下此書，為了使得「有志于南遊之士，得以按圖索驥，不致茫然」（黃棣圍 1）。此書分十章，撰寫的體例是「參酌西書」，分別記述南洋的範圍、各國領地的名稱與歷史、各島的交通、面積與人口、人種與風俗、主要物產、金融、行政與教育、殖民政策以及華僑的情況。

黃澤蒼編寫的《馬來亞》(1931) 的目次為：一、概述；二、海峽殖民地；三、馬來聯邦；四、柔佛保護邦；五、其他馬來諸邦。概述部分，先概述方位、面積及人口、區劃。其他四節的分類一樣是五種：疆界及面積、自然、歷史、經濟與民生。丘守愚的《二十世紀之南洋》(1935) 則細而有序地為讀者鋪展開一幅南洋地理以及各類常識的圖景，簡潔清晰，并以貿易物產交易額為重。

一九二三年，傅紹曾的《南洋見聞錄》(1923) 涉及地域較廣，目次多有重複、大小失序的鋪排，主要的章節先分為「後印度半島」、「荷屬東印度」、「荷屬東印度地理志略」、「三萬華僑之三寶壟」、「澳僑淚」、「菲律賓」、「華僑及日僑概要」、「土人狀況」以及「南洋物產」，當中主要的線索不明顯。其中可以看見的是，書中第一章以印尼華僑、暹羅華人為首要之兩節，然後接著談馬來半島地理概略，繼而敘述霹靂開礦的情形，又分兩小節談霹靂內兩小地方：吧里文礁遊記與峇眼色海華僑。接著談新嘉坡記略與新嘉坡華僑生活狀況之後，再說歐人如何經營馬來半島史，思路的跳躍性有點令人摸不著頭腦。比較清楚的是第七章《南洋物產誌》，裏面分成椰子、樹膠、蔗糖、錫礦、石油等，相對清晰得多。然而，在那麼多混雜的見與聞的紀錄當中，還是可以看見與上述多本雜錄中的範圍、內容相似，一些字眼在不同的書中很鮮明的重複著：地理、物產、居住者的生活狀況與民俗。綜合起來看，這些雜錄中的目次一再重複、覆蓋的字眼包括地方的馬來亞概論、歷史沿革、地理（並且往往書頁中包含地圖）、人口分佈、行政、交通、金融、物產、教育、風俗。

這樣的書寫框架可以說是地域性百科的寫作框架，而不僅僅是出現在馬來亞一地而已，幾乎當時各地的地域性百科

皆是如此，甚至一些遊記也有向地域性百科靠攏的跡象。為何大家的視野與目光如此的相似？而他們為何又每隔幾年間就會產生再書寫的必要感？而這樣的書寫框架的源頭來自哪裏，是從甚麼時候構成的？作用何在？可以說的是，這樣的地域性寫作框架必須從晚清民國已降的「百科全書」熱著手去探討，才能理解其中的意涵。

若將這樣的地域性百科寫作框架放在當時的大背景來看，即這些書籍出版地為當時中國最大的「對外的窗口」的上海，而其歷史脈絡遠至當時整個啟蒙已降、西方的進入以及現代性的開啟等一連串的時代思潮背景，近至當時上海兩大出版社商務與中華書局之間的激烈爭奪出版版圖等語境，即可以發現這當中實際上出現了一種「知識的再界定」的概念。這是西學東漸的知識體系遞換的過程，晚清社會從一八四零年門戶洞開之後，歷洋務運動、甲午戰爭、鴉片戰爭之後，西方各種知識系統，無論是自然科學、社會與人文科學、哲學歷史等知識不斷的傳入中國，嚴復、林紓、周氏兄弟等翻譯以及各種知識的打開，中文書的世界幾乎是開始了其現代性的轉型。在這轉型當中，如何辨識知識、如何書寫已知與未知的他者，成為所有作者都必須面對的問題：要如何從傳統類書、地方志的寫作轉型成現代書寫？

這當中，其中一種從西方引介進來的書寫框架即是百科全書式的寫法。中國的百科全書是二十世紀初由西方引進的文體。百科全書，是一種包括一切門類知識或全面介紹某一門類知識的工具書（徐松 20）。分科分卷，把政治、經濟、文化、科學、藝術等各領域各部門的材料收羅在內。一五五九年德國斯卡里茲 (Pavao Skali) 在瑞士出版《百科全書，或世界學科知識：神聖而又世俗》(*Encyclopaedia seu orbis disciplinarum tam sacrarum quam prophanarum epistemon*) 一書，第一次提出「百科全書」這個名稱，但此書並沒廣為流傳（徐惟誠 63）。到了一七五一那年法國哲學家狄德羅 (Denis Diderot) 主編、出版的三十五卷本《狄德羅百科全書，或科學、藝術和工藝詳解辭典》被認為是近現代百科全書奠基之作。這些新的寫作框架很快的被引進中國。

清末民初，即開始出現介紹外國百科全書的情況。一九
〇三年留日學生范迪吉主持編譯了一套一百卷的《普通百科
全書》，是中國最早以「百科全書」命名的書籍，由會文學
社出版，編譯此套書的原因在於「以開通民智，養成世界人
民的新知識為公責」、「凡關於學理與政術與種種科學有影
響於諸科學之發達進步者，皆在是書範圍內涵容無遺」（張
帆 112）。全書按照政治、法律、歷史、地理、數學、理學、
工學、農學、經濟學、山林學與教育學分為十二門，全書
一百冊，三百餘萬字。大部分譯自日本富山房的初級讀物、
中學教科書與一般大專程度的教學參考書，參考了日本各種
全書類書籍，又參考了中文的《資治通鑑》、《二十四史》、
《東華錄》、《大清一統志》等。新舊書寫框架之間的摸索、
拉扯，它必定影響與感染了當時有志於書寫的廣大文人羣。

　　因此，雖然中國自撰的百科全書一直到七〇年代才真正
出現，然而在二〇至三〇年代商務印書館和中華書局，都為
編百科全書作過大量的資料準備工作（徐松 24）。這是不
能忽略的出版氣候與大背景，尤其是地域性百科全書，一
般認為是此文類在十九世紀末到二十世紀初才出版。與此
同時，值得我們留意的一個事實是，史地類別的書在三十
年代一直都有很高的出版額。根據一九三六年至一九三七
年度《英文中國年鑑》所列一九三五年的出版統計，總計
二千七百〇五種：

　　　　一、總類：96 種

　　　　二、哲學：137 種

　　　　三、宗教：31 種

　　　　四、社會科學：949 種

　　　　五、語言學：116 種

　　　　六、自然科學：239 種

　　　　七、應用技術：276 種

　　　　八、藝術：176 種

　　　　九、文學：357 種

　　　　十、史地：328 種（周武 76）

旅行、風土、敘事學

即便當時出版數量由於戰亂的緣故已經大大減少，然而社會科學、史地與文學書籍依舊佔據著較高的出版數量。

若關注民國初年上海出版業，就會發現中華書局的崛起以及其與商務印書館之間異常激烈的競爭。周武在〈論民國初年文化市場與上海出版業的互動〉一文中有精彩的敘述與分析。中華書局的創辦人，年僅二十七歲的陸費逵如何在深刻變化中的政局中把握歷史性的機遇，打破當時的出版界最大的商務印書館教科書的壟斷格局，以致兩家出版社陷入激烈的出版競爭，儘管創辦之初的中華書局原本在資本、經營規模、人才方面都無法與商務相比。兩個出版社之間圍繞著文化市場展開了一波又一波無休止的競爭，甚至中華書局不惜動用以備違背常規的手段、渲染商務與日商的合資、發展到利用政治力量的程度。這裏要說的是，在這些出版的殘酷競爭當中，兩家出版社在書刊的策劃與出版思路上也處於競爭的狀態，商務出版《小學生文庫》、中華則推出《小朋友文庫》，諸如此類的文化市場上爭奪戰中，商務與中華的出版種類呈現出遞增的趨勢，一九一二年商務累積出版新書一百三十二種，一九一三年增加至兩百一十九種，到一九一八年更增加至四百二十二種（周武 8）。這樣的出版與文化市場的競爭，使得大量的新知新學得以出版。一九一二年至一九三五年中國三百五十個左右出版機關、團體出版的哲學、社會科學、人文科學、自然科學和工程技術科學著作的譯作（不包括古籍、文學作品、兒童讀物）約有一萬三千三百餘種，其中商務出版約三千三百五十種（周武 12）。這樣的文化市場的競爭，亦同樣的為「知識的再界定」提供了難得的契機。

而「知識的再界定」概念的出現以及地域性百科書寫框架的構成方式，使得這些馬來亞雜錄書籍看起來都有著類同的書寫模式的是：條目結構模式。條目與分類是這些雜錄的全書骨架。如陳枚安的《南洋生活》(1933)，此書分九章：一、南洋概觀；二、火山；三、物產；四、種族；五、宗教；六、風俗；七、生活；八、城市；九、華僑。這些條目的分類都有一種自身的規律，有著基本檢索的單元模式，隨著各

章之間的上下文語境，把整個南洋的輪廓清晰的描繪出來。再如，郁勞所撰寫的《馬來亞》(1949) 一書封面便寫上「新中國百科小叢書」的字樣。雖然郁勞所撰寫的目次卻沒有陳枚安那樣簡明，尚略帶隨筆散文的格調：「半島的輪廓」、「新加坡——東方的直布羅陀」、「印度人和馬來民族」、「西方勢力的入侵」、「套上了奴隸的枷鎖」、「分而治之」、「殖民地經濟典型的實例」、「一切為了輸出」、「錫和樹膠」、「土地問題」、「馬來由」、「人種博覽會」、「山地之民」、「惡魔、亞拉、吠陀及其他」、「麵包和石頭」、「全馬總罷業」、「政黨與人物」與「人民的鐵流」，一共十八章。然而，整體的框架依舊如是。

由此而看，這樣的書寫框架，所要求的是精準、規律、效能、利益為目標的現代感與新觀念。因此，每隔幾年間就會有產生再書寫的必要，以便由於隨著時間的過去而又能知道最新的變化與更新。而這樣的寫法已經不是地方志等傳統的寫法，而是西式的、現代性的筆調，追求著客觀性。客觀性是所有類型的百科全書優劣的指標之一。客觀性的追求使得作者被文體所要求，即絕少摻入價值判斷，並且需要更多的事實陳述。

貳、遊記雜錄中的史地科普

若稍微再探究，地域性百科的書寫框架，或多或少影響了同時期的其他書寫文體。很多早期的馬來亞遊記，與介紹馬來亞的雜錄有著很多相似性的內容或框架，或也意在「常識的發掘」，可以與雜錄起著互文性的作用。遊記，原是與繪畫一樣，其內容主要是記事。以文學描寫的手法，記敘旅遊途中親身遊歷，賞心悅目的見聞，包括山川景物、風土人情、名勝古跡、有關傳說等等。不像平時在家中單調的生活，旅途中多少會發生一些新鮮事，少數人會有反思，更少數的人會將反思的思想有系統地記錄下來，這就是遊記（呂克明79）。然而，面對著缺乏中文記載的陌生地，幾乎所有的人首先浮現的內心驅動會定格於「史地科普」的位置上。因而

與地域性百科的雜錄有著很大程度上的內容覆蓋面。越早期的遊記，越有這樣的傾向。如蕭隆等翻譯的《海外風光》中記述著十二個國家的遊記，其中便有〈新嘉坡漫記〉、〈馬來聯邦薩加族遊記〉兩篇。〈新嘉坡漫記〉為弗雷德里克·辛皮奇 (Frederik Simpich) 所寫、蕭隆譯，記述的是新加坡的海軍與歷史，今昔對照，幾乎就是新加坡的史地科普介紹，沒有遊記中的個人遊歷，也沒有清晰的旅遊路線圖（蕭隆7）。〈馬來聯邦薩加族遊記〉則為周華翻譯的戈登·梅爾文 (A. Gordon Melvin) 所寫的原住民沙蓋 (Sakai) 族。亦是完全的人種、自然與生活的科普寫法。科普文體的特點為兼具科學性和文學性，也需具有通俗性和趣味性。這裏所意指的科普，更大的程度上指涉的是「常識的發掘」。

在王志成的《南洋風土見聞錄》自序中，在他離開上海之際，就下定決心，即「到了南洋，一定要和孩子們通信」(1)。他到新加坡九個月，不斷生病，回上海前請學生們為他搜集一些南洋各地的特殊材料，不到兩周，集得二三十封信札，都是報告南洋各地的風俗、習慣、傳說、物產和土人的生活狀況。王志成這本遊記寫得很仔細，第一輯寫從上海到新加坡，分了九篇文章來描寫，第二輯開始寫到新加坡後的遊記，分成十三篇，最後一篇寫的是柔佛馬來皇宮。而第三輯題為〈各地通信〉，這個部分是學生們為王志成所匯集的馬來西亞各地的基本資料，由南而北，順序為：英屬柔佛、英屬居鑾、英屬麻坡、英屬科朗舟中、英屬吉隆坡、英屬吧生、英屬胡魯欽、英屬恩加、英屬沙嘮越一、英屬沙嘮越二，最後是九篇寫印尼與泰國，最後一篇為結語。在〈各地通信〉的部分，除了信件的格式之外，通信的內容沒有了遊記的心態，反而立即進入了「史地科普」的講述：

> 志成先生：
> 柔佛位於馬來半島之南端，問馬來半島十一聯邦之一，與星島隔一海峽，遙遙相對。柔佛雖然是英屬，馬來皇還沒有廢去，名叫「Sultan Ibrahim」。……按南洋的歷史所載：這個馬來

> 皇所以有這般勳業，是他的祖先在二百多年前
> 篡了他人的皇位，他不過是原主的一個官員而
> 已。真正的馬來皇生活住在廖内 (Rhio)，因為
> 他底土地很廣，管理不周，特派他去治理柔
> 佛。（王志成 116）

先是有土地大致的方位、歷史與皇族逸事的梳理，接下來就
寫全柔佛有七千六百七十八方里的土地面積、重要區域的分
佈，仔細精準到兩萬八千二百三十四人的人口，以及馬來人
與華人的比重。接著，就談樹膠與黃梨的出產以及新馬長橋
與南洋最大水池兩大工程。繼而談論交通、風俗、教育與行
政。下款為學生紀耀聲。除了口吻上由於是擬寫書信體的緣
故而較為溫和之外，實則與史地常識雜錄書籍沒有區別。負
責報告居鑾的學生為章士崇，報告的部分分為交通和學校、
地土及土番、村莊人底生活及物產。學生馮葉漢負責的是麻
坡的實況，敘述的是樹膠物產、交通、小販生活、華巫通婚、
學校、妓女，充滿了批判的口吻。學生李兆明講述的是吉隆
坡，寫得較為細緻，口吻活潑，列出吉隆坡所有的學校一覽
表，列出各校學生與教員人數、採用的課本、學校基金來源
以及有無學生會，留下了珍貴的資料。（見下頁表一）

　　《江亢虎南遊回想記》是上海人江亢虎在南洋多地「遊
觀百日之影事。回想而補記之也」(1)，書的前十幾頁面放
上了南洋各地的照片，包括星嘉坡華僑教育界歡迎會、吉隆
坡坤成女學歡迎會、吉隆坡培德女學校長李少玲、檳城極樂
寺、回教堂之圓頂等二十三幅照片，的確有遊記的愜意。然
而遊記中也夾雜著有很多歷史、地理等科普知識。遊記中的
第二編寫柔佛，從海峽長堤到柔佛王國，包括了馬來王宮與
回教大堂的介紹，也記述寬柔學校與黃梨工廠，亦是交通、
歷史沿革、建築、教育與貿易的局部記載。第三編寫吉隆坡，
寫葉阿來事跡、華民談話，遊觀街市、名勝、學校、益羣報
館與錫礦。第四編寫巴生，主要涉及樹膠公所與巴生港口的
風景。第五編寫檳榔嶼，從檳城大略寫起，也觸及學校報館、
華民談話，全島旅遊，也包括了見法空禪師與戲園演說。

校名	學生數	教員數	課本	經濟狀況	學生會
尊孔中小學校	500 多	26	中華商務及外國	政府津貼	委員制
坤城女學	300 多	16	商務	政府津貼	委員制
華僑女校	700 多	4	商務	商店捐款	無
中國學校	110	4	中華	商店捐款	無
柏屏學校	400	14	？	張伯屏擔任	？
培德女校	200	9	商務及外國	捐款	會長制
廣肇義學	160	6	？	廣肇同鄉擔任	無
培才學校	60	6	商務	潮商擔任	委員制
運懷義學	160	5	商務中華	陸運懷負責	無
循人義學	108	3	商務	惠州同鄉負責	無
闢智女學	510	4	商務	有不動產	無

▶ 表一：吉隆坡學校課本用書一覽表（轉引自王志成 131-132）

　　當然，正如中國的書寫傳統中本來就有輾轉相承的習慣，有些是全篇照錄，有些則是模仿書寫的文體，或許這些難得遠道到南洋一遊的文人羣在下筆撰寫遊記也罷、雜錄也罷，浮現在他們腦海當中的撰寫框架與思考點也許就是他們在這之前所接觸的書籍，自然而然地加以採用，並沒有過多的去思索書寫與創作的最適宜的方式與新的可能。

參、情動力：旅行意識與文學感染

　　雖然如上所述，有些遊記中的漫遊路線與史地雜錄中的城市小鎮、行政結構、山川物產、人情風俗的紀錄無不一致，撰寫口吻逐漸往客觀敘述靠攏，遊人心態退場，彰顯的是紀錄者的面目。然而，若我們更仔細地去爬梳、追問與思考的話，我們可以發現的是：這一批遊記與雜錄在當時也承擔著類同的功能，即最初步的旅行意識與文學感染。

　　呂克明的〈中國古代遊記史芻議〉一文中的開頭提及一個很有啟發性的說法。他說了一個故事：當美籍日裔畫家池

本 (Howrd Ikemoto) 的七歲女兒，得知他在大學裏教繪畫時，畫家回憶：「她用疑惑的眼光盯著我說，『他們常忘記？』」呂克明提及了一個很鮮明的文字概念，「忘」與「記」相對。因為人們怕忘，將事物仔細地描繪、記載下來（呂克明79）。他把這個故事所給予的啟示用在了遊記的寫作上。這的確是很有啟發的描寫，今天我們在史料文獻中尋覓過去的「此地」，我們想看見當初這些以文字來承載馬來亞、甚至是南洋的人們，他們擔憂的「忘」、渴望永遠銘刻於時間長河的「記」是甚麼？雜錄與遊記文體給予我們最大的記憶的傳遞？

地域性百科與科普等知識的介入，固然讓提供了種種歷史與地理辯證的趣味、確認與能指從前的「此地」的過去痕跡——那些地名的遞換、州際與州際的長度辨識、充滿客觀的數目字、估算、核對後的歷史、地方紀勝、氣候與物產等等。然而，真正讓我們記得的，始終是能觸動、感染我們的感知框架——有著情感流動的，真正的人的旅行。或者說，真正有旅行意識的、真正以情動力來呼吸、感受「此地」的書寫，才能讓人難以忘懷。而回看現存的二〇至四〇年代的馬來亞遊記與雜錄，是有著一些彰顯旅行意識、局部或全篇真正能觸動文學感染力的篇章。就如郁達夫的〈覆車小記〉，我們也許不知道郁達夫是哪一年抵達檳城三宿之後的哪個晚上、郁達夫的路線與經過的地名等，然而我們還會記得那個另外也一點兒法子也沒有，只能在荒地的碎石上坐以待旦的文人身影。就如梁紹文、鄭健廬在他們的遊記與雜錄的某些描寫，還是能看見那種文學的觸動感與情動力。

這是因為記憶的聯結很多時候落在與身體相關的部分，例如氣味、味蕾。我們或許不會記得一個陌生地的火車時刻表與火車站的名字，我們不會永遠記得梁紹文具體敘述兩條路線的區別，即北方和中部的人是喜歡從上海出發的，而南方尤其是閩粵的人則多選擇從香港出發。這兩個地方的差別在於輪船大小，從上海動身的只有昂貴郵船可以乘搭，好處在於由於船身很重，所以比較不會搖晃，因此適合不慣出門而怕暈船的人。而香港的船艘較多。幾乎每天都有去南洋的

船期。船有大有小，任人揀擇，船費亦較便宜，但船身很小，若有風浪，就容易搖晃，多半是經常出洋的「老行江」和想到南洋發財去的華工乘搭的。而往返新加坡與檳榔嶼之間則使用水陸兩種方式等等的這些常識的細節。但我們很容易就可以感受到梁紹文與鄭健廬在遊記中講述他們火車上的經歷時都提及火車的煤灰紛飛的景象。梁紹文在〈赴馬六甲途中的煩悶〉一文中說道：「馬來半島的火車，並不燒煤，靠作燃料的，多半是那些松柴，所以火煙格外的多，由煙囪冒出來的炭屑，雨點般送進來。好幾回從熟睡中被煙攻進鼻子裏，數聲噴嚏，將自己又鬧醒了，便覺得口裏耳朵裏鼻裏頭髮上眉毛上，無一處不堆上討厭的炭屑，衣服上更無論了。雖然關上了四周圍的窗，但那旅進旅出的人們，竟關不住那些臭煙來攻，所以在車上非常愁悶！」（梁紹文 1923）。鄭健廬的《南洋三月記》中也說「車廂狹隘，氣候酷熱，而煤灰紛飛，面目為黑」（鄭健廬 109）。

　　異域新知的勘探是一種迅速找到旅行意義的內在驅動，也幾乎是這樣一種寫作操作上的必須。尤其是，遊記與雜錄中常常出現的一種對於當地物質文化的觀察，尤其是對飲膳品味、服飾衣冠等的異質性作出觀察與思考，這些都是在行旅中嘗試迅速地對周遭的事事物物加以指認、命名，由此獲得一種知識性的感性喜悅。例如，在南洋遊記中對咖啡、娘惹菜餚、雜糅性馬來亞華人服飾的記述，皆有著類似的性質。鄭健廬遊記中提及裏有提到馬來亞的喝咖啡習慣，並提到了早期的一種「叫茶文化」。他在遊記中說走訪親友，每到一家，一定奉上咖啡或紅茶或汽水，他「初不知習俗如此」(26)，爾後才知這樣以咖啡或茶款客，乃「南洋習俗也」。在遊歷中，他逐漸發現「馬來半島日常飲料，厥為咖啡」，因為「無論熱鬧市區，僻靜街巷，咖啡茶點，鱗次櫛比，行人就飲，久坐暢談。夜間各菜市皆有咖啡攤，坐客常滿」(26)，而除了咖啡之外，這些攤子和商店還準備了紅茶、牛乳、雪糕、汽水、餅乾、香煙等物品，「無不齊備」(26)，因此很多時候無論是商店還是住宅，只要有逢客人到來，亦不須自行泡茶，馬上到附近的咖啡店，說明要甚麼飲品，立

刻就可以送到來款待客人，俗謂之「叫茶」(26)。在其《南洋三月記》中，鄭健廬也留意到馬來亞僑生華人吃飯時是「菜色中西雜進，全用刀叉」(116)，以及僑生婦人所烹飪的馬來化菜餚，並指出其俗稱為「番婆菜」，以及歸納其煮法即「無論雞、鴨、魚、蝦、蔬菜之烹飪，必用辣椒、加厘、椰漿、黃薑之調味」(105)。這些描述比歷史記載來得更為仔細、具體與生氣勃勃。

鄭毓瑜在《姿與言：詩歌革命新論》一書中提醒我們，我們的漢語脈絡，要留意「語序」的問題——應該聚焦在「語詞先後的序次」、「詞與詞的結合」或「詞語的聯結配置」的表意作用，提示我們西方的「現代視線的秩序」與中國傳統的感知框架的不同（鄭毓瑜 2017）。這裏，若我們挪用鄭毓瑜對於詩歌的思考，放置在雜錄與遊記的看似相似、實則不同的書寫框架的思考，亦有需要延伸思考的地方。雜錄，或者說，地域性百科的書寫框架，採用的時候西方的「現代視線的秩序」，講究「精準、規律、效能、利益」為目標，然而遊記，作為文學表達的一種類別，則與現代雜錄有著巨大的感知差異。雜錄無法承載旅行意識、旅行當中的個人觀感與熱辣鮮明的即時感受、去掉的是更能令人銘記的情動力。

結　語

無論如何，這一批二〇至四〇年代的遊記與雜錄，為南洋與馬來亞留下了各種印跡，使我們能摸索其文體與書寫框架的歷史氛圍與寫作追求，讓我們摩挲於遙遠時光的「此地」風光，以及思考當時人努力追求科學、客觀寫作中尺度的拿捏。黃栩園在《南洋》一書的〈例言〉部分如此寫到：

> 南洋範圍甚廣，海外華僑，亦以南洋為最多。國人習聞其名，而苦無專書，以供查考。本編特就著者見聞所及參酌西書，將各島最近情形，分別紀載，以餉閱者。各島之名稱，歷史，位置，交

通等類，即久居南洋者，亦多不能明瞭。本編特
詳加調查，務使有志南遊之士，得以按圖索驥，
不致茫然。(1)

這些南洋遊記與歷史地理常識類的雜錄，夾雜在其他的
域外遊記與常識叢書當中，無論是記行記地、記事狀景抑或
記情抒懷為主也好，無論是地理風貌風物、山川草木、人物
傳說的紀錄也好，都為我們揭開了二、三〇年代馬來亞的面
貌。借用鐘叔河在〈林緘《西海紀游草》〉中的說法，這些
觀察，很難稱之為深刻。但有了直接的接觸，不管如何有
限，也不管如何膚淺，也就有了真實的瞭解，就和坐井觀天
有了本質的不同，更不是一種捕風捉影所能比擬的了（鍾叔
河 18）。

徵引文獻

陳枚安 (1933)《南洋生活》（上海：世界書局）。
傅紹曾 (1923)《南洋見聞錄》（北京：北京師範大學圖書館）。
黃栩園 (1924)《南洋》（上海：中華書局）。
黃澤蒼（編）(1931)《馬來亞》（上海：商務印書館）。
梁紹文 (1923)〈赴馬六甲途中的煩悶〉。《青光》，21 June。
呂克明 (2005)〈中國古代遊記史芻議〉。《白沙人文社會學
　　報》 no.4 (Oct.): 77-104。
江亢虎 (1928)《江亢虎南遊回想記》（上海：中華書局）。
丘守愚 (1935)《二十世紀之南洋》（北京：商務印書館）。
王志成 (1931)《南洋風土見聞錄》（上海：商務書局）。
夏思痛 (1915)《南洋》（上海：泰東圖書局）。
蕭隆等（譯）(1948)《海外風光》（上海：正言出版社）。
郇勞 (1951)《馬來亞》（上海：三聯出版社）。
徐松 (2002)〈中國的百科全書出版業〉。《辭書研究》no.4:
　　20-46。

徐惟誠 (1999)《不列顛百科全書國際中文版》（北京：中國大百科全書出版社）。

張帆 (2009)〈晚清教科之「科學」概念的生成與演化 (1901-1905)〉。《近代史研究》no.6: 108-121。

鄭健廬 (1935)《南洋三月記》（上海：中華書局）。

鄭毓瑜 (2017)《姿與言：詩國革命新論》（臺北：麥田出版公司）。

鍾叔河 (1985)《林鍼：西海紀游草等四種》（湖南：岳麓書社）。

周武 (2004)〈論民國初年文化市場與上海出版業的互動〉。《史林》no.6: 1-14。

風和馬來世界

——王大海《海島逸誌》的華夷風土觀

高嘉謙

前　言

　　從中國和東亞、東南亞、南亞各方國度接觸的歷史脈絡來看，海洋航路是重要的線索。無論從海上絲綢之路和大航海時代的角度而言，都印證了海域之間輪番出現的種族、文化、宗教、貿易、語言等各面向的接觸與相遇。因而鎖定海域的思路，從海洋、航道、陸海風土的敘事，可以窺見以海路為主軸的海洋視角，是另一個啟發我們思考文化交流、碰撞與發展的重要脈絡。

　　本文聚焦南海、馬六甲海峽，及其周邊海域，以遊記為文本，透過航路與異地生活為基點的觀察視域，檢視漢語文獻裏華人進入海域間的馬來世界，重探與構建華人與馬來世界的接觸地帶 (contact zone)。本文的論述進路，首先透過歷史背景和地方知識的梳理，勾勒馬來世界海域早期已出現的華夷交會，進而以十八世紀末旅居爪哇的王大海筆記著作《海島逸誌》(1971) 為對象，檢視其涉及爪哇島及其周邊羣島的人種、風物與地理描述，進而探究風土的華夷辯證，揭示王大海的島嶼視野與「風」的多元觀照。透過遊記自身的視域，從文學、文化、歷史等不同體驗和想像層面，有助於

我們重新理解筆記在表徵新世界的可能和侷限。我們觀察這些文獻如何「看見華人」，以及華人 [1] 如何看見馬來世界。

壹、馬來海域的華夷交會

從十至十四世紀之間，馬六甲海峽是接軌印度洋和南海、巽他海峽、爪哇海的重要航道，那是中國朝貢與海商貿易經營的重要區域。每年五至十月的西南季風與十一月至四月的東北季風在此處交會，不僅連結了印度洋與南海之間航運與貿易，讓貨品流通於中國、印度洋國家與馬來羣島周邊國度的港口與市集，同時帶動亞洲東北海域與東南海域的貿易網絡，促成東方與西方海上商旅與貨品的流動。這階段的海域交會，可視為漢人與馬來人的相遇 (Sino-Malay interaction)，突顯中國與馬來羣島區域在貿易與外交發生的關鍵聯繫與影響 (Heng 1-18)。我們關注這片廣袤海域，尤其著眼這片稱之為「馬來羣島世界」(Nusantara)，馬來人、南島語族的聚居地。自公元五世紀至十五世紀之間，先後興衰的古國室利佛逝、巽他王國、滿者伯夷、單馬錫王國、滿喇加王國、柔佛王國，政權的興替，照見了海路上曾經輝煌的文明與文化交織。其中又以室利佛逝、滿者伯夷、滿喇加最負盛名，皆是南島語族建立的國度。

這是稱為「巫來由海」(Sea of Malayu) 的早期貿易航道。印度文化和佛教的東渡，帶動貿易的興起和文化的誕生。幾個座落在中南半島，以及馬來半島北端的古國文明，如扶南、頓遜、盤盤、狼牙修 (Langkasuka)、丹丹、赤土、單

---

1 審查人提醒，十八、十九世紀裏的「華人」和我們今天談的「華人」不是同一回事。那時可還沒有「華人」的民族認同。那時的華人，是政治與文化雙重意義的中國人。筆者基本同意這個觀點。根據史料文獻裏，明清以降出洋的中國人，在海外稱為「華人」、「唐人」並不少見，例如《公案簿》就以「唐人」紀錄。本文關注的巴達維亞，十六世紀初期以降就有華人甲必丹的委任制度，以及公堂議事，處理華人自己的事務。華人聚居的社羣由此展開，華人或唐人的認同自然多屬中國人的民族認同。但在唐番通婚、入伊斯蘭教等現象漸趨普遍，華人及其後裔作為一個羣體的民族意識，如何觀察、辨別他族，並跟其他民族文化共處和融合，以及在殖民社會裏被管治，都關係到華人在南洋風土裏的自我確認過程。

馬令 (Tambralinga/Dharma-nagara)、羯荼等國，促進航道的興旺。此處是印度洋貿易過渡到南海的中介點，各國與城市在貿易裏的興衰，奠定了後來馬來世界 (Malayu World) 的形構 (Andaya 18-48)。其中馬六甲海峽連結南海與孟加拉灣的海上貿易，帶來阿拉伯人、波斯人、印度人、馬來人、中國人的商品交易與文化匯聚。此處除了是東西方貨品的集散地，在馬六甲海峽兩端，這個航道覆蓋了好幾個早期海上社羣，往北接南印度、斯里蘭卡，以及橫越緬甸、暹羅的克拉地峽；往南則有馬來半島、蘇門答臘、新加坡、廖內羣島、爪哇等周邊海域的眾多島嶼；再沿著馬來半島北上連接暹羅灣、湄公河下游、越南中南部。其中爪哇以東的班達海諸島和摩鹿加羣島 (Moluccas) 盛產丁香、豆蔻、肉豆蔻等香料，這片被稱為「香料之路」的海域，[2] 自十四世紀以降引來了歐洲海上強權的香料貿易壟斷和佔領。

因為海上貿易的熱絡，中國人在十八世紀以降更頻繁走入環蘇門答臘、馬來半島、爪哇島的海洋世界，面對歐洲殖民體制、南島語族與文化，這些流寓、移居的中國人與異族、異文化接觸，有著更多不同的機遇和經驗。然而異文化的相遇同時意味著傳統華夷世界觀的在地實踐與轉化。南島風土裏的華夷辯證，亦屬馬來世界變動不居的華夷風景。

從中國和東亞、東南亞、南亞的歷史的脈絡來看，華夷之辨由來已久，牽涉的是政治、外交、文化意義上的差序格局。但明清交替以降構成的「華夷變態」，近代以來關於中國與周邊的領土、主權、疆界的裏外交涉和辯證，卻提示了華夷秩序觀的裂變與轉換。儘管如此，華夷之界，依然常見於官方和民間的對外經歷，內化的一套注重文明程度與文化異同的表述。在異域紀行的經驗裏，華夷思維框架劃分的人獸之界、文明／野蠻之辨，產生相應的變稱如番、蠻、

2　蘇門答臘跟爪哇之間隔著巽他海峽，爪哇偏東有峇里島、龍目島、東汶 (Timor) 等眾多島嶼，落在爪哇海 (Java Sea)、弗羅勒斯海 (Flores Sea) 上。再往東北則是稱為香料羣島的摩鹿加羣島 (Moluccas)，連結班達海 (Banda Sea)、摩鹿加海 (Moluccas Sea)。爪哇以北是婆羅洲，目前為印尼和馬來西亞領土，在其東邊，隔著望加錫 (Makassar) 海峽，則是蘇拉維西島，北邊連接蘇拉維西海 (Celebes Sea)、蘇祿海 (Sulu Sea)，那是菲律賓南端呂宋島的海域。

鬼，容易形成俯視、排外，文化的獨特與優越性的視角。[3]
檢視此現象的當代意義，王德威倡導華夷風 (Sinophone/
Xenophone)，討論「華夷之變」，象徵著我們在思考華語文
學與文化生成之際，境內境外的相遇與接觸，都混雜著身
份、位階、主體／他者的異動和游移（王德威 2015；王德
威 2018）。華夷風的概念闡發，讓我們逼視國與國、文化
與文化相遇，尤其放在航路、行旅的文本觀之，傳統華夷觀
的去畛域化 (deterritorialization)、再畛域化 (reterritorialization)
過程，打開了華夷思維和風土之間的歷史性參照。同時「風」
可作為語言、風潮、教化、風土的整體理解，更是具體可感
的季風吹拂。「風汛過時，年年不能抵廈」、「夏秋風颶，
人船俱沒，數十年如是」（王大海 35），這些古老的行旅
者經驗，提示著從西太平洋到印度洋，亞洲季風驅動的航
行，充滿不可預測的風險、變化和貿易視野，但同時帶來族
羣、文化的轉移和互動，形成民族、語言和社會文化的多樣
性。除此，王德威提醒「風」的研究，同時兼顧「勢」的詩
學。如果前者代表「一種流向和能量」，後者則是觀照「一
種傾向或氣性 (disposition/propensity)，一種動能 (momentum)」
（王德威 2018:19）。換言之，我們觀察行旅書寫，探究華
夷風土觀，無非是在歷史性的風土脈絡裏，重新質問行旅者
的主體立場、位置的設定與交換，以及在時間性的流動、積
累、播散裏的軌跡，以其不可預測性。[4]

　　華夷觀與風土的接觸，隱含「風」多重意義的解讀，我
們藉此認識漢語文獻走入馬來世界，箇中文化進退與視角立
場或顯或隱的變換。[5] 從華語文學脈絡而言，漢詩文和筆記

3　但論者指出，一八六〇年後，頗富貶抑色彩的「夷」逐漸被其他對外稱詞
　　「洋」、「西」、「外」取代。這個概念的嬗變，離不開西學、西洋船堅砲
　　利，以及夷務轉為外交的背景（方維規 23-24）。但作為思想觀念的夷夏之
　　防、華夷之辨如何隨著世界觀的重建和改變，則有更繁複的面向值得討論。
4　近年關於晚清遊記和跨國行旅的重要研究，多涉及物質文化、女性主體，以
　　及世界觀的形塑，較無從風土概念討論行旅經驗（陳室如 2014；羅秀美
　　2021；張治 2014）。
5　這如同王德威的表述：「勢」總已暗示一種情懷與姿態，或進或退，或張或
　　弛，無不通向實效發生之前或之間的力道，乃至不斷湧現的變化。參見王德
　　威 (2018)，頁 19-20。

的跨境寫作，是最初境外漢語實踐，見證古典世界裂隙與重構。海洋視域和路徑帶有「華夷風」視角的思考策略，檢視「華夷之辨」或「華夷之變」可能軌跡，其實是一種文明、文化、語言的異質元素在漢語世界的碰撞、相遇與共存。

　　航道，因此是中國對外交通典籍的重要敘述，《漢書》記載了西元前漢朝的中國人前往林邑或扶南治理下的中南半島港口，必然是「蠻夷賈船，轉送致之」。最早的南海航路，是由福建、廣東等南方人的「蠻夷」中心，在進貢與貿易脈絡裏搭異國船隻，跟海外蠻夷的接觸經驗（王賡武 1988:28-30；Bowring 2020:87）。東晉以降，《法顯傳》記錄高僧法顯往天竺的陸去海還經歷，歸來航道從獅子國（斯里蘭卡）經馬六甲海峽，中途短暫停留耶婆提國（蘇門答臘和爪哇之間）。[6] 到了唐代記載的「廣州通海夷道」，描述從廣州出海，沿著中南半島、馬來半島海岸行駛至新加坡海峽，接著分途，東南可往爪哇，向西則是出馬六甲海峽。僧人義淨《南海寄內歸法傳》紀錄西行求法兩度停留室利佛逝國，學習梵文，六年餘時光描述了蘇門答臘的風土景觀，也去了馬來半島的古國羯荼（吉打 "Kedah" 的原名）（鍾錫金 1993）。宋代以後，中國的航海和造船技術有了重大改變，趙汝适《諸番志》、周去非《嶺外代答》記載宋代中國與阿拉伯地區（大食）之間的航路。元代泉州汪大淵乘商船出海，《島夷志略》記載他途經占城、馬六甲、爪哇、蘇門答臘，橫渡印度洋到阿拉伯、埃及。南洋羣島都在他遊歷範圍。明代鄭和下西洋的隨行者著述——馬歡《瀛涯勝覽》、費信《星槎勝覽》，提供了更多南海航路上的各國訊息。南海航路又可分為東洋針路與西洋針路。張燮《東西洋考》總結舟師水手經驗，精確提出「文萊即婆羅國，東洋盡處，西洋所自起也」（張燮 102），爾後地理文獻多延續此一說法。雖然明清海禁政策反覆，但南海航道已是海商、使節絡繹於途的貿易與外交之道。歷來史錄或抒懷的史書、遊記、筆記、日誌、詩

6　關於耶婆提的實際地點，古時為蘇門答臘、爪哇之共同名稱。參見法顯(2008)，頁 144-145。

文等著述，難免有其寫作上的虛實，以及轉錄或實訪經驗的差異。[7] 但中國人從海灣進入海峽，最後進入海島時代的航道進路，建立其認知南海世界的歷程。這悠遠的海上航道，隨著朝貢貿易體系的建立，以及航道的擴展，被稱為「海上絲綢之路」。[8]

在大航海時代，西歐海上帝國的東渡殖民，始於十六世紀的香料貿易。從葡萄牙一五一〇年佔領印度果阿，隔年入侵香料貿易的集散地馬六甲，正式開啟西歐在「馬來羣島世界」的殖民時代。一五二二年葡萄牙在摩鹿加羣島建立碉堡，直接涉入香料生產地，葡萄牙轉賣香料的生意，供應中國、印度、阿拉伯、歐洲的市場。葡萄牙獨霸的局面，很快引來荷蘭人的進駐。一六一九年，荷蘭人正式佔領爪哇島的巴達維亞，壟斷摩鹿加羣島的香料貿易。一六四一年更奪走了葡萄牙佔領的馬六甲。這段期間，西班牙和英國人也先後東渡加入這段東方海域的國際貿易爭奪戰。一五六七年西班牙入駐馬尼拉，英國人則於一七八六年登陸檳城，新加坡則遲至一八一九年開埠，以及一八二六年海峽殖民地的設置。殖民城市與港口的確立，印證了從南海至馬六甲海峽航道上的繁榮景觀。這條東亞航線與印度洋航線交會的馬來海域，就是早期經濟全球化的開端（李伯重 67-85）。在海洋貿易的網絡上，福建人的船隻很早就往返穿梭馬來海域，尤其馬來世界的幾個核心港埠，諸如蘇門答臘的舊港 (Palembang)、爪哇的萬丹，爪哇以東海域的望加錫 (Makassar) 和帝汶 (Timor)，暹羅南部的北大年 (Patani)，採買香料、藥材，進而引入華人移民人口。海盜鄭芝龍的船隻往返日本長崎、福建與馬來海域，帶來頻繁的海上貿易。爾後抗清的鄭成功集

7 除了以上提及的中外交通史文獻，元代周達觀《真臘風土記》，明代鞏珍《西洋番國志》、黃省曾《西洋朝貢典錄》、黃衷《海語》、嚴從簡《殊域周咨錄》，清代王大海《海島夷志》、謝清高《海錄》等都是述及南海國度及海道針路的重要專書。然而，值得注意的是，僅有法顯、義淨、汪大淵、周遠觀、馬歡、費信、王大海等人有實地域外經驗，其餘大多屬記載與轉錄海商之言，或憑過事轉譯而得。

8 從一九二〇年代以降，海上絲路或南海航路的相關研究成果眾多。近年延續此議題的論著，可參見周運中 (2015)。

團也控制著福建、粵東與馬來海域貿易線。一六六一年清廷頒佈的禁海遷界令，鄭成功奪取荷蘭人在臺南的熱蘭遮城，進而一六六四年退守臺灣。此後福建船隻幾乎往返東南亞各處，南洋貿易顯得更重於中日貿易。[9]

在「馬來羣島世界」的貿易與殖民時代，馬六甲、巴達維亞、新加坡、檳榔嶼等幾個重要海港城市的開埠，大批中國海商、苦力、移民南來，構成華人、馬來人、南島語族、洋人、印度人和其他種族雜處的社會，展現了我們認知與辯證華夷交織的歷史脈絡。漢語寫作的詩與筆記、日記組成的南海印象，藉由描述和紀錄鋪陳了航路與「馬來羣島世界」的文明與風土。若進一步參照最樸素的歷史檔案，巴達維亞吧國公堂（吧城華人公館）留存下來的《公案簿》，就能看出唐番通婚、私通、入伊斯蘭等事件引發的種種糾紛和法律仲裁，以及吧城唐人的漢語語言裏，夾雜著許多馬來語、荷蘭語、印度語等外來語的成分（劉永連 220-244）。這些馬來世界裏的漢語文獻，鋪展了歐洲、阿拉伯世界、中國羣體移動帶來的視野轉換，知識建構和生存體驗。我們藉此觀照一個中國境外的華人、華文世界的生成，種族與文化的境內境外的相遇與接觸。作為實體與符號的馬來世界，內嵌於漢詩文和筆記，折射出十八世紀以降華人生存於此的風土感受，以及文化生產的眼光。

貳、走入武吉士人的海

今日東南亞海域內的國度，有其自成體系的悠遠歷史航路。在公元三、四世紀，從南海、爪哇海和稱為「香料羣島」的摩鹿加羣島之間的馬魯古海，早已發展出南島語系的馬來－玻里尼西亞語族 (Malayo-Polynesian) 和文化。他們活躍的海域範圍，相當於我們稱之為 "Nusantara" 的「馬來羣島世界」。這個詞彙最初指向十三世紀以爪哇島為根基的滿者伯夷 (Majapahit) 政權，其統轄爪哇之外眾多島嶼的勢力範

9　關於十七至十八世紀的亞洲海上貿易的變化，詳見 Ptak (2018)，頁 183-197。

圍。在今日的狹義解釋往往聚焦於印尼羣島。[10]

但回顧海洋貿易與文化生成背景，「馬來羣島世界」其實有更廣闊的意涵。[11] 連接幾個古代政權的海域，揭序了直達中國、印度、非洲、歐洲和中東的航海貿易。然而也因為香料羣島聲名遠播歐洲，直接導致歐洲殖民勢力的東渡，終結了「馬來羣島世界」的海洋貿易領先地位。近年有的東南亞史學者以 "Sulu Zone" 來探索環繞蘇拉維西海 (Celebes Sea) 和蘇錄海 (Sulu Sea) 之間的海域文化，突出「區域」(zone) 不僅是一空間概念，同時是歷時性的過程，作為理解內部的文化與社會的相互作用下，族羣形塑與再形塑過程 (Warren xxv-xxxix)。有的學者則創造「馬來羣島世界」的概念，擴大馬來羣島的海域邊界，詮釋這片亞洲羣島曾扮演的全球貿易角色，南島語族的貿易網絡，以及他們遭遇印度、阿拉伯、波斯、歐洲影響甚於中國的歷史痕跡 (Bowring 2019:1-6; Bowring 2020)。

在中國的南海交通史，朝貢貿易體系基本作為解釋南海航路的框架。無論是貿易或外交，從中國到印度洋的航路，決定了南洋古國的興衰。[12] 南宋期間的《輿地圖》是現存最早的中國海上交通路線地圖，地圖繪有印度、闍婆、三佛齊，以及南海一些島嶼，可以說是將漢以降往斯里蘭卡、印度

10　"Nusa" 是借自梵文的「島嶼」概念，"antara" 則是梵文「外部、跨越」的意思。在印度另有 "Dwipantara" 的稱謂。"Dwipa" 是「島嶼」。滿者伯夷是十三世紀在東爪哇建立的印度化國家，其國力於十四世紀達至巔峯，成為當時東南亞的最強盛的國家，統治範圍擴至馬來半島的新加坡、吉打、彭亨、吉蘭丹等，但後為爪哇地區興起的伊斯蘭國家淡目 (Demak) 所滅。其在強盛時期屬於東西方宗教、貿易、文化交流的紐帶。然而，此詞彙在西方殖民時代淹沒多年，直到一九二〇年代才重新被提出，以及根據馬來語對 "antara" 的解釋，賦予新的意義：「在兩個大洲或海洋之間的島嶼」(Soebachman 15)。

11　在連接馬六甲海峽、巽他海峽、爪哇海、班達海、蘇拉維西海、蘇錄海、呂宋海峽之間，有著占族、爪哇人、馬來人、泰國人、中國人、淡米爾人的貨品交易和族羣交流，以及印度、伊斯蘭與中國的宗教和文化交織。尤其在數百年間，周遭貿易帝國的崛起和衰亡，如扶南帝國、吉打王國、室利佛逝，以及在爪哇、峇里島、蘇門答臘輪替的島嶼政權，形構了這片海域文明 (Miksic 25-92)。

12　濱下武志提出中國在亞洲海洋是透過朝貢貿易體系擴大和主導中華秩序。參見濱下武志 (1999)。

旅行、風土、敘事學

308 — 亞際南方

航道經過的馬來羣島世界納入視野。鄭和下西洋 (1405-1433) 後的兩百年，《鄭和航海圖》出現在茅元儀的《武備志》(1621)，一幅中國遠洋航海圖以手卷式長圖，更詳細完整的紀錄了南海航路上的馬來世界國度與位置，作為鄭和下西洋的唯一地圖實證（梁二平 113-135）。明清兩朝都曾實施海禁政策，沿海地區海商的出航經驗，直到清朝水師提督施琅之子施世驃根據海洋地理資料繪製的《東洋南洋海道圖》(1712-1721)，清楚標示往越南、印尼、柬埔寨、文萊、菲律賓的航路地圖，以及針路、更數。航海圖代表著境外視野的建立，以及主權之主張。南海的中西航路，牽動的是東南亞諸國的經濟和政治變化。

　　然而，十八、十九世紀以後當中國使節和海商再次走向南海航路，朝貢貿易體系已因為西方殖民勢力的東渡而消失。荷蘭、英國建立的東印度公司貿易體系，以及殖民地管理秩序，徹底改變和重新形塑中國人的南洋視野。而在西方殖民帝國之外，他們接觸的「馬來世界」(Dunia Melayu)，[13] 多元民族的海上貿易，尤其武吉士人在七月至十月間從望加錫，東婆羅洲的馬辰、帕西等地駕著武裝帆船來到馬六甲交易，武吉士人船隻基本主導了東印度貿易的關係網絡。[14] 因而種族、貿易、物產、習俗等異域見聞構成的「風土觀」，以及海上秩序的認識，讓走入南洋的中國人，重新經歷著經驗與知識之間，關於華夷視野的微妙轉換。

　　從東晉《法顯傳》到元代汪大淵《島夷志略》，中國典籍不乏對爪哇、蘇門答臘等馬來世界羣島較為細緻的地理氣候、物產風俗的記載。明代隨鄭和出洋的隨行官留下的紀錄有馬歡《瀛涯勝覽》、費信《星槎勝覽》二書，對爪哇、舊港國的描述更為詳盡。其中以費信勾勒的風土圖像較具文學

性想像，留下形象化，卻不乏華夷辯證、具體可感的爪哇島及其人種的描述：

> 古名闍婆，地廣人稠，……舊傳鬼子魔天，正於此地，與一罔象青面紅身赤髮相合。凡生子百餘，常食啖人血肉。佛書所云鬼國，即此地也。……番兵百萬餘眾悉皆敗走。遂已登岸，隨殺隨入，生擒番人煮而食之，至今稱為中國能食人也。獲囚酋長歸國，服罪放歸，改封為爪哇國王也。欽遵我朝皇上，遣正使太監鄭和等，節該齋捧詔敕賞賜國王、王妃，及其部領村主民下，草木咸受天福。（費信 23-25）

除了筆記體的記敘，轉換為題詠的詩句，更突顯其「異域」風土修辭：

> 古是闍婆國，曾遭鬼母殃。震雷驚石裂，深穴見人藏。歡忭皆知異，扶持眾立王。人民從教化，罔象被驅亡。婦女誇家富，男兒縱酒強。鸚歌時刷翠，倒掛夜分香。婚娶吹椰殼，人隨禦竹鎗。田疇禾稼盛，商賈貨財昌。洲上獼猴聚，溪邊祭祀忙。蠻夷遵聖詔，永世沐恩光。（費信 26）

　　這裏的風土紀錄，既有獵奇，也不乏想像，當然是既定天朝眼光下，蠻夷稱臣，歸順朝貢的華夷風土觀。透過這樣的風土觀照，南海諸國形貌見諸於紀錄，在知識和想像兼備的引導下，總難掩其文化與地理上優先置入的中心／邊緣、華／夷的兩極架構。然而，在兩極對立的潛在視域之外，爾後更多境外行旅經驗帶來在地觀點與生活風土的介入，難道沒有帶來知識和敘事隱約的位移和修辭變化的軌跡性 (trajectivity)？換言之，當我們關注更多屬於既有框架的主觀性或客觀性差異時，單一或侷限於中心／邊緣、華／夷元素

的對應，反而限定及忽視了探索的軌跡。[15] 如何從系列的文本、行旅經驗裏窺見箇中思路發展和眼光變化，以及細節在不同文本間的關係，看待旅程的「軌跡性」，探究「中心／邊緣」、「華／夷」之變的辯證過程，尤其關鍵。

十八世紀以降系列聚焦於爪哇，尤其巴達維亞的寫作，有實地寓居經驗的記載和敘事，可看作對南島風土與知識變化的掌握。[16] 這些在清代乾隆年間的著述，包括程遜我《噶喇吧紀略》和《噶喇吧紀略拾遺》、陳洪照《吧游紀略》、王大海《海島逸誌》、顧森《甲喇吧》、佚名《開吧歷代史記》，以及十九世紀陳乃玉《噶喇吧賦》、闕名《葛剌巴傳》等，打開了一道南島風土或風景。歷來王大海《海島逸誌》和作者不詳的《開吧歷代史記》最受到關注。[17] 這類文本對在地觀察與風土的把握儘管不乏錯誤的敘述，但知識的描繪和勾勒提供了值得比對參照的視野。本文透過王大海《海島逸誌》的個案文本，檢視箇中對華人遷徙與落地生根的現象，島嶼異族習性的描述與判讀。這尤其涉及南海航路上透過華夷之辨展現的種種風土、地理與人文世界的掌握。

乾隆四十八年 (1781)，福建龍溪人王大海（字碧卿，號柳谷），隨商船泛海至爪哇島，居住在吧國（雅加達），後居三寶瓏 (Semarang)、北膠浪 (Pekalongan) 等地，入贅於華人甲必丹家，擔任塾師。他在爪哇居住將近十年，衣食麗都，侍婢數十，然而，最終以家有老母，在乾隆五十七年拂袖而歸，回到故鄉，以教書度日。而旅居爪哇的種種見聞和經歷，則見諸於一七九一年完成的《海島逸誌》一書。此書則要到

---

15 維利里奧 (Paul Virilio) 關於「軌跡性」觀點的啟發：「我們忘記了道路的本質，即旅程。……除了在機械學、彈道學或天文學領域，我們似乎仍然無法認真對待這一路徑問題。客觀性、主觀性，當然，但絕不是軌跡性。」參見 Virilio (23-24)。

16 中國史地書籍對南海諸國不乏記載，《古今圖書集成‧方輿匯編》的「邊裔典」就總結了清康熙年間以前的重要文獻。但這類記載在譯音、譯名的不一致和混亂，尤其歷代重譯之訛，道聽途說之記載，至使誤解也不少見。馮承鈞先生於一九二〇年代譯註相關文獻就有此感慨。見 Ferrand (2002)，頁 3、69。

17 關於《開吧歷代史記》的討論，最早有許雲樵的輯注，後有包樂史、聶德寧的校注、翻譯和討論。參見許雲樵 (2017)；Blussé & Dening (2018)。

一八〇六年，始有漳園本刊印問世，但考證書中所敘歷史事件，此書問世應介於一八一二至一八一六年間。[18]

王大海的經歷和寫作相當獨特，個人長期的寓居經驗尤其重要。[19]無論是親身見聞，或博採傳聞與在地知識，《海島逸誌》在民族風土、自然地理、物產人情，以及奇譚怪事，風尚習俗都有細緻又別具趣味的紀錄。此書分為「西洋紀略」、「人物考略」、「諸島考略」「山海拾遺」、「聞見錄」和「花果錄」共六卷，其中「西洋紀略」、「諸島考略」、「山海拾遺」三卷最能看出旅居「馬來羣島世界」的異域風土和華夷思辨。[20]漳本有幾篇序言，不乏「聖朝聲教飄飄乎」、「憫時病俗之意寓乎其中」等堂皇溢美之詞，但作者的自序言明：「所見所聞，及其方土人情，與夫一言一行之可傳者，悉表而出之，以為正人心、扶世道之小補乎！」，[21]換言之，域外的采風問俗，潛在的視域是進入風土，並以教化為準則。

因此，王大海最後離開旅居多年的三寶瓏返鄉，評價此荷屬殖民地的華人甲必丹體制，以及「華人贅婿」的風俗，不忘描述愜意、閒適的生活節奏和型態：「奴婢百十人」、「夫婦攜手而行……攬臂狎抱，風俗如斯，不知顧忌」、「奴婢持傘障日……服事於左右」、「食與臥最重，雖有急事，

18　嘉慶十一年 (1806) 首刊於漳州，道光年間另有靜觀齋刊本（齋本 1842）、《舟車所至》的琴川鄭氏青玉房刊本（舟本，1843）。值得注意的是，一八四九年有麥都思 (Walter Henry Medhurst) 的英文譯本 (*Chinaman Abroad, or a Desultory Account of Malayan Archipelago*, by Ong Tae Hae)，由上海墨海書館出版。參見南溟子 (1992)，頁 197。此書有姚楠、吳琅璇合作的校注本。關於《海島逸誌》最初刊印時間的討論，姚楠主張一八〇六年，吳琅璇則因為書內敘及於一八一一年英國人從荷蘭人手中取得爪哇，認為刊印應在一八一二至一八一六年之間（吳琅璇 67）。

19　在清代以前中國對外交通史籍，少見長年旅居南洋國度的經驗寫作，而且不少是耳聞筆錄。對於「馬來羣島世界」的描寫，紀錄較明確詳細的，也是到元史以降，汪大淵《島夷誌略》等書涉及爪哇、室利佛逝、婆利相關國度地域的簡要描述。大部分皆屬海商（如汪大淵）或使節報告。

20　論者對《海島逸誌》的研究，多有指出其反映吧國華人情況、荷蘭殖民統治記載、華僑人物立傳、中華文化的海外傳播等面向。對於書中的馬來世界華夷風土討論則較欠缺。參見吳琅璇 (1996)；鄭鏞、連心豪 (2009)。

21　相關序言，及作者自序僅見於漳本。參見王大海 (1992)，頁 ix-xiv。

不即通報」、「一日如兩日，一世如兩世矣」等（王大海
20-21）。然而，此等帶有富奢或市民階級的樂趣，放在殖
民地的巴達維亞，讓人印象深刻，卻又提醒我們探究背後的
脈絡。但作者僅以華夷視野的比較，作為風土觀照的總結。

〈三寶瓏〉
西洋為極樂之地、然必須家無父母，終鮮兄弟，
無內顧之憂者，方可終為極樂之人。中華之樂，
蓋有禮義廉恥以相維，不能極其欲也。西洋之
樂，則不知禮義廉恥為何物，而窮奢極慾，以自
快其身心而已矣。（王大海 21）

在下西洋的語境內，禮義廉恥成了在爪哇島國判別華夷
風土的標準。這略帶教化的說法，倒像是替他歸鄉的抉擇：
「家有老母，但作南柯一夢，扶袖而歸，猶棄敝屣」做了極
佳的道德示範。這提醒我們不能忽視，康雍乾三朝海禁政策
反覆不定。[22]黃遵憲〈番客篇〉描述下南洋的移民處境：「國
初海禁嚴，立意比驅鱷」、「誰肯跨海歸，走就烹人鑊」
(135)，恐非虛言。王大海一七八三年出洋，一七九二年歸
國，其時海禁鬆緊不明，他的南洋紀聞以「夷夏之防」為自
己設下防火牆，也不足為奇。

然而，透過華夷立場標示自己歸鄉的理由，不能略過行
旅經驗和寓居風土背後，南島和海域體系對個體自我變化
的參照。王大海旅居爪哇時期，正值荷蘭東印度公司轉向
衰頹。荷蘭於一六一九年征服雅加達，改名為巴達維亞，
一六四一年攻陷葡萄牙佔據的馬六甲，進而掌控馬六甲海峽
航道。十八世紀是武吉士人武裝帆船縱橫東印度海域的世

---

22 清初海禁政策不僅官方不出洋，連民間也不得私自出海。康熙五十六年
(1717)實施南洋禁海令，雍正五年(1727)同意廢除禁海令，限令出洋貿易
之人三年內回國，否則不許回籍，同時開放了粵、閩、江、浙四口通商口岸。
一七五七年乾隆宣佈撤銷寧波、泉州、松江三個海關的對外貿易，只留下
廣州海關允許西方人貿易。

紀。[23] 直到十八世紀末荷蘭軍隊佔領廖內羣島，駐紮於此的武吉士軍人竄逃至婆羅洲、蘇門答臘、馬六甲海峽一帶。接續英國人來到馬六甲海峽，建立檳城，從荷蘭手中取得馬六甲，此時海上秩序陷入混沌狀態。王大海就是在荷蘭、英國海上勢力消長交替，既無法擊敗對方，卻也無法建立海上新秩序的時刻，走入了武吉士人的海域。西方勢力讓此地固有的舊秩序解體，而武裝帆船裏的武吉士人以傭兵、商人與海盜形象出沒，正是海上混沌時代的產物。[24] 在此意義上，王大海由南海航路進入爪哇，首要認知的對象，是武吉士人海上周邊建立的南島語族和政權，以及大陸生態，更遠甚對荷蘭與英國殖民政權的掌握。

王大海對南島文化與風土的認識，「諸島考略」有清楚的記載。該專輯紀錄有二十四條目，〈西北諸島考略〉再細分六條目，共有三十餘島嶼的物產風土和生活其間的南島語族和混血民族後裔被細緻描述。這是南島語族世界，自蘇拉維西海，西至馬六甲海峽北端，橫越孟加拉灣，進入斯里蘭卡。這裏搭建的島嶼世界，基本是奠基於「馬來羣島世界」自成體系的海域經驗，以及經由馬六甲航道進入印度洋的海路視野。

透過國別與島嶼的逐一記載，王大海《海島逸誌》對爪哇海域周邊展開的諸島考略，有別於過往中國交通典籍裏的航道視野，[25] 而是透過海洋的島嶼支點，系統性經水路，捕獲每一地方風土。西洋殖民者的貿易航路，以及南島語族的水路習性組裝了這片海域的軌跡。儘管每地記載長短不一，詳略有別，王大海鮮明的追索、採集風土意願卻清晰可見，

23　一六六八至一六六九年間荷蘭甚至與南西里伯斯的波尼蘇丹國 (Kesultanan Bone)、索平王國的武吉士人的武裝力量結盟，發動望加錫戰爭入侵戈瓦 (Gowa)，戰敗的武吉士－望加錫軍人逃往爪哇、蘇門答臘、馬來半島等地，成為馬六甲海峽上的商人、海盜與僱用兵。一七二一年廖內王國發生政變，武吉士人趁勢掌控了廖內王國的實權，以此為根據地，進一步掌握了馬六甲海峽至爪哇海域的制海權。

24　關於武吉士人海上霸權的相關敘述，可參見白石隆 (2018)，頁 28-38。

25　明代費信《星槎勝覽》、鞏珍《西洋番國志》、張燮《東西洋考》、黃省曾《西洋朝貢典錄》等著述的體例，基本以國別考略南海諸國。這類對外交通筆記涉及描寫的國別，大體是鄭和下西洋以降東西洋航道見聞的地域和島嶼。

敘述不忘標誌「華人未有到其處，所以未能詳其風土耳」（王大海 84），顯然著意替風土建立知識框架。若對照康熙年間頒佈「禁南洋貿易令」(1717)，清臣藍鼎元以〈論南洋事宜書〉(1724) 主張開放海禁，詳述「南洋諸番，不能為害」的各種理由，王大海南島寫作關注族羣人種接觸的脈絡，就更有意思。藍鼎元跟王大海同樣來自福建，對海外知識的接觸與認識，讓他的視野不囿於大陸眼界。但藍鼎元從海防面向，試圖解釋諸番不足為患，理由如下：

> 統計天下海島諸番，惟紅毛、西洋、日本三者可慮耳。噶囉吧本巫來由地方，緣與紅毛交易，遂被侵佔，為紅毛市舶之所。呂宋亦巫來由分族，緣習天主一教，亦被西洋佔奪，為西洋市舶之所。日本明時作亂，閩廣江浙皆遭蹂躪，至今數省人民言倭寇者，尚心痛首疾。南洋數十島番，則自開闢以來，未嘗侵擾邊境。
>
> （藍鼎元 1995:55）

在這種「倭寇」記憶和「備倭」框架下去認識與解釋西方國家的海上殖民活動（李恭忠 171），雖展示了對西洋諸番的局部認識，但欠缺對西洋商業殖民主義的地緣政治理解。當然，背後依然有夷夏之防或華夷之辨的話語脈絡。[26]

相對於藍鼎元，數十年後王大海實地寓居的風土觀照，呈現華夷雜處共居的現象，顯然就有一種華夷話語位移的軌跡。他在描述南島文化以前，先張揚「和蘭」、「紅毛」、「和蘭西」條目，再細述南島民族分佈生態。洋人、華人、南島語族並置來看，無關國別，而是觸眼所及各路族羣共生共存的現實風土。在洋人殖民者來到爪哇以前，南島語族和華人已是世代居住者。他判讀荷蘭人如何得以殖民：「爪亞性愚蠢坦率無謀，又貪其利，遂為襲破萬丹，併取吧地」，

26　有趣的是，此文被收錄在十九世紀末新加坡殖民地政府培訓公務人員，熟悉新馬社會素材的華文讀本《三州府文件修集》(1894)。這又是另一種華夷視點的參照。參見藍鼎元 (2020)，頁 86-87。

又言及荷蘭人「分而治之」及律法嚴明的政策：「華人並各種番人皆設以甲必丹，使其自申約束。唯大罪及命案皆送付和蘭憲治，其創立法度，謹慎嚴明，所以能久遠也」（王大海 50-51）。

表面上，王大海看爪亞、荷蘭人的地緣關係，突顯被殖民現象裏的階級、文化實況，但不能忽視「爪亞之人數倍於和蘭畏懼和蘭，聞其名則合掌，主僕之分嚴明，見其主人必屈膝合掌」的習性 (30)，王大海指出了他們雜處山谷間種稻種粟的民族性風土特質，長於農耕並周旋於自然。這裏的華人視角，固然不脫殖民主義下臺島地緣政治的觀察，但出自風土的觀照和關懷，反而在華人族裔高度裏，暗示著華夷視點是多種政治權力交錯下，人種與地方之間關係位置的參照。華夷立場不是固定的對立和二分。

王大海紀錄南島海域所見的洋人，箇中的華人位置，總是跟周邊風土發生聯繫。諸如談英國人殖民檳榔嶼，不忘強調「其立法苛刻寡恩。華人有在其地者，皆遷徙他處」(54)。談佔領馬尼拉的「寔班牛」（西班牙人），認為「其狀貌頗類華人」，同時又說「飲食器用略同和蘭」，最後總結西班牙人採買西洋布販售至吧國，「資本極大，華夷均負其責（債）」(56-57)。我們注意到，這裏勾勒的華、洋、夷，共同交織的風土脈絡，離不開殖民與貿易。這片馬來海域重新定調了華人參與其中的地緣關係，平實且平行交錯各路人種的在地脈絡。這是彼時藍鼎元提及閩廣百姓「欲富所驅，盡入番島」(1995:55)，卻欠缺的在地風土認識。王大海的觀察同時觸及人種的在地繁衍：「其吧產者，髮不紅而瞳亦黑，地土使然也」(1995:51)，這是荷蘭人與當地人通婚的後裔，已然帶有風土孕育滋養族羣人種特徵的論調。

從海域生態與民族系統，王大海為南海各島國勾勒形貌，記錄風土民情，隱約標示華、洋、夷交集的風土脈絡，似在建立漢語書寫的「馬來羣島世界」譜系。他是志在采風，抑或旅居爪哇十年形塑的風土觀，已是潛在的生活視野和地方感？他追索風土孕育的不同族羣歷史，敷衍印象式的人文地理，這不全然是一套傳統的「華夷之辨」。王大海觀照的是「華夷之變」，

應屬他從巴達維亞的殖民與南島文化中滋養的在地目光。

荷蘭人佔領的巴達維亞是一典型的殖民城堡市鎮,但不脫當地原住民港口市鎮的特色。荷蘭人、華人、亞洲基督徒共同居住城牆內,沒有嚴密的藩籬,他們受到當地數量龐大的奴隸服務,而這些奴隸來自印尼羣島和印度半島。而在內陸地區,荷蘭東印度公司更集中安置來自周邊島嶼的原住民族,看上他們驍勇善戰的民族特性,以作為一支潛在利用的武裝力量,調動到各島作戰。而巴達維亞承襲自雅加達港口城鎮的傳統特色,作為統治權利的核心,更與爪哇海域的鄰居有頻密的外交接觸,以及使節來訪。然而,十八世紀末的巴達維亞卻陷入一種沮喪與消沉的氣氛。熱帶疾病和傳染病在城市蔓延,中國的帆船貿易也在消退。中國商船更集中於馬六甲海峽的港口貿易,因此從馬六甲海峽到爪哇島東邊的水域,匯聚了印度、馬來人、華人、武吉士人、伊朗嫩人 (Iranun) 的貿易商、走私客和海盜貿易。[27] 以上種種大環境的變化,可以看做王大海描寫爪哇海域及周邊世界的立基點。而他如何看待掌握統治權力的洋人,進而描述散居與自成格局的南島民族,成了我們觀察這位旅居爪哇的華人的「馬來羣島世界」世界觀。

參、華夷風土的接觸地帶

在歐洲殖民勢力以及南島民族秩序交織的海域,王大海對噶喇吧(巴達維亞的音譯 Kalapa)的描寫,陳述了各民族混居,以及民族特性的對比。從華人視角出發,中國海商在吧國貿易,形成移居傳統,當地僑領被任命為甲必丹,在他筆下做了簡要的記載:

〈噶喇吧〉
我朝德澤遠被,四夷賓服,不禁通商。鼓棹揚帆而往者,皆閩廣之人。自明初迄今四百餘載,其

27　關於巴達維亞盛衰的種種描述,可參考 Blussé (2010),頁 36-43。

留寓者，生齒日繁，奚止十萬之眾。

吧城連衢設辟，夷民互市，貴賤交易，所謂利盡
南海者也。富商大賈，獲利無窮，因而納賄和蘭，
其推舉有甲必丹、大雷珍蘭、武直迷、朱葛礁諸
稱呼，俱通稱甲必丹。華人或口角，或毆，皆質
之甲必丹。（王大海 2-4）

其中「我朝德澤遠被，四夷賓服，不禁通商」秉持天朝
視野，儼然一幅文明移居，商賈階層和管理制度井然有序的
華人社會。然而，南海世界的現實環境是西洋帝國殖民和異
族雜處。所以「夷民互市，貴賤交易」，也就客觀陳述了華
人在南洋島嶼進行商品交易的生活風土。華夷混居有其悠遠
的生活脈絡，甚至形成了在地化的移居羣體。華商因而致
富，落地生根。值得注意的是，〈舟〉本另有文字：「衣其衣，
食其食，讀其書，與爪亞同風俗，而下視爪亞，自稱曰息垜」
（王大海 4）。根據考證，息垜即伊斯蘭(Islam)，換言之，「夷
民互市」背後，揭示了一羣早已皈依伊斯蘭的華人羣體。相
近的文字，也見於「諸島考略」的〈息垜〉。他們的生活起
居和信仰，跟當地南島語族無異，如同以下的具體描述：

〈息垜〉
華人有數世不回中華者，遂隔絕聖教，語番語，
食番食，衣番衣，讀番書，不屑為爪亞，而自號
曰息垜，不食豬犬，其制度與爪亞無異。日久類
繁，而和蘭授與甲必丹，使分管其屬焉。

（王大海 61）

這些華人衣食、語言、信仰已入鄉隨俗，同化為當地人
一體的生活秩序裏。然而，「其制度與爪亞無異」卻又「不
屑為爪亞」，顯然在異國土地上，人種的現實階級差序和宗
教習俗，仍糾結著族羣自我和他者的辨識。但這類人日久類
繁，卻是殖民者分享權力，授與甲必丹的羣體。這揭示了華
夷接觸的風土，另有值得關注的華人入伊斯蘭，及唐番通婚

脈絡。這些紀錄的「息奎」，是作為新客的王大海的在地知識，就「華人」的認識意義上，而有了深一層的華夷意識的微妙轉換和挪移。

根據《公案簿》記載彼時的華人糾紛，華人與伊斯蘭（失奎）矛盾顯得日常。案例裏可見華婦乞養番子，番子可不依「失奎成規」，即不必皈依伊斯蘭。但也有唐番婚姻案例，華婦「不願歸唐人」、「甘願入失奎」，或再婚者入失奎，都被公堂以「背籍改姓、玷辱祖宗」訓斥，強調「唐番人等宜各守其道，免致亂籍，以傷風化」，甚至包括華人寡婦與番人通姦，公堂裁決其喪失子女撫養權，「免被伊母付入失奎」（劉永連 221-222；聶德寧、侯真平、包樂史、吳鳳斌53-54）。更有意思的判決，還包括遭遇家暴的華婦申請離婚，但前夫則以華婦將來若改嫁唐人，自當願意，若改嫁番人則不願。公堂最後准予離婚，但卻議決「改適番人，可捉拿報知」（包樂史、吳鳳斌 2002:183-185）。以上涉及伊斯蘭，以及婦女跟番人婚配的種種矛盾，突顯華人與當地土著的藩籬，以及華人堅守的血統意識。然而，唐番通婚的狀況依然發生，雖在一七八八年的前數年，土庫出示，不許唐番通婚。但通婚是社會人情交際、融合過程的環節，甚難避免，尤其華人與出身婢女的當地人非正式登記通婚。另一相近的描述，可見顧森《甲喇吧》遊記。此文跟《海島逸誌》的寫作相隔幾年，記錄華人「新客」抵達巴達維亞時，當地婦人攜女求售的場景：

> 女子嫁唐人，得免賦；故船至時，常有老媪攜幼
> 女，艷妝求售，所費甚廉，惟不許攜婦耳。
>
> （王大海 187）

華人以當地女子為婢，蓄奴成風，與其通婚或生有子嗣亦不在少數。這是華人記載裏的南島女子跟華人通婚現象。而在洋人的紀錄裏，這些土人妻妾在主人逝後，其最鍾愛者

得獲自由身，列為正房，兒女被認定華人。[28] 由此看來，這些華人與南島女子的婚配，無論是正式登記或私合，突出了一個我們需要理解的華夷交織的文化背景。

這羣自號「息苳」的華人或華夷混血後裔，其實突顯了一個在馬來世界世代移居扎根的華人融入為土著的環節，可視為土生華人 (Peranakan) 的濫觴。王大海視其為南島族羣的一分子，且注意到安汶、萬瀾（班達羣島）就是色仔唭（葡萄牙人與土著混血後裔）、息苳、無來由並居（王大海79）。華人與番人之間的界線，如同我們從《公案簿》看到的各種案例，既矛盾又融合。王大海從南島風土裏發現的「華人自我」，在蓄奴和通婚脈絡裏，多了一層對南島語族的他者參照眼光。

在當地華人婚姻裏，還有入贅習俗。王大海自身經歷就是入贅三寶瓏的甲必丹家，並自陳「風俗重華人贅婿，吧產不屑也」（王大海20）。陳乃玉〈噶喇吧賦〉另有補充：「十有七家，招夫贅婿；千而萬鼎，釀蔗成糖」（王大海191）。其時華人幾乎獨佔蔗糖業重要市場，[29] 華人南來新客男性貧困入贅女家，自然是富裕人家。王大海的際遇和書寫，指出自身的華人視角來自富裕華人階層，家裏蓄奴或以奴婢為妻妾司空見慣，背後反映了一個與荷蘭殖民者共享的資產階層視野。再者，入贅風俗不無可能受到爪亞、蘇門答臘當地母系社會習俗的影響。「生女為貴，贅人於室，生男則出贅於人」（王大海30），這是王大海注意到的爪亞風土，亦顯示出華人與當地母系氏族交融的生活面向。

《海島逸誌》記載的爪亞人形象負面，那是因為在荷蘭殖民體制內，爪亞人往往是奴僕、奴隸的身份。[30] 這層眼光

28　荷蘭東印度公司的軍醫記載：「華人的妻妾多是從巴厘島和望加錫買來的女奴，皮膚不太黑，呈黃褐色，身材短小而勻稱。只要養得起，他們要多少妻妾，就可以有多少。當某個華人死後，他的繼承人便將他所有的妻妾全部出售，只留下死者生前最鍾愛的一個，按照遺囑給予自由，列為正房。其所生的子女也就被承認為是真正的華人。」參考 Fryke (1986)，頁33。

29　包樂史指出，到了一七一〇年底，吧城一百三十家制糖者，有七十九家是華人企業 (Blussé 1997:80)。

30　《海島逸誌》的爪亞的條目，就明確記載：「其人粗蠢愚直，不達事理，

的判讀，根源於王大海處身於甲必丹家族，華人從商以及成為殖民制度內的地方領袖，形塑的華人觀點，墊基於華人與荷蘭殖民者在經濟上的合作關係，以及在地方和族裔管理被賦予的行政權力。

一六一九年荷蘭東印度公司委任福建同安人蘇鳴岡為首任甲必丹 (Kapitan) 處理華人事務，一六三三年增設雷珍蘭 (Luitenant) 共同議事，一六九〇年設有武直迷 (Boedelmeester) 為財產管理官，一七五〇年再設置秘書議事，稱朱葛礁 (Secretaris)。以上是華人社會裏公堂理事會的核心成員組成，開啟了公堂同堂議事之濫觴。一七四二年成立吧城唐人公館，那是正式的唐人議事廳，屬荷蘭東印度公司管轄並委以唐人甲必丹根據唐人律法和習慣管理華人內外事務。以上理事人員的產生，皆屬荷蘭東印度公司指定任命，其中升遷與任期，尤其甲必丹與雷珍蘭為終身職，顯然任職者皆須有殷富家底。這也成了王大海判斷華人「納賄和蘭」的現實根據。從經濟關係看來，在紅溪慘案以前，吧城基本可看做荷蘭人保護下的華人殖民城市（包樂史 1997:61）。而在華人大屠殺以後，在殖民者制訂的管理制度裏，唐人公堂裏有效的處理民事糾紛，讓華人的生存與生活秩序納為社會體制的一部分（包樂史、吳鳳斌 2002; 2002a）。換言之，華人、洋人和南島土著處身的社會語境，提醒了我們注意王大海「華人」視野的侷限和偏見，但又讓王大海可以在非勞動的生存條件下，走向更開闊的南島語族的採風紀錄，遊走洋人與土著之間。

在勾勒荷蘭人和當地土著的歷史相處經驗，王大海又如何鋪展洋人「以夷制夷」的現實脈絡，藉此突出個人「華」的立場與處境？尤其涉及荷蘭人的管理與風俗，王大海判斷他們「冠乎諸夷之上」，其敘述的準則見諸於他對當地南島語族風俗文化的先入為主的貶抑，以及對洋人的推崇。

胸無宿物，怡然聽受。……然後制於和蘭，役使如奴隸，遵循維謹，不敢少懈」（王大海 60）。

〈噶喇吧〉
吧國地本爪亞，（〈舟〉本作「吧國遠近各島之
人，本皆爪亞一種，俗尚質樸，性愚蠢怯弱」），
和蘭設計籠絡，納其租稅，施行號令，設立法度，
盤踞海邊之地，徵課稅，給文憑，慎出入，嚴盜
匪，管束諸夷。其人隆準赤髮，沉潛善慮，所以
能冠乎諸夷之上。（王大海 2-3）

這裏的荷蘭人形象「隆準赤髮，沉潛善慮」，而散居
爪哇和周邊島嶼的南島語族，在殖民政策的種種管束措
施下，都是「俗尚質樸，性愚蠢怯弱」。他將土著次等化
(subalternize)，複述地方性刻板印象，近於民族本質主義的
判斷。

王大海接受並合理化了荷蘭人優於南島語族的事實，然
而，卻又同時張揚華人視角，從中華文化傳統禮儀制度的
「五常」，對荷蘭人展開批判。

〈噶喇吧〉
至於和蘭風俗，未免掩耳盜鈴之弊，揆之於理，
五常之中，無一存者。上賊其下，肆行貪酷，非
仁也。夫妻反目，聽其改醮，死未週月，由其他
適，非義也。長幼無序，男女混雜，非禮也。窮
奢極慾，以終其身，不省燕翼詒謀之道，非智也。
惟信之一字，其或庶幾乎。（王大海 5）

他評價非仁非義非禮非智的荷蘭人，唯有信用堪可表
揚，畢竟在華商眼中，貿易是他們接觸荷蘭殖民者的最關鍵
交際管道。王大海站在的文明高處，持守的依然是傳統華
夷之防的立場，揶揄荷蘭人之風俗，恰恰也是洋人民風之
日常。這一切反而突顯人種、文化在「接觸地帶」(contact
zone) 的複雜意義 (Pratt 9-11)。這是瑪麗・路易斯・普拉特
(Mary Louise Pratt) 的著名理論，討論南美洲在殖民脈絡下的
行旅書寫，以及提出為帝國服務的書寫，如何建構知識和想

旅行、風土、敘事學

像，「不斷向自己呈現並再現其邊緣及他者」。她指出「接觸地帶」就是「迥然不同的文化彼此遭遇、衝突、格鬥的空間，且表現在非對稱的支配與從屬關係」(Pratt 5-9)。然而，我們在此處重申「接觸地帶」，旨在引導我們思辯，海上航道構建的馬來世界引來了華人、歐洲人、印度人、阿拉伯人，他們在此相遇接觸，以及產生的各種文化、制度、宗教和語言的碰撞、磨合和妥協及其文化交織與互動現象。換言之，我們不側重在非對稱關係，並轉換了普拉特的原初「接觸」視角——在不均衡的權力關係裏，討論主體與他人關係的構成。這是從殖民權力或文化高處往殖民地邊緣流動的知識生產。但我們關注馬來世界的「接觸」，強調遊走在主要殖民城市與邊緣島嶼之間，更能突出各方遭遇互動，以及遭遇的空間。那是一個人與環境發生聯繫的空間。從「接觸地帶」的框架思考王大海的行旅書寫，追問的不僅是「接觸」，還包括書寫的「變化」。書寫本身不僅有來自中華帝國知識的進駐，卻無法忽視「地方性知識」帶來的實踐。文化是相遇的歷史，建立在對南島邊緣世界的觀看，以及生活在殖民城市（吧城、三保壠）或殖民地代理人（甲必丹家族）的王大海，從內部形塑的殖民地知識視野。兩者知識的交織，就是馬來世界的「接觸地帶」。

　　華人既周旋和生活於異族之間，王大海的華夷視點落在各島的南島語族，自然多了文明與文化意義下主導的觀察。諸如以下描述，不乏獵奇式描述其原生狀態的生活慣習：

〈噶喇吧〉
至於四夷風俗，怪形異狀，木處穴居，虬髮紋身，露體血食，駭異不經，又何足齒哉。

（王大海 5-6）

〈暴暴〉
居於安汶之東，狀如夜叉，渾身漆黑。毛髮螺拳如艾，醜惡不堪。手足敏捷，上樹如飛。多木處而穴居，不火食。血如潑墨，性多喜酒。甲必丹

高根官有一僕，尋之不見，以為逃也。……酣眠
六七日，為人所覺，拖而出之，宿醉未醒也。和
蘭喜蓄此種為僕，以其狀醜，便於出入。

（王大海 69-70）

〈吉寧〉
吉寧與西蘭相鄰，狀漆黑短小，髮不拳而微虯，
風俗略似暴暴。……余有一婢，狀頗端好，但其
漆黑難看。西洋飲食，必羣婢羅列左右服役。余
每見則揮去之，內人戲謂曰，此古銅如意，欲與
君搔癢耳，何見拒之深也。余為之噴飯。

（王大海 73）

以上記述，可以看做爪哇周邊島嶼在地人種習俗的採
風，但無異放大了異域情調，甚至藏有鮮明的文化優劣視
角。荷蘭人蓄奴挑貌醜之土著，華人則戲謔膚色漆黑的婢
女，這類玩笑，訴諸今日觀點如同文化霸凌。但也不應錯估
十八世紀王大海華夷視野裏的描述，呈現的風土性意義。蓄
奴養僕更多屬於殖民地洋人和華人階層的習氣，他們對南島
土著的認知與接觸，既是生活環節，也是知識性印象。我們
不必僅視其為一種民族誌的製作，而忽視因為經濟、文化的
權力階級，以及城鄉差異造就的品味和趣味，形成王大海對
南島土著作為生活聯繫的一環的觀照，甚至互動的樂趣。這
屬於中國人華夷視域下的南島語族，當然也是華人作為爪哇
生活羣體的一員，體現了對他族相遇而產生的自我與他者
識別的軌跡 (trajectivity) 變化。邊留久 (Augustin Berque) 對風
土與風景的理論反思，提醒了我們「風土性」(mediance) 的
意義，那是人與環境的動態耦合，是從根本上構成人類動
態聯繫中，這種關係的建立方式 (Berque 2017:88-93; Berque
2017a)。換言之，王大海的南島觀察和紀錄雖然不乏文化偏
見和盲點，但帶有「風土性」的跨文化接觸，華夷之辨不是
「文化實踐」，而是在採風過程呈現一種屬於華夷的生態環
境。無論是耳聞或走訪的紀錄，王大海在人居環境裏去重新
界定華、洋、夷的動態聯繫，構建一個南島世界，應該是《海

島逸誌》為我們展示作為華人南島意識的馬來風景。這恰恰
是我們討論風土如何在南島的在地經驗裏發生意義，尤其狀
寫其生活型態與種族特徵，倒像第一手的人類文化學的觀察
筆記，樸素，帶偏見，卻有一種存在的動態與連續性，在華
夷的二元框架裏產生「變」的裂隙和可能。那是十八世紀華
人對南島風土性的紀錄。

肆、風和島嶼視野

一九三五年日本學者和辻哲郎在《風土》提及南洋的風
土性，指出儘管欠缺時間性的輪轉，但有空間性的推移。

> 雖然沒有季節的變化，但與季節相應的層層變化
> 都包含在這風土之中。儘管缺乏「時間變化」，
> 卻存在「空間變化」，能理解這點的人都認為，
> 南洋的單調只是季節的單調，而非內容的單調。
>
> （和辻哲郎 23）

和辻哲郎主張的人間性風土學，旨在強調人之存在的空
間性、時間性結構的一種界定，並非自然環境對人的制約和
影響，關鍵在於與人互涉的感知類型或結構。他指出風土是
一種自我發現的機制，因而「歷史是風土性的歷史，風土是
歷史性的風土」（和辻哲郎 4-18）。和辻的觀點，提醒我們
關注王大海在《海島逸誌》選擇的人與環境的觀察視點。他
以水路接應，從島嶼到島嶼的聯結，航路決定了空間的推
進，亦在知識框架裏留下了分野的判準：

> 西洋澤國迂迴聯絡，窮極無際，有以帆檣通往
> 者，方可略識。其處有以和蘭居守者，則為統轄
> 轄地。其餘或木處而穴居，未常火食，赤身露體，
> 奇形怪狀，皆不能盡識，亦無可考。
>
> （王大海 90）

這其實在展示一幅馬來海域視野，以荷蘭人佔領的殖民地現實，投映他的地理和風土觀照。荷蘭轄地與否的分野，固然是文明差序的判準，或知識框架的起點，但南島族人原生態的紀錄，風俗的採識，不也暗示一種知識視域的重構，以此作為面對洋人與土著的視線交織或調整？在「諸島考略」有十八則關於馬來群島各島嶼或人種的考察，另有六則外延至孟加拉灣的印度、斯里蘭卡等地。馬來世界的航路歷史，島嶼之間的空間性推移，描述了各處南島風俗的異同。相對十八世紀初期陳倫炯《海國聞見錄》僅著重水程紀錄和航道見聞，《海島逸誌》多著眼南島的風土性，這個敘事視角，相應滿足了對馬來群島的知識性建構（既有博物色彩，亦有采問紀實），以及華人如王大海等輩在南島世界的逸樂生活。

除此，王大海論及吧國的氣候和時節，標題用了一個中國古代思想概念的〈五行〉（王大海 92）。在先秦思想，時空秩序的成立跟五行有關，五行說縮結了自然意象的金、木、水、火、土，有其自然性質，可以透顯至外在世界向度，亦可落實在內在生命意識。從落實於形－氣－神的脈絡，進而擴及氣和風的觀照，風在人身內外四周，風的意識帶動「風土」的討論（楊儒賓 2018）。楊儒賓提醒一個核心概念值得注意：「風土就是具體的陰陽，這組詞語是宇宙性的相偶性原理，是世界存在的構成因素。風土集結了，結構撐開，才有世界可言」(123)。生活世界與風土的關係因此連結，那是真正的世界。

當「風」的思想系統進一步指向社會性脈絡的「風氣」、「風俗」，[31] 王德威倡議的「華夷風」，著眼華夷論述在當代中國內外引發的各方論辯，強調了「風」的論述潛力和張力。王德威主張華夷風，或「華語語系的『風』來回擺盪在中原與海外，原鄉與異域之間」，這是我們可以勾勒的「華夷風景」。王德威的申論，顯然意圖貼近一種文學與歷史的

31　可以參見楊儒賓的表述：「從自然義延伸至社會義時，風即從自然的作用力引申到社會的影響力，與「風氣」、「風土」緊緊相扣的社會身體的概念是『風俗』」(126)。

想像，將其放在《海島逸誌》的域外遊記，恰如其分描述跨洋出境的「風土」。他特別標舉「勢」的詩學，「指涉一個空間內外，由「風」所啟動的力量的消長與推移」。更為重要的，王德威認為「勢」的觀照面，就是「無不通向實效發生之前或之間的力道，乃至不斷湧現的變化」（王德威 2018:19-20）。

從島嶼視點到「風」的多面向觀照，《海島逸誌》考略諸島、拾遺山海，見聞花果、器物，無論勾勒自然環境和人文地理，涉及風氣、風俗和風土的描述，都關注風土中養成的人種特質和類型，以及在海域世界內的變化和消長。王大海著眼馬來海域內的族羣生存狀態——海盜橫行的海洋貿易世界。

〈無來由〉
無來由，其種類甚多，散居四處。……性狡繪反覆，多有劫掠。於海洋中者，巢穴處於吉利門、龍牙等處，內地所謂艇匪者是也。出沒無常，閩廣患之。其言語和蘭遵之，以通融華夷，如官音然。（王大海 62）

我們知道的「馬來族」或「馬來人」(Orang Melayu)，舊譯巫來由人（簡稱巫人）。在早期東南亞印度化的語境下，馬來人卻是如同爪哇人 (Orang Jawa)、武吉士人 (Orang Bugis) 等，是眾多族羣之一。廣義的「馬來族」，甚至指的是整個馬來語族羣或南島語系族羣。[32] 根據王賡武的觀察，早於王大海寫作的陳倫炯《海國聞見錄》，是中國典籍文獻裏最早記載「馬來由」為馬來民族，可視為第一個承認馬來人意識的中國人。但陳將整個羣島的民族視為一個民族，也沒提到

---

32 根據不同的劃分標準，廣義馬來族的概念，還可分為以下幾種：馬來南島語族 (Melayu-Austronesia)，今分佈於東南亞、大洋洲、臺灣、紐西蘭、夏威夷等；馬來玻里尼西亞語族 (Melayu-Polinesia)，今分佈於馬達加斯加、馬來羣島、部分東南亞、伊斯特島；以及馬來美拉尼西亞語族 (Melayu-Melanesia)，今分佈於西太平洋，並橫跨澳洲、巴布新畿內亞、印尼、索羅門羣島等 (Abdul Rahman Hj. Abdullah x)。

馬來語（王賡武 1986:106-119）。王大海的進步，則是從風土梳理的脈絡裏，清晰認識到馬來人的多種分類，以及散居各處。這個觀察，甚至相較於一八五四年才到馬來羣島考察的著名博物學家華萊士 (Alfred Russel Wallace) 來得細緻。[33]另外，王大海突出了通融華夷的馬來語。這層跨越，已把握住南島族羣之間語言流通與流動的現實。若從在地華人角度而言，華夷通融的前提，在於歐洲人、華人都基於現實的商業利益，大家透過最有利可圖和方便的方式進行交易與溝通。所以，馬來語「如官音然」，其實是一種「風」(phone) 的認識。聲音作為馬來人意識，馬來人族羣特徵的一個點，來自馬來海域跨洋交流的過程裏的風土結構。他編寫〈無來由〉材料時，刻畫的不純然是客觀現實意義，而多了一分華人南島意識內，窺見馬來人跟荷蘭人、華人交涉的殖民地環境裏，作為南島語的馬來語，如何取得了通用語的位置和價值。在眾多馬來人分類和南島族裔間關注的通用語，藉由貿易和伊斯蘭傳播，[34]馬來語因此成為區域語言。這是華人或中國人第一次意識到馬來語作為馬來世界強勢語言的文獻紀錄。

馬來語落實書寫，涉及聲與象 (sound and script)，王大海另有〈銖厘〉描述番語和荷蘭寫字之不同。他著眼的是書寫工具，洋人用鵝毛管，土著用竹片削尖而書，且說明不同南島土著的寫字，各有自右而左或自下而上的差異。王大海的視點是洋番參照，而彼時馬來文用阿拉伯字體，他偏向了追索馬來語如何落實在書寫形式。由此而言，王大海的馬來語概念，既是聲音的捕捉，亦是帶有手作意義 (handcraft) 的寫字，如同他必須使用「銖厘」來音譯馬來語 tulis（書寫）。這是他以聲音貼近風土型態，南島土著寫字類同匠人 (craftsman)，構成在地經驗的一部分。

33　根據華萊士《馬來羣島自然考察記》(*Malay Archipelago, 1869*) 的紀錄，他是粗疏將馬來羣島與波利尼西亞的所有族羣，分成兩類馬來人與巴布尼亞人。參見 Wallace (2003)，頁 23。

34　一些混入可蘭經教義的神話故事，諸如《蘇丹伊斯坎達的故事》(*Carita Sultan Iskandar*)，最初的發源版本都是馬來語，進而透過爪哇語的翻譯，走入爪哇地區。這是伊斯蘭傳播的一部分 (Ricklefs 43-44)。

　　王大海關於風土與風俗的寫作，其實頗接地氣。他在海洋尋找支點，島嶼是點與點的聯結，海域間浮出的各島嶼、各往返交際人種，成為關注。南海的種族分佈顯然複雜，而其中對武吉士人的描述，最是形象化與逼真。王大海看到的馬來世界，基本是十八世紀是武吉士人以武裝帆船縱橫東印度海域的世紀。作為最有勢力的南島語族之一，他們的海上足跡幅員甚廣，從新加坡到新幾內亞，從菲律賓南部至到澳洲的西北部，往往被認知為海上民族 (Pelras 3)。王大海稱武吉士人為「武吃氏」，認為該民族強悍，再以數則見聞佐證其武藝高超，具有嚇敵效果。

〈武吃氏〉
武吃氏，居於望加錫，其魁處於山中，自稱瞥喏。其女子極美，且乖巧，能識人意。其族性強悍，剛猛異常，視死如歸。每揚帆海上，賊船過之，莫不辟易。不受和蘭節制，與盟約為兄弟相稱而已。（王大海 64-65）

〈武藝〉
余一婢，名掌珠，隨往馬辰，中途過賊，余倉皇失措，舟師曰眾寡不敵，奈何。婢云：事已如此，當共努力。余不知所為。婢云：無恐。持鎗而出，守於樓門不動。賊登舟擁至，婢以鎗揮之，立傷數人。賊退而相謂曰：何得有武吃氏之鎗法。婢叱曰：我即武吃氏也，請再詳試之，賊懼而盡披靡。（王大海 147-148）

　　「武吃氏」的正面認識，突顯了社會性的風土意義，即風土與主體性的構成。王大海捕捉住武吉士人的悍風，這是南島族裔的精神記號，源自於他們是地區性的航海和貿易長才，是馬來統治者的傭兵，在區域戰爭裏被驅趕的離散經驗，形成冒險犯難的精神 (Bowring 2020:287-290)。
　　綜觀王大海對各南島族裔的片斷印象描述，不完全是粗

疏印記，而有展現華夷風土觀內的「文學性」，即是如何在修辭和敘事意義上接近人的存在方式與風土的關係。不論是〈武藝〉裏的悍風婢女，描述武敦人「狀貌醜黑，性強悍，視死如歸，諸蕃所畏懼，其剛猛不亞於武吃」、貓釐（峇里島）人「男女皆穿耳而大洞，女子頗有顏色，性勤儉作家」等等，這類描述不能簡單視為獵奇，或逕直解讀為俯視化外之民的眼光。

這類實訪性的遊記文本，在邊緣性的國度裏觀照與描述，觸及到了這個文類生產的特殊性。王大海在延續博物、採風的知識性填補之餘，恰恰做為邊緣性行旅經驗的產物，他製作了在邊緣知識內，另一種「風土」面貌。雖不脫華夷觀照的視域，卻經歷著一種在地經驗介入後的「以地域為本的想像」(place-based imagination)。這是德里克 (Arif Dirlik) 提出的論述，反而促成了我們思考知識生產與風土政治的脈絡 (Dirlik 1999)。

《海島逸誌》記載異域風俗，不可忽視馬來海域內文化相遇過程的多元性。他記錄帶有民間傳說色彩的〈飛頭〉（馬來女吸血鬼 Pontianak）、〈製毒〉赤腳蕃用毒狩獵、〈酣贛〉刀槍不入的草根宗教；也記錄山海怪異見聞，如〈海和尚〉海上幻影或人魚、〈尿婆〉形如婦人的海鳥、〈山客〉山林野人、〈有尾番〉長有尾巴的紋身土著等。以上擇要舉例的風俗顯得新奇怪異，也是異文化接觸裏，對南島文化的「風土性」對視。王大海處理在地風俗裏的跨文化交織，亦有面對外來器物和技術的觀察，諸如〈和蘭醫〉處理腐瘡的外科手術、〈圓餅銀〉洋人銀元、〈天船〉的熱氣球、〈察天筒〉的氣壓表、〈量天尺〉象限儀，當然更不乏生活面的〈濃迎〉南島人的番戲和舞蹈、〈丹大〉荷蘭人的晚宴舞蹈，以及〈賭棚〉寫華人聚賭風氣，華人甲必丹管理納稅等。這些羅列的素材和見聞，既是「風俗」、「風尚」的鋪展，也指向一個「風土」的社會性意義。那是王大海走入的馬來世界，先於和並存於外來唐人／華人的行為、制度、習慣、言語等文化型態。

王大海的南島民族勾勒，除了採風特質，多少有了博物學者在建立客觀性觀察時的細節捕捉，碎片式經驗的填

補。然而，就在碎片裏，軌跡性的華夷轉變，出沒在一些語
詞的表述。無法用漢語精準描摹的經驗，雜用南島語的音
譯詞彙，進而貼近這套經驗的寫作，其實多了一種中介間
(liminality) 寫作的意義。南島語族作為被認識的客體，而觀
察者王大海身為認知主體，一種華夷參照下的主體性，透過
這種中介間的範疇，讓「華／華人」作為一個參與風土生態
的觀照後，而有了對南島語族的知識把握和認知。

　　旅居十載以後，當王大海要離去歸國，他對此地的讚美
與缺憾，盡在可愛與可惜的兩種情緒之間，看出了華人寄居
其中的複雜體驗。

　　　〈噶喇吧〉
　　　余謂西洋之地，有可愛者，亦有可惜者。天氣不
　　　寒，頻年如夏，百花暢茂，四季俱開。冬春之際，
　　　夜雨朝晴，此時景之艷陽可愛也。俗重斯文，尚
　　　風雅，喜逢迎，善褒獎。人或窮困相投，未有拒
　　　卻，或通譜，或瓜葛，皆無異視。童子見客，揖
　　　讓為禮。婢僕見主，屈膝為敬，此人情之古厚可
　　　愛也。地土肥沃，日用平易，斗米二三十文，雞
　　　鶩賤於蔬菜，緡錢便可納婢，此風俗之便宜可愛
　　　也。然無諸子百家以資博覽，無知己良朋以抒情
　　　懷，無幽巖古刹以肆遊玩，是為可惜耳。

　　　　　　　　　　　　　　　　　　　（王大海 5-6）

　　王大海著眼此地，觀察時景之艷陽、人情之古厚、風俗
之便宜，都是可愛之處。然而，他的失落和遺憾，卻是突顯
士大夫羣體的文化慣習的某種犧牲。讀書、抒情與遊樂，這
恰恰是「華／華人」立場和視角背後，擔負的文化涵養和生
活品味。馬來世界裏的洋人與南島語族共存的風土無法滿足
王大海的文化、逸樂需求，等於在現實生活脈絡裏，橫亙於
華夷之間的文化鴻溝。表面上，這回到了一個華夷之界的觀
念，詩學禮樂的華夏嚮往和緬懷，對照「窮奢極慾」的「西
洋之樂」（王大海 21）。王大海辭別離去的「冠冕」託詞，

刻意在文化層面製造失落感，合理化自己回歸故里的理由。但他走訪大量南島印象完成的寫作，恰恰以馬來世界的風土形成有趣的反證。

　　從荷蘭人到其他南島語族，馬來世界的風土複雜性，建立了「華／華人」的自我辨識。王大海的敘述，展現華、洋、夷的游移視點，不能忽視的是人與風土的動態耦合和聯繫。遊記裏的「華／夷之辨」，實際上已是「華／夷之變」的微妙展示，那是文化接觸展露的知識與地方風土，馬來世界裏的殖民城市和移民社會的史／勢觀察。在十八世紀至十九世紀數個聚焦寫作噶喇吧或巴達維亞視野的文本裏，《海島逸誌》的寫作打開了一個馬來世界的華夷風土觀，映照中國旅人對馬來世界的「察勢觀風」。

徵引文獻

Abdul Rahman Hj. Abdullah (2019) *Membongkar Sejarah Pemerintahan Islam di Alam Melayu* (Selangor: Hijjaz Records Publishing).

Andaya, Leonard Y. (2008) *Leaves of the Same Tree: Trade and Ethnicity in the Straits of Melaka* (Honolulu: University of Hawai'i Press), 18-48.

白石隆 (2018)《海洋帝國：如何思考亞洲》（海の帝国：アジアをどう考えるか）[2000]。齊珮（譯）（上海：上海譯文出版社）。

包樂史 [Leonard Blussé] (1997)《巴達維亞華人與中荷貿易》。莊國土、吳龍、張曉寧（譯）（南寧：廣西人民出版社）。

包樂史 [Leonard Blussé] (2010)《看得見的城市：東亞三商港的盛衰浮沉錄》（*Visible Cities Canton, Nagasaki and Batavia and the Coming of the Americans*) [2008]。賴鈺勻、彭昉（譯）（杭州：浙江大學出版社）。

包樂史、聶德寧 [Leonard Blussé & Nie Dening] (2018) *The*

Chinese Annals of Batavia, the Kai Ba Lidai Shiji and Other Stories (1610-1795) (Leiden: Brill Academic Publisher).

包樂史、吳鳳斌 (2002)《十八世紀末吧達維亞唐人社會》（廈門：廈門大學）。

包樂史、吳鳳斌（校注）(2002a)《公案簿》，第一輯（廈門：廈門大學）。

Berque, Augustin (2017) "From 'Mediance' to Places: Interview with Augustin Berque." *STREAM*, no.4: 122-126.

Berque, Augustin [邊久留] (2017a)《風景文化》(*La Pensée Paysagère*) [2008]。張春彥、胡蓮、鄭君（譯）（南京：江蘇鳳凰科學技術出版社）。

濱下武志 (1999)《近代中國的國際契機：朝貢貿易體系與近代亞洲經濟圈》（近代中国の国際的契機：朝貢貿易システムと近代アジア）[1990]。朱蔭貴、歐陽菲（譯）（北京：中國社會科學出版社）。

Bowring, Philip (2019) *Empire of the Winds: The Global Role of Asia's Great Archipelago* (London: I.B. Tauris).

Bowring, Philip [菲利浦・鮑靈] (2020)《風之帝國》(*Empire of the Winds: The Global Role of Asia's Great Archipelago*) [2018]。馮奕達（譯）（臺北：聯經出版公司）。

陳室如 (2014)《晚清海外遊記的物質文化》（臺北：里仁書局）。

Dirlik, Arif (1999) "Place-Based Imagination: Globalism and the Politics of Place." *Review* (Fernand Braudel Center) 22.2: 151-187.

法顯 (2008)《法顯傳校注》。章巽（校注）（北京：中華書局）。

方維規 (2018)〈「夷」、「洋」、「西」、「外」及其相關概念：論十九世紀漢語涉外詞彙和概念的演變〉。《概念的歷史分量》（北京：北京大學出版社），1-52。

費信 (2019)《星槎勝覽校注》。馮承鈞（校注）（北京：華文出版社）。

Ferrand, Gabriel [費琅] (2002)《崑崙及南海古代航行考；蘇門答剌古國考》(*Le K'ouen-louen et les anciennes navigations interoceaniques dans les Mers du Sud; L'Empire Sumatranais de Çrivijaya*)。馮承鈞（譯）（北京：中華書局）。

Fryke, Christopher [克里斯托費爾・弗里克] (1986)〈印度航海記（一六八〇～一六八六年）〉("East India Voyages

1680~1686")。《熱帶獵奇：十七世紀東印度航海記》(*Voyages to the East Indies*)。姚楠、錢江（譯）（北京：海洋出版社），1-176。

Heng, Derek Thiam Soon (2012) *Sino-Malay Trade and Diplomacy: From the Tenth Through the Fourteenth Century* (Athens: Ohio University Press), 1-18.

和辻哲郎 (2006)《風土》[1935]（北京：商務印書館）。

黃遵憲 (2005)〈番客篇〉。陳錚（編）：《黃遵憲全集》，上冊（北京：中華書局），133-135。

藍鼎元 (1995)〈論南洋事宜書〉[1724]。《鹿洲全集》，上冊。蔣炳釗、王鈿（點校）（廈門：廈門大學），54-56。

藍鼎元 (2020)〈論南洋事宜書〉。柯木林、廖文輝（編注）《三州府文件修集選編》（新加坡：新加坡宗鄉會館聯合總會、馬來西亞新紀元大學學院），86-87。

李伯重 (2019)《火槍與帳簿：早期經濟全球化時代的中國與東亞世界》（臺北：聯經出版公司）。

李恭忠 (2012)〈「倭寇」記憶與中國海權觀念的演進：明中期至清中期海防論著的初步考察〉。鈴木貞美、劉建輝（編）：《東アジアにおける近代諸概念の成立：近代東亜諸概念の成立》，第二十六卷（京都：国際日本文化研究センター），159-172。

梁二平 (2018)《海圖上的中國：中國古代海洋地圖舉要》（上海：上海交通大學出版社），113-135。

劉永連 (2012)〈從吧城唐番通婚看中外文化沖突與融合：以吧城華人公館檔案資料為基礎〉。馬明達（編）：《暨南史學》，第七輯（桂林：廣西師範大學出版社），220-244。

羅秀美 (2021)《彤管文心：近代女性文學的賡續與新變》（臺北：學生書局）。

Miksic, John N. (2012) *Singapore and the Silk Road of the Sea 1300-1800* (Singapore: National University of Singapore Press), 25-92.

南溟子（陳佳榮）(1992)〈王大海《海島逸誌》諸家版本一覽表〉。王大海 (1922): 197。

聶德寧、侯真平、包樂史、吳鳳斌（校注）(2004)《公案簿》，第三輯（廈門：廈門大學）。

Pelras, Christian (1996) *The Bugis* (Cambridge, MA.: Blackwell

Publishers).

Pratt, Mary Louise [瑪麗・路易斯・普拉特] (2017)《帝國之眼：旅行書寫與文化互化》(*Imperial Eyes: Travel Writing and Transculturation*) [2008]。方傑、方宸（譯）（上海：譯林出版社）。

Ptak, Roderich [普塔克] (2018)〈一六〇〇～一七五〇年前後的華南港口和亞洲海上貿易〉。《普塔克澳門史與洋史論集》(*Selected Essays on Macau History and Maritime History by Roderich Ptak*)。趙殿紅、蔡潔華（譯）（廣州：廣東人民出版社），183-197。

Ricklefs, M.C. (2016) *Mystic Synthesis in Java: A History of Islamization from the Fourteenth to the Early Nineteenth Centuries* (Norwalk: East Bridge).

Soebachman, Agustina (2012) *Sejarah Nusantara:Berdasarkan Urutan Tahun* (Yogyakarta: Syura Media Utama).

Srikandi, Al-Semantani & Ibnu Rusydi (2018) *Membongkar Rahsia Dunia Melayu: Pribumi Asia Tenggara Menjawab Kekeliruan Sejarah* (Selangor: Hijjaz Records Publishing).

Virilio, Paul (1997) *Open Sky*. Trans. Julie Rose (London: Verso).

Wallace, Alfred R. [阿爾弗雷德・華萊士] (2003)《馬來羣島自然考察記》(*The Malay Archipelago: The Land of the Orangutan and the Bird of Paradise*) [1869]。金恆鑣、王益真（譯）（臺北：馬可孛羅）。

王大海 (1992)《海島逸誌》[1791]。姚楠、吳琅璇（校注）（香港：香港學津書店）。

王德威 (2015)〈華夷風起〉。《華夷風起：華語語系文學三論》（高雄：中山大學文學院），36-50。

王德威 (2018)〈華夷之變：華語語系研究的新視野〉。《中國現代文學》no.34: 1-28。

王賡武 (1986)〈《海國聞見錄》中的「無來由」〉。姚楠（編譯）：《東南亞與華人：王賡武教授論文選集》（北京：中國友誼出版公司），106-119。

王賡武 (1988)《南海貿易與南洋華人》。姚楠（編譯）（香港：中華書局）。

Warren, James Francis (2014) *The Sulu Zone 1768-1898: The Dynamics of External Trade, Slavery, and Ethnicity in the Transformation of a Southeast Asian Maritime State* (Singapore: National University of Singapore Press).

吳琅璇 (1996)〈王大海與《海島逸誌》〉。《社會科學》（上海電視大學寶山分校）no.4: 64-67。

許雲樵 (2017)〈《開吧歷代史記》校注〉。鄭良樹（編）：《許雲樵全集》，第十卷（吉隆坡：馬來西亞創價學會），114-210。

楊儒賓 (2018)《五行原論：先秦思想的太初存有論》（臺北：聯經出版公司）。

張燮 (2000)《東西洋考》[1617]。謝方（點校）（北京：中華書局）。

張治 (2014)《異域與新學：晚清海外旅行寫作研究》（北京：北京大學出版社）。

鄭鏞、連心豪 (2009)〈論《海島逸誌》的史學價值〉。《廈門大學學報》（哲學‧社會科學版）no.1 [191]: 75-81。

鍾錫金 (1993)〈吉打兩千年〉。《吉隆坡：赤土文叢》(mag.sinchew- i.com/kedah2000/index.phtml?sec=596& sdate=&artid=200110150425)。

周運中 (2015)《中國南海古代交通史》（廈門：廈門大學出版社）。

「金杯藤」與「逃命的紅螞蟻」

——論黃錦樹小說集《雨》的敘事美學

——溫明明——

* 本文精簡版曾發表在文學期刊《文學評論》no.4 (2019): 217-223。

前　言

　　黃錦樹是馬華作家中的佼佼者，其文論與創作均有較強的「爆發力」，但他在大陸讀者羣中的能見度並不高。二〇〇七年，山東文藝出版社曾出版了他在大陸的首部小說集《死在南方》，然而僅靠這一部作品集顯然難窺其文學世界的堂奧。二〇一八年三月，四川人民出版社出版黃錦樹在大陸的第二部小說集《雨》，兩月間加印了三次；同年四月，《雨》與賈平凹的《極花》一起獲得第一屆「北京大學王默人—周安儀世界華文文學獎」。此次《雨》在大陸的熱銷和獲獎，或許有助於更多讀者瞭解黃錦樹的創作。但真正有多少讀者穿透了黃氏在《雨》中設置的美學迷霧並進而理解其倫理訴求，作家本人似乎並不樂觀，他在接受《北京晚報》記者採訪時，不斷申明可能存在「誤解」：「讀者可能只是感受到一種不同的韻律，也可能是誤解啦。不過有些誤解是美好的，就接受它」（張玉瑤 2018）。

　　那麼我們該如何「讀懂」《雨》？或者怎樣才算「讀懂」了《雨》？面對馬來西亞華人破碎的歷史，滿懷憂慮的黃錦樹有太多「非寫不可的理由」，直言所作皆為「憂患之書」。

如果只聚焦於陌生的熱帶風情、綺麗的文體實驗，恐無法把握《雨》之精髓，但若不先解開黃錦樹為《雨》所佈下的敘事迷陣，恐又難識得「廬山真面目」。背景、技巧和故事是《雨》的三個層面，膠林景觀、現代主義美學和倫理內蘊其間。鑒於此，本文立足於《雨》的敘事美學，剖析其頗具新意的藝術結構，嘗試從美學層面「讀懂」《雨》的「形式」創新，進而為下一步觸摸《雨》中那個不斷被替代、歸來而又重生的「靈魂」鋪設路徑。

壹、「金杯藤戰略」：變形記與短制長篇

> 這可說是田鼠的戰略吧。田鼠在大草原下方挖洞。地面只有幾個開口，但它底下是個貫通串聯、縱橫交錯的隧道世界。
>
> ——黃錦樹 (2015a:334)

　　二〇一五年，黃錦樹在回應言叔夏關於其小說敘事策略的訪談時，提出了「田鼠戰略」的概念。他將自己對小說敘事的經營比喻為田鼠「挖洞」：故事的「開口」似乎極少，但內裏卻是「貫通串聯、縱橫交錯」，猶如北極的浮冰，暗藏的遠比露出的來得複雜交錯。為進一步闡明「田鼠戰略」的深刻內涵，黃錦樹又用「金杯藤戰略」作喻：

> 但也是某種植物的戰略。去年我在屋前堆放了好些花盆，種玫瑰或木槿、山茶花甚麼的。其中一盆植物叫金杯藤，原產南美洲，應該是雨林裏的植物，因分枝繁多我給它一個特大的水泥盆。它會伸出長長的枝芽，再硬化為藤。藤硬實後會長出許多側芽，部分會分化成花苞。開出來的花有拳頭大，像個酒杯，內白外綠，稱不上豔麗。那藤觸地即生根，我後來搬動花盆時才發現，它的根從大盆底下排水洞鑽出，從其他花盆底下的洞鑽了進去，深深的固著在他盆的土裏。清理時，那奔走的根一大把，就像工地的電纜線，因為施

旅行、風土、敘事學

> 工的緣故，需拉出許多延長線。但它是反向的，
> 它不是輸送，而是吸取。（黃錦樹 2015:334-335）

這一來自生活的真實經驗，經由黃錦樹的轉化具有了重要的敘事學價值。

「金杯藤」是雨林植物，黃錦樹將其美學化，運用於小說敘事中，形成「金杯藤戰略」。這種敘事策略本質上是一種「類雨林」敘事美學，具備雨林植物旺盛而又強勁的敘事「生殖力」／「生產性」，它藉助敘事上的「分化」與「走根」，從一個母題幻化出差異化的故事，看似獨立毫無關聯的故事之間，內裏卻有一根隱密的線（類似金杯藤的根）將之串聯在一起，一個故事「吸取」另一個故事的「養分」，形成緊密的「供給」關係。「分化」、「走根」、「吸取」以及旺盛的敘事「生產性」，造就了具有黃錦樹意味的敘事美學。創作於二〇一五年前後的《雨》，可謂黃氏「金杯藤戰略」的一次全面而深入的實驗。

《雨》共收入十六篇作品，第一篇〈雨天〉是一首詩，其餘都是小說。在一部小說集中植入一首詩，並不是黃錦樹的第一次嘗試，早在小說集《南洋人民共和國備忘錄》(2013) 中，就收入了一篇以詩歌形式架構的作品：〈當馬戲團從天而降〉。以「詩」為「小說」是黃錦樹在小說文體上所做的實驗變形，體現了黃氏文體觀念的開放性和先鋒性。除了詩歌〈雨天〉，小說集前還有由馬來古諺「大海何處不起浪，大地何處未遭雨」構成的題記，《雨》中的所有小說都可看作是題記以及〈雨天〉的擴張或衍化，形式上馬來古諺和〈雨天〉置於所有小說之前，成為後續故事的啟動機制，這種詩先於小說、融於小說、轉化為小說的操作，使小說集《雨》具有了詩的質地和抒情詩的特徵：內斂、克制、悲傷，釋放出撫慰人心的力量。當然，〈雨天〉在《雨》中，並非只是作為黃錦樹藝術實驗的點綴，它被置於整個小說集的開頭，顯然還有其它重要的敘事功能。

在黃錦樹經營的「金杯藤戰略」中，〈雨天〉猶如「金杯藤」那最初「長長的枝芽」，具備「硬化為藤」並不斷生

長「側芽」的敘事「生產性」。作為一首敘事詩，膠林、家、父親、母親、雨、生殖、死亡、等待、歸來等構成了〈雨天〉的基本要素，這些未能在詩歌中充分展開的成為某種具有原型意義的元素在後面的小說中得以幻化成情節、故事或主題。例如「生殖」與「死亡」，在後面的小說中，不斷以「失蹤」、「告別」、「葬禮」、「墳墓」等形式再現，同時它還幻化為《雨》中極為重要的人物「辛」。細讀小說不難發現，那個出現在〈歸來〉、〈水窟邊〉、〈龍舟〉、〈沙〉等小說中的「辛」，並非本尊，而是已經死亡的「辛」之替代物／重生者。在這裏，死亡的不可逆卻經由「替代物」實現了「重生」，不斷「重生」的「辛」又不斷經歷死亡和替代，似乎生命得到了輪迴／延續，卻仍無法擺脫消逝的厄運，甚至「替代」從一個方面弔詭地確證了生命的短暫、一次性、無根和無後，否則何須「替代」，但替代的生命即使外在的「形」沒有發生任何變化，例如仍叫「辛」、仍生活在一個四口之家，但內在的「魂」卻再也召不回了，空留下一副隨時面臨死亡的軀殼。替代／重生意味著「父親／母親」仍未走出「死亡」所帶來的創傷，同時也深刻地隱喻著在地馬來西亞華人對於脆弱的「生殖」以及「無後／無根」的恐懼。

〈雨天〉的最後一節是整首詩的核心，描繪了在一個雷電交加、暴雨將臨的夜晚，住在膠林裏的母親幽幽地說：「火笑了，那麼晚／還會有人來嗎」（黃錦樹 2018:18），熟知黃錦樹童年經驗和早期創作的讀者不難發現，母親的「火笑了」自有其來處和象徵意義。黃錦樹在散文中曾回憶道：「以前住在膠園裏，每次灶火裏的柴發出噗噗聲響時」、「母親就會說：『火笑了，可能有人客要來了』」（黃錦樹 2015a:176）。黃錦樹童年記憶中的「火笑了」，蘊含著母親對客人來訪和遊子歸來的期待與召喚；當黃錦樹成年後，他逐漸意識到「火笑了」背後的複雜性和象徵意味：「『火笑了』是客人來的預兆，也許是歸鄉的遊子，但也可能是不速之客。但我母親的意思多半是前者。理解到後一個意思的存在，是我離鄉多年以後的事了」（黃錦樹 2015a:187）。一旦召喚而來的不是客人或遊子，而是「不速之客」、「陌生

人」，那就意味著危險和恐懼的降臨。黃錦樹早年的代表作〈烏暗暝〉演繹的正是這一層意思。〈雨天〉以「火笑了」結尾，除了表達出召喚離家兒女「歸來」的主題，結合「火笑了」的後一層意思，〈雨天〉同時也渲染了一種危險即將來臨的恐懼，而恐懼正是整部小說集所有故事啟動的原始力量。此即〈雨天〉作為那最初的敘事「枝芽」在整個小說集中的功能，黃錦樹用畫家的手筆鋪陳創傷場景，在後續的故事中不斷上演死亡、失蹤、噩夢、威脅……，恐懼瀰漫期間，在這一層面上可以說〈雨天〉是《雨》中所有故事的源頭，就像一汪不斷噴湧的泉，幻化出一個又一個的故事。例如在〈另一邊〉中，「辛」一家生活的膠林，「附近沒有人住，因此他們家的燈火，幾乎就是夜裏附近唯一的燈火，有心人就會朝著它走來，像飛蛾朝著火」（黃錦樹 2018:154-155）。但這盞象徵著溫馨甚至指路明燈的「家火」召喚而來的不是善意的客人，而是充滿敵意的陌生人，「辛」的父母因此而失蹤，這是另一形式、變形的「火笑了」。

　　「金杯藤戰略」的運用，尤其是敘事上的「分化」與「走根」，強化了讀者把握《雨》之整體結構的難度。既然歸類為「短篇小說集」，按常理而言，每篇作品都應是獨立的個體，具有相對獨立的故事、人物，可以進行獨立的闡釋。但《雨》在結構上顯然並不如此簡單透明，除了〈雨天〉，此外的十五篇小說，有八篇被編號，名之為《雨》作品一號、二號直至八號，似乎八個作品要構成一個敘事鏈能夠閉合的「故事」，但深入閱讀之後難免又要失望，敘事上的「分化」使得這些故事的時間、因果都不能自成體系，徒有相似的「場景」。剩下的七篇，或被置於「《雨》作品」之前，如〈彷彿穿過林子便是海〉和〈歸來〉；或被置於中間，如〈W〉和〈雄娃與狗〉；或被置於之後，如〈後死 (Belakang Mati)〉、〈小說課〉和〈南方小鎮〉。這些被穿插其間的作品，雖未被編號，但幾乎所有故事都在重複相似的元素和場景：死亡、葬禮、替代、夢、黑夜、恐懼、迷霧、被雨圍困的家……時間靜止、空間閉鎖、家庭殘缺成為共同表徵，敘事上的「走根」使得《雨》內的諸篇又具有了整體性。

《雨》的獨特結構不妨稱之為「短制長篇」：不同短篇形成一個「偽長篇」，一種類似書的結構。《雨》文體上實現了一次大膽的「變形」，這裏既有短篇的「變形」，也有長篇的「變形」，甚至存在「詩」與「小說」之間的「變形」。經歷敘事上表面的「分化」與內在的「走根」後，「短篇小說集」《雨》已經成為某種型態的「長篇」之《雨》，就像田鼠挖洞，外部的間隔與內部的貫通使《雨》不僅在結構上頗具新意，更使其釋放出強大的闡釋張力。

　　黃錦樹在敘事上所採用的「金杯藤戰略」使《雨》的各篇之間既獨立又耦合，達到「長篇」／「書」的美學效果。正因為這種結構的悖論性（既是短制又是長篇），進入《雨》，往往要經歷看山是山、看山不是山、看山還是山的三個階段。

　　所謂「看山是山」，初讀《雨》中各篇，都能捕捉到相似的基本元素：膠林中的家、雨、辛及其父母妹妹的不同遭遇，自然就要以為這是一個相互串聯的家族故事。但當我們沿著這一思路去將所有故事連接起來時，又感到頗為無力，細究每篇小說，不得不自我懷疑，雖然都有一個叫「辛」的男孩，但它似乎是黃錦樹所佈的一個陷阱，代號而已。我們在初次閱讀時，往往容易掉入了黃錦樹所布的這個陷阱，但當我們重讀並深入推敲時，不難發現其間的矛盾與縫隙。例如〈老虎，老虎〉的結尾，五歲的辛歡快地迎向兩隻象徵恐懼與危險的小虎，等待他的無疑是人入虎口；但到了〈水窟邊〉，年幼的辛卻死於溺水，完全不同的死亡方式；而在〈拿督公〉中，被老虎吃掉的則是妹妹，辛與妹妹似乎完成了生和死的替代。在《雨》中，每一篇小說都不是另一篇小說人物命運的簡單延續，反而更像是「另起爐灶」，正如朱天文所言：「我讀著前一篇裏跟這一家人有了聯繫生出感情，卻在下一篇，物換星移如何竟不算數了？另一輪人生，我仍深刻記得他們發生過的事卻如何他們並不記得了？」（黃錦樹 2018:13）。如此，我們必將推翻初讀《雨》時所形成的「長篇」印象，轉而從短篇小說集的角度解讀《雨》，此即「看山不是山」。經歷自我懷疑之後再次重讀《雨》，擺脫「形」

的拘束，柳暗花明，豁然開朗，最終「識」得「廬山真面目」：整部《雨》，每篇作品就像一盆「金杯藤」，表面上「各自為陣」，內裏卻有一根類似藤根的隱線，從一部作品的空缺處鑽出，又從其它作品的縫隙間鑽進，深深地固著在他者之中，作品之間形成「吸取」與「供給」的關係，使得《雨》存在一種內部互文性，能夠相互闡釋，共同拼貼成一幅「長篇」圖景。作為「長篇」的《雨》，每個故事都縈繞著夢，尤其是作為弱者的「辛」和「母親」，總是被各種夢魘所困擾，而這些夢就像是被延遲、被重複的恐懼的一個漫長隱喻。《雨》中所講述的所有故事裏，主角並非那些不斷死亡又變相「重生」的人物，而是瀰漫在膠林中的濃霧、黑夜、無言的各方神祇，以及傾盆而下的雨。霧、黑夜、雨背後象徵的大馬種族政治、在地華人的結構性困境和文化創傷，構成了《雨》內在的主角、恐怖的根源。此即「看山還是山」。

貳、互文性與抵達的美學及倫理

互文性是黃錦樹小說美學的一個顯著標誌，縱觀其寫作，可以發現，黃錦樹在創作中所搬演的互文策略並不單一，至少已經形成以下四種類型：

一、對社會大文本的戲仿：巴特在〈文本的快感〉、〈文本的理論〉等中，重新闡釋了「文本是甚麼」這一命題，強調「文本產生於讀者與文字間的關係空間，它是一個生產場所」（陳永國 216），在此基礎上，巴特和克里斯蒂娃等提出了廣義互文性的概念。巴特等認為互文性不僅體現在具體的文字作品之間，更表現在對廣義的社會大文本的戲仿。黃錦樹早期的創作中，如〈天國的後門〉、〈阿拉的旨意〉、〈死在南方〉、〈膠林深處〉等，就實踐了對社會大文本的戲仿，將互文性與國族寓言、華人文化困境、馬華文學經典缺席等嵌合，以此解構馬來西亞種族主義政治、文化和文學威權。

二、對中文經典作家作品的戲仿：黃錦樹深受巴特和巴赫金

等人影響，信奉巴特所說的：「一切寫作都是互文」、「每一篇文本都是在重新組織和引用已有的言辭」（黃錦樹 2015:325）和巴赫金的「文學（尤其是小說）其實是由『他人的話語』構築起來的」（黃錦樹 2015:326）等觀點，強調文學系統的開放性及不同系統之間的對話。二十世紀九〇年代，黃錦樹創作了〈M 的失蹤〉、〈零餘者的背影〉等為代表的「馬華文學史」系列小說，這些作品以美學的形式解構「馬華文學史」；同時，面對作為小文學傳統的馬華文學之經典缺席及現實困境，黃錦樹又將自己的部分作品植入臺灣文學及中國現代文學內部，在戲仿和對話中重新釐定馬華文學與中國文學的「奶水」關係。由此檢視黃錦樹的相關創作，不難發現他在大量採用對中國大陸及臺灣經典作家作品的戲仿甚至原題重寫的方式，實現馬華文學內部中國文學資源的再生／重構。例如收在《火，與危險事物》中的〈淒慘的無言的嘴〉和〈山路〉是對陳映真兩部同題小說的戲仿，嘗試與中國文學中的左翼書寫及傳統展開對話，反思馬華現實主義寫作的美學漏洞；收在《魚》中的〈祝福〉和〈隱遁者〉，則是分別對魯迅與七等生同題小說的戲仿，前者企圖與沉重的東南亞「魯迅遺產」進行對話，後者轉向反思信仰與創傷的結構性關係。

三、與自我作品的互文：二〇一二年至二〇一五年，已六年（二〇〇六年至二〇一一年）未寫小說的黃錦樹開始集中聚焦馬來西亞華人左翼歷史，出版了《南洋人民共和國備忘錄》、《火，與危險事物》、《猶見扶餘》、《魚》等短篇小說集。在這些作品中，除了對中文經典作家作品的戲仿，黃錦樹還發展出一套別樣的互文策略：自我復現與重寫，往往一部作品中的人物、場景會以相似的形式出現在另一部小說集的其它作品中，形成「孿生」甚至「母子」關係：「經常是此地與彼方，兩個父親、兩個女兒、一場傾談與另一篇小說裏的另一場傾談，構成了短篇之間的呼應」（賀淑芳 5）。例如《猶見扶餘》中的〈另一個結局〉和〈螃蟹〉，分別是《南洋人民共

和國備忘錄》中的〈婆羅洲來的人〉和〈馬來亞人民共
和國備忘錄〉的另一個孿生版本，既相互補充又相互闡
釋；再如那位因愛走進森林的女革命者，以阿蘭、小蘭、
玉蘭、蘭姨等名字復現在不同的故事中，人物經歷似無
關聯，卻以不同的側面拼貼出一個人殘酷的一生。《南
洋人民共和國備忘錄》等小說集之間的互文，踐行了黃
錦樹用短篇寫長篇的小說觀念，每部短篇小說就像截取
自一個大長篇的局部，通過「復現」、「重寫」的方式，
最後「拼貼」成某種型態的長篇。

四、同一部小說集的內部互文：在《雨》中，黃錦樹延續了
對自我作品的互文實驗，但與《南洋人民共和國備忘
錄》、《火，與危險事物》、《猶見扶餘》和《魚》等
小說集之間的互文不同，《雨》是同一部小說集的內部
互文，可視為黃錦樹對以《南洋人民共和國備忘錄》為
代表的第二階段創作敘事美學的一次變奏，但它同時也
是對黃錦樹早期創作的一次重返。《雨》延續了此前黃
錦樹用短篇寫長篇的創作思路，但它又顯然不同於《南
洋人民共和國備忘錄》等幾部小說集之間的相互「拼
貼」，雖也有人物、場景的「復現」，然更多的還是「分
化」，在「走根」的前提下實現「長篇」的整體性。

　　《雨》在敘事美學上的變奏為黃錦樹重返早年的膠林經
驗開闢了新的天地，其中對於時間回捲和空間閉鎖的美學處
理，極大地深化了黃錦樹早期創作對大馬華人處境的思考。
《雨》在敘事美學和敘事倫理兩個方面都有了新的推進，可
視為黃錦樹小說創作第三階段的一個起點。

　　整體而言，《雨》收入的十六篇作品可分為兩部分：第
一部分是從《雨》作品一號至八號的八部作品，它們形成一
套文本系統；第二部分是未被編號、但以三、二、三的形式
鑲嵌在《雨》作品前四部和後四部前後的作品，恰好也是八
部，一種巧妙的對稱關係，它們又構成另一套文本系統。
此外，小說集中那個出現在不同故事時間中的小男孩「辛」，
其名字在天干中位列第八位，常用來代表順序八；〈歸來〉

中那位愛車大炮的二舅（也叫「辛」）剛好也對「我」講述了八個或詳或略的故事。數位「八」因而在《雨》中具有重要的象徵意義，從敘事的角度來看，這種從外到內的呼應對照，為整部小說集的內部互文埋下了隱秘線索。

《雨》中第一套文本系統之間的互文關係是顯而易見的，黃錦樹曾戲言：「設想一家四口，如果其中一個成員死去，剩下來的人會怎樣繼續活下去？如果每個成員都死一次，也即是每回只少一人，得四篇。如果每次少兩人⋯⋯」（黃錦樹 2018:9），黃氏的戲言雖有戲謔之味，但卻深刻地指出《雨》八部作品的產生暗合了「金杯藤戰略」中的「分化」理念。同時，第一套文本系統又都是由一個共同的「根」所「分化」出來的故事，這裏的「根」是黃錦樹在膠林中所感受到的無形而又無所不在的「恐懼」，而這些由「恐懼」所「分化」出來的故事無不浸潤於霧和雨中。

《雨》中第二套未被編號的文本系統內部及其與第一套文本系統之間的關聯性相對隱密，但也並非無跡可尋。《雨》的前三篇〈雨天〉、〈彷彿穿過林子便是海〉和〈歸來〉，猶如一部長篇小說的「序詩」或「楔子」，是整個小說集的題旨所在。開篇的第一首詩歌〈雨天〉雖突兀卻暗藏敘事玄機，本文第一部分已闡明它作為文體變形的意義及在「金杯藤戰略」中的敘事功能。這裏再以〈彷彿穿過林子便是海〉為例，闡釋其作為「楔子」的敘事價值。

作為《雨》的「楔子」之一，〈彷彿穿過林子便是海〉是後續故事的「前戲」與「背景」。小說中那個敘事一開始就被不告而別的傷心女孩，彷彿變幻成不同的形貌出現在後來的大部分故事中：「她是所有傷心的女孩」，「你會再度遇見她。另一個她」（黃錦樹 2018:20）。〈W〉中的阿蘭、〈後死 (Belakang Mati)〉中的 L 無疑都是這個傷心女孩的變身，構成人物的對話關係。由這位無名的傷心女孩所啟動的敘事，不僅使〈彷彿穿過林子便是海〉陷入哀傷之中，更使其它故事也印染上一層抒情的悲傷，因而構成第二層面的互文，敘事格調的互文。此外，〈彷彿穿過林子便是海〉還與其它小說存在第三層面的互文關係，即時間觀念的互文。細

讀《雨》不難發現黃錦樹獨特的時間觀：重複、倒置、回捲與靜止。在〈彷彿穿過林子便是海〉中，其主體內容恰恰也是探究時間的本質：「你聽到他們在反覆地訴說過去。過去。重要的都在過去」（黃錦樹 2018:23）、「未來與過去、虛幻與真實迎面而來，摺疊」（黃錦樹 2018:25）、「那時很多事還沒發生。但有的事還是提早發生了。你還不懂得時間的微妙。它不是只會流逝，還會回捲，像漲潮時的浪」（黃錦樹 2018:28）、「水裏盛著一個顛倒的世界」（黃錦樹 2018:36）。如果說「恐懼」是《雨》的內在主角，那麼「摺疊與回捲的時間」則是《雨》要表達的主題之一，所有的小說都是在圍繞著這一特殊的時間展開敘事，而它的源頭則無疑是〈彷彿穿過林子便是海〉，此即第三層面的互文。

《雨》中其它小說之間也存在一種顯見的互文關係。例如〈歸來〉、〈水窟邊〉、〈拿督公〉、〈龍舟〉等小說中都有一個作為「替代物」的「辛」；〈歸來〉中愛車大炮的二舅曾對「我」講述了一個外公與他三個朋友的故事，〈樹頂〉可說是這個故事的另一版本；〈另一邊〉中「辛」的父母失蹤後，「辛」發現：「霉灰的木板，畫著攤開的女體呈W字形」（黃錦樹 2018:160），則與〈W〉存在互文關係，似乎整體的〈W〉作為內容之一被植入到〈另一邊〉中；〈小說課〉裏小乙對小說技巧的理解，似乎是在解密《雨》的敘事迷宮，此外敘述者甚至虛擬了一對夫妻「雨叔」、「雨嫂」，並讓「雨叔」在給小乙新燒的陶杯上留下「雨」字的簽署，頗有對整個小說集戲擬的意味。

行文至此，我們還必須進一步追問：「為何」互文性？互文性在《雨》中對黃錦樹而言，是否僅僅是一個美學問題？如果把《雨》中的互文性只是作為敘事研究的分析工具來使用是不是太膚淺了？黃錦樹曾在回應研究者有關其小說互文性的提問時指出：「我不知道你有沒有看過淹大水時紅螞蟻逃命的策略？它們以卵繭為筏，互相啃咬著、抓著彼此，以身體織成一顆網狀的球，漂浮在水上，以抵達可能的陸地」（黃錦樹 2015a:345）。猶如將敘事策略比喻為「金杯藤戰略」，黃錦樹視「互文」為「淹大水時紅螞蟻逃命的

策略」：一種旨在抵達的策略。黃錦樹要抵達的「陸地」，既是美學的，也是倫理的。互文手法的引入正如黃錦樹創作常援引的後設技巧，成為擺脫馬華現實主義文學困境、營構馬華現代主義寫作及閱讀難度的「逃命」之法，對黃錦樹而言：「『互文』不是借用，它是文學的存在本身，它是文學表述複雜度、難度的緣由之一，因此我們往往據以界定文學性」（黃錦樹 2015:326）。既然互文是「文學的存在本身」，那麼黃錦樹創作中念茲在茲的馬來西亞華人所遭受的族羣創傷、文化政治及生存的結構性困境，也必然成為互文性美學背後的倫理訴求。

在《雨》中，除了作為替代物的「辛」、連綿不絕的「雨」，還有一個重要的物象：魚形舟，它先後出現在〈歸來〉、〈老虎，老虎〉、〈樹頂〉、〈水窟邊〉、〈龍舟〉、〈另一邊〉、〈土糜胝〉中。作為一條隱秘的敘事線索，「魚形舟」將上述幾篇小說「互相嚙咬」，緊密連結在一起，構成一定的對話關係。但黃錦樹在小說中設置這一敘事線索的意圖，顯然並非只是使它們建立一種簡單的互文關係，而是藉助「魚形舟」的被發現、被收藏、被腐蝕、被強佔，深刻揭示大馬華人通過馬來化實現救贖之虛妄。有論者認為《雨》中屢屢出現的「魚形舟」，「實際上是龍舟」，並進而判斷黃錦樹借「魚形舟」敗落的命運，意在象徵「傳統漢文化在馬來華人世界中日益衰微的現實」（李強 114）。這樣的解讀顯然存在巨大的偏差，首先將「魚形舟」定位為中國的「龍舟」就是一個明顯的失誤，這艘被「父親」從森林沼澤裏撿來的「獨木舟」，船形似魚，堅硬如石，由馬來人的祖先從北方攜帶而來，後被「父親」隱藏懸置於屋頂之下，成為家中的秘密。從「魚形舟」的來歷看，它所隱喻的並非漢文化而是馬來文化或馬來精神遺產；同時在《雨》中，「魚形舟」還是「救贖」的象徵。但在〈樹頂〉中，「父親」在一個雨夜乘舟出去救人，最後卻淪為失蹤，那個象徵著拯救的魚形舟也被發現高高掛在一棵枯樹上。無論是失蹤的「父親」還是高掛的「魚形舟」，無不暗示藉助馬來化實現華人族羣救贖的無望。

《雨》中文本之間像逃命紅蟻般互相嚙咬、彼此抓連的互文性，使每一個獨立的文本都相互依賴、不再單一，強化了《雨》表述的「複雜度」及讀者閱讀的「難度」，同時擴充並豐富了文本的闡釋空間。「前文字在後文本中的不斷重複出現為互文性開闢了一個大後方——記憶空間」(Scheiding 262)，而黃錦樹借助互文性在《雨》中所開闢的「記憶空間」，正是那個融匯了其童年記憶的「膠林空間」。在《雨》中，所有故事都在「膠林」中上演，這是一個缺乏明確地理意義的空間指涉，這使得「膠林」更具隱喻性，成為一個寓言空間。「膠林」不僅是黃錦樹個體生命的起源，這裏有他的童年記憶，是家族血緣的紐帶、精神家園的代現；同時也是銘刻華族創傷、文化政治的所在。

參、狂歡化：戲仿、共時及語言交互

敘事上的「分化」、「走根」及「吸取」，使《雨》的整體風格走向狂歡化。黃錦樹藉助戲仿的手法，深刻描繪了馬來西亞華人的族裔創傷和文化困境，並對當局施行的種族政治以及華人的原鄉情結等展開了無情的嘲諷。

收入於《雨》中的〈南方小鎮〉是一篇具有狂歡化特徵的小說，它由「歸土」、「南洋」、「僑鄉」和「故鄉」四部分組成，每一部分都有一首詩作為題記。「歸土」的題記是杜紅的〈樹膠〉、「南洋」的題記是田漢的〈再會吧，南洋〉、「僑鄉」的題記是廈門民歌〈鼓浪嶼之波〉、「故鄉」的題記是一首古老的歌謠〈思鄉曲〉。題記與正文一般構成正向的闡釋關係，但在〈南方小鎮〉中，卻是反向的解構關係。例如在「南洋」部分，作為題記的〈再會吧，南洋〉頌讚了在中華民族陷入危機的時刻、南洋華人告別南洋歸國抗戰的拳拳愛國之情，但正文卻脫離了題記所預設的情境，轉向反諷式書寫。敘述者用「鱉」戲仿南洋著名華僑陳嘉庚，寫回到中國旅遊的「你」造訪鱉的遺址和墓園，但這一遭「你」沒有體驗到崇高，反而「有股難言的悲涼之感」：「今你納悶的是，一向重視風水的中國人，怎會選擇一個會泡水

的墓址呢？廈大位址選得多好啊，背靠南普陀寺，面向鼓浪嶼，簡直是風水寶地」（黃錦樹 2018:237）。更為離奇的是，「你」竟然在這座不大的蛋形小島上迷路：「你一度找不到訂好的旅舍，一遍一遍地經過它，但就是看不到，它彷彿置身於其他房舍的褶縫裏。每一條路，每個巷弄都不對」（黃錦樹 2018:237）。再如「僑鄉」部分，那位在廈門開設「南洋咖啡館」、很愛抱怨的華文老師，熟知馬華文學歷史的讀者不難發現那是對溫瑞安的戲仿。無論是對陳嘉庚和溫瑞安的戲仿，還是「歸土」中那位晚年不再提起返鄉的祖母以及「故鄉」中埋沒於南洋樹林深處的華人荒塚，敘述者在嬉笑詼諧間對海外華人的原鄉夢進行嘲諷，正如那位在原鄉找不到路的「你」所隱喻的，最後只能是「棄的故事」：放棄和被拋棄（黃錦樹 2018:246）。

　　黃錦樹在與王安憶對談「小說能做甚麼」時曾提出：「對我來說，情況不應該是這樣的。小說反而必須嘗試去做文學能做的一切事情。詩、小說、雜文、評論、文告等的功能⋯⋯那當然非常困難，那需要調度不同的時間刻度，需要把灰燼重新還原為火。也就是說，我們需要一個不同的沙漏，來重新調度可能的時間。一種不同的小說時間」（黃錦樹 2015:312）。上文在討論〈彷彿穿過林子便是海〉時，特別論及《雨》的時間觀：摺疊與回捲，黃錦樹利用時間的摺疊與回捲來「嘗試做文學能做的一切事情」。

　　在〈後死 (Belakang Mati)〉中，世界與人生處於一種共時性結構中。小說的題目由華文和馬來文組合而成，並由括弧中的馬來文詮釋作為主體的華文：「馬來文 Belakang 後面，Mati 死亡，合起來是『絕後』」，因而所謂「後死」即是再無出路，「後面沒有了」（黃錦樹 2018:196）。題目即對馬來西亞華人及華文的處境進行了深刻諷喻。這篇小說在一個愛情故事中還包裹著革命者被囚禁於荒島改造的故事，這不得不使我們想起黃錦樹早年的兩篇小說：〈阿拉的旨意〉和〈猴屁股、火與危險事物〉。顯然地，〈後死 (Belakang Mati)〉與這兩篇小說存在對話關係，但小說所要表達的卻又超越了早期的這兩篇小說。小說中的革命者老木被當權者

老李囚禁於絕後島，這座島面向未來卻又毫無生命，「這裏是昨日之島。明日之島」，老木「只能活在沒有時間的時間裏」，多年後當學生時代曾鍾情於老木的 L 在絕後島再度見到他時，L 驚覺時間的斷裂和停滯：「那無意義的龐大流逝被壓縮成薄薄的一瞬間」，「他的樣子似乎沒有變。仿佛看不出時間在他身上的變化。但也許，某個失誤，時間齒輪散架、脫落，讓他很年輕時就把時間用完了。他那時突然就老了，就把自己的未來給壓縮掉了。所有的時間成了一紙薄薄的過去，裝進瓶子裏，帶著它返鄉」（黃錦樹 2018:199）。時間的斷裂，在小說中又造成了世界與人生的懸空倒置。當 L 和好友「你」走入老木的房間，在一個肥胖的細頸瓶子裏看到：「裏頭煙雲繚繞」，「瓶底有一小片土地，浮於薄薄的藍色的水上。你看到小小的綠色叢林，沙灘、墓園、防風林；破敗的小屋，檐下廊裏喝咖啡與看書的人，都只有螞蟻大小。你看到 L，兩個白髮人、走動的女孩。當你微微蹲下，就可以透過敞開的窗看進那小屋。看到那裏頭的沙漏、船骸、瓶子，與及專注地看著瓶裏的世界的螞蟻般的你自己。如果你看得更仔細，你會看到那個你也在看著一個瓶子裏頭的你看著另一個你看著另一個瓶子裏頭的你看著那無限縮小的你看著──」（黃錦樹 2018:200）。在這部小說中，黃錦樹掌控著不同的時間沙漏，頻繁調動可能的時間刻度，象徵著時間的人生被壓縮成薄薄的一瞬間，而象徵空間的世界也被無限縮小變成瓶底的一個薄面，老木的悲劇即在於此，生命失去厚度，人生毫無意義。老木的悲劇無疑也象徵著馬來西亞華人的悲劇，正如小說標題所隱喻的：絕後、沒有退路。

《雨》的狂歡化不僅體現在戲仿手法和共時結構上，不同語言方式的共存交互亦使小說集走向語言的狂歡，形成巴赫金對話理論中的「多聲部」或「復調」現象。黃錦樹是中國福建籍後裔，自小生活於閩南語環境中，閩南方言俗語的混雜是《雨》的語言特徵之一。例如在〈另一邊〉中有「哎喲郎」（指瘋人）、「死郎」（指死人）、「哎喲鬼」（指瘋鬼）等閩南方言；〈小說課〉也使用了「哎喲狗牯」（指色狼）、「囡仔」（指女孩子）、「歹勢」（指不好意

思）等閩南方言；而〈土糜胿〉的標題「土糜胿」即 tō-bê-kuai，是閩南語中關於蝌蚪的一種不復記憶的發音。此外，在《雨》中，黃錦樹常用馬來人的尊銜／名字來命名華人所養的一些牲畜，如〈沙〉中的阿土就將其愛犬命名為：東姑、拿督翁、敦拉薩……，〈小說課〉中亦有一條喚作鴨都拉的狗，在插科打諢的戲謔間，表現了對馬來種族主義的嘲諷。總體而言，《雨》中華語、閩南語、客家話、馬來語、日語等不同語言共存交互，「造就一個擁擠雜亂的互話語 (interdiscursivity) 空間，創造一個眾聲喧嘩、卻又內在和諧的彈性環境，從而賦予語言或意義一種不確定性」（陳永國 212）。

　　駱以軍曾評價黃錦樹「是個不折不扣的現代主義者」（駱以軍 2007），但黃錦樹念茲在茲的中文現代主義，卻並非只有美學的維度。「現代主義在他那裏，不僅僅是一個『如何做』(how to do) 的問題，而是在更大意義上被『為何做』(why to do) 的命題所覆蓋。『為何』現代主義？這個問題本身即預設了一個目的物件物，並使它周邊的美學系統皆服膺於它；圍繞著此一物件物，身份、父族、國家、以及離散，種種命題於焉被輻射張開」（劉叔貞 71）。誠哉斯言！就本文所討論的《雨》而言，又何嘗不是如此。正如黃錦樹用「逃命的紅螞蟻」所作的譬喻，小說敘事最終都是為了救贖和抵達，敘事美學與敘事倫理在《雨》中應是密不可分的整體結構。《雨》的意義不止在富於創意的現代主義美學形式，更在倫理的「歸返」：那與移民身世相關的抵抗詩學。本文只涉及了《雨》「如何」現代主義的美學問題，「為何」現代主義背後的倫理則有待另文闡述。

徵引文獻

陳永國 (2006)《西方文論關鍵詞》（北京：外語教學與研究出版社）。

賀淑芳 (2015)〈魚之跡〉。黃錦樹 (2015): 5-14。

黃錦樹 (2015)《魚》（臺北：印刻文學生活雜誌出版公司）。

黃錦樹 (2015a)《火笑了》（臺北：麥田出版公司）。

黃錦樹 (2018)《雨》（成都：四川人民出版社）。

李強 (2019)〈「沒有」的詩學與雨水的可能性：論黃錦樹的《雨》〉。《芒種》no.1 (Jan.): 111-115。

劉淑貞 (2013)〈倫理的歸返、實踐與債務：黃錦樹的中文現代主義〉。《中山人文學報》no.35 (July): 69-66。

駱以軍 (2007)〈野火燒不盡的〉。《聯合報》，2 Sept.。

Scheiding, Oliver [奧利弗·沙伊丁] (2012)〈互文性〉。殷西環（譯）。《文化記憶理論讀本》（北京：北京大學出版社），258-273。

張玉瑤 (2018)〈黃錦樹：雨從南方來〉。《北京晚報》，18 May。

「小說捕獲的只是剩餘」

賀淑芳的零碎敘事策略

—— 熊婷惠 ——

前 言

論者對賀淑芳的作品研究不外乎以兩個途徑呈現，一則著重其細緻刻斧出的語言，以寫作來宣稱主體及回應現實，二則找尋作品裏表達的議題，如族羣、宗教與女性處境。[1] 相較於繁複、指涉（已失落的）中原的中文書寫與突顯實在（用）、貼近地方色彩的華文書寫，在這兩種範式之間，賀淑芳的文字脫離社會現實主義的侷限，但也不以瑰麗著稱，而是以敘述策略和關懷面向在居中找到立足點。不若長篇小說具備可調動的時間及空間，短篇小說的先天條件決定了寫作策略，她作品中的故事性多半是藉著片刻、零碎、夢囈般的情節編織而成，藉著城市中的霧霾、洩出的方言、屋舍空間來形塑出地方感。本文提出賀淑芳汲取拉美現代主義的養分，呈現出偶有魔幻寫實之感的零碎敘事策略，突破黃錦樹所稱的馬華文學盆栽境遇。再者，在賀淑芳小說裏那些被視

---

1 討論賀氏小說裏主體與族羣關係的論文詳見：許正平 (2007)、林德順 (2015)、賈穎妮 (2017)、馬峯 (2019) 與劉雯慧 (2019)。論其書寫技巧則詳見：許文榮、李樹枝 (2001)、許文榮 (2012) 以及劉淑貞 (2016)。從女性議題切入的論文則有：林春美 (2009)、楊啟平 (2012)、馬峯 (2017)。

為零碎的剩餘，以德希達 (Jacques Derrida) 解構式的閱讀方法來看，反襯出傳統認識論下所謂整體性與中心的自我矛盾。被視為剩餘的，反而可以回填將剩餘排除在整體之外的中心位置，因而推動意義的多重走向。

壹、衝破盆栽境遇

在〈華文少數文學：離散現代性的未竟之旅〉裏，黃錦樹區分了馬華文學書寫者在文化身份上的兩個端點，一端是以李永平、天狼星詩社一派為代表的作者，以文字進行象徵性地往中國的北返之旅，這一端被認為是「華文文學最有創造力的面向之一」，作品裏是情感滿盈的「流放哀歌」，眼望北方大國；另一端則是極力擺脫伴隨流放而來的哀傷情緒，轉而面對「被流放後」的此時此地，欲塑造馬華文藝獨特性，那是「存在者依地理歷史社會的差異等物質條件而被型塑的知覺結構——地方感——而結構的在地認同的文學」(2015:109)，走向極具戰鬥精神的現實主義文藝。這文化身份的兩端除了情感依歸的不同，也可由文字的精緻度來判斷，前者與現代主義靠攏，後者則必須面對「文學語言技術的貧乏」危機（黃錦樹 2015:109）；這前後者的差別概括地分別以中文、華文文學來代表。援引德勒茲、瓜達里的「小文學」理論來看馬來西亞華文文學，黃錦樹特別指出德、瓜二氏其中一個似非而是的現象。亦即，正因集體在才能上的匱乏，小文學中的作家特別容易顯出個人色彩，而不是藉著模仿某個大師的文采來引人注目；集體才能貧乏使得卡夫卡的出現如大師降臨。黃錦樹進而指出，這種小文學裏集體才能貧乏卻滋養出大師級作家的弔詭，卻不適用在馬來西亞的華文作家身上，因為卡夫卡和大多數華文作家擁有的、所居住城市的文化資本大不相同。卡夫卡被認為是大師，是因為集體才能的匱乏，但身在布拉格這座城市這件事本身帶來的文化資本，再怎麼樣集體才能匱乏，仍舊比第三世界中，因殖民帶來現代化過程才催生出的新興城市來得強大。馬來西亞的華文作家，按黃錦樹的主張，集體受到語言技術貧困、

旅行、風土、敘事學

資源貧困所圍，華文作家又沒有卡夫卡的文化資本，因而也無法形塑出個人風格。於是，馬來西亞華文作家並未受益於集體才能貧乏，反而是跟著一起沉默（黃錦樹 2015:109）。

這種集體才能貧乏的現象，黃錦樹在〈Negaraku：旅臺與馬共〉一文更詳細地以盆栽境遇的意象來解釋。他以田思一首將中華文化在馬來西亞被轉換做盆栽境遇的詩作，說明原本如參天松柏的文化，一旦被植入盆栽裏，注定在體積上受限，無法自由自在適性成長，只能被當作觀賞用的園藝作物。尤有甚者，植株不僅在體積上受到盆體的限制，連養分也無法被充分給予。馬來西亞建國後，馬華文學不再無國籍，但因政府朝向民族國家發展的路線，將大部分資源用在特定族羣上，壓縮了華人可獲取的資源，華校、華文教育因而更顯捉襟見肘，華文書籍的出版商承受成本與獲利的壓力，導致文學產業式微，連帶影響創作者意興闌珊；這整體與文化、文學傳承息息相關，卻每況愈下的現象，黃錦樹稱之為「盆栽境遇」(2015:284)。

突破盆栽境遇的方式，是藉著伸出氣根向外吸取養分。黃錦樹認為留臺、或是參加臺灣的文學獎而出頭的青年作家，是馬華文學在臺突破盆栽境遇的方式，只是這樣的方式自然會招致質疑「人的屬性」、「文的屬性」還有多少「馬」的成分。因此，他更指出馬華文藝獨特性不僅限制了馬華文學在時間軸上的定位，往過去追溯源頭有其限制，排除了仍心向祖國的僑民文學，在空間上也限定了文學作品的境內與境外。馬華文學一旦過渡到臺灣現代文學的場域，便是「文學背景的離境」，跨越了南中國海，「文學的國籍身份就可疑了」，這則是「精神上的盆栽境遇」；馬華文藝獨特性成為把關馬華文學身份的機制 (2015:284)。

賀淑芳突破盆栽境遇的方式，可作為特殊案例來觀察。她雖也曾留臺，兩本小說集也由臺灣的寶瓶文化出版，但小說集裏的作品多半已發表在《南洋商報》、《星洲日報》以及《蕉風》，即使《湖面如鏡》裏的作品從比例上來看，本土境內發表的作品比在境外發表的少（發表在《短篇小說》、《香港文學》以及其中一篇臺灣因素較高的作品，女敘事者

不僅嫁給臺灣郎，作品還獲得聯合報文學獎評審大獎），從作品發表的所在地來看，至少不會有人質疑她作品的「國籍身份」。表面上，賀淑芳完成了「馬華文藝獨特性所要確立的，存在者依地理歷史社會的差異等物質條件而被形塑的知覺結構——地方感——而建構的在地認同文學」（黃錦樹 2015:109）。乍聽之下，這對她不是恭維，因為以黃錦樹談論的馬華文藝獨特性來看，那會走到戰前左翼文學影響下的現實主義老路子。然而，賀淑芳的小說所建構的在地認同文學是一條異於左翼文學影響的路徑，她呈現出作為一名出生在後五一三時代的華裔女性，生活在馬來西亞，面對其所屬的特定時間與空間，在與個人的經驗與意識交互作用下對該地文化的理解，透過小說角色共同鋪陳出的感覺結構。作品裏的「知覺結構」不見得是反映出某一個城市的地方感，而是馬來西亞作為國家整體所給予其公民的感受；如她所言：「在小說裏，我以或許是笨拙的語言文字，來回應現實裏所聽到的各種聲音和語言，所獲得的感覺」(2012:262)。

　　賀氏小說中的此時此地色彩並非是熱帶島嶼予人的熱情洋溢、地廣人稀、色彩豐富之感，反而是霧霾籠罩、受霧霾污染的空氣令人窒息、族羣關係亦不融洽的描寫。最明顯的便是《迷宮毯子》裏飄散出的濃濃煙霾，作品如〈月臺與列車〉、〈時間邊境〉、〈消失的陸線〉、〈重寫筆記〉與〈創世記〉等提到的煙霾，是不管西馬或東馬人都心有所感的獨特記憶。再者，賀淑芳的文字，即便是細細琢磨過的，如許維賢在與她的訪談裏提出，相對於馬華現行小說堆砌出複雜和華麗文字意象的風格，遣詞用句顯得「平淡和簡潔」（賀淑芳 2012:280）。回覆許維賢的觀察，賀淑芳提出對文字感到焦慮的現象，她說道：「是否因為我們是移民社會，而對語言特別惶恐呢？以至於到了越繁複就越窩心的地步？小說會不會只剩下『華文很好』的評價？有一點我可能弄錯了，也許不只是馬華小說如此？還是因為『後現代』的緣故呢？」（賀淑芳 2012:280-281）。由這段引文來看，平淡和簡潔並非是語言文字技巧貧乏之故，而是源於自覺性的風格選澤。華文很好，不等於小說的故事很好；馬華小說對於賀

淑芳而言，並非一定得刻意展示作者掌握華麗中文辭藻的能力，用以顯示自己並非被放逐海外的遺民。然而，這並不意味賀淑芳必得走向（社會）寫實文藝路線才能構建出她的現實在地認同文學；藉著以如波赫士 (Jorge Luis Borges) 及其他西方現代主義作家味道的筆觸，來描繪大馬現實感，她仍突破了精神上的盆栽境遇。黃錦樹就曾指出她作品裏「耽溺幻想的傾向」，以及「平靜的敘事語言」，「意味著馬華文學新一代閱讀水準品味的提升」(2012:10)。賀淑芳少時的文學養分來自大姑媽收藏的香港雜誌、《蕉風》、《椰子屋》以及報章文藝版，因而接觸到外國文學如馬奎斯、卡爾維諾、西西和夏宇的作品（賀淑芳 2012:268-69）。外國文學的養分「讓賀遠離了馬華文學自身的左翼文學傳統，而展現出面向世界文學的意志」（黃錦樹 2012:10）。

　　《迷宮毯子》是對波赫士〈岐路花園〉(“The Garden of Forking Paths”) 的致敬。〈岐路花園〉是一則關於時間的謎語，謎語裏最不能出現的字就是謎底本身，所以波赫士用充滿分岔點的迷宮來包裝他對時間無窮無盡、充滿可能的理解。賀淑芳在小說裏，則用零碎且反覆的話語來呈現出走、迷宮的意象。《迷宮毯子》中由迷宮意象堆疊出來的是敘事者想要出走的欲望，卻只能被困在原地。這種困境在〈消失的陸線〉、〈時間邊境〉、或是〈死人沼國〉、〈創世記〉、〈日夜騷擾〉幾篇中尤其明顯。這意象所隱藏的謎底，至少就小說裏的女性華人角色來說，是瀰漫開來的感覺結構和地方感：窒息。《迷宮毯子》中另一個突出的意象是裂縫、縫隙、罅隙。黃錦樹認為小說裏出現的字面上或字面下的「裂縫」，都是作者處理「消失」課題的方式 (2012:14)，這消失可以是與原生家庭的疏離，大馬社會上「正義」的消失、因霧霾而消失的天空，甚至是大馬特性的消失 (2012:15)。我們更可將之詮釋為出走、突破困境的方式；出走只能靠化整為零的方式逃逸，突顯出各式各樣的裂隙與孔縫用以打破堅不可破的牢籠，這也是作者刻意營造的敘事策略。

貳、縫隙、剩餘及填補

賀淑芳說：「小說捕獲的只是剩餘，那些在歷史與社會語境中未能佔一席地位的零碎、卑微與微不足道」(2014:16)。「小說捕獲的只是剩餘」，這句話指涉兩個面向：一是小說的作用，二是剩餘物。小說而不是小說家，意指紙面上的文字有其生命，小說家的寫作行為完結時，小說的生命延續在文字和讀者的互動裏，透過讀者的閱讀行為去趨近、拆解、延異作者的意識。對讀者而言，去假設小說故事裏只有單一的核心意義並且要找到它，這將僵化小說的詮釋空間；能如遊戲般持續走在文字的迷宮裏，去詮釋文字，才是小說產生動力的方式，〈小鎮三月〉裏投宿地方旅店的後生仔正是這樣一名在迷宮裏尋找甚麼的人。他「每天中午之前離去。每日下午三點又回來」，外頭的雨「都難以預料地改變一天的路線，然而無論他路線有何不同，以及中間的一些細節不乏變化之外——似乎沒有別的意外，抑或意外已經發生了但在記憶裏不留痕——除了這些零零碎碎的」，像是路上遇到的老狗、看公佈欄上的租屋廣告、跟印度小孩買花生等種種零碎的生活片段（賀淑芳 2014:208, 212）。這來自外地的後生仔，「只是因為他的來臨，以一種極其微不足道且零碎的方式漫步在這條街上」，給予這條街「零碎且微不足道的」轉變，像是小販的口袋、地上的水跡、為了避開他而跳走的青蛙、被跳走的青蛙吃掉的蚱蜢等等（賀淑芳 2014:213）。這位後生仔像是尋找小說意義的讀者，每一次的閱讀都在有限的紙張邊界內，就像故事裏的小鎮「彷彿這裏有個不能越過的邊境」（賀淑芳 2014:213），但是後生仔每次去街上就改變了街道上的一些現象，就像讀者在每次閱讀的過程中產出新的想法、一點微不足道的改變在文本裏發酵，產生新的詮釋意義，如蝴蝶效應般開啟後續變化，像是避開後生仔的青蛙，因而吃掉那隻若牠仍待在原地，或許就不會吃掉的蚱蜢。在旅店裏幫忙的翠伊按耐不住好奇心，進去後生仔最初入住的房間，提出一連串的問題：「你為甚麼每天都來？」「你在找誰呢？」「你是怎麼來的呢？」「你

到底像誰呢？」。翠伊給了自己答案，說道：「生活就是秘密，報紙也是，旅社裏的每一扇房門更是。乃至於人們說的每一句話、哭笑、時間、孤獨、生存：全，都，是，秘，密」（賀淑芳 2014:221）。翠伊不再執著於掀開後生仔的秘密，「她說，我知道你不是來找我的」（賀淑芳 2014:222），後生仔要找的對象是誰並不是這個故事要給的答案，因為在後生仔與這條街和翠伊相遇之際，就已經讓這條街和翠伊有了故事以及無數的秘密。

　　小說中其他人物也各有其秘密，如〈迷宮毯子〉裏的敘事者亦有令她感到羞恥而不敢為外人道的秘密，收藏秘密經年編織成迷宮毯子。迷宮是一個由不同路徑構成的封閉體，但迷宮又不能完全封閉，必須有出入口，才能走得進去、走得出來。賀淑芳建構出來的小說迷宮呼應了德希達對結構的解構。他的論文〈人文科學論述中的結構、符號與遊戲〉("Structure, Sign, and Play in the Discourse of the Human Sciences")質疑結構的「結構性」("the structurality of structure")。解構不是一則平面的定義，而是實踐於閱讀過程的一種方法，重點在於突顯傳統上對於結構的認識有其破綻，其問題就在於我們認為結構中有其中心、該中心主導著其他部分的組成，形成一個封閉結構的完整個體。

　　德希達用盲點或譯為困境 (aporia) 來質疑區分語言和書寫兩者先後次序的邏輯，這個內涵弔詭、矛盾、懸置的盲點也可用來審視作為結構源初的中心。[2] 德希達指出「藉著主導與組織系統內的連貫性，一個結構裏的中心允許其元素 (elements) 在完整的形式內部中自由遊戲」，但是他又指出「這個中心也關閉了它所開啟與允許的遊戲」，因為「作為中心，它正是任何內容、元素，或是語詞的替換都不被允許之所在」(109)。易言之，這個獨特的中心，「在主導結構的同時，也逃離了結構性 (structurality)」(109)。德希達藉此既存於內又脫逸於外的邏輯來解釋，這個位於整體性 (totality) 核心內的中心卻又缺席於這個整體性（因為它不允許自己被

2　Aporia 一詞的解釋詳見 Lucy (2004) 的該條條目。

置換的可能），也就是這個「整體性的中心在其他地方」(the totality has its center elsewhere") (109)。「這個中心不是中心」，德希達如是說 (109)。

每張迷宮圖都會有一個看似處於中心的中心點，假設這個是小說家的「中心思想」，從它發散出去不同的故事路徑，但我們不可能從迷宮的中心「出發」，因為那表示我們已經穿過路徑進到迷宮裏面才能位在迷宮的中心；因此，這個迷宮結構當中的中心點並不是中心，讀者也不可能先找到小說家已規劃給予故事的意義，再去從每個故事裏找蛛絲馬跡。

讀者在進入賀淑芳的小說迷宮時，只能從迷宮的邊界線上找到縫隙作為入口，進入到迷宮之中。她的小說迷宮裏，作為路徑的故事都是走向秘密；除了〈小鎮三月〉，〈牆〉裏的先生和妻子各有秘密。秘密和迷宮互為表裏，迷宮本身就是一個需要被解答的秘密。〈月臺與列車〉正是一則最波赫士式的謎語，這篇小說要表現出謎底，卻又不能寫出謎底。無名的敘事者自稱是火車服務員，與手上出現的古怪行李進行對話（這會說話的行李或許是敘事者腦海裏的聲音）。敘事者看似想要離開列車，走到月臺上，卻一直被那個古怪的行李提醒著列車與月臺之間的裂縫，「每一條縫隙都像嘴巴，會活動──會膨脹，也會縮小！當你害怕時，它就會張開巨口，吞沒掉一切、一切」(2012:46)。這個縫隙就是對敘事者的考驗，亦即能否直視改變帶來的考驗，越害怕就越會被恐懼吞沒。古怪行李上的臉對敘事者說：「考驗的時刻來了。辦法顯而易見，卻很少人辦到」，因為「這是個秘密」(2012:46-47)。敘事者問：「為甚麼告訴我這個？」。對方回答：「你必須知道這個，秘密，就是遲早要被說出來的東西。從秘密誕生之始，它就一直、一直在等候未來脫口而出、獲得釋放的剎那」(2012:47)。

然而，秘密是無法被說出口的，一旦秘密為人所知，就破壞了秘密必須被保密的本質，那麼該秘密就不存在了；但同時，秘密又需要持有秘密的人讓別人知道這裏有一則秘密，公開地說這個秘密不能被公開，秘密才得以存在。這篇像是波赫士式謎語的故事，究竟要說甚麼，也是無法被言說

的。雖然讀者仍舊試圖解開謎底，譬如說，謎底是：這位敘事者正在面對自身的恐懼。然而，恐懼一旦被說出口，它就有了具體的形象，可以被破除。如果作者要寫一則恐懼的故事，那麼就不能賦予它具體的形象，也就是不能被揭曉的秘密。故事裏的敘事者和同一輛列車上的乘客各有其說不出口的秘密，卻有共同的命運，那就是「沒有人能離開這趟列車。沒有。沒有人能離開這條捉摸不定的縫隙。沒有人能知道自己是否錯過了站，也沒有人知道正確的離開時刻何時到來，因為那是無人知曉的未來」(2012:52)。搭車的目的就是要下車，「因為沒人會永遠留在火車上」(2012:45)，但敘事者卻恍然大悟說道，「沒有人能離開這趟列車」，這也暗示了無人可以真實面對那條捉摸不定的縫隙，但也無法離開它，敘事者所恐懼的依舊無以名之。

挪用德希達所言的困境 (aporia) 來閱讀這則故事，這也是為甚麼賀淑芳的小說捕獲的只能是剩餘，而非完整的敘事、論述或形構，故事裏一再重複被述說的縫隙可以是故事的中心、入口，卻同時也是剩餘。列車與月臺間的縫隙界定了下車與否的界線，只要敘事者不離開列車，縫隙便成為剩餘物，被排除在行進的列車之外。與此同時，縫隙也讓離開列車、下定決心做出改變的行為有了意義；正因為有需要被跨越的縫隙，跨越這個行為才得以被確立與實現。

就小說家而言，剩餘是「那些在歷史與社會語境中未能佔一席地位的零碎、卑微與微不足道」(2014:16)。換言之，賀氏小說中的留白處、破舊、無法被解釋清楚的、不被連貫敘事的中心所允許的那些文字、畫面與想像，正是小說文字要去撈捕的對象。上述的縫隙、破舊也正是所謂進步的文化，有著光鮮亮麗外表的文明，亟欲擺脫的困境。賀淑芳的小說中常常出現的破舊、逃不出去、原地踏步等意象，成為她小說的「中心」主題，而小說家所處的社會結構中所主導的那個中心──主導著性別、宗教、族羣、語言、敘事等種種合乎連貫、不破壞結構的規範──被其欲擺脫的「剩餘」質疑著。

這些零碎的剩餘，不也可說是以一個未來者的回望角

度，看到那被一個更大的集體把持著的話語權已然被打破，那些破碎的女性故事得以被看見。「故事來到時總是已在中間」（賀淑芳 2014:18），終點不是塵埃落定，而是另一刻零碎的片刻。賀氏故事的結尾往往破碎、難以解釋，留下讀者一臉茫然。除了呼應作者自言的「故事來到時總是已在中間」，不僅故事往往從中間開始，結尾的地方也恰似另一個故事的中間，於是散落的各篇小說，成為了大馬現實的每一個故事的開始。說不盡的、撿拾不完的，恰恰是延續賀淑芳的寫作欲望／生命的刺激，如她所言：「生活裏的故事無可終止，因應生存而不斷複述與變異。總有編造故事，超越平庸生活的欲望」(2014:18)。這以文字延續生活裏瑣碎、各種內在或外界聲音的欲望，一直是寫作的動機，並且去填補現實生活中每一個人總是說不完整的故事。

參、此時此地的現實

書寫，「藉以回應周遭起伏不斷的語言」以及想要與這些語言對話的欲望，直到這種欲望平息，書寫才會停止（賀淑芳 2014:18）。換言之，寫作與否端看作者對外界環境的感知聯繫，除了現代文學的滋養，小說對話、情節設計的靈感也來自賀淑芳的女性親屬。母親、祖母、姑姑們的生活方式、想法、說話方式，以及從外面聽來的故事，都影響小說角色刻劃與場面調度。這些日常片刻，是賀淑芳對於作為一名馬來西亞華裔女性作家所形構出來的「女性情誼」(sisterhood)，即便「也許對歷史無感」，卻是此時此地的現實（賀淑芳 2014:18）。

零碎的片刻拼湊出一幅女性圖像，被困在迷宮裏的往往是女性受害者：〈死人沼國〉裏反覆受到虐待、殺而不死的女人、〈重寫筆記〉裏工作不順遂又遭逢搶劫、負擔不起病母醫藥費的大女兒、〈迷宮毯子〉裏曾被男鄰居戲弄感情，爾後帶著恥辱搬家的女敘事者、〈日夜騷擾〉裏擔負著父親的罪而困在祖屋中的女兒，以及〈創世紀〉中被驅趕的女街

友。她們受困於「迴路封閉的迷宮」(2012:230)，無法出走。[3]
相對於題旨恢宏的歷史小說，女性角色的生活場景更多在私
領域，關於家庭、婚姻、母女關係或是情慾流動，但賀淑芳
仍試圖在這些私領域場景加入公共議題的關懷。[4]

　　《湖面如鏡》尤其描寫上述這些面向裏的種種不完滿。
〈夏天的旋風〉由繼母的視角寫出自己與丈夫及其前妻所生
的小孩，表面上是一家人，但實則不能真正成為一家人的焦
慮與現實，她「想像自己是個隱形的母親」(2014:28-29)。這
場表面無波、底下暗礁處處的婚姻究其實，乃母親對女兒長
期耳提面命，女人必定得結婚有個家的結果。母親的叮囑
成了束縛敘事者的心魔，她決定讓自己像「正常的家庭」
(2014:35)，解決了媽媽一生最大的懸念。〈牆〉寫一則失去
激情的婚姻關係，丈夫長期只守在電視前看球賽，與妻子的
互動近似於零。這對夫妻居住的那排屋舍，因為緊鄰高速公
路噪音太大，便有人請政府來建隔音牆。這堵隔音牆與屋舍
後院的距離小到只能讓野貓通行，無疑使得原本就在婚姻裏
感到孤寂、受困的妻子更加窒息。人既無法通行，後門與隔
音牆之間的通道變成左鄰右舍丟棄垃圾的地點，家家戶戶隨
手往後面一丟的垃圾將通道變成垃圾場，奇臭無比，最後隔
音牆更因品質不良倒塌了。這則故事一方面寫妻的孤寂，她
向丈夫傳遞出去的訊息得不到回應，兩人相敬如冰；另一方
面則加入對公領域（公德心、政府單位施工品質）的關懷。

　　賀淑芳筆下的迷宮不若波赫士的岐路花園裏那幢充滿中
國風格裝飾的展示屋，而是破舊即將傾毀的屋子。「碎成粉
屑的泥灰」(2012:218)，木板的裂紋、孔隙、蛛網及灰塵勉
強支撐起〈迷宮毯子〉、〈日夜騷擾〉、〈消失的陸線〉與
〈時間邊境〉裏的家屋。這呈現出另一層視覺結構，甚至是
一則國族寓言——受傷、充滿裂紋的國家。賀淑芳二〇一九

3　劉淑貞觀察到《迷宮毯子》即以毯子為母題，織物的正反兩面各有風景，表
　面寫女性的日常瑣事，幻想，另一面則是邊緣、抑鬱、出走無路的感覺結構。
　詳見劉淑貞 (2016)。

4　李有成便觀察到賀淑芳對公共議題的關懷，稱她的作品為「議題小說」，發
　出「震耳欲聾的抗議」。詳見李有成 (2014)。

年發表的短篇小說〈蛾眼睛〉[5]中可看見如此不加掩飾的宣告，故事裏同樣有受害者女性，被祖父家暴的祖母，魔幻寫實的手法出現在描寫敘事者和女性親屬所住的傾斜屋子裏：「我和我祖母，以及我的母親，都覺得我們共同住著的屋子再也不會變好了。地板是歪的，側向一邊。本來是長方形的鴿子樓，幾十年下來，漸漸變成錐狀的漏斗。住在漏斗裏面，必須適應這份不平衡的感覺」（2019；引者著重）。這個不平衡的感覺隱喻國家政策對不同族羣採取不平等對待的現況，「在這裏共同生活並不壞，因為大家都很善良。只除了那年復一年愈發傾斜的焦慮感。地平線是傾斜的，走到哪裏都感覺不到平穩。可是大部分的人卻說，我們覺得很平啊。你覺得語塞。有時在巴士車上、在上班打卡的時候，又清楚分明地感到身在失重空間、正往深淵跌落的感覺」（2019；引者著重）。敘事者的「我們」和「大部分的人」所形成的我們，顯然不是同一個「我們」，在失重、失衡這個感覺上分屬兩派。敘事者又說了：「我們每個人都知道這裏是受傷的國度。人們携帶傷口，像蛾臉那樣背著。除了自己，每個人都看得見。不要胡說別人背後的那張臉噢，母親這麼複述祖母說過的話。我知道她為何那麼說，因為他們背著的那張臉，我們也有。」此處作者將受傷描繪成一種共感，每個人身上都背有傷痕。即便每個人都有被旁人指指點點的傷口，但誰是「我們」？「我們」是一廂情願地認為別人和自己共屬一個羣體，想像為「我」的多數。但這種想像隨即在別的段落裏被打碎：

> 整個白天，我伏在小窗前往下望，看到街上有一大羣人示威反對各族平等。從嘴裏嚷出來的口號聲海，聽起來就像有人拼命揮旋著黑暗噩夢的破布袋一樣，如牛屎那般硬的話語就啪啪篩落整條街。可是在整個遊行隊伍背後，他們的每張蛾臉

5　〈蛾眼睛〉目前僅有陳思可 (Natascha Bruce) 的英譯版本，刊登在英國筆會 (English PEN) 的線上雜誌《傳播》(*PEN Transmissions*)。中文版本尚未出版，本文所引段落之中文翻譯乃取自作者賀淑芳提供的原文。

> 霎明霎暗地閉閉合合地翻撲，像另一片驚懼的海
> 濤無聲地流過窗子底下。然後到了晚上，國家電
> 臺就說，這裏畢竟還是美好和諧的國家，所以讓
> 我們繼續維持原狀。（2019；引者著重）

「我們」變成國家電臺規定、宣告的我們，看不見街上大聲疾呼仍要分別出「我們」、「他們」的那羣人，即使他們背上也背著各自的蛾臉，同樣也被「和諧」掉了。

在《湖面如鏡》的自序裏，賀淑芳指出，寫作延續現實，因為現實完滿不了，有各式的聲音流動，刺激了她想回應的欲望，寫作因此沒有終點。但每篇書寫於紙上的小說必須有完結的形體，如同迷宮必有出口，因為沒有出口的迷宮最初就不可能存在。迷宮裏的條條岔路看似無限，但卻是在有限的邊界內，迷宮才得以成形。在直視結構並非牢不可破、中心並非永恆地固有後，遊戲般地詮釋與意義填補 (supplement) 便有了見縫插針的機會，而且也是勢在必行，因為符號在中心點缺席的時候，「以多餘 (surplus)、填補的形式出現」(Derrida 119)。按照德希達的解釋，有邊界有限度的整體性，反而讓遊戲成為可能，因為空缺的位置得以被符號填補，但這作為填補的符號是浮動的，因此，每個暫時佔據中心點位置的符號就導致了多義的現象。源初中心的在場必須先成立，才能允許有缺席的可能性；也正因為中心點缺席才能讓遊戲，意即符號的填補，繼續發生在整體性裏頭 (Derrida 119)。

解構作為一種閱讀方式，在閱讀過程中延宕意義的固化，也因此，閱讀不在於去還原作者原先的意圖，反而是如遊戲般在不變的文字上，找出其多重意義。「小說捕獲的只是剩餘」，結構中心無論處在小說內或是小說外，賀淑芳都讓小說裏角色的力有未殆與意義的逃逸成就了詮釋的遊戲，延續小說生命。

徵引文獻

Borges, Jorge Luis (2018) *The Garden of Forking Paths*. Trans. Donald A. Yates, Andrew Hurley & James E. Irby (London: Penguin).

Bruce, Natascha (trans.) (2019) "Moth Eyes." By Ho Sook Fong. *PEN Transmissions* (pentransmissions.com/2019/07/31/moth-eyes/).

Derrida, Jacques (1988) "Structure, Sign, and Play in the Discourse of the Human Sciences." David Lodge & Nigel Wood (eds.): *Modern Criticism and Theory: A Reader* (London: Longman), 108-123.

賀淑芳 (2012)《迷宮毯子》（臺北：寶瓶文化）。

賀淑芳 (2014)《湖面如鏡》（臺北：寶瓶文化）。

黃錦樹 (2012)〈迷宮與煙靄〉。賀淑芳 (2012): 9-16。

黃錦樹 (2015)《華文小文學的馬來西亞個案》（臺北：麥田出版公司）。

賈穎妮 (2017)〈馬華新生代文學中的宗教糾葛與族羣政治〉。《小說評論》no.1 (Feb.): 191-197。

李有成 (2014)〈緘默寂靜的聲音，震耳欲聾的抗議：賀淑芳的議題小說〉。賀淑芳 (2014): 231-235。

林春美 (2009)〈馬華女作家的馬共想像〉。《華文文學》no.40 (June): 83-90。

林德順 (2015)〈身靈歸處：賀淑芳小說《別再提起》與多元族羣倫理探討〉。《哲學與文化》no.42 (Apr.): 123-135。

Lucy, Niall (2004) *A Derrida Dictionary* (Oxford: Blackwell).

劉淑貞 (2016)〈裂縫與毯子〉。《中山人文學報》no.40 (Jan.): 83-90。

劉雯慧 (2019)〈在夾縫中重生：以賀淑芳的伊斯蘭書寫為觀察對象〉。熊婷惠、張斯翔、葉福炎（編）：《異代新聲：馬華文學與文化研究集稿》（高雄：國立中山大學人文研究中心），111-132。

馬峯 (2017)〈東南亞華文女作家的定位與超越：以馬華、新華與印華女作家為參照〉。《世界華文文學論壇》no.40 (Dec.): 64-71。

馬峯 (2019)〈從華文女作家作品看馬、新、印尼的族羣問題〉。《民族文學研究》no.37 (Feb.): 117-125。

許文榮、李樹枝 (2001)〈論馬華後現代文學的文體轉向〉。
　　《江西社會科學》no.40 (May): 74-84。

許正平 (2007)〈「在臺馬華文學」多元主體與離散空間的確
　　立，以賀淑芳《別再提起》為例〉。林明昌、周煌華
　　（編）：《視野的互涉：世界華文文學論文集》（臺北：
　　唐山出版社），141-159。

楊啟平 (2012)《當代大陸與馬華女性小說論》（臺北：新銳
　　文創）。

馬華文學研究的「高雄論壇」

編後記

——張錦忠——

　　二○一九年十月的南臺灣秋天依然炎熱，十八、十九那兩日，國立中山大學人文研究中心策劃了一個「馬華文學、亞際文化與思想」跨國學術論壇，論壇有個英文題目，叫Being Marginal: Sinophone and the South；不管中文或英文，都反映了那幾年人文研究中心或我自己的研究向度或關注。我也藉舉辦論壇的機會，組成了一個亞際跨國馬華文學研究臺，邀請下列學者加入：黃錦樹、王梅香、林春美、黃琦旺、許德發、莊華興、魏月萍、詹閔旭、謝征達、張惠思、高嘉謙、溫明明、熊婷惠與黃英哲。這些馬華文學研究者各有專攻，黃錦樹的現代中國性、馬華文學史思考頗多洞見、王梅香是冷戰東南亞與文化美援專家、林春美考掘友聯與非左翼馬華文學、黃琦旺近年對現代主義情有獨鍾、許德發專注華人文化、莊華興耕耘翻譯華馬／馬華文學多年，近年多處理冷戰與民國課題、魏月萍對思想史與文學社臺頗多精闢思索、詹閔旭的馬華文學論述以李永平小說與臺馬文學關係為主、謝征達的主要興趣在寫實／現實主義馬華文學、張惠思專長古典戲劇，旁及當代馬華文學、高嘉謙專研晚清以降舊體詩臺、溫明明著重探討當代馬華代小說、熊婷惠多論述離散馬英與馬華小說，黃英哲則關注馬華文學在日本的接受。

論壇邀請研究羣來高雄，在毗鄰寧靜蔚藍海面的國立中山大學文學院，一起討論馬華文學。這個研究羣可以說包括了近年「馬華文學研究」(MahuaLit Studies) 這個領域的重要學者——我不是說不在羣組中的其他各國學者不重要，而是研究羣成員這些年的馬華文學論述成果已有一定的特色與成果，能夠聚集一起論學，是很有意義的交流活動。我也希望論壇第二年舉辦的時候，能夠邀請更多人加入，讓「高雄論壇」成為馬華文學研究的一個重要場地。然而，眾所週知，那年冬天過後，新冠肺炎病毒漫延全球，從阿爾法開始，一路毒不停蹄，到了奧米孔還繼續衍生變形，人類紀可以說進入了病毒紀 (Viroidaecene)，於是論壇活動只好喊卡。

其實，早在二〇一八年十月下旬，這個研究羣成員就已聚集高雄西子灣，提呈論文摘要，報告研究意向，彙集其他成員與聽眾意見，以期在一年內將構想撰寫成論文初稿，在二〇一九年的「高雄論壇」宣讀。這個近乎執行整合型計畫的作法，其實是延續人文研究中心之前的離散文學研究羣組模式（可惜的是，那個離散研究羣的成果後來因故沒有出版成書）。馬華文學研究羣成員來自臺灣幾家大學與亞洲其他大學，他們願意共襄盛舉，構成了一個臺灣境內國外馬華文學研究學者的「亞際平臺」。馬華文學與文化也許不是成員的最主要研究領域，但卻是我們的共同關注，我們的「共圖」(common pursuit)。這些成員包括資深學者、中生代與後起之秀，大家聚集一堂討論馬華文學，也頗有薪傳意味。

這本《亞際南方：馬華文學與文化論集》即馬華研究羣的「高雄論壇」論文結集。本書在原本預定發佈研究成果卻因疫情展延的二〇二〇年秋開始集稿，審稿，費時兩年，終於在今年夏天付梓。這裏依例鳴謝，首先感謝中山大學文學院「一〇七年度深耕計畫—南方文化國際論壇」的經費支援，讓我們得以在疫情前兩年邀請研究羣成員前來高雄；論壇不是「柴山論劍」，但同行互相攻錯，也激盪出學術火花，讓大家不虛此行。文集籌編過程中，同鄉葉福炎同學、離散／現代性研究室助理黃士豪、陳意靜同學負責作者聯繫、集稿、排版、校對、copy-edit 等編務，勞苦功高，這裏一併致

謝。論文集出版日期多有延遲，感謝諸位作者的耐心。也感謝提供各篇論文修訂意見的同行。當然也要感謝同鄉魏月萍教授，感謝她多年來的支持，這回擔任論文集共同編者，提供不少寶貴意見，對本書順利出版貢獻良多。另一位同鄉劉衍應為老友記，喜歡攝影，感謝他提供作品給本書當封面。

　　這個亞際南方的馬華文學論壇從二〇一八年開始登場，到今年已有四年了。四年來世事變化多端，人事歷經幾翻新，論壇因疫情沒有續辦（原本打算隔年移地馬來西亞舉辦）。四年後，我已卸下人文研究中心主任職務，與國內學界及遠方朋友共聚西灣文院七樓論學的那些年，也已成為記憶，因此編印出版這本書，也是紀念那些美好時光。這篇〈後記〉的文字像計時器般的的不休，字裏行間訴說的何嘗不也是一個光陰的故事。

　　　　　　　　　　　　—— 22 July 2022 於六〇二二研究室

作者簡介

◎ **黃錦樹**，馬來西亞華裔，一九六七年生，國立暨南國際大學中國語文學系教授。著有論著《馬華文學與中國性》、《論嘗試文》、《華文小文學的馬來西亞個案》、《現實與詩意：馬華文學的欲望》等以及小說、隨筆集多種。

◎ **王梅香**，國立中山大學社會學系副教授、文化研究學會理事。專長為文化社會學、藝術社會學和東亞文化冷戰研究。教授「閱讀與寫作」、「藝術社會學」、「社會調查與研究方法」和「報導文學與社區發展」等課程。學術專著有《隱蔽權力：美援文藝體制下的臺港文學 (1950-1962)》(2015)。

◎ **林春美**，馬來西亞檳城人。新加坡國立大學中文系博士，現任博特拉大學中文專業副教授。研究著作有《性別與本土：在地的馬華文學論述》、《蕉風與非左翼的馬華文學》，另有散文集多部《給古人寫信》、《過而不往》；編有《鍾情 11》、《週一與週四的散文課》、《青春宛在》、《辣味馬華文學：九〇年代馬華文學爭議性課題選》（合編）、、《與島漂流：馬華當代散文選 (2000-2012)》（合編）、《爬樹的羊：馬華當代散文選 (2013-2016)》（合編）、《野芒果：馬華當代小說選 (2013-2016)》（合編）等書。

◎ **黃琦旺**，馬來西亞南方大學學院中文系助理教授，研究領域為現、當代華文文學並集中閱讀與整理馬華文學作品。中興大學畢業，新加坡國立大學文學碩士，上海復旦大學文學博士。著有散文集《褪色》，編有《在那光明的季風裏：一九七一年香港銀星藝術團吉隆坡賑災義演始末》(2014)。

◎ **張錦忠**，生於馬來西亞，一九八〇年代初來臺。臺灣師範大學英語系畢業，臺灣大學外國文學博士，現為國立中山大學外文系教授。近作有短篇集《壁虎》、詩集《像河那樣他是自己的靜默》、短論集《查爾斯河畔的雁聲：隨筆馬華文學二集》。

◎**許德發**，馬來亞大學中文系畢業、新加坡國立大學中文系博士。現為馬來西亞蘇丹依德理斯教育大學中文學程高級講師、主任、華社研究中心學術董事、《馬來西亞華人研究學刊》編委。主要研究領域為中國近代思想史與馬來西亞華人與文化研究，近期關注於早期馬華文學與思想研究，著有《在承認與平等之間：思想視角下的「馬華問題」》(2022)。

◎**莊華興**，曾任馬來西亞博特拉大學中文學程副教授，現已退休。學術方向為馬華文學、華一馬比較文學、翻譯研究。以中文與馬來文撰寫論文，已出版著作有《馬來新文學研究》、《國家文學：宰制與回應》、《回到馬來亞：華馬小說七十年》（與張錦忠、黃錦樹合編）與論文多篇，並有多部馬來學術論著。二〇一六年獲馬來西亞學術書籍出版理事會一高教部學術論著獎。

◎**魏月萍**，新加坡國立大學中文系博士，曾任教於新加坡南洋理工大學中文系，現為馬來西亞蘇丹依德理斯教育大學中文學程副教授。研究關懷為中國思想史、馬新文學與歷史。著有《君師道合：晚明儒者的三教合一論述》(2016)、《馬華文學批評大系：魏月萍》(2019)；與朴素晶合編：《東北亞與東南亞的儒學建構與實踐》(2017)，與蘇穎欣合編《重返馬來亞：政治與歷史思想》(2017)，*Revisiting Malaya: Uncovering Historical and Political Thoughts in Nusantara* (2020)。

◎**詹閔旭**，國立中興大學臺灣文學與跨國文化研究所副教授。曾任臺灣人文學社秘書長、臺灣文學學會秘書長。研究興趣為臺灣現當代文學、移民與種族研究。著有《百年降生：臺灣文學故事》（合著，2018），任《中山人文學報》「全球南方華文文學」專輯（與吳家榮合編，2021）、《中外文學》「殖民、冷戰、帝國或全球化重構下的南方」專輯客座編輯（與許維賢合編，進行中）。

◎**謝征達**，香港中文大學中國語言及文學系博士，現任新加坡南洋理工大學人文學院副研究員。曾獲新加坡方修文學獎評論類首獎 (2021) 與臺灣周夢蝶詩獎三獎 (2017)。著有《本土的現實主義：詩人吳岸的文學理念》(2018)，與盧筱雯合編張揮詩集《詩的告示》(2021)。

◎**張惠思**，馬來亞大學中文系畢業，北京大學博士，現為馬來亞大學中文系高級講師。發表近現代與馬華文學研究的論文多篇。

◎**高嘉謙**，國立政治大學中國文學博士，現任臺灣大學中文系副教授。主要研究領域為中國近現代文學、漢詩、民國舊體詩詞、馬華文學。曾獲科技部吳大猷先生紀念獎、中央研究院年輕學者研究著作獎。著有《馬華文學批評大系：高嘉謙》(2019)、《遺民、疆界與現代性：漢詩的南方離散與抒情 (1895~1945)》(2016)、《國族與歷史的隱喻：近現代武俠傳奇的精神史考察 (1895~1949)》(2014)，並與他人合編有《南洋讀本：文學、海洋、島嶼》(2022)、《馬華文學與文化讀本》(2022) 等文集。

◎**溫明明**，江西贛州人，文學博士，現為暨南大學中文系副教授，中國世界華文文學學會理事，主要從事世界華文文學及中國現當代文學的教學與研究。近年在《文學評論》、《華僑華人歷史研究》、《暨南學報》、（美國）《中外論壇》等刊物發表論文多篇，著有《離境與跨界：在臺馬華文學研究 (1963-2013)》，主持國家社科基金專案計畫：「馬華留臺作家研究」。

◎**熊婷惠**，國立中山大學外文系文學博士，現為淡江大學英文系助理教授。研究領域為離散論述、文學與記憶、族裔文學及東南亞英語與華語文學。學術論文散見《中山人文學報》、《文山評論》與《臺灣東南亞學刊》等期刊。與他人合編論文集《離散與文化疆界》(2010)、《疆界敘事與空間論述》(2016) 及《學於途而印於心：李有成教授七秩壽慶暨榮退文集》(2018)。目前進行從生命治理角度閱讀當代馬來西亞離散英語小說研究計畫。

索引

目次

國家圖書館出版品預行編目 (CIP) 資料

亞際南方：馬華文學與文化論集

張錦忠、魏月萍編 .-- 初版 -- 高雄市：

國立中山大學人文研究中心、離散／現代性研究室 .

2022.08

390 面；13.5x22 公分

ISBN: 978-626-95583-3-9（平裝）

1. 馬華文學 2. 文化研究 3. 文集

868.707　　　　　　　　　　　　　111011615

本書在臺灣印刷

Printed and bound in Taiwan

高雄市新王牌印刷事業有限公司承印

2022 年 8 月初版一刷 平裝

開本：135x220　1/25

字數：276474　印張：10　印數：300

封面攝影／劉衍應
責任編輯／黃士豪、陳意靜
叢書主編／張錦忠

離散／現代性叢書